천하무적 아르뱅주의

천하무적 아르뱅주의

신광은 지음

1판 1쇄 발행 2014. 2. 12. | **1판 5쇄 발행** 2019. 7. 1. | **발행처** 포이에마 | **발행인** 고세규 | **등록번호** 제300-2006-190호 | **등록일자** 2006. 10. 16. | 서울특별시 종로구 북촌로 63-3 우편번호 03052 | 마케팅부 02)3668-3260, 편집부 02)730-8648, 팩스 02)745-4827

값은 뒤표지에 있습니다. ISBN 978-89-97760-71-8 03230 | 독자의견 전화 02)730-8648 | 이메일 masterpiece@poiema.co.kr | 좋은 독자가 좋은 책을 만듭니다. | 포이에마는 독자 여러분의 의견에 항상 귀를 기울이고 있습니다.

이 도서의 국립중앙도서관 출판시도서목록(CIP)은 서지정보유통지원시스템 홈페이지(http://seoji.nl.go.kr)와 국가자료공동목록시스템(http://www.nl.go.kr/kolisnet)에서 이용하실 수 있습니다. (CIP제어번호: CIP2014003468)

한국 교회가
발행하는 면죄부

Jacobus Arminius + Jean Calvin
= 한국 교회가 만들어낸 거대한 괴물

천하무적 아르뱅주의

신광은 지음

Jacobus Arminius

Jean Calvin

포이에마
POIEMA

추천의
글

교회여, 더 이상 면죄부를 팔지 마라!

지금 한국 교회 안에서는 온갖 미신이 횡행하고 있다. 진리는 어디에도 찾아볼 수 없고 오직 거짓만이 난무한다. 교회 안팎의 모든 사람들은 당연한 듯이 자본주의와 미국에 세뇌되어 있다. '이신칭의'나 '예정론' 같은 그럴듯한 신학용어를 쓰면서 이원론, 소비자 중심주의, 값싼 은혜와 같은 거짓에 함몰되어 마지막 바겐세일을 하고 있는 것 같다. 하지만 무엇보다도 한국 교회에 횡행하는 최고의 미신은 숫자의 신이다. 예수 그리스도의 말씀은 어디를 보아도 보이지 않고, 숫자가 진리를 압도한다.

하지만 우리가 알아차리건 알아차리지 못하건 간에 1세기에 선포된 예수님의 말씀은 결코 과거형이 아니라 여전히 현재진행형으로 울려 퍼지고 있다. 그런데 한국 교회 교인들은 미신에 현혹되어 예수님의 말씀을 듣지 못하고 오히려 그리스도를 오해하고 있는 지경이다.

'예수님은 유일한 진리'이시다. 예수님이 진리라는 말은 그저 인간의 내면의 영역에서만 해당되는 것이 아니다. 예수님은 세계의 모든 문제를 푸는 마스터키master key이시다. 하나님은 참새 한 마리가 떨어지는 것까지 일일이 관여하시는 분이시며, 또한 우리가 날마다 숨쉬며 살아가는 정치, 경제, 문화, 교육, 법, 노동 등 이 세계의 모든 문제에서 예수님은 유일한 대안이요, 희망이다. 그런데 어찌하여 한국 교회는 하나님을 교회당에 유폐시키고 예수님을 우리의 가슴 속에만 가두어두려 하는가?

곧 종교개혁 500주년을 맞이하면서 한국 교회가 큰 교회당에서 거대한 기념대회를 갖고 세미나 몇 번 하는 것으로 끝낼 것이 아니다. 한국 교회가 해야 할 일은 만유의 주이신 그리스도의 말씀을 온전히 듣고, 신실하게 복종해야 하는 것이다. 이를 위해 지금부터 회개와 하나됨, 갱신을 위하여 한국 교회는 차근차근 준비하여 환골탈태하는 모습을 보여야 한다. 이 길만이 교회가 살고, 하나님나라 복음이 확장될 수 있는 길이다. 한국 교회가 어두운 이 땅에 진정한 희망이 되어야 한다.

오늘날 한국 교회가 개혁되어야 한다는 데 이견은 없다. 하지만 그 개혁의 형태와 방식이 어떠해야 하는지에 대해서는 이견이 많다. 저자는 500년 전 루터가 했던 종교개혁의 과정과 의미를 다시 더듬는다. 과거를 통해 새 것을 보려는 듯이 말이다. 저자에 따르면 지금 한국 교회의 문제도 그때와 마찬가지로 교회가 면죄부를 판매하는 것이다. 이러한 면죄부의 발행 탓에 그리스도인의 마땅한 도리, 즉 매일의 삶에서 그리스도를 따르고, 그 분의 통치를 받는 하나님나라의 삶을 등한히 하고 있다. 특히 현대 한국 교회는 칼뱅주의와 아르미니우스주의를 제멋대로 결합해서 만든 소위 아르뱅주의를 고안해서 면죄부처럼 판매하고 있다는 것이다. 루터가 그랬듯이 저자도 교회로 하여금 더 이상 면죄부를 팔지 말라고 소리치고 있다.

이 책은 바로 이러한 일을 위해 쓰여졌다. 신광은 목사는 일편단심 한국 교회를 걱정하는 마음으로 이 글을 쓰고 있다. 걱정하고 분노만 하는 것이 아니라 뜨거운 영성과 차분한 이성으로 한국 교회 갱신을 외치는 신음소리다. 비록 독자가 모든 내용에 공감할 수 없을지라도 저자가 외치고

자 하는 내용을 충분히 들을 수 있을 것이다.

성경과 교회사와 한국 교회의 현실을 종횡무진하면서 구체적 대안을 내놓으려는 저자의 영성과 지성에 놀란다. 독자들은 이 책에서 지혜와 통찰을 틀림없이 얻을 수 있을 것이다.

박철수
전 분당두레교회 담임목사
《축복의 혁명》, 《성경의 제사》, 《하나님나라》 저자

차례

Jacobus Arminius

Jean Calvin

한국 교회의 윤리적 실패는 신학의 실패다

예루살렘아, 예루살렘아! 선지자들을 죽이고 네게 파송된 자들을 돌로 치는 자여, 암탉이 그 새끼를 날개 아래에 모음 같이 내가 네 자녀를 모으려 한 일이 몇 번이더냐. 그러나 너희가 원하지 아니하였도다. 보라, 너희 집이 황폐하여 버려진 바 되리라(마 23:37-38).

십자가에 달려 돌아가시기 전, 예루살렘을 바라보며 탄식하던 예수의 말씀이다. 그런데 이 말씀에서 오늘날 한국 교회를 향한 주님의 크고 두려운 책망이 들려옴은 어찜인가! 오늘날 한국 교회는 잎사귀는 무성하나, 시장하신 주님께서 드실 만한 열매는 하나도 맺지 못하는 베다니 무화과나무와 같다.

이제부터 영원토록 네가 열매를 맺지 못하리라(마 21:19).

한국 교회는 영락없이 맛을 잃어버린 소금이다.

천하무적
아르뱅주의

너희는 세상의 소금이니 소금이 만일 그 맛을 잃으면 무엇으로 짜게 하리요. 후에는 아무 쓸 데 없어 다만 밖에 버려져 사람에게 밟힐 뿐이니라(마 5:13).

"부자는 망해도 3년"이라더니 한국의 개신교 인구가 줄어들기 시작한 지도 벌써 20년이 다 되어가지만 아직도 한국 교회는 7-8백만 신자를 자랑한다. 아직도 정치인들이 선거날이 되면 교회에 인사를 하러 오고, 힘 있는 자들도 교회 눈치를 살핀다. 여전히 한국 교회의 위세와 위용은 대단하다. 마치 예수께서 사역하던 시절 우뚝 선 예루살렘의 헤롯 성전을 연상케 한다. 하지만 그 웅장하고 화려한 성전을 향해 주님은 뭐라고 말씀하셨던가?

돌 하나도 돌 위에 남지 않고 다 무너뜨려지리라(마 24:2).

두려운 주님의 이 음성이 자꾸만 귓가에 울리는 이유는 무엇인가! 주님께서 똑같은 말씀을 우리 한국 교회를 향해 금방이라도 할 것만 같다. 실로 두려운 말씀이다. 역사 속에서 완전한 교회가 있었을까마는 지금의 한국 교회만큼 "개신교 역사상 가장 부패한 교회"가 또 있을까.[1]

대체 왜 그렇게 부정적이냐 나무랄 이가 있을지 모르겠다. 하지만 지금의 한국 교회의 문제는 일부 목회자나 교인의 문제가 아니다. 보라, 한국 교회의 대표 지도자들의 추문이 하루가 멀다 하고 언론에 오르내리지 않는가. 세계에서 가장 큰 목회를 한다는 모 목사의 불륜과 배임행위나 국내 최대 연합기관 대표목사의 금권선거 등은 그들이 한국 교회를 대표한다는 점에서 단순히 개인적 오류가 아니다. 그들이 한국 교회에서 역할 모델을 감당해왔던 만큼 그들의 오류는 대표성을 띨 수밖에 없다. 소위 역할 모델을 자처하던 지도자들이 타락했다는 사실은 한국 교회의 사정이 얼마나 심각한지를 가늠케 한다.

더욱 불행한 것은 그들의 범죄가 어쩌다가 실수로 행한 잘못이 아니라, 대단히 오랫동안 상습적으로 저질러진 것이라는 사실이다. 그뿐만 아니라 그들이 죄에 대해서 보이는 태도 또한 절망적이다. 다윗은 충신을 죽이고 그의 아내를 강탈한 극악무도한 죄를 저질렀으나 예언자의 책망을 받고 즉시 회개했다. 그러나 추문의 주인공들은 자신의 비리가 언론을 통해 드러났는데도 도무지 반성하는 기미가 없다. 굳이 그리스도인이 아니어도 최소한의 양심이 있는 사람이라면 누구에게나 기대할 수 있는 모습을 그들에게서 전혀 발견할 수 없다. 이 점이 우리를 절망케 한다. 잘못이 드러나면 사죄하고, 수습하기 위한 최소한의 조치라도 취하는 것이 상식이다. 하지만 이상하게도 우리가 목도하는 한국 교회 목회자들이나 교인들은 자신들의 잘못에 대해서 도무지 책임지는 모습을 보여주지 않고 있다. 죄가 드러났는데도 거짓말하고, 변명하고, 도리어 잘못을 지적하는 이들을 역으로 공격하고 비난한다.

우리를 더욱 슬프게 하는 것은 이러한 지도자들의 범죄에 차세대 지도자들로 여겨지는 이들도 동참하고 있다는 사실이다. 한때 젊은이들의 모델로 여겨졌던 어느 목사의 성추행 사건이나 가장 촉망 받는 차세대 리더 중 한 사람이었던 목사의 논문 표절 사건은, 이들이 모두 10년 후 한국 교회를 이끌어 갈 차세대 리더로 꼽힌 바 있기 때문에 더욱 슬프게 느껴진다.[2] 그 덕에 이들을 자신들의 모델로 여기고 모방하기 위해서 애써왔던 수많은 청년과 학생, 신학도, 목회자, 평신도들의 실망은 얼마나 큰지 모른다. 차세대 지도자들의 범죄는 미래의 상실을 의미한다. 그렇다. 한국 교회는 미래마저 암담한 교회가 되고 말았다.

지금 한국 교회의 상황은 마치 종교개혁이 일어나기 직전의 유럽 교회의 상황과 비슷하다. 종교개혁이 있은 지 500년이 지났는데 다시 종교개혁 이전으로 돌아가 버린 것이다. 참으로 안타깝고 민망한 사실은 종교개혁으로 출현한 신교회가 개혁당한 구교회보다도 더 타락했다는 평가를 받는다는 사실이다. 오늘날 개신교회의 신뢰도는 가톨릭교회의 신뢰도의 절반에도 미치지 못한다. 이것은 분명 위대한 종교개혁가들의 후예답지 못한 명성이다. 그 때문에 여기저기서 예언자적 영성이 있는 이들에 의해 제2의 종교개혁이 일어나야 할 때라는 얘기가 나오고 있다.

여기 그중 하나를 인용한다. 아래의 글은 박철수 목사가 2013년 종교개혁 주일에 즈음하여 〈뉴스앤조이〉에 기고했던 글인데 저자의 허락을 받고 그 일부를 여기에 싣는다.

'종교개혁'이 개혁되어야 한다[3]

4년 후면, 마르틴 루터가 비텐베르크 성당 문에 〈95개조 반박문〉을 게시한 지 500년이 된다. 위대한 종교개혁자들의 목소리는 496년이 지난 지금까지도 우리의 귓가에 생생하게 울려 퍼지고 있다. 특히 루

터의 죽음을 불사하는 영웅적 모습이 우리를 감동하게 한다. 그런데
도 종교개혁의 전통을 이어받았다고 자부하는 오늘 한국 교회의 모
습을 보고 믿지 않는 사람들에게 가톨릭교회와 개신교회 중 어느 교
회가 더 개혁이 필요한 교회라고 보느냐는 설문조사를 한다면 과연
어떤 답이 나올까? 2012년 시사 주간지 〈시사in〉의 조사에 따르면
개신교회의 신뢰도(26.4퍼센트)는 가톨릭(57.6퍼센트)의 절반에도 미치지
못한다. 이 같은 수치는 개신교회의 종교개혁의 전통을 무색케 한다.
이미 십수 년 전부터 기독교인들을 '개독교'라 부르거나 잡상인이나
해충으로 부른다니 참으로 충격적이 아닐 수 없다. 한국 교회가 이렇
게 타락하는 이유는 무엇일까? 종교개혁의 전통이 잘못된 것인가?
종교개혁자들의 주장이 오류인가?

　오직 성서 *Sola Scriptura*! 오직 은혜 *Sola Gratia*! 오직 믿음 *Sola Fide*!

　이러한 구호에 무슨 문제라도 있는 것인가? 이러한 종교개혁의 정
신은 충분히 성서적이다. 그러나 문제는 그러한 정신을 우리가 충분
히 이해하지 못하고 있다는 사실이다. 우리는 몰라도 너무 모른다.
우리는 루터와 칼뱅의 차이가 무엇인지도 모른다. 우리는 단순히
500년 전에 있었던 종교개혁이라는 역사적 사건에 대한 자부심만을
붙잡고 있는 것 같다. 종교개혁 정신의 핵심은 지상의 교회는 부단히
개혁되어야 한다는 것이었다. 중요한 것은 종교개혁이라는 위대한
신앙 운동이 500년 전에 유럽에서 벌어졌다는 사실 자체가 아니다.
오늘날도 그러한 종교개혁이 부단히 일어나고 있느냐가 정말로 중요
한 것이다. 우리는 이 누추한 한국 교회의 현실 때문에 종교개혁을
부정할 필요가 전혀 없다. 종교개혁은 오늘도 부단히 개혁되어야 한

다. 그렇다면 종교개혁을 개혁한다는 것은 구체적으로 무슨 뜻인가?

첫째, 그릇된 이신칭의 교리를 수정해야 한다. 개신교회 신학의 제일공리는 '이신칭의'이다. 믿음으로 의롭다 함을 받는다는 것이다. 이러한 종교개혁 신학은 중세 가톨릭교회의 성례전주의와 행위 구원론, 면죄부 판매 등 그릇된 신학과 전통에 쐐기를 박았다. 하지만 오늘날 이신칭의는 한국 교회 안에 행위 없는 구원이라는 값싼 은총이 유포되게 하는 주범이 되고 있다.

오직 믿음으로 의롭다 함을 얻는다는 이 선언은 바울 신학의 핵심이다. 그러나 바울은 그 어디에서도 행위 없는 구원에 대해서 가르치지 않았다. 그렇다면 분명 바울이 가르친 이신칭의 교리와 한국 교회가 이해하고 있는 이신칭의 교리 사이에는 간격이 있다. 바로 이 간격이 부단한 개혁이 요구되는 지점이다. 지금 우리가 이해하고 있는 교리와 신학이 신약성서의 가르침과 같지 않다면 그것을 과감하게 수정하는 것이야말로 진정한 종교개혁의 정신이 아닌가? 종교개혁자들이 "근원으로 돌아가자*ad fontes*" 하면서 성서를 보았듯이, 우리도 근본인 성서로 돌아가야 한다.

이신칭의 교리를 고백하는 것과 함께 한국 교회에서 절실하게 필요한 것은 예수님의 말씀을 듣고 순종하는 것이다. 이것은 선택사항이 아니다. 이신칭의 교리는 몇 가지 조악한 교리들 안에 갇혀 있다. 우리를 의롭게 하는 믿음이 무엇인가? 십자가의 대속설에 대한 이해인가? 그것에 대한 지적인 동의인가? 초대교회 성도들에게 있어서 믿음은 특정 교리에 대한 이해나 동의가 아니었다. 그들에게 있어서 믿음이란 "예수는 주"라는 원초적 신앙고백을 의미하는 것이다. 그리고 그것은 단순히 이해나 지적 동의의 문제가 아니었다. 그들에게 믿음이란 예수님이 주主냐, 카이사르가 주냐를 결단하는 문제다. 그리고 이러한 결단은 목숨을 건 심각한 결단이었다. 아무런 위협도, 부담도, 책임도 없이 "믿습니다"라고 대답할 수 있는 그런 문제가 아니었다. 루터가 갈라디아서는 '나의 아내'라고 말하고 야고보서는 '지푸라기'라고 말한 것은 어떤 연유일까? 지금 한국 교회 안에는 영과 육을 분리하는 영지주의와 가현설 이단이 만연하고 있다.

둘째, 그릇된 예정론을 교정해야 한다. 예정론은 종교개혁자들 사이에서 치열하게 진행되었던 신학논쟁인데, 특히 칼뱅주의자들과 아르미니우스주의자들 사이에서 오랫동안 벌어졌던 세기의 논쟁이다. 그런데 알고 보면 이것은 종교개혁이 일어나기 훨씬 전부터 계속 있어왔던 논쟁이다. 예정론은 구원에 관한 한 하나님이 절대 주권을 갖는다는 성서의 가르침으로부터 자연스럽게 도출될 수 있는 교리다. 이러한 예정론은 핍박의 시절을 살던 그리스도인들에게 용기와 확신의 원천이 되었다. 어떠한 환란과 핍박에도 하나님께서 나의 구원을 견고하게 붙드실 것이라는 확신은 그러한 어려움을 능히 이겨낼 수 있는 용기를 만들어냈다.

그러나 오늘날 예정론은 그릇된 구원의 확신을 조장하는 주범이 되고 있다. 이에 대해서 김세윤 박사가 《한국 교회, 개혁의 길을 묻다》에서 잘 지적하고 있다. "그들은 '한 번 구원은 영원한 구원이다'라는 구호를 외치면서 '그러므로 신자는 어떻게 사는가에 대해서는 괘념치 말고 오직 구원의 확신을 가지고 살면 된다'라는 생각을 가르치고 있다"고 했다. 하지만 대체 이러한 예정론은 어디서 나온 것일까? 이쯤

되면 한국 교회가 이단이라고 말하는 '구원파'와 다름이 없다.

"한 번 구원은 영원한 구원"이라는 교리는 칼뱅주의 예정론의 요약이다. 하지만 칼뱅은 위에서 말한 식으로 예정론을 가르치지 않았다. 예정이 오직 하나님의 영원하신 섭리 속에 감추어져 있으니 성화의 열매를 통해서 자신이 택자로 예정되었는지에 대해서 스스로 확증해야 한다고 했다. 이에 대한 아르미니우스주의의 반론은 "한 번 구원은 영원한 구원"이라고 말할 수 없다는 것이었다. 즉 오늘날 유포되고 있는 구원의 확신 교리는 칼뱅주의도 아니고, 아르미니우스주의도 아니다. 신약성서의 가르침은 더더욱 아니다.

오늘날 수많은 루터와 칼뱅에 대한 신학논문이 쏟아져 나오고 있음에도 그러한 연구 작업이 그릇된 예정론을 교정하고 있지 못하고 있다. 아마도 이것은 칼뱅의 신학이나 루터의 신학이 점점 교회의 강단과 관련이 없어져버린 탓이 아닐까? 하지만 본래 그들의 신학은 철저하게 강단을 위한 신학이 아니었던가. 참으로 유감인 것은 오늘날 칼뱅의 신학이나, 루터의 신학은 한국 교회에서 중세교회의 스콜라적 사변신학이 되어버렸다. 신학자들은 한국 교회의 현실과 아무 관련도 없고 그러한 현실을 외면하고 있다. 본회퍼는 《나를 따르라》에서 "값싼 은혜는 우리 교회의 철천지원수다. 오늘날 우리의 투쟁은 값비싼 은혜를 얻기 위한 것이다"라고 말했다. 그런데도 한국 교회는 허다한 종교적 인간을 만들어내는 데 분주하다.

세 번째로 하나님나라 복음을 부활시켜야 한다. 한국 교회의 목사들 대부분이 신구약성서가 가르치는 하나님나라에 대하여 무지한 현실이다. 하나님나라는 하나님의 창조 목적이요, 몸소 하나님나라이신 예수님이 이 땅에 오신 목적이다. 그리고 예수님에 의해 완성될 나라며 우리는 하나님나라 백성으로서 지금 여기here & now에 살아내야 한다. 오늘날 한국 교회가 전하는 복음을 간략하게 요약하면 "예수천당 불신지옥"이라고 할 수 있다. 이러한 복음은 예수님이 전한 하나님나라의 복음과 큰 차이가 있다. 우선 "예수천당 불신지옥"식 복음은 구원을 타계화한다. 구원은 죽은 뒤에 영혼에게 주어지는 복된 상태라고 본다. 두 번째로, 이러한 복음은 하나님나라를 장소적인 의미의 유토피아로 생각하게 만든다. 세 번째, 이러한 복음이 이신칭의와 결합되면 구원을 개인의 마음속에 일어나는 것이라고 생각한다. 즉 구원을 개인화, 내면화, 타계화, 탈사역화한다.

19세기 이후에 큰 발전을 보인 하나님나라 신학은 복음서가 말하는 하나님나라에 대해서 많은 시사점을 준다. 그중에서도 하나님나라는 장소적인 의미의 유토피아가 아니라 하나님께서 통치하시는 것이라는 사실을 가르쳐준다. 그리고 하나님나라는 죽은 뒤에 우리 영혼이 이 땅을 떠나서 날아가야 하는 곳이 아니다. 우리가 이 땅을 떠나 하나님나라로 가는 것이 아니라 하나님의 나라가 이 땅으로 내려온다. "〔하나님〕나라가 〔이 땅으로〕 임하시오며, 뜻이 하늘에서 이루어진 것 같이 땅에서도 이루어지이다"(마 6:10).

종종 경건한 신자들은 "빨리 죽어서 천당 가고 싶어요"라고 고백하지만 이것은 예수님이 전한 하나님나라와는 완전히 다른 것이다. 오늘날 한국 교회 강단에는 놀랍게도 하나님나라가 빠져 있다. 그리고 하나님나라의 복음을 전한 예수님도 빠져 있다. 복음서를 읽어보라. 그리고 그 속에 생생하게 증거하고 있는 하나님나라의 복음을 부활시켜라. 종교개혁자들이 역사적 예수님에 대하여 관심이 부족한 것은 종교개혁의 한계를 보여준 한 단면이다. 우리가 예수님을 믿는 다면 예수님의 생애와 그분이 하신 말씀을 직접 들어야 할 것이 당연 하지 않은가? 필립 얀시가 말한 대로 "이 시대의 기독교는 서신서에 지나치게 초점을 맞추고 있지 아니한가?"

16세기 종교개혁자들에게는 이러한 개념이 다소 낯설었다. 물론 루터나 칼뱅도 나름의 방식으로 하나님나라에 대해서 이해했으며, 가르침을 남겨 놓고 있다. 하지만 그들은 신이 아니며, 전지전능하지 않다. 모든 우상에 대해서 거부하는 것이 종교개혁의 정신이다. 이러 한 점에서 종교개혁가들의 시대적·역사적·신학적·인간적 한계가 있었음을 인정하는 것은 종교개혁의 전통을 정확하게 계승하는 것이 다. 그들은 우상이 아니다. 오늘날 교회가 하나님나라의 복음을 새롭 게 이해한다는 것은 종교개혁가들의 신학적 한계를 뛰어넘어 그들이 시작한 개혁을 한 걸음 더 발전시킨다는 의미가 될 수밖에 없다.

마지막으로 한국 교회는 교회론에 대한 총체적인 점검을 해야 한 다. 종교 개혁가들이 거대한 조직으로서의 가톨릭교회에 대한 개혁 을 시도하는 과정에서 알게 모르게 교회론을 약화시켰다. 당시에 그 들에게 무엇보다도 시급했던 것은 구원론을 재정립하는 것이었다. 그런데 당시 그러한 시대적 상황을 이해한다고 하더라도 결국 그러 한 신학적 불균형이 오늘날 우리에게는 개혁의 과제로 남겨지게 되 었다는 사실을 정확히 바라볼 수 있어야 한다. 그러므로 우리는 종교 개혁을 개혁해야 한다.

최근 한국 교회 안에 '가나안 교인'(교회에 '안 나가' 는 교인)이 증가

하고 있다. 어떻게 교회에 나가지 않는 교인이 가능한가? 개신교 신학의 패러다임 안에서 이 문제에 대해서 답하기란 쉽지 않다. 개신교 신학에서는 교회론보다는 구원론이 더욱 중요하다. 우리의 교회론은 하나님나라의 모델로서의 교회다. 구원을 교회와 무관하게 받기 때문에 교회에 출석하지 않더라도 그의 구원에 문제가 생기지는 않는다. 교회에 나가지 않는 것은 초대교회에서 있을 수 없는 일이다. 더구나 만일 가나안 교인이 지역교회에서 큰 상처를 받아서 신앙을 실족하기 직전에 처한 경우라고 생각해보자. 그가 만약 "제가 교회에 나가지 않기 때문에 시험을 덜 받고 그나마 이렇게 믿음에서 완전히 떠나지 않고 있는 겁니다"라고 항변한다면, 대답할 말이 있는가?

게르하르트 로핑크Gerhard Lofink는 《예수는 어떤 공동체를 원했나? Jesus and Community》의 서론에서 개신교회의 이러한 교회론적 곤경을 잘 지적했다. 구원이 개인에게 오고, 무엇보다도 마음속에만 주어진다면 그에게 교회란 무엇이냐 하는 것이다. 우리는 신약성서를 통해서 교회는 단순히 구원받은 개인들의 모임, 동호인 모임 이상이라는 사실을 알 수 있다. 교회는 세상과 구별되는 대조 공동체, 대항 공동체, 대안 공동체다. 세상이 공중권세 받은 자가 다스리는 곳이라면, 교회는 예수 그리스도께서 통치하시는 곳이요, 하나님이 다스리시는 곳이다. 세상과 대조 없는 교회는 있을 수 없다. 한국 교회가 가진 대조성이 과연 무엇인가? 아무것도 없다. 그러나 이것은 바른 교회가 아니다. 이론과 실천, 신학과 실천의 사이가 이렇게도 다를 수 있는가. 우리는 교회를 보고 근사치적 하나님나라를 볼 수 있어야 한다.

하나님이 다스리시는 곳이라는 점에서 교회는 하나님나라의 거점이요, 전진기지다. 교회는 하나님나라 그 자체는 아닐지라도 하나님나라를 자신의 존재로 담아내는 그릇이며, 담지자다. 교회는 하나님나라라는 진귀한 보물을 숨기고 있는 밭이다. 마치 농부가 밭에 감추인 보화를 찾아내듯이 믿지 않는 사람들이 교회에서 하나님나라라는 최고의 보물을 발견할 수 있어야 한다. 세상과 구별된 대조 공동체인 교회는 폭력과 위선과 거짓과 권력과 돈이 왕 노릇 하는 세상과는 달라야 한다.

그러나 오늘날 한국 교회의 모습은 어떠한가? 교회가 세상과 무엇이 다른가? 교인과 교인이 아닌 사람 사이에 무슨 다른 점이 있는가? 세상의 모든 기관과 조직들이 효율성이라는 기준에 의해 개혁을 요구받고 있는 마당에 교회만은 폐쇄적이고, 가장 반개혁적, 반개방적 폐쇄집단이 되고 있다. 교회가 약자의 편이 아니라 강자의 편에 서고, 정의를 부르짖는 편이 아니라 기득권의 지배를 옹호하며, 십자가의 길이 아니라 권력을 추구하는 길을 걸어가고 있다. 한국 교회의 지독한 자기보호 본능, 타인에 대한 무조건적 공격이라는 점에서 봤을 때 한국 교회는 마치 자폐증 환자와 다름없다. 이러고서야 어찌 우리가 스스로를 종교개혁의 전통에 서 있다고 자부할 수 있겠는가? 루터와 칼뱅이 부활하여 한국 교회를 보고 무엇이라고 말할까? 도스토옙스키가 《까라마조프 씨네 형제들》에서 대심문관 추기경을 통해 말했듯이 지금 예수님이 한국에 오신다면 "당신이 없어도 우리의 종교는 잘 되어가고 있으니 여기서 나가라"고 하지 않을까?

종교개혁이 의미하는 바는 단순하다. 그것은 기존의 체제로 충분하지 못하다는 것이다. 예수님께서는 기존의 체계를 전복하기 위해

오신 것이 아닌가! 예수님은 공중권세 잡은 자가 통치하고 있는 이 세상나라에 하나님나라의 복음을 들고 오셨다. 이 복음은 지금의 세상나라로 충분하지 못하다는 현실 거부 선언이었다. 만일 현 체제로 충분하다면 하나님나라가 도래한다는 예수님의 복음은 아무런 의미도 없다. 현 체제가 충분치 못하며, 현 체제는 개혁되어야 한다는 것이 하나님나라의 복음이다.

그렇다고 진보와 보수의 논쟁에서 진보의 편에 서자는 말은 아니다. 진보라 하더라도 어떤 진보인가? 그리고 그 진보가 성서의 가르침과 맞는가 하는 문제를 따져봐야 할 것이다. 그러나 기득권층에 아부하고, 돈과 권력의 길을 뒤쫓는 보수 세력과 기독교는 어떠한 이유에서든 가능하지 않다. 역사 속에서 교회는 늘 현 체제를 긍정하고, 기득권층을 정당화하는 이데올로기적 기능을 충실하게 수행해왔으나 그러한 교회는 언제나 버림받았다. 영국 사회학자인 에드먼드 버크 Edmund Burke는 "악이 승리하는 데 꼭 필요한 것은 선한 사람들이 아무것도 하지 않는 것이다"라고 말했다. 한국 교회는 더 이상 이데올로기로서 기득권층에 편승하는 일을 멈추라!

우리는 종교개혁의 전통을 이어받은 프로테스탄트들이다! 프로테스탄트는 항상 저항하는 자다. 우리는 언제, 어디서나 잘못된 것에 저항하는 자들이 되어야 한다. 이것은 16세기 종교개혁자들의 신학을 다시 공부해야 한다는 뜻이 아니다. 우리는 모두 시대의 아들로서 그 시대의 한계를 지닌다. 종교개혁자들 역시도 그 시대의 아들로서 그들의 한계를 지니고 있다. 그들의 한계를 인정하는 것은 종교개혁을 거부하는 것이 아니라 도리어 종교개혁의 정신을 계승하는 것이다. (후략)

이 책은 위의 글이 당부하는 것을, 같은 맥락에서 종교개혁의 정신을 계승하고, 종교개혁이 다시 한 번 개혁되어야 한다고 주장하기 위해 썼다. 이를 위해 나는 지금 한국 교회의 신학적 문제를 제기하고 싶다. 신학적 문제는 어찌 보면 윤리적 문제보다 근본적인 문제다. 한국 교회의 윤리적 실패의 문제를 다룰 때, 우리는 그러한 사건이 단순히 윤리적 문제가 아니라 신학적 문제라는 사실을 기억해야 한다. 지금 우리가 목도하고 있는 한국 교회의 이 희극적인 현실은 그냥 몇몇 지도자들의 인간적인 연약함으로 생겨난 우발적인 도덕적 스캔들이 아니라는 말이다. 이들의 행위는 고도로 정교하고 치밀한 신학적 기반 위에서 저질러지는 체계적이고도 구조적인 그리고 매우 악질적인 죄악상이다. 이런 의미로 한국 교회의 윤리적 실패는 신학적 요인과 얽혀 있다고 생각한다.

같은 맥락에서 셰인 클레어본Shane Claiborne은 이런 말을 한 적이 있다. "나는 그리스도와 기독교의 이름으로 세상에서 일어나는 온갖 혼란스러운 것들의 대부분이 악의를 품은 사람들에게서가 아니라 '나쁜 신학'에서 비롯된 것이라 확신하며, 나쁜 신학에 대한 해결책이 신학을 버리는 것이 아니라 '좋은 신학'을 갖는 것이라고 믿는다."[4] 그에게 있어서 기독교의 이름으로 저질러지는 악한 일들은 나쁜 신학을 좋은 신학으로 바꾸는 신학의 개혁으로부터 시작되는 것이다. 그래서 그는 힘주어 이렇게 말한다. "좋은 신학으로 나쁜 신학을 수정하자."[5]

그리고 이것은 정확히 마르틴 루터가 종교개혁을 했던 방식이었다. 뒤에서 좀 더 자세히 다루겠지만, 당시 가톨릭교회의 면죄부 판매에 대해서 부정적인 사람들은 루터 이외에도 많았다. 그러나 그들은 면죄부 판매의 문제를 행위의 측면에 초점을 맞추어 접근했다. 즉 논쟁의 핵심은 면죄부 판매가 "합당하냐, 합당하지 않느냐" 그래서 "면죄부 판매를 할 것이냐, 말 것이냐"에 맞추어져 있었던 것이다. 그러나 루터의 접근은 완전히 달랐다. 그는 면죄부 판매라는 행위의 밑바탕에 자리 잡고 있는 신학에 초점을 맞추었다. 면죄부 판매를 정당화하는 신학은 무엇이며, 그러한 신학은 성서적으로 정당한가? 성서적인 신학은 면죄부 판매에 대해서 무엇이라고 말하는가? 이러한 질문이 루터의 접근 방식이었다. 그리고 그러한 접근 방식은 단순히 면죄부 판매라는 특정 행위를 넘어서 가톨릭교회 시스템 전체를 뒤흔드는 거대한 진동을 만들어낼 수 있었던 것이다.

이런 이유로 지금 한국 교회의 윤리적 패배라는 문제를 접근할 때 우리는 단순한 윤리회복 운동에만 몰두할 것이 아니라, 성서 계시에 대한 더욱 진지한 신학적·성서적 성찰 작업을 함께 해나가야 한다. 그렇다고 기독교 윤리 회복 운동을 폄하할 의도는 없다. 전략적으로 말하자면 생산적 분업이 필요하다는 뜻이다. 우리는 기존의 그리스도인 윤리회복 운동에 그 어느 때보다도 더욱 힘을 보태야 하겠지만 이와 동시에 신학적 작업을 병행해야 한다. 그리고 성서가 우리 시대의 한국 교회를 향해 어떠한 메시지를 던지는지 정직하게 묻고 탐구해야 한다.

이러한 병행 전략은 바울 서신의 구조를 통해서도 확인할 수 있다. 바울은 실천과 윤리의 문제를 전면에 내세운 적이 거의 없다. 그는 언제나 신학적 탐구 작업을 먼저 했다. 그리고 신학적 탐구는 반드시 윤리적 추론과 병행시켰다. 그는 자신의 신학적 탐구 작업의 기초 위에서 실천과 윤리를 제안했다. 신앙과 행위, 곧 신학과 윤리 사이의 유기적 통일성은 그의 거의 모든 서신서에서 확인할 수 있는 바울 신학의 원리다. 이러한 원리를 통해 바울이 말하려고 했던 것은 무엇일까? 그건 그리스도인의 윤리적 실천은 윤리적 차원에서의 결단과 행위의 노력만이 아니라 더 깊은 신학적 차원에 뿌리를 두어야 한다고 믿었던 것이다.

정리하면 바울의 전략은 단순히 윤리적 행위를 교정하는 차원이 아니라 훨씬 더 뿌리 깊은 차원에서 복음 메시지를 통해 윤리적 실천이라는 결실을 만들어내는 것이었다. 바울의 노예제에 대한 입장을 예로 살펴보자. 바울은 노예제를 명시적으로 반대한 적이 없으며, 노예 해방 운동을 이끌지도 않았다. 도리어 반대로 그는 여러 곳에서 노예제를 인정하는 듯이 보이고, 노예들을 향해 노예주들에게 복종하라고 권고했다. 언뜻 보면 바울의 노예제에 대한 입장은 무척 보수적인 듯이 보인다. 그러나 사실 그의 노예제에 대한 입장은 누구보다 급진적이라는 사실을 기억해야 한다.[6] 그는 노예주 빌레몬에게 그의 노예 오네시모를 가리켜 "노예가 아니라 형제로 대하라"고 명령했다. 그는 또 갈라디아서 3장 28절에서 "종이나 자유인이나 … 그리스도 예수 안에서 하나!"라고 선언했다.

빌레몬서나 다른 서신서를 통해 보여주는 복음 메시지와 그 메시지에 기초한 바울의 윤리는 단순히 노예제라는 제도와 시스템을 거부하라는 것이 아니라, 그 밑에 자리 잡고 노예제를 정당화하는 스토아적 질서에 대한 전복이라는 점에서 엄청난 충격파를 만들어냈던 것이다. 즉 바울은 단순히 행위가 아니라 행위의 뿌리를 공격하고 있는 것이다. 이는 마치 전선이 치열하게 대치하고 있는 중에 폭격기가 적진 깊숙이 들어가 적의 본거지에 원자폭탄을 투하하는 것과 비슷하다.

이 책이 신학적 주제에 천착하는 이유는 바로 그것이다. 지금 한국 교회의 문제가 겉으로 보기에는 윤리적 실패처럼 보이나 사실 근본 원인은 다른 데 있다. 윤리적 실패의 이면에는 신학적 실패가 자리 잡고 있고, 신학적 실패의 이면에는 올바른 복음에 대한 이해와 체험이 결핍되어 있다. 초대교회는 반대였다. 그들은 먼저 강력한 성령의 역사로 말미암아 복음의 진면목을 제대로 체험했으며, 그러한 성령의 체험이 올바른 신학에 이르렀고, 바른 신학이 바른 실천을 만들어냈다.

나는 오늘날 한국 교회의 윤리적 실패의 이면에는 그릇된 신학이 자리하고 있다고 본다. 그렇다면 어떤 신학이 문제인가? 물론 이것은 본론에서 다루어야 할 문제다. 그래서 이 책을 통해 구원론과 관련된 신학적 주제들을 다루고자 한다. 오랫동안 개신교인들은 구원론을 개신교회가 가톨릭교회에 대해서 가지는 신학적 우월의 근거라고 여겨왔다. 하지만 오늘날 개신교 구원론은 심각하게 왜곡되었다. 그래서 개신교 구원론은 멸시와 조롱거리로 전락해버렸다. 그리고 그러한 왜곡된 구원론이 지금의 한국 교회의 도덕적 실패의 중요한 원인을 제공하고 있다.

또한 개신교 구원론을 간단하게 일별하고자 한다. 구원론이라는 어마어마한 주제를 다루겠다고 말은 하지만 솔직히 고백하자면 사실 이 작업은 내 역량으로는 벅찬 작업임을 잘 알고 있다. 그럼에도 구원론 문제를 건드리는 것은 이 문제가 지금 한국 교회의 타락의 주요 원인 중 하나라는 문제의식 때문이었다. 이 책에서 구원론의 문제를 다룰 때에도 전문적이고 학문적인 주제로서가 아니라 실제적인 교회개혁이라는 관점에서 다룰 것이다. 이는 과거 루터가 〈95개조 반박문〉을 통해 면죄부 판매를 비판한 것과 비슷한 성격이라는 뜻이다. 즉 구원론을 단순히 논리적·이론적·학문적 차원에서가 아니라, 교회개혁적·실제적·윤리적 차원에서 다루어보겠다는 뜻이다. 그래서 가급적 쉬운 용어와 표현으로 신학을 설명하고자 한다. 할 수 있는 한 많은 신자들에게 신학의 개혁을 통한 교회 개혁의 필요성을 알리기 위해서다. 이 책에서 주로 초점을 맞추는 지점도 이론신학이 아니라 대중신학이다.

우선 전통적인 칼뱅주의와 아르미니우스주의의 구원론에 대해서 간단히 살펴볼 것이다. 사실 나의 주된 관심은 4부부터다. 지금 한국 교회 내에 유통되고 있는 대중적 구원론을 규명하고 이를 비판하는 것이다. 나는 이러한 대중적 구원론을 '아르뱅주의'라고 명명하고자 한다. 아르뱅주의라는 신학은 주창자가 없고, 따로 정리된 글로 발표된 적도 없으며, 따라서 체계적인 형태로 조직된 적 없는 신학이다. 아르뱅주의는 전문적이고 학문적인 신학 이론이 아니며 앞으로도 그러한 신학 이론이 만들어지지는 않을 것으로 보인다. 이는 아르뱅주의가 신학이라고 부를 수도 없는 조악한 논리적 결합체로서 내부에 치명적인 논리적 오류를 지니고 있기 때문이다. 하지만 바로 이 정체불명의 신학이 지금의 한국 교회에 엄청난 영향을 미치고 있다. 바로 이 아르뱅주의라는 대중신학을 분석하고 비판하려고 한다.

이 책의 주된 초점이 실제적이고, 대중적인 신학 주제인 것은 사실이지만 주제가 주제이니만큼 부분적으로나마 학문적 성격을 띠게 될 것이다. 또한 무엇보다도 이 작업은 개신교회의 역린이라고 할 수 있는 구원론을 건드리는 일이 될 것이다. 워낙 예민하고 조심스러운 작업인지라 솔직히 두려움이 앞선다. 이것이 얼마나 위험천만한 작업이 될지 잘 알고 있기 때문이다. 자칫 여러 신학적 전통을 불필요하게 건드릴지도 모를 일이고, 교단 신학에 대한 나의 무지와 편견이 은연중에라도 나타나게 될지도 모른다.

그럼에도 이러한 작업을 하려는 의도는 한국 교회가 개혁되었으면 하는 충정에서다. 그래서 지금보다는 그리스도께서 더 기뻐하시는 모습으로 변화되었으면 하는 간절한 바람이 있기 때문이다. 독자 여러분에게 감히 부탁드리고 싶은 것은 한계와 오류들이 삐쭉삐쭉 드러나 보이는 본문들의 행간에서, 숨어 있는 조국 교회의 개혁을 바라는 충정을 살펴주셨으면 한다. 아울러 이 책을 통해 던진 구원론에 관한 화두가 여러 식견 있는 분들을 한국 교회의 개혁을 토론하는 자리에 초대하는 초청장이 되었으면 한다.

열음터에서

신광은

천하무적 아르뱅주의

종교개혁의
폭풍 전야

1517년 10월의 마지막 밤이었다.

그날은 만성절 이브였다. 중세교회는 수많은 성인들에 대한 기념일을 만들어 지키고 있었는데 성인들이 너무 많아서 축일이 넘쳐날 지경이었다. 당시 사람들이 상대적으로 좀 덜 중요하게 여겼던 성인들을 모아 한꺼번에 기념하는 축일을 11월 1일로 정했는데, 이 날이 '모든 성인의 대축일All Saints' Day' 혹은 '만성절'이었다. 바로 그 축일 하루 전날인 10월 31일, 그러니까 10월의 마지막 밤에 비텐베르크 대학의 34세의 젊은 교수, 마르틴 루터가 비장한 표정으로 비텐베르크 성당의 정문을 향해 걸어가고 있었다. 손에는 소책자와 망치 그리고 못이 들려 있었다. 비장하지만 단호한 표정으로 성당 문 앞까지 이른 루터 교수는 소책자를 그 성당 문에다 대고 못을 박기 시작했다.

"쾅, 쾅, 쾅…"

작은 울림이었다. 하지만 그 순간 그가 천 년의 기독교 왕국의 심장부에 비수를 꽂고 있다는 사실을 아는 사람은 아무도 없었다. 그리고 동시에 거대한 종교개혁의 핵폭발이 일어나고 있었음을 아는 이는 더더욱 없었다. 그가 성문에 박은 소책자는 이름하여 〈95개조 반박문〉이었다. 이것은 당시 로마교회가 시행 중이던 면죄부 판매가 얼마나 성서에서 벗어났으며, 비복음적인지에 대해서 반박하는 95개 논제들이었다.

사실 당시 비텐베르크 성당 문은 요즘으로 치면 대자보 혹은 대학 게시판 노릇을 했기 때문에 루터가 성문에 반박문을 못으로 박은 게 아주 이상한 것은 아니었다. 그는 신학교 교수로서 면죄부 판매가 비성서적이라는 자신의 소신을 천명하고, 할 수만 있으면 다른 신학자들과도 토론할 의향이 있다는 뜻을 신학교 게시판에 공지한 것이다. 그래서 맨 처음 반박문은 학자들의 언어인 라틴어로 씌어졌다. 이때만 하더라도 그 자신도 파장이 얼마나 커질지

는 전혀 알지 못했다. 그는 마치 눈가리개를 한 전투마처럼 그저 앞만 보고 달려가고 있었다.[1]

하지만 그날 그가 〈95개조 반박문〉을 성당 문에 못 박는 순간 모든 상황은 신속하게 루터의 손을 완전히 벗어나고 만다. 루터 자신도 예상치 못하는 방식으로, 그리고 통제할 수 없는 방식으로 일은 진행되었다. 독일 구석진 마을에서 일어난 한 젊은 교수의 도발은 성난 파도처럼 독일 전역을 넘어 전 유럽을 휩쓸기 시작했다. 그의 반박문은 곧바로 독일어로 번역되어 배포되었는데 독일 전역에 배포되기까지는 보름이 걸렸고, 유럽 전역으로 전파되기에는 4주면 충분했다.[2] 이것이 가능했던 이유 중 하나는 그 즈음에 발명된 구텐베르크의 인쇄기 덕분이었는데, 인쇄기가 반박문을 찍기 직전에 면죄부를 인쇄했다는 사실 또한 역사의 아이러니다.

교황청을 위해 억지로 젖을 짜내야 했던 '교황청의 젖소' 독일인들은 루터의 저항에 열광했다. 면죄부 판매자들의 사기성 부흥집회에 신물을 느끼던 적지 않은 사제와 수사들도 일제히 환영의 뜻을 표했다. 면죄부 판매 부흥집회에 꾸역꾸역 모여들었던 군중은 돌변하여 면죄부 판매자들을 향해 조롱과 야유를 던지기 시작했다. 그토록 위풍이 당당하던 테첼Johann Tetzel 일행은 순식간에 식어버린 청중의 열기에 어쩔 줄 몰라 했다.

이렇게 종교개혁이 시작되었다.

1

면죄부,
종교개혁의 발화점

면죄부인가, 면벌부인가?

    종교개혁은 면죄부 판매 때문에 일어났다. 레오 10세가 성 베드로 성당 재건축을 위한 자금 마련을 위해 면죄부를 팔 결심만 하지 않았더라도, 주교직에 오를 수 있는 나이도 안 되었던 20대 풋내기 시절에 이미 두 개의 주교구를 손에 넣은 알브레히트 주교가 그 두 개도 모자라 마인츠 주교구까지 장악하려는 욕심을 품지만 않았더라도, 알브레히트 주교가 교황으로부터 마인츠 주교구를 매입하기 위한 자금 마련을 위해 테첼에게 독일에서의 면죄부 판매를 승인하지만 않았더라도, 테첼이 자신의 면죄부 판매를 위한 순회부흥집회를 지나치게 성공적으로 이끌지만 않았더라도… 우리가 아는 종교개혁은 일어나지 않았을 것이며, 역사는 전혀 다른 방향으로 흘러갔을 것이다.

    하지만 테첼은 면죄부 판매에 있어서 천부적이었다. 그의 부흥집회는 독일 전역에서 어마어마한 성공을 거두었고, 무지한 민중의 가산을 박박 긁어모아 절반은 교황 레오 10세의 수중으로, 절반은 마인츠 주교 알브레히트의 금고로 보내졌다. 그리고 그러는 사이 손에 묻은 떡고물은 테첼 자신의 호주머니로 들어갔다. 바로 이것이 젊은 루터 교수를 자극해서 반박문을 쓰게 만들었던 것이다.

그렇다면 종교개혁을 촉발시켰던 이 면죄부라는 게 도대체 뭔가? 통상 면죄부免罪符는 죄를 용서받는 증서라고 알려져 있다. 심지어 돈으로 살 수 있는 천국행 티켓으로 아는 이들도 상당수다. 하지만 이것은 사실이 아니다. 애초의 면죄부는 천국행 티켓이나 죄를 용서받는 증서가 아니었다. 그렇다면 면죄부는 어떠한 증서였는가? 우리는 이 지점에서 가톨릭교회의 아주 복잡한 교리를 간단하게라도 훑어보지 않을 수 없다. 여기서 오래된 로마 교회의 교리를 살펴보려는 이유는, 그들의 모습 속에서 바로 현재 우리 모습이 보이기 때문이다. 그리고 이 작업을 통해 그 옛날 카이사르가 했던 말을 다시 떠올릴 수 있을 것이다. "현재는 아무리 나쁜 사례라고 하더라도 그것이 시작된 원래의 계기는 훌륭한 것이었다."[3]

면죄부란 무엇인가? 일단 당시 루터가 공격했던 면죄부에 대한 로마 가톨릭교회의 변명은 다음과 같다. 면죄부는 죄를 사해주는 증서가 아니라 죄에 대한 벌을 면해주거나 감해주는 증서라는 것이다. 그런 점에서 면죄부는 틀린 말이고, 면벌부免罰符 혹은 사면부赦免符라고 해야 맞다는 것이다. 그렇다면 죄를 사하는 것과 벌을 사하는 게 무슨 차이가 있을까? 또 교황이나 교회가 무슨 권한으로 벌을 사하는 증서를 발행할 수 있을까? 면죄부라고 하는 게 별것 아닌 것 같아도 그것은 거의 1천 년의 기간을 거치면서 엄청나게 다양하고 복잡한 신학과 전통, 상상력 등이 결합되어 만들어진 것이다. 그러다 보니 이것을 이해하기란 여간 어려운 게 아니다. 자, 그러면 면죄부가 어떻게 만들어졌는지 간단하게 살펴보자.

면죄부의 탄생

공동체 고백의 전통과 면죄부

이야기를 거슬러 올라가보자. 예수께 죄를 사하는 권세가 있을까, 없을까? 당연히 있다. 언젠가 예수는 중풍병자에게 "작은 자야, 네 죄 사함을 받았느니라"(마 9:1-13; 막 2:1-12; 눅 5:17-26)라고 말씀하신 적이 있다. 그러자 유대교 지도자들은 예수를 향해 자기가 무슨 권한으로 죄를 사한단 말인가 하고 비판했다. 그때 주님은 그들에게 "인자가 땅에서 죄를 사하는 권세가 있는 줄을 너희로 알게 하려 하노라"라고 말씀하셨다. 그렇다. 예수에게는 죄를 사하는 권세가 있었다. 예수의 지상 사역 중 많은 부분은 죄로부터 죄인을 구원하는 사역이었다. 그래서 베데스다 연못가의 38년 된 병자에게도(요 5:2-18) 현장에서 간음하다가 붙잡힌 여인에게도 주님은 죄 용서를 선포하셨다(요 8:1-11).

질문을 좀 바꿔보자. 그렇다면 예수의 제자들에게는 죄를 사하는 권세가 있을까, 없을까? 성서에 따르면 '있다!' 예수께서는 마태복음 16장에서 베드로(개신교회에서는 베드로를 포함한 모든 제자라고 믿는다)에게 천국 열쇠를 주며 "네가 땅에서 무엇이든지 매면 하늘에서도 매일 것이요 네가 땅에서 무엇이든지 풀면 하늘에서도 풀리리라"(마 16:19)고 하셨다. 마태복음 18장을 보면 이것은 죄의 용서와 관련된 표현임을 알 수 있다. 즉 천국 열쇠는 죄를 용서하는 권세를 포함하고 있다는 말이다. 요한복음은 더욱 분명하다. 부활하신 예수는 제자들에게 나타나 "너희가 누구의 죄든지 사하면 사하여질 것이요, 누구의 죄든지 그대로 두면 그대로 있으리라"(요 20:23)고 말씀하셨다. 주님은 제자들에게도 당신께서 가지고 계셨던 죄 사함의 권세를 주셨다.

제자들에게 죄 용서의 권한이 있다면 그건 열두 사도들만 가리키는 것일까, 아니면 우리도 포함되는 것일까? 만일 우리에게도 죄를 용서하는 권한이 있다면 우리는 어떤 방식과 절차를 통해 누구에게 어떤 조건으로 죄를 용서해줄 수 있는가? 만에 하나 우리가 그 권한을 남용해서 마음에 맞는 사람 아무에게나 '예수의 이름으로' 죄를 용서해주고 다닌다면 어떻게 되는 걸까?⋯이런저런 질문이 마구 생겨난다. 이 질문들의 핵심은 이거다. 대체 사람이 사람의 죄를 용서해주는 것이 어떻게 가능하단 말인가?

역사적으로 초대교회 때는 사역자와 교인들이 죄를 지은 사람에게 실제로 죄 용서를 선포해주었던 것으로 보인다. 그러나 초대교회는 그러한 죄 용서의 선포가 자의적인 것이 되지 않도록 각별히 주의를 기울였다. 그래서 그 권한은 아마도 공동체 전체가 사용했던 것 같다. 이러한 맥락에서 우리는 초대교회가 광범위하게 실천했던 공동체 고백의 의미를 알 수 있다. 즉 죄를 지은 사람이 공동체 앞에서 죄를 고백할 때 공동체가 이를 듣고 분별하여 죄의 용서를 선포했던 것이다.

이것은 야고보서 5장 16절을 통해서도 알 수 있다. "그러므로 너희

죄를 서로 고백하며 병이 낫기를 위하여 서로 기도하라." 이 짧은 말씀 속에서 우리는 다음 몇 가지를 추정할 수 있다. 첫째, 초대교회는 자신의 죄를 공동체 내에서 고백했다는 것. 둘째, 그 고백을 듣는 자는 사제 한 사람이 아니라 다수의 공동체 식구들이었다는 것. 셋째, 이 고백은 은밀하게 일대일로 행해지기보다는 공개적인 방식으로 행해졌다는 것. 마지막으로 이러한 공동체 고백은 질병의 치유와 연결되어 있다는 것 등을 알 수 있다.

1세기 말까지 거슬러 올라가는 문헌인 《디다케》에서도 공동체 고백의 증거를 찾을 수 있다.

> 주님의 주일마다 여러분은 모여서 빵을 나누고 감사드리십시오. 그러나 그전에 여러분의 범법들을 고백하여 여러분의 제사가 깨끗하게 되도록 하십시오. 자기 동료와 더불어 분쟁거리를 가진 모든 이는, 그들이 화해할 때까지는 여러분의 제사가 더럽혀지지 않도록 여러분의 모임에 함께하지 말아야 합니다.[4]

《디다케》에서 공동체 고백이란 올바른 예배를 드리기 위한 준비 작업의 일환이었다. 이것은 예수 그리스도의 산상설교의 가르침을 지키기 위한 노력이었다(마 5:23-24). 1세기 초대교회 신자들은 예수의 가르침을 따라 위선적인 예배가 아닌 참된 예배를 드리기 위해서 예배 전에 혹은 예배 시작 부분에 틀어진 관계를 회복하고, 서로 화해하고, 자신의 잘못을 서로에게 고백했던 것이 분명하다. 그리고 이러한 공동체 고백은 사제에게 사적으로 시행하는 고해성사가 아니라 공동체 전체가 참여하는 자발적이고 공개적인 공고백의 형태였으리라 짐작된다. 그리고 교회가 이렇게 성도의 죄 문제를 실제적이고 구체적으로 다룰 수 있었기 때문에 죄는 쉽게 교회 안에서 발붙일 수 없었다. 즉 초대교회는 죄 사함의 권세가 있었으며, 교회는 그 사죄의 권한으로 교회를 거룩하게 하는 데 사용했던 것이다.

하지만 불행한 사실은 시간이 지나면서 가톨릭교회가 공고백을 사제들에게 사적으로 시행하는 고해성사로 변질시켰다는 것이다. 그리고 가톨릭교회를 개혁한 개신교회는 아예 공동체 고백의 전통을 포기해버렸다. 사제에게 행하는 고해성사는 비성서적인 사제 의존적 신자를 양산했으며, 사제들의 그릇된 권위주의를 만들어냈다. 개신교회는 이렇게 그릇되게 변질된 고해성사를 개혁하기 원했는데, 그러다 보니 더러운 목욕물과 함께 아이까지 같이 내다버린 것이다. 그래서 개신교회는 공고백이라는 초대교회의 실천 자체를 없애버리고 말았다. 이런 이유로 디트리히 본회퍼는 교회의 공동체 고백의 전통을 회복해야 한다고 주장했다.[5]

공동체 고백의 실천이 있었던 초대교회는 불순종하는 지체들을 향해 교회가 상당히 권위 있는 권징과 치리를 할 수 있었던 것 같다. 이는 바울 서신을 통해서도 볼 수 있는데, 교회는 성찬에 참여하지 못하도록 교회에서 축출하는 것(고전 5:5)과 같은 치리의 수단을 가지고 있었다. 그리고 이러한 치리의 수단들은 신자들을 충분히 두렵게 할 만큼 실제적이었다. 신자가 공동체의 권징과 치리를 받아들여 회개하고 돌이킬 경우 교회는 그에게 다시 성찬에 참여할 수 있도록 허용해주었는데, 이때 교회는 그가 지은 죄를 용서하는 사죄 선포를 했던 것으로 보인다. 이런 경우 자연스러운 일이지만 공동체 지도자(당시 사제나 주교)가 공동체를 대표해서 사죄를 선언해주었을 것이다. 하지만 이때 지도자는 다만 공동체를 대표했을 뿐이다.

이러한 공동체를 대표했던 사제의 사죄 선언이 점차 사제 개인의 사죄 권한으로 변질된 것이다. 즉 교회가 주교(감독)의 권한을 강화하는 방향으로 변하면서 사제나 주교가 그 사죄 선언의 권한을 사유화하기 시작한 것이다. 그 와중에 다음과 같은 신학적 문제들이 대두되었다. 사죄 선언의 권한은 사제 자신의 권한인가, 아니면 공동체의 사죄 권한을 사제가 단지 대리만 하는 것인가? 그러나 교회의 역사는 사제가 점차 사죄 선언권을 사유화하고 독점하는 쪽으로 흘러가게 되었음을 보여준다. 이러한 과정은 성례전의 신학이 발전하게 되면서 점차 정교해지고, 확실한 논리적·신학적 정당성을 얻게 된다. 중세가 깊었을 때 성례전은 사제가 마치 마법사처럼 마음대로 휘두를 수 있는 신기한 수단이 된다. 그리고 그와 더불어 사제는 전능한 재판관처럼 피고에게 유·무죄를 선포할 수 있는 신적인 존재가 되었다.

성례전이란?

여기서 성례전 혹은 성사sacrament에 대해서 간단히 살펴보자. 5세기의 위대한 교부 아우구스티누스Augustinus의 고전적인 정의에 따르면, 성례전이란 (보이지 않는) 신적인 것을 지시하는 (보이는) 표지sign이다. 다른 말로 보이지 않는 하나님의 은총을 보여주는 수단이라고 할 수 있다. 아우구스티누스의 성례전의 신학은 점점 진화되고 복잡해져서 12세기 페트루스 롬바르두스Petrus Lombardus에 이르러 성례전 신학이 완성된다. 오늘날까지 가톨릭교회가 고수하는 7가지 성례전도 그가 확정한 것이다.

이 7가지 성례전은 다음과 같다. (1)영세(세례/침례) (2)성체(미사라고도 하는데 성찬의식이다.) (3)견진(유아세례를 받은 모태신자가 성령의 기름부음을 받고 사명을 부여받는 의식) (4)고해(사제에게 주기적으로 자신의 죄를 고백하고 용서받는 의식) (5)혼배(결혼 예식) (6)신품(사제로 서품 받는 의식) (7)종유(임종을 맞는 신자가 죄를 고백하고, 기름을 바르는 의식).

보통 개신교회에서는 침례와 성찬, 두 가지만을 성례전이라고 보는데, 일단 가짓수에서 상당한 차이가 있다. 그런데 가짓수의 차이보다 훨씬 더 중요한 차이가 있다. 그것은 개신교회가 성례전을 단순히 교회의 의식으로 보는 경향이 강한 반면에, 로마 가톨릭교회에서는 이 성례전을 단순히 교회의식으로 보는 것이 아니라 구원의 중요한 수단으로 본다. 가톨릭교회에서 성례전은 구원론의 일부인 것이다.

성례전이 어떻게 구원의 수단이 되는가? 로마 가톨릭교회는 죄를 영혼의 질병으로 본다. 구원이란 죄를 용서받는 것인데, 다른 말로 영혼의 질병을 고침 받는 것이다. 죄를 용서받기 위해서는 하나님의 은총이 필요하다. 다른 말로 은총은 영혼의 질병을 치료하는 약이 되는 셈이다. 오직 하나님의 은총으로 죄의 용서를 받는다. 이런 점에서 가톨릭교회의 신학도 '오직 은총'이다.

그러면 은총은 어떻게 받는가? 여럿이 있는데 그중 하나가 성례전이다. 성례전은 보이지 않는 은총을 보이게 하는 수단이다. 그러니까 보이는 성례전 속에는 보이지 않는 은총이 들어 있는 것이다. 이것은 마치 주사기에 들어 있는 주사약과 같다. 그래서 성례전에 참여할 때 성례전 속에 들어 있는 은총이 인간 영혼 안에 주입되어 죄 용서 효과를 일으킨다. 이런 이유로 성례전이 구원론의 일부가 되는 것이다. 정리하면 이렇다. 죄는 영혼의 질병이고, 은총은 영혼의 질병(죄)을 치료하는 약이고, 성례전은 은총을 담은 주사기다. 7가지 성례전에 참여하는 것은 영혼 속에 은총이 주입되는 효과를 발생시킨다. 이 효과로 죄가 용서받고, 구원에 이르게 된다.

하지만 문제는 1회의 성례전으로 주입되는 은총의 양이 매우 적다는 것이다. (중세 가톨릭 신학에서는 은총을 저울에 달 수 있는 용액 같은 유사 물질로 간주했다. 그래서 측정도 가능했다.) 그 때문에 1회의 성례전만으로는 영혼의 질병을 완전히 치료하기에 턱없이 부족하다. 구원받기 위해서는, 즉 천국에 들어갈 수 있기 위해서는 충분한 양의 은총이 필요하다. 이를 위해서는 꾸준히 성례전에 참여함으로 은총의 양을 축적해야 한다.

바로 이 지점에서 은총의 신학은 공로/공덕의 신학으로 바뀐다. 성사의 반복을 통해 은총이 영혼 속에 주입되면 그것이 신자의 영혼 속에 축적되는데 이 축적된 은총은 그의 공로/공덕이 된다. 공덕이 축적되는 만큼 죄가 점점 용서받고, 영혼은 성화聖化되며, 천국에 더 가까이 갈 수 있다. 그렇게 공덕이 충분히 축적되면 비로소 구원을 받는다는 것이 가톨릭교회의 구원론이다.

여기서 공로/공덕이라고 해서 그것이 순전히 인간의 노력이나 행위를 의미하는 것은 아니다. 그것은 본질적으로 은총의 주입에 의해 부여받는 하나님의 은총의 결과요, 그리스도의 의의 결과다. 이런 점에서 가톨릭 교리에 따르면 공로도 사실은 은총이다. 그런데 어떻게 가톨릭의 구원론이 행위구원론으로 빠지는가? 그것은 은총을 얻기 위해서는 반드시 인간의 노력도 함께 필요하다고 가르치기 때문이다. 그러니까 인간이 성례전에 참여하는 행위 또 성례전 이외에도 성례전을 받기 위한 다양한 선행과 고행 등 실제적인 노력을 해야만 은총을 받는다는 것이다. 바로 이것이 가톨릭의 구원론을 점점 행위구원론으로 빠져들게 하는 단초가 되었던 것이다.

더 중요한 것이 있다. 성례전을 통해 영혼 속에 은총이 주입될 때 이때 그리스도의 의가 영혼 속에 쌓이게 되는데, 이때 그리스도의 의는 루터가 말하듯 전가된imputed 것이 아니라 분여된imparted 것이라는 점이다. 전가는 무엇이고, 분여는 무엇인가? 전가란 본래 내 것이 아닌데 내 것인 양 덧씌워지는 것이다. 반면 분여란 실제 내 것이 되는 것을 뜻한다. 가톨릭 신학에 따르면 성례전을 통해 받게 되는 그리스도의 의는 이제 내 것이 된다. 마치 내 호주머니에 들어 있는 돈처럼 내 소유가 되는 것이다.

내 것이니 심지어 내가 남에게 줄 수도 있다. 여기서 가톨릭교회의 독특한 공로신학이 발전하게 된다. 의가 충만하게 쌓이면 영혼을 죄로부터 치유하여 구원에 이르게 된다. 그런데 만일 구원 얻을 만한 분량보다 더 많은 공로를 쌓으면 어떻게 되는가? 순교자라든지 위대한 신앙의 삶을 살아서 많은 사람의 귀감이 된 성인들의 경우는 단번에 천국에 이르고도 남을 만한 여분의 공로가 있다. 가톨릭교회는 그 여분의 공로가 창고에 쌓인다고 주장한다. 하늘 어딘가에 있는 하늘의 보고에 순교자들과 성인들의 여분의 공로가 쌓이면 교회 혹은 교황이 그 공로를 꺼내어 사용할 수 있다고 하는 기묘한 교설이 만들어지게 된다. 그리고 이것이 면죄부의 탄생에 대단히 중요한 기여를 한다.

이러한 가톨릭교회의 성례전의 신학에서 반드시 기억해야 하는 중요한 두 가지가 있다. 첫 번째로는 이 성례전은 반드시 사제를 통해서만 효력이 발생한다는 사실이다. 합당하게 서품을 받은 사제가 아니면 그가 행한 성례전은 대부분 무효다. 그런 점에서 평신도는 철저하게 사제에게 의존하게 된다. 반대로 평신도에 대한 교회의 지배권은 강화된다. 이것이 중세교회의 권력의 원천이었다. 죄 용서의 권한의 문제를 생각해보자. 가톨릭의 성례전 신학에 따르면 죄 용서의 권한은 공동체의 것이 아니라, 사제가 독점적으로 가지는 것이다. 그 권한은 고해성사라는 성례전을 통해서 발휘된다. 따라서 죄 용서는 사제를 통해서만 받을 수 있다. 그리고 지구상에 있는 모든 사제의 권한은 교황의 권위로부터 파생된다. 이것은 사제 중심주의, 나아가 교황 중심주의다.

두 번째로는 성례전의 효력은 그것을 집례하는 사제가 도덕적으로나 인격적으로 흠이 있어도 손상을 받지 않는다. 성례전은 그것 자체로 효력이 있다. 아우구스티누스에 의하면 이는 성사의 사효론*ex opere operato*이라 한다. 이것은 마치 약사가 주는 약과 비슷하다. 약사가 죽을병에 걸렸어도 약사가 주는 약의 효험은 줄어들지 않는다. 약은 스스로 효력을 발생시키기 때문이다. 이 때문에 가톨릭교회의 성례전은 마치 기계장치처럼 스스로 작동한다. 이러한 성례전의 신학

> 때문에 죄 용서의 권한은 서품 받은 사제가 전적으로 독점하며 그의 인격이나 영성에 상관없이 그가 기계처럼 꺼내 쓸 수 있는 대상이 된다.[6]

이러한 복잡한 성례전 신학과 역사가 왜 중요한가? 공동체 고백을 통한 죄 용서라는 초대교회의 전통이 점점 변질되다가 결국 그 마지막 단계에서 면죄부가 만들어지기 때문이다. 본래 면죄부는 교회가 죄를 고백하는 죄인에게 죄 사함을 선포할 때, 용서받은 죄인이 교회에 바치는 일종의 감사헌금에서 시작된 것이다. 그러니까 돈을 주고 하나님의 용서를 사는 것이 아니라 하나님의 용서에 대한 감사의 표현이 최초의 면죄부였다는 것이다. 이때 죄인은 헌금을 바치고 면죄부를 받았다. 인과관계를 따지자면 면죄부 구매 때문에 죄 용서가 선포된 것이 아니라, 죄 용서에 대한 선포 때문에 면죄부를 구매했다. 우리가 알아야 할 첫 번째 중요한 사실은 이것이다. 면죄부란 교회의 죄 용서의 권한과 긴밀하게 연결되어 있다는 것이다. 루터가 거부했던 면죄부는 이러한 교회의 사죄 권한의 변질 및 오남용과 관련 있었다.

그리고 사죄 권한의 변질은 다음과 같은 방식으로 일어났다. 먼저는 공동체 고백과 교회의 권징, 교회의 사죄 선언이라는 초대교회의 전통이 점차 사제 개인의 권한으로 사유화되고 독점되는 쪽으로 변질되었다. 그 결과 점차 공적 고백은 사적 고백이 되었다. 더불어 성례전의 신학이 점점 발전되면서 사제의 사죄 권한은 사제 개인의 인격과 무관한 사물처럼 객관화되고 기계화되었다. 아울러 사제의 권한은 점차 신비스러운 것처럼 변모했다. 공로의 신학이 발전되면서 사제의 사죄 권한은 마치 마술사가 모자에서 토끼를 꺼내듯이 그렇게 신비한 방식으로 하늘에 있는 공로의 창고에서 마음껏 꺼내 쓸 수 있는 것처럼 마법화되었다. 그러한 과정 끝에 면죄부가 탄생하게 된 것이다.

종교개혁을 촉발시킨 면죄부 판매는 중세교회의 가장 추악한 사기극 중 하나다. 하지만 카이사르의 말대로 이 나쁜 사례도 거슬러 올라가보면 그 최초의 계기는 성서 속 예수의 가르침으로부터 시작되었다는 사실을 잊으면 안 된다. 즉 면죄부의 뿌리는 예수께서 당신의 제자들에게 죄를 용서하는 권한을 부여해주신 말씀으로까지 거슬러 올라갈 수 있다. 예수께서 제자들에게 죄 사함의 은총을 선포하도록 하기 위해, 그리고 죄인들을 구원하여 성화에 이르게 하기 위해 허락하신 사죄 권한이 점차 왜곡되더니 급기야 면죄부가 탄생하게 된 것이다.

회개의 진정성과 면죄부

면죄부를 탄생시킨 또 다른 계기를 살펴보자. 우리는 여기서 무척 흥미로운 또 한 가지 사실을 발견할 수 있다. 사실 면죄부의 길고도 깊은 뿌리는 교회가 죄인에게 참된 회개를 촉구하고자 했던 순수한 의도와 연결되어 있다. 만일 어떤 죄인이 회개하고 예수를 믿겠노라 고백했다고 해보자. 교회는 그의 말이 진짜인지, 가짜인지 어떻게 알 수 있을까? 오직 하나님만이 사람의 중심을 아시기 때문에 인간은 사람 속을 완전히 알 수는 없을 것이다. 그래도 우리는 일상에서 다른 사람의 진심이 무엇인지를 가늠하며 산다. 마찬가지로 교회 역시 죄인의 말뿐만 아니라 행동을 보고 회개의 진위 여부를 어느 정도는 가늠할 수 있었고, 또 그렇게 하려고 했다.

삭개오의 예를 생각해보자. 부패 관료였던 삭개오가 예수를 만난 뒤 회개했다. 그는 예수가 시키지도 않았는데 이렇게 고백한다. "주여, 보시옵소서. 내 소유의 절반을 가난한 자들에게 주겠사오며 만일 누구의 것을 속여 빼앗은 일이 있으면 네 갑절이나 갚겠나이다"(눅 19:8). 삭개오는 자기 죄 때문에 눈물을 흘리지도 않았고, 자기 죄를 용서해달라고 간구하지도 않았다. 대신에 그는 자기 재산의 절반을 조건 없이 기부하고, 과거 자신이 부당하게 세금을 징수한 일에 대해 그 징수 금액의 4배를 되갚아주겠다는 약속을 한다. 한마디로 그는 과거를 깨끗이 청산하겠다고 결심한 것이다. 예수는 그의 고백을 매우 기뻐하며, "오늘 구원이 이 집에 이르렀으니 이 사람도 아브라함의 자손임이로다"라고 선언하신다(눅 19:9). 예수가 보시기에 삭개오의 공약은 참된 회개의 증거였음이 분명하다.

그런데 만일 삭개오가 애통해하며 용서를 구하면서도 그 회개에 합당한 행위를 단 하나도 하지 않았다고 해보자. 주님은 과연 그를 용서해주셨을까? 알 수 없다. 하지만 그런 상황은 상당히 곤혹스러운 상황임이 분명하다. 누군가 회개한다고 하면서도 구체적인 행동을 전혀 하지 않는다면 우리는 그 회개를 진실하다고 믿을 수 있을까? 이는 간단한 문제가 아니다. 그러나 세례(침례) 요한이 세례를 베풀 때 그는 회개의 열매가 나타나지 않을 것으로 판단되는 종교지도자들의 세례를 거부했다(마 3:7). 그러면서 그는 모든 수침자들에게 회개의 열매를 맺음으로 그들의 세례의 진실성을 입증해 보이라고 가르쳤다(눅 3:10-14). 이처럼 회개의 진실성은 고대부터 오늘날까지 교회가 지닌 중요한 문제였다.

초대교회는 교인 중에 누군가 죄를 지었을 경우 공동체 고백과 함께 철저한 회개를 요구했다. 그리고 그 회개에 합당한 징계를 부과했다. 그중 대표적인 것은 '수찬 금지'다. 성찬에 참여하는 것을 금하는 수찬 금지는 교회공동체의 교제에서 격리시키는 것으로 사실상 교회 밖으로 축출하는 것을 뜻한다. 당시 교회공동체에 소속되는 것을 구원의 중요한 표지로 여겼던 초대교인들에게 이 징벌은 대단히 심각한 것이었다. 초대교회는 죄의 크기나 죄질의 정도에 따라서 수찬 금지 기간을 정해서 그 기간 동안 근신하는 권징의 시간을 요구했다. 그 시간이 차면 근신자는 공동체 앞에 나아가서 자신의 잘못을 뉘우치는 고백을 공적으로 하고, 교회는 그에 대한 사면과 회복을 공적으로 해주었던 것이다. 그렇다고 교회가 세세한 죄까지 그렇게 엄격한 처리와 권징을 시행하지는 않았다. 아무리 선량한 그리스도인이라도 매일 짓게 되는 피할 수 없는 작은 죄들이 있지 않겠는가? 그러한 사소한 죄에 대해서는 교회나 지도자들에게 가져가기보다는 각 개인이 스스로 기도나 구제, 용서를 통해 처리했던 것 같다.[7] 중요한 것은 초대교회가 교회 내의 죄 문제를 결코 가벼이 보아 넘기지 않았다는 사실이다.

그렇다면 교회가 교회 내의 죄 문제를 이렇게 진지하게 다룬 이유는 무엇일까? 그것은 교회가 죄인의 회개와 관련해서 하나님의 자비와 공의라는 두 원칙을 모두 만족시키려는 의도 때문이라고 볼 수 있다. 하나님의 자비를 고려할 때 죄인의 회개는 가납되어야 한다. 동시에 하나님의 공의를 고려할 때, 회개는 진정한 고백과 구체적인 행동을 통해 진실성이 입증되어야 한다. 그러니까 교회는 죄를 지을 가능성을 염두에 두고 죄가 행해졌을 때 죄인을 그 죄의 세력으로부터 떼어내서, 죄인은 구원하되 죄의 세력이 교회 내에서 고착화되지 못하도록 노력했던 것이다.

그러나 시간이 지나면서 권징과 치리는 점차 교회 지도자(사제)에게 위임된다. 오늘날 장로교회가 치리를 담당하는 장로제도를 두는 것에서 당시 전통의 흔적을 희미하게 엿볼 수 있다. 점차 교회는 참회에서 요구되는 징벌 목록을 정교하게 작성하게 된다. 큰 죄에 대해서는 큰 징벌을, 작은 죄에 대해서는 작은 징벌을 요구한다는 원칙에 따라 목록이 작성되었다. 그리고 이때 회개자가 감당해야 하는 징벌, 교회가 요구하는 것이 바로 '보속'이다. 죄의 목록과 벌(보속)의 목록이 점점 정교하게 만들어졌다. 이어 죄인이 참회하는 정교한 과정이 입법화되었다. 중세교회에 들어서면 가톨릭교회는 회개의 3단계를 만들어내는데, (1)심령의 통회 *contrisio cordis* (2)입술의 고백 *confessio oris* (3) 선행의 보속 *satisfactio operis* 이다.[8] 그런데 이상의 변화는 그 선한 의도에도 회개의 복음이 점차 율법화, 윤리화, 제도화되는 징후라고 할 수 있을 것이다.

여기서 중요한 것은 세 번째인 선행의 보속이다. 보속은 죄에 대한 일종의 벌인데, 용서받은 죄인이 받을 벌이니 최소한의 벌이다. 보속은 논리적으로 보면 회개의 마지막에 나온다. 보속은 회개의 시작이 아니라 회개의 끝이다. 즉 보속은 죄를 용서케 하는 원인이 아니라 죄 용서에 대한 결과였다. 하지만 그럼에도 보속을 완전히 이루지 않으면 회개는 성립되지 않는다. 왜냐하면 보속조차 하지 않는 죄인의 회개는 진실한 회개라고 볼 수 없기 때문이다. 이런 점에서 보속은 회개의 마침표며, 회개의 완전한 성취를 위한 최소한의 조건이라고 할 수 있다.

그러므로 보속이 죄 사함을 준다고 생각하면 안 된다. 가톨릭 신학 체계 내에서 죄 용서는 그리스도의 은총으로만 가능하다. 하지만 가톨릭교회는 은총만 강조하고 인간의 책임을 완전히 면제할 경우 그 은총은 값싼 은총으로 전락할 위험성이 있다고 느낀 것이다. (우리는 지금 이 징후를 개신교회에서 보고 있다!) 그리하여 가톨릭교회는 하나님께 용서받기 위해 죄인의 자발적 참여가 반드시 필요하다고 선언한 것이다. 이 자발적 참여가 바로 보속이다. 그러니까 본래 보속은 회개의 실제성과 참회의 진실성을 드러내는 수단이었다.

하지만 이것은 이후 하나님의 은총과 인간의 선행이 반반씩 협력함으로 온전한 회개가 이루어진다는 논리로 귀결된다. 종교개혁자들은 이를 신인협동설Synergism이라고 부르고 이를 반대했다. 왜냐하면 그것은 세미semi 펠라기우스주의 내지는 절반의 행위구원론이라고 의심했기 때문이다.

보속의 신학은 12-13세기가 되면 다시 한 번 발전하게 된다. 그것은 중세 스콜라 신학자들이 죄과culpa와 형벌poena을 구분했기 때문이다. 예를 들어 절도죄에 대해서 징역 1년이 선고되면 절도는 죄과이고 징역 1년은 형벌이 된다. 죄과란 죄 자체를 말한다. 모든 죄는 하나님을 향한 죄다. 하나님을 향한, 심지어 하나님을 공격하고, 반역하는 죄가 바로 죄과다. 한편 형벌은 그 죄과가 초래하는 결과물을 말한다. 그것은 죄 때문에 받게 될, 또 받아야 하는 재앙이자 처벌이다. 이것이 회개의 3단계와 결합하게 된다. 스콜라 신학자들은 죄과는 1단계(통회)와 2단계(고백, 고해성사)를 통해 그리스도의 은총으로 용서받지만, 형벌은 3단계(보속)를 통해 완전히 말소된다고 설명했다.[9]

그러면 보속은 누가 정하는가? 당연히 교회가 정한다. 중세교회가 요구했던 보속에는 어떤 것들이 있는가? 가장 일찍부터 요구되었던 보속에는 기도와 금식, 구제 등이 있다. 여기에 성체성사(미사)의 참여, 시편 낭독, 철야 등이 덧붙게 된다. 이 목록은 점점 늘어나 중세 말이 되면 자기 등을 채찍질하거나, 성유물을 숭배하거나, 국외로 추방하거나, 성지를 순례하거나, 교회에 헌금하거나, 그 밖의 온갖 것들이 다 들어간다. 결국 보속이란 교회나 사제가 하라고 명령하는 것이 되어버렸다. 이제 교회와 사제는 회개를 완성시키는 보속의 종류와 크기를 정할 수 있는 사법권을 행사할 수 있게 되었다.

면죄부 구매도 바로 이 보속의 일환이었다. 본래 면죄부 구매 행위는 구제나 헌금을 하는 방식 중 하나였다. 삭개오의 예처럼 구제는 오래전부터 참된 회개의 증거로 여겨졌던 행위다. 가난한 자에게 돈을 주는 것이 구제인데, 그것이 (구제 전담 기관으로 간주되는) 교회에 돈을 바치는 헌금으로 바뀐 것이다. 구제가 헌금으로 바뀐 것은 그리 어려운 일이 아니었다. 교회는 죄인이 가난한 자를 직접 구제하거나 교회에 헌금을 내는 것을 모두 보속이라고 인정해주었다. 죄인이 교회에 보속에 해당하는 헌금을 바치면 교회는 그것에 대한 일종의 영수증 같은 증서를 써주었는데 이것이 면죄부에 해당한다. 보속 헌금의 변종이 면죄부인 것이다. 그리고 이 때문에 가톨릭교회는 'indulgenced'를 면죄부가 아니라 면벌부라고 번역해야 한다고 주장하는 것이다. 여하튼 면죄부 구매는 회개의 1-2단계가 아니라 3단계인 보속의 행위에 속하는 행위였다.

그러면 교회가 헌금을 그냥 받지 않고 왜 면죄부를 발행했을까? 본래는 면죄부가 아주 제한적으로, 그것도 구제를 독려하기 위한 목적으로 생겨났다. 그러다가 교회가 교인의 헌금과 헌신을 크게 독려할 필요가 생겼다. 이러한 필요로 면죄부의 혁명이 일어나게 된다. 그중에서도 십자군 전쟁은 면죄부의 혁명에 큰 기여를 한다. 예루살렘을 이교도의 손에서 탈환하기 위한 명목으로 벌인 전쟁이 십자군 전쟁인데, 이 전쟁에 참여할 병사를 모집하는 일은 쉬운 일이 아니었다. 그런데 교황 우르반 2세는 1095년에 죄인들의 남아 있는 형벌(잠벌)을 완전히 면제해주는 보속의 증서를 발행해줌으로써 십자군을 모집할 수 있었던 것이다.[10]

그러나 교황이 대체 무슨 근거와 권능으로 이러한 면죄부를 발행한단 말인가? 여기에는 설득력 있는 논리가 필요했고, 이를 위해 신학이 동원되었다. 앞서 설명했던 공로의 신학은 가톨릭교회의 면죄부 발행을 위한 논리적 근거가 되었다. 사실 교회가 죄인들의 보속을 돈으로 해결해준다는 것은 너무 속보이는 일이 아닐 수 없다. 그래서 교회는 돈으로 보속 문제를 해결하는 것이 아니라는 설명을 만들어낼 필요가 있었다. 그래서 교회는 하늘에 공로의 보고가 있다고 상정했다. 이 공로의 보고는 자신을 충분히 구원할 순교자와 성인들의 잉여 공로를 쌓아두는 곳이라고 설명했다. 그리고 교회는 그리스도께서 주신 하늘의 문을 열고 닫는 권세를 가지고 있으니 이 권세로 하늘의 보고를 열어, 그 잉여 공로로 지상의 죄인들이 지불해야 하는 공로를 대신 지불할 수 있다고 말했다. 공로라는 것이 사람의 영혼 안에 저장되는 소유물이기 때문에 원하는 대로 다른 사람에게 증여할 수 있다는 주장도 여기에 한몫 거들었다. 즉 교회는 하늘에 있는 공로 창고에 쌓여 있는 성인들의 잉여 공로를 꺼내다가 보속을 성취할 수 있게 된 것이다. 그러면 죄인이 굳이 따로 보속을 할 필요가 없다. 대신 그들은 헌금을 내고 보속이 성취되었음을 입증하는 증서를 구매하는 것이다. 이것이 면죄부다. 이때 면죄부 신학에 따르면 면죄부의 효력은 돈이 아니라 성인들의 여분 공로에 의해서 발생한다는 것이다.

그러나 면죄부 발행과 함께 교회와 죄인 간의 거래가 발생하는 것을 막을 길은 사실상 없다. 참회자는 돈으로 고행 시간을 단축하거나, 보속의 강도를 약화시킬 수 있었다. 돈이 그것을 가능케 했다. 면죄부는 보속 행위를 인정해주는 증서로서, 결국 참회 기간과 고통의 양을 경감해주는 일종의 영적인 지불증서가 된 것이다. 이로써 돈 많은 이들은 자기 죄의 결과에 대한 통제 능력을 가지게 되었다.

16세기 초, 교황 레오 10세는 낡은 성 베드로 성당을 재건축하고 싶었다. 교황권의 위용을 만천하에 드높일 웅장하고 아름다운, 최고의 예술품으로 성당을 가득 채우고 싶었다. 그러자니 막대한 돈이 필요했다. 교황은 이를 위해 면죄부를 발행키로 한다. 그리고 이것이 종교개혁을 촉발시켰다.

교회 편에서 보면 면죄부는 돈을 벌 수 있는 좋은 수단이다. 그것을 면죄부라고 하든, 면벌부라고 하든 혹은 사면부라고 하든, 면죄부가 돈벌이의 수단이라는 사태의 본질을 은폐할 수는 없다. 교회는 돈을 벌기 위해서 면죄부를 발행했다. 그리고 사람들은 좀 더 구원에 쉽게 이르기 위해 면죄부를 샀다. 역겨운 거래, 바로 이것이 16세기 면죄부 판매의 본질이다.

그러나 잊지 말아야 할 것이 있다. 이 면죄부의 뿌리도 거슬러 올라가다 보면 그곳에서 순수한 동기와 만나게 된다는 것이다. 그 동기는 교회가 신자들에게 참된 회개를 촉구하길 원했다는 것이다. 교인들이 마음껏 죄 짓고, 예배당에 나와서 회개만 하고 가는 일들이 생기지 않도록 하기 위해서 회개의 증거를 요구했고, 책임 있는 행동을 촉구했던 것이 면죄부의 뿌리였다는 사실이다. 그런데 그것이 오랜 어둠의 터널을 통과하고 나니까 애초의 동기와는 정반대의 결과가 생긴 것이다.

죄에 대한 엄중한 경고와 면죄부

우리는 면죄부의 기원과 관련해서 또 한 가지 중요한 사실을 알게 된다. 그것은 초대교회가 죄를 무척이나 신중하고 엄격하게 대했다는 사실이다. 초대교회가 죄를 엄격하게 대했던 사실은 특별히 '회개 가능한 죄'와 '회개 불가능한 죄'에 대한 논쟁을 통해서도 엿볼 수 있다. 오늘날 개신교인 중에 많은 사람은 성서에 회개 불가능한 죄가 있다는 얘기를 들어보지 못했을 것이다. 하지만 회개 불가능한 죄에 관한 논쟁은 초대교회로부터 중세교회까지 거의 1500년 동안 교회 내에서 늘 뜨거운 논란을 불러일으킨 주제였다. 이 논쟁은 요한일서의 한 구절로 촉발되었다.

누구든지 형제가 사망에 이르지 아니하는 죄 범하는 것을 보거든 구하

라. 그리하면 사망에 이르지 아니하는 범죄자들을 위하여 그에게 생명을 주시리라. 사망에 이르는 죄가 있으니 이에 관하여 나는 구하라 하지 않노라. 모든 불의가 죄로되 사망에 이르지 아니하는 죄도 있도다 (요일 5:16-17).

요한에 따르면 모든 불의가 다 죄이지만 사망에 이르지 않는 죄도 있고, 사망에 이르는 죄도 있다. 명확하게 드러나지는 않았으나 요한은 사망에 이르는 죄는 영원히 회개 불가능한 죄라고 말하는 듯하다. 여기서 회개 불가능한 죄라고 했을 때 이는 불신자를 두고 하는 말이 아니다. 불신자는 회개하고 중생할 때 모든 죄를 용서받는다. 요한일서가 암시하는 것은, 일단 한 번 세례를 받고 구원받은 신자가 다시는 회개케 할 수 없는 중죄를 지을 수 있다는 것이다. 그러니까 세례 때 모든 죄에서 용서받아 죄 없는 사람은 회개 가능한 경죄들은 지을 수 있어도 회개 불가능한 중죄는 지어서는 안 되고 또 지을 수 없다는 것이 요한일서의 가르침의 요지이자 초대교인들의 믿음이었다.

이러한 믿음은 초대교인들이 죄에 대해서 얼마나 엄중한 관점을 가지고 있었는지를 잘 보여준다. 그런데 만일 중생한 신자가 중죄를 지으면 어떻게 되는가? 회개할 수 없는 죄를 지었으니 그는 가차 없이 교회에서 축출되었다. 또한 그의 구원은 취소되었다. 그렇다면 회개 불가능한 죄에는 어떤 죄들이 있을까? 약간의 차이가 있기는 하지만 고대로부터 회개 불가능한 대죄는 세 가지로 여겨졌는데 (1)우상숭배 (2)살인 (3)간음 등이었다. 여기서 우상숭배라 함은 주술을 행하거나, 이교 예배에 참석하는 것은 물론이고 당시 로마 제국 내에서 공적 행사로 간주되었던 황제 숭배에 참가하거나 혹은 박해가 두려워 신앙의 정절을 버린 배교까지 포함한다.

초대교인들은 세 가지 대죄를 회개 불가능한 죄로 여겼다. 그들은 그러한 회개 불가능한 죄를 예수께서 말씀하셨던 영원히 용서받지 못할 죄, 곧 '성령 모독죄'(마 12:31; 막 3:29; 눅 12:10)와 동급으로 간주했다. 또 그 죄를 저지른 신자를 히브리서 기자가 말했던 '다시 회개하게 할 수 없는 타락'(히 6:4-6) 상태에 빠졌다고 보았다. 그들은 바울의 권고대로 대죄를 고의적으로 저지른 죄인을 교회에서 축출하고 하나님의 심판의 손에 맡겼던 것이다(고전 5:5). 이러한 출교라는 권징과 치리는 신자들에게 죄에 대해서 두려움을 느낄 만큼 충분히 강력한 권징이었다.

대략 2-3세기까지 몇 가지 예외가 있었으나 회개 불가능한 죄에 대한 초대교회의 입장은 비슷했다. 즉 누구라도 세 가지 대죄를 저지른 자는 교회에서 축출하고 두 번 다시 받아들이지 않았던 것이다. 회개 불가능한 죄를 지은 자에게는 다시 회개할 기회가 주어지지 않았고, 회개 가능한 죄를 지은 자는 공동체 고백과 참회규칙에 따른 참회를 통해 회복되었다. 당시 교회는 회개 가능한 죄의 목록과 그 죄에 대한 체계적인 참회의 절차 및 보속의 규정을 기록한 문서를 만들었는데, 이를 참회규칙 *exomologeiis* 이라 한다.

하지만 시간이 갈수록 초대교회의 엄격한 태도는 많은 문제를 불러일으켰다. 일부에서는 침례를 일부러 늦추려는 사람도 생겨나기 시작했다. 괜히 일찍 침례를 받았다가 회개 불가능한 죄라도 저지르게 되면 영원히 구원받지 못하게 될 테니 말이다. 특히 로마의 박해가 가혹

해질수록 많은 배교자들이 생겨나게 되면서 이 문제는 더 심각해졌다. 교회는 이들 배교자들을 일괄적으로 출교시키는 데 부담을 질 수밖에 없었고, 출교당한 배교자들의 재입교에 대한 요구도 커졌다. 이 때문에 교회는 그들을 다시 받아들이는 것이 가능한지, 가능하다면 무슨 근거로 어떤 방식으로 가능한지를 두고 많은 논쟁이 일어났다. 그 논쟁은 특별히 엄격주의와 관용주의가 날선 공방을 주고받는 형태가 되었다. 엄격주의자들은 교회의 거룩성을 강조했으며, 관용주의자들은 하나님의 자비와 그리스도의 관대한 복음을 강조했다.

그러자 2-3세기 무렵 타협안이 제시되었다. 그것은 헤르마스Hermas가 내놓은 의견이었다. 그는 일단 침례 받은 신자라고 하더라도 딱 한 번 대죄를 회개할 수 있는 제2의 기회가 주어진다고 말했던 것이다.[11] 물론 이 기회는 한 번 뿐이고, 그것도 철저한 참회의 과정을 거친 연후에야 가능하다. 중죄인을 다시 받아들이는 참회 과정은 다소 차이가 있었으나 기도와 금식, 고행, 구제 등과 같은 행위를 요구한 것은 대체로 비슷했다. 물론 이러한 보속 행위는 회개의 진실성을 담보하기 위한 최소한의 장치였다.

그러나 교회는 헤르마스의 타협안에 일치를 보지 못했다. 헤르마스의 타협안에 대해 관용주의자들은 회개의 기회가 너무 적다고 불평했고, 엄격주의자들은 너무 많다고 항의했다. 더불어 이러한 논쟁을 통해 양측 모두의 한계가 드러났다. 엄격주의자들은 지나치게 교만했다. 몬타누스Montanus, 노바투스Novatus, 도나투스Donatus 등은 자신들만 참 교회고 나머지 주류 교회는 전부 타락한 교회라고 비난했다. 주류 교회는 이러한 태도를 분파주의라고 정죄했다. 반면에 관용주의자들은 점차 교회가 지켜왔던 순결함과 거룩성을 포기하는 길을 택했다. 그러니까 엄격주의자들이 교만의 죄를 지었다면, 관용주의자들은 대중적 성공을 위해 교회의 거룩성과 순결을 너무 쉽게 양보한 것이 아닌가 하는 의심이 든다.

모든 종교가 열정적인 분파에서 제도적인 교회로 발전한다고 말했던 에른스트 트뢸치Ernst Troeltsch의 말대로 3세기 교회는 분파로 남기보다는 제도 교회로 가는 길을 선택했다. 그래서 교회는 엄격주의보다는 관용주의를 선택하게 된다. 그 대표적인 인물이 키프리아누스Cyprianus와 아우구스티누스이다. 관용주의를 받아들이면서 교회는 참 신자들만의 거룩한 공동체라기보다는 참 신자와 위선자가 공존하는 '혼합 사회'라는 교회론이 확립된다. 마치 노아의 방주가 부정한 짐승과 정한 짐승을 함께 태웠듯이 교회도 참 신자와 위선자를 다 함께 포함하는 모임이라는 것이다. 그렇다면 교회의 거룩성은 어디서 발견될 수 있는가? 점차 거룩한 교회는 더 이상 지상에 보이는 교회로 존재하지 않으며 천상에 보이지 않는 교회로 존재한다는 이론이 생겨난다.[12]

이 일련의 과정을 통해 상당한 양보와 타협이 일어나긴 했어도 교회가 죄를 엄중하게 다루던 태도를 즉시 거두어들이지는 않았다. 교회는 초대교회로부터 이어져 내려오는 참회규칙을 근거로 입술의 고백만이 아닌 보속을 통해 회개의 진실성을 보이라고 요구했다. 여전히 출교는 위협적인 교회의 권징이었다. 특히 교황 혹은 가톨릭교회가 교인을 교회 밖으로 추방하는 파문은 지옥에 떨어져 영원한 징벌을 받는 형벌이라고 믿어질 정도로 무서운 권징이었다. 중세 때 교황의 파문권은 종종 세속 군주를 교황 앞에 무릎 꿇게 할 정도로 실제적이고 무시무시한 것이었다. 그런데 이러한 교황의 파문권은 본래 초대교회가 공동체를 보호하고 죄인을 회개케 할 목적으로 사용했던 교회공동체의 권징 수단이었다. 그런 것이 교황의 절대 권력을 강화하는 수단이 된 것이다.

이 지점에서 연옥purgatory의 문제를 살펴봐야 한다. 연옥은 무엇인가? 한마디로 연옥은 정화하는 곳이다. 그러니까 연옥은 죄를 씻어내는 곳이다. 아우구스티누스에 따르면 죽은 신자는 크게 네 부류로 나뉜다. (1) 전적인 선인 (2) 전적으로 선하지 않은 선인 (3) 전적으로 악하지 않은 악인 (4) 전적인 악인.[13] 순교자나 성인은 전적인 선인으로 곧장 천국에 간다. 앞서 설명했듯이 그들의 신앙과 선행은 천국에 직행할 정도로 충분하고도 남는다. 이교도나 불신자, 회개하지 않은 중죄인, 파문당한 자 등은 전적인 악인으로 곧장 지옥에 간다. 구원받았으나 회개 불가능한 죄를 지은 자도 바로 지옥에 간다.

그런데 양쪽에 속하지 않은 중간 계층, 그러니까 (2) 전적으로 선하지 않은 선인과 (3) 전적으로 악하지 않은 악인이 문제다. 이들은 영세를 받았으므로 그리스도의 은총을 입어 신자가 되었다. 하지만 이들이 모두 천국에 들어간다고 말하는 것은 뭔가 정의롭지 못하다는 느낌을 지울 수 없다. 주님은 구원의 문이 좁다고 했는데 천국 문이 너무 넓지 않은가! 중세교인들은 하나님의 은총이 값싼 은총으로 전락되는 것을 허락할 수 없었다. 그래서 그들은 이들 중간 상태에 있는 신자들이 구원을 얻으려면 좀 더 성화의 과정을 거쳐야 한다고 믿었고, 그렇게 해서 정화의 장소인 연옥이 탄생하게 된다. 연옥이 준비된 때는 5세기 아우구스티누스 때부터지만 그것이 완성된 시기는 12세기가 되어야 했다. 자크 르 고프Jacques le Goff는 좀 더 구체적인 시기를 들어 1170-1180년에 연옥이 완성되었다고 말한다.[14] 13세기가 되면 가톨릭교회는 이제 연옥에 대한 꽤 상세한 지도를 그릴 수 있게 된다.

주목해야 할 사실은 연옥설이 보속의 실천과 결합한다는 것이다. 지상에서 기도, 금식, 고행, 철야 등으로 보속을 충분히 행하지 못한 경우 연옥에 가서 고통을 받아 못다 한 보속을 행해야 한다는 것이다. 그러니까 연옥에서의 고통이 형벌에 대한 일종의 보속이 된다. 이러한 연옥설은 곧바로 죽은 자를 위한 대도代禱, 즉 일종의 중보기도와도 결합한다. 죽은 자를 위해서 산 자가 중보기도 하는 전통은 대단히 일찍부터 존재했던 전통인데 이것이 연옥설과 결합된 것이다. 산 자가 연옥에 가 있는 죽은 자를 위해서 중보기도를 할 수 있을 뿐만 아니라 그를 대신해서 보속할 수 있는 길이 열렸다. 만일 산 자가 죽은 자를 위해 기도하거나 대신 보속을 할 경우 당연한 얘기지만 죽은 자의 연옥 체류 기간이 단축될 것이다.

그리고 마침내 이러한 연옥설이 면죄부와 결합된다. 산 자가 죽은 자를 대신해서 면죄부를 구입하여 연옥에 있는 친족들의 보속을 대신할 수 있게 된 것이다. 테첼이 면죄부를 팔러 다니며 행한 면죄부 설교는 죽은 친족들을 대신해서 보속할 수 있는 길을 소개해준 것이다. 더구나 당시 테첼의 손에 들려 있었던 레오 10세의 면죄부는 모든 죄책을 완전히 면제해주는 '완전면죄부'였다. 그러니 테첼은 이렇게 설교할 수 있었던 것이다.

여러분, 여러분은 플로린 금화 한 닢으로 이 면죄부를 사지 않으시겠습니까? … 여러분의 금화가 헌금함에 땡그랑 소리를 내며 떨어지는 순간 여러분 친족의 영혼은 연옥을 벗어나 천국을 향해 올라갈 것입니다.[15]

자, 이제 면죄부를 사기만 하면 자신이 해야 할 보속을 완전히 탕감받는 길이 생길 뿐만 아니라 죽은 친족의 영혼을 연옥에서 천국으로 올려 보낼 수 있는 길이 열렸다. 이 얼마나 편리한가. 그런데 곰곰이 생각해보면 이것은 마음껏 죄를 지을 수 있는 길이 열린 것이나 다름없다. 죄를 지으면 사제에게 찾아가 고해성사를 한 뒤, 사제가 요구하는 보속을 면죄부로 대신하면 된다는 말이다. 이 때문에 이론적으로는 면죄부가 아니라 면벌부 혹은 사면부라고 할 수 있을지 몰라도 실제적으로는 사실상 면죄부였다. 무슨 죄든 돈으로 용서받을 수 있는 증서나 다름없었다. 그래서 테첼은 자신의 면죄부가 성모 마리아를 범한 죄도 사할 수 있다고 떠벌렸던 것이다.[16] 교회는 마침내 살인면허증을 발급하게 되었다.

면죄부의 본질

가톨릭교회의 면죄부 교리에 대해 이토록 길게 살펴본 이유는 면죄부 판매 행위 속에서 지금 우리 한국 교회의 모습이 어른거리기 때문이다. 역사란 거울이다. 거울은 자기 모습을 비춰보고 단정치 못한 곳을 고칠 때 필요한 물건이다. 역사 속에서 현재의 모습을 발견할 수 있다. 역사를 통해 교훈을 얻고 잘못된 부분을 고쳐야 하는 법이다. 그런데 역사를 호랑이 담배 피우던 옛날 일로 취급하고, 현실과 무관한 것인 양 간주하면 역사 속의 오류를 피할 길이 없다.

그 옛날 바리새인들은 역사를 거울삼지 못해서 자신들도 선지자를 핍박했던 조상들의 죄에 참여했던 것이다. 그들은 이렇게 자신했다. "만일 우리가 조상 때에 있었더라면 우리는 그들이 선지자의 피를 흘리는 데 참여하지 아니하였으리라"(마 23:30). 그러나 그들은 선지자 중 선지자, 예수를 십자가에 못 박았다. 이는 그들이 역사를 자신과 무관한 일인 양 여겼기 때문이다. 주님은 그들에게 이렇게 말씀하셨다. "너희가 선지자를 죽인 자의 자손임을 스스로 증명함이로다"(마 23:31). 우리가 예수 시절의 바리새인들을 비난하고, 중세 가톨릭교회를 탄핵하는 일에만 열심을 내고 우리 자신 안에 그들의 모습을 발견하지 못한다면 우리도 그들과 같은 오류를 범하고 말 것이다.

면죄부는 어느 날 갑자기 교회가 돈이 필요해서 "돈 주면 죄 용서해 줄게"하며 팔게 된 종이쪽지가 아니었다. 그것은 선한 계기에서 시작했다. 그리고 그러한 최초의 선한 동기에 대한 기억 때문에, 사람들은 오랜 시간 변질되고 왜곡된 실상을 보지 못한 것이다. 오늘날 한국 교회도 마찬가지다. 우리가 붙잡고 있는 신학이나 전통, 교리 등이 본래 선한 의도로 시작되었을지 모르나 점점 변질되고 왜곡되어버릴 수 있음을 알아야 한다.

우리는 면죄부가 가지고 있는 본질을 정확히 간파해야 한다. 그래야 우리 안의 면죄부 판매 행습을 간파할 수 있다. 역사가 반복된다고 할 때 외적인 형태가 그대로 반복되는 경우는 많지 않다. 대부분의 경우 외적 형태는 바뀌지만 내적 본질은 바뀌지 않은 채 역사는 반복된다. 형태는 바뀌었으나 본질은 바뀌지 않은 채 오늘날 한국 교회도 면죄부를 팔고 있다. 따라서 우리는 중세교회 면죄부의 본질에 주목해야 한다.

그렇다면 16세기 면죄부의 본질은 무엇인가? 그것은 첫째로, 교회와 죄인 간에 이루어지는 은밀한 거래다. 교회는 돈이 필요했고, 죄인은 자신의 죄에 대한 정당화 수단이 필요했다. 누이 좋고 매부 좋은 것이 면죄부였다. 맨 처음 면죄부가 발행되었을 때 이는 십자군 전쟁에 참여할 수 있는 군인들을 모집할 요량으로 시행되었다. 루터 시절에는 교회가 성 베드로 대성당 재건축에 필요한 성당 건축 기금이 필요해서 면죄부를 팔았다. 즉 교회가 자신의 필요를 채우기 위해서 면죄부를 판 것이다. 그리고 교인들은 죄를 용서받기 위해서, 정확히 말해서 보속을 통한 참회의 완성을 위해서 면죄부가 필요했다. 이러한 서로의 필요가 만나서 면죄부 판매라는 공리주의적 거래가 형성된 것이다.

둘째로, 면죄부란 거짓 확신의 제공과 관련이 있다. 히브리서 기자는 기독교 신앙을 "바라는 것들의 실상이요, 보이지 않는 것들의 증거"(히 11:1)라고 말했다. 보이는 증거가 있어야 믿겠다는 태도는 기독교 신앙이 아닌 것이다. 그러나 사람들은 늘 보이는 것을 원하고, 증거를 원한다. 사람들이 하는 말은 언제나 동일하다. "증거를 보여봐. 그러면 믿을게." 특히 사람들이 원하는 것은 죄 용서의 확증이며, 구원받았다는 확신이다. 안심할 수 있는 수준의 확신이 필요한 것이다. 하지만 기독교 신앙은 본질적으로 관계적인 것이다. 하나님과 인간의 살아 있는 인격적인 관계 말이다. 관계는 본성상 보이지 않는 것이다. 그러나 면죄부는 보이는 어떤 객관적이고 사물적인 증거를 원한다. 이를 위해서 교황의 인장이 찍힌 종이가 필요한 것이다. 이러한 종이가 주는 효과는 무엇인가? 확신이다! 보이지 않고, 손에 잡히지 않던 기독교 신앙이 이제 손 안에 들어오는 확실한 증거와 통제의 수단으로 대체된다. 이런 점에서 면죄부는 우상이 제공하는 거짓 확신과 본질상 하나도 다를 바가 없다. 그것은 결국 하나님을 통제하려는 인간의 참람한 욕망의 발현이다.

셋째로, 면죄부는 하나님의 이름으로 혹은 성서를 바탕으로 혹은 교회의 권위로 정당화되었다. 사람들은 말에 확신을 부여하기 위해서 뭔가 큰 권위에 의존하는 경향이 있다. 그래서 그 옛날 유대인들은 자신의 말의 확실성을 주장하기 위해서 '하늘'이나 '땅', '예루살렘' 심지어 '자기 머리터럭'으로 맹세를 하곤 했다(마 5:34-35). 성전의 신성함이나 하나님의 이름으로 맹세하는 일도 적지 않았다. 자신 말이 옳다고 주장하기 위해서 감히 하나님을 이용하는 것이다. 인간의 이러한 정당화의 욕구는 본질적이다. 면죄부가 악한 것은 그것이 단지 한 인간의 권위가 아니라 하나님의 이름으로 정당화된 물증이라는 데 있다.

넷째로, 면죄부는 참된 회개를 막는다. 하나님께서 원하는 회개는 단순하고 명료하다. 하나님은 죄의 형량에 대한 법률적·법정적·기술적 프로세스를 원하지 않는다. 복음서에서 예수가 죄인을 용서하시는 파격적인 사죄의 선언을 보라. 중요한 것은 절차가 아니다. 진짜 중요한 것은 죄인이 그 죄에서 벗어나는 것이다. 그래서 요한은 회개의 열매를 맺으라고 권면했으며(마 3:8; 눅 3:8), 주님은 사죄의 선언 이후로 "가서 다시는 죄를 범하지 말라"(요 8:11)고 하셨다. 중요한 것은 얼마나 통회하느냐, 얼마나 진심을 담아 고백하느냐, 얼마나 보속을 성실히 실행하느냐가 아니라 그 죄에서 벗어나는 것, 죄에서 돌이키는 것, 그래서 하나님이 원하시는 새로운 존재가 되는 것이다.

새로운 존재로의 전환, 이것이 하나님이 원하시는 회개다. 그러나 인간은 그런 회개를 부담스러워한다. 그래서 할례나, 제사나, 침례나, 면죄부나 혹은 간단하고 확실한 외적 수단을 찾는 것이다. 결국 이러한 수단들은 참된 회개를 회피하는 수단이 되고 만다. 면죄부는 자신의 죄에서 완전히 돌아서야 하는 인격적·영적 의무와 책임을 면제하고, 교회의 권위로, 전통의 미명 아래, 하나님의 이름으로 죄 짓는 것을 묵인하고 방조하는 얄팍한 정당화 장치로 기능한다. 이것이 면죄부의 본질이다.

2

〈밀양〉이 고발하는
현대판 면죄부

〈밀양〉과 개신교회의 회개 신학

2007년에 개봉한 영화 〈밀양〉은 여러 모로 많은 화제를 불러일으켰다. 영화에 출연했던 여배우가 대한민국 최초로 칸영화제에서 여우주연상을 수상했기 때문이기도 했지만 개신교회의 폐부를 깊숙이 찌르는 영화의 주제 때문이기도 했다. 당시 한국 개신교회는 영화가 던지는 문제제기에 어떻게 대응해야 할지 몰라 당황했다. 마틴 스콜세지의 〈그리스도 최후의 유혹The Last Temptation of Christ〉나 알렉산드리아의 여성 수학자를 살해한 기독교도의 만행을 다룬 영화 〈아고라Agora〉 같이 반기독교 영화라고 치부하기 쉬운 영화들은 상영금지를 요청하거나 반대운동을 할 수 있는 명분을 찾기 쉽다. 하지만 〈밀양〉은 그렇지가 못했다. 〈밀양〉은 대놓고 기독교를 반대하거나, 그리스도를 모독하는 영화가 아니었다. 하지만 영화가 던지는 심오한 화두는 한국 교회 교인들을 괴롭혔다.

　그래서 많은 크리스천들이 손쉬운 방식으로 영화를 해석하고자 했다. 신애(전도연 분)가 예수님을 제대로 만난 것이 아니라거나, 수감된 살인범의 신앙이 가짜라고 주장한다거나, 신애는 마치 자신에게 죄 용서의 권한이 있는 것처럼 생각하는 교만의 죄를 범했다거나, 살인범은 하나님께만 회개할 것이 아니라 신애에게도 잘못을 고백하고 용서를 빌었어야 한다고 주장했다. 이러한 해석들은 꽤 설득력이 있지만 다분히 피상적이다. 물론 하나의 예술 작품에 정답이 어디 있겠는가? 또 모든 관객은 자신의 수준만큼 영화를 보고 해석할 자유가 있다. 하지만 이 영화가 던진 문제를 신학적으로 진지하게 성찰해야 하는 책임 또한 그리스도인들에게 있다.

　신애가 예수님을 제대로 만났느냐, 안 만났느냐는 전혀 중요하지 않다. 마찬가지로 살인범의 신앙 체험이 진짜냐, 가짜냐 역시 중요한 문제가 아니다. 물론 신애의 신앙은 피상적이었고, 살인범의 신앙 체험 역시 모순적이다. 그러나 어쨌든 신애와 살인범이 기독교 신앙을 가졌다는 가정 아래, 그냥 우리가 흔히 만날 수 있는 그런 평범한 크리스천이라는 가정 아래 이 영화를 보자. 신애나 살인범이 평범한 크리스천이라고 가정할 경우 누구라도 신애가 될 수 있고, 누구라도 살인범이 될 수 있다. 영화는 소위 크리스천입네 하는 이들에게 "당신의 신앙이 살인범의 신앙과 무엇이 다른가?"라고 묻고 있고, 동시에 "만일 당신이 신애라면 살인범의 주장 앞에서 무엇을 할 수 있겠는가?"를 묻는 듯하다. 결국 〈밀양〉은 오늘날 유행하는 개신교 참회신학의 천박성을 정확히 지적해낸다.

초대교회 시대의 〈밀양〉

이런 상상을 해본다. 엄격한 참회규칙 속 초대교회의 상황에서 〈밀양〉과 같은 사건은 어떻게 다루어졌을까? 아주 작고 소소한 죄 외에 초대교회에서 죄는 대체로 공동체 안에서 진지하고 신중하게 다루어졌다. 공동체 안에서 교회는 무엇보다 성도와 교회를 더럽히지 못하도록 죄를 통제하고자 했으며, 이를 위해서 회개의 진실성을 검증하고자 애썼다. 그 때문에 모르긴 해도 초대교회에서는 〈밀양〉과 같은 상황이 일어나기 어려웠을 것이다. 말이 나온 김에 〈밀양〉의 사례를 2-3세기 초대교회의 상황 속에 놓고 생각해보면 어떨까?

신애는 자신의 아들을 유괴하고 죽인 살인범을 용서하기 위해서 감옥을 찾았다. 그런데 살인범은 신애에게 자신이 감옥 안에서 주님을 만났으며, 주님으로부터 살인죄에 대한 용서를 받았다고 말한다. 충격을 받은 신애는 이 사실을 교회에 알렸다. 그때 초대교회는 살인범에 대해서 어떻게 처리했을까? 두 가지 가능성이 있다. 첫 번째는 그가 신자인 경우이고, 두 번째는 불신자인 경우이다.

신자인 경우를 생각해보자. 살인범은 침례를 받고 교회에 들어온 성도였는데 갑자기 경제사정이 악화되어서 부득이 유괴와 살인을 저지른 상황이다. 앞에서 언급한 대로 문제가 되는 것은 죄인이 살인이라는 회개 불가능한 대죄를 저질렀다는 것이다. 이런 경우 다시 가능성은 둘로 나뉜다. 하나는 그가 속한 교회가 엄격주의적 입장을 취한 경우고, 다른 하나는 관용주의적 입장을 취한 경우다. 엄격주의적 교회라면 어떻게 처분했을까? 엄격주의 입장의 교회는 회개한 신자가 대죄(우상숭배, 살인, 간음)를 저질렀을 경우 회개할 수 없는 죄를 지었다고 보고 그를 조건 없이 출교한다. 따라서 살인범이 속한 교회가 엄격주의 입장의 교회였다면 자신이 주님을 만났고, 주님으로부터 용서를 받았다는 그의 주장은 기각되고, 교회는 그를 하나님의 심판의 손에 내어 맡기며 그를 받아들이지 않았을 것이다.

한편, 그가 속한 교회가 관용주의적 입장에 속하였다고 가정해보자. 관용주의 교회는 신자가 대죄를 지었다고 하더라도 1회 이상 회개할 기회를 얻을 수 있었다. 따라서 교회는 살인범이 회개했고, 주님이 그를 용서했다는 주장을 무조건 거부하지는 않았을 것이다. 그러나 교회는 그가 혼자서 주님을 만나 죄의 문제를 해결했다는 주장은 받아들이지 않았을 것이다. 교회는 먼저 그에게 공동체 앞에서 자신의 죄를 소상히 고백하도록 요구했을 것이다. 그리고 교회는 그가 진정으로 뉘우치고 있는지, 그렇지 않으면 그저 교회의 회원 자격을 상실하지 않기 위해서 입에 발린 회개를 하고 있는 것은 아닌지를 신중하게 검증했을 것이다. 만일 교회가 그의 고백이 진실하다고 믿었다면 교회는 그에게 일정한 참회의 행위를 요구하고 금식이나 기도의 기간을 요구하며, 그 기간 동안 교회 출석을 금했을 것이다. 더불어 교회는 보속의 목록에 신애에게 찾아가 먼저 그녀에게 용서를 빌라는 것도 포함시켰을 것이며, 그 외에도 봉사와 구제 등을 추가했을 수도 있다. 참회의 기간을 지나는 동안 교회는 주변 성도의 증언을 통해 그가 일련의 참회 행위를 성실하게 이행했는지를 판정한 후, 긍정적 판단이 내려졌을 때 비로소 교회는 그에게 죄의 용서를 선포하고 다시 성찬의 교제에 참석시켰을 것이다.

그렇다면 만일 그가 예수를 믿지 않았던 불신자였다면 어떠했을까? 원칙적으로 교회는 이교도의 회개 가능성을 무제한적으로 열어두었다. 그가 어떤 죄를 지었더라도 교회는 죄인의 회개를 환영했다. 따라서 교회가 살인범의 회개 외 침례를 받을 수 있는 가능성을 막지 않았을 것은 분명하다. 그러나 초대교회는 살인범이 쉽게 침례의 문을 통과하도록 허락하지는 않았을 것이다. 우리는 여기서 개신교인에게, 특히 복음주의 교회에게 무척 생소한 2-3세기 초대교회의 입교 관습과 마주하게 된다. 초대교회는 어떤 죄인이 회개하고 예수를 믿겠다고 고백할 때 결코 쌍수를 들고 환영하지 않았다. 그의 고백이 진짜인지, 가짜인지 말만 듣고 확인할 수 없기 때문이다. 초대교회는 완벽할 수는 없겠지만 최소한 이론적으로는 진정으로 회개한 자만이 침례를 받을 수 있다고 믿었다.

이 때문에 2-3세기 초대교회는 오늘날 개신교회와는 다르게 침례를 받기 전에 먼저 제자도를 요구하는 경향이 있었다. 그러니까 먼저 그가 진정으로 죄악된 행실을 고치는지 보고 그의 고백이 진짜인지 가짜인지를 구별하고자 했던 것이다. 그러니까 "예수를 믿겠습니다"라는 입술의 고백만으로는 침례를 받지 못했다. 메노나이트 교회사가 알렌 크라이더 Alan Kreider는 《회심의 변질 The Change of Conversion and The Origin of Christendom》에서 초대교회는 단순히 말로만이 아니라 최소한 3B(Belief, Belonging, Behavior)가 변화되는 것을 보고 회심했노라고 판정했다. 그에 의하면 초대교인들에게 회심이란 교리에 대한 동의belief 뿐만 아니라, 소속belonging과 행동behavior의 분명한 변화를 모두 의미하는 것이었다.[17] 이 때문에 3세기 교회는 침례 이전에 준비기간을 3년씩이나 요구했던 것이다.[18]

그렇다면 당시 초대교회는 침례를 베풀기 전에 어떤 과정을 통과하도록 요구했을까? 불신자가 침례를 받기 위해서는 최소한 3단계를 통과해야 했다. 첫 번째 단계는 일종의 검증단계다. 이 검증단계에는 그가 진심으로 예수를 믿겠다고 하는 것인지, 아니면 그냥 호기심에서나, 아니면 교회를 염탐하려는 목적으로 예수를 믿겠다고 하는 것인지를 검증했다. 이 검증 작업에는 이웃의 평판을 듣는 것도 포함되어 있었다. 예컨대 기존 신자의 노예 중 한 명이 예수를 믿겠다고 할 경우, 교회는 그의 주인에게 예수를 믿겠다고 하는 그 노예의 평판을 물었다. 만일 주인이 "내 노예는 선한 사람이 아니오"라고 하면 두 말 않고 집으로 돌려보냈다.[19] 또 이 단계에서 중요하게 검증했던 것은 직장이었다. 당시 신앙생활을 하는 데 부적절한 직업(예: 창녀, 포주, 우상제작자, 배우, 연출가, 교사 등)을 가지고 있는 경우 직장을 그만두게 했다. 만일 예비 신자가 이에 응하지 않으면 역시 돌려보냈다.[20]

만일 〈밀양〉의 살인범이 예수를 믿겠다고 했다면 초대교회는 먼저 그의 고백이 진짜인지, 가짜인지 검증하려고 했을 것이다. 그리고 그 검증 작업은 무척 까다롭고 철저할 것이다. 만일 살인범이 교회에 받아들여지기 원한다면, 그는 자신의 회개가 참인지 거짓인지를 교회 앞에 증명해야 했다. 그리고 당연한 얘기지만 여기에는 그가 신애에게 용서를 구했으며, 신애가 그를 용서해줬는지를 검증하는 과정도 포함되어 있을 것이다. 모르긴 해도 교회는 신애를 불러서 살인범이 신애에게 진실한 마음으로 회개를 하더냐고 물을 가능성이 높다.

만일 신애가 그의 사죄를 받아주었다면 이제 그는 2단계, 신앙문답 과정을 거쳐야 한다. 이 과정은 3년 정도 걸렸으나 기간보다 더 중요한 것은 진정한 삶의 변화였다.[21] 이 과정을 거치는 동안 살인범은 주중에 며칠씩 교회에 출석해서 지도자에게 말씀을 배우고, 기독교 교리에 대해서도 배워야 한다. 살인범은 이 기간 동안 교회 예배에 참여할 수 있다. 하지만 1부(말씀 예배)만 참석할 수 있었으며, 2부(성찬 예배)가 시작되기 전에 그는 집으로 돌아가야 한다. 이 기간 동안 교회는 살인범의 삶이 얼마나 성실해졌는지, 그가 과부를 공경하고 있는지, 자주 아픈 사람을 찾아봤는지, 여러 선행을 행하고 있는지를 검증할 것이다.[22] 만일 준의 살인범이 이 단계를 전부 통과했다면 비로소 예비신자는 침례 후보자 명단에 자기 이름을 올릴 수 있다.

살인범은 이제 3단계, 침례 준비과정을 밟아야 한다. 이 단계에서 살인범은 부활절 몇 주 전부터(아마도 사순절 기간이나 그 전부터) 매일 교회에 출석해서 문답과정을 해야 했는데, 이때 비로소 살인범은 '복음'에 대해서 들을 수 있었다. 이 세 번째 과정에서 예비신자가 들었던 복음의 내용이 구체적으로 무엇이었는지는 확실하게 알려져 있지 않다. 어쨌든 복음은 3단계 때 비로소 들을 수 있었다. 살인범은 매일 교회에 나와 복음을 듣고 귀신축사를 받아야 했을 것이다. 교회는 그가 유괴와 살인의 죄를 저지른 것을 알고 있기 때문에 그에게 유괴를 저지르게 하고 살인을 저지르게 하는 악한 영이 다시 그를 지배하지 못하도록 "쉬익, 쉿~" 소리를 내며 예수 그리스도의 권세로 귀신을 내쫓았을 것이다. 교회가 이렇게 한 이유는 당시 교회는 교회 밖 세상을 공중 권세 잡은 자의 통치 아래 있는 세상이며, 모든 불신자는 그 지배를 받는 사탄의 종이라는 믿음을 가지고 있었기 때문이다.

이 모든 준비과정은 고난 주간이 되면 절정에 이른다. 살인범은 이 기간 동안은 더욱 철저히 매일 교회에 출석해서 집중적인 가르침을 받고 철저하게 반복적으로 축사를 받아야 했다. 이처럼 반복적으로 축사를 행한 이유를 크라이더는 중독, 곧 속박의 권세를 끊어내기 위해서라고 설명한다.[23] 살인범은 부활절 전날인 토요일 밤, 곧 부활절 전야에 교회에 나와 철야를 하면서 금식과 기도를 하며 새벽을 기다렸다. 부활주일 새벽이 되면 교회 지도자는 그를 데리고 흐르는 물이 있는 곳으로 가서 3차례 물속에 잠그는 침수례를 베푼다. 그리고 서쪽을 향해 마귀와 세상을 거부하겠다는 결연한 선포를 한 뒤 동쪽을 향해 침수례를 받았다. 교회 지도자는 그의 이마에 기름을 찍어 십자가를 긋고 성령 받기를 기도했다. 그런 다음 물 위로 나와 새 옷을 입었다. 그렇게 한 연후에야 살인범은 비로소 성찬에 참석할 수 있는 자격이 주어졌을 것이다.[24] 아마도 그 첫 번째 성찬 때 신애는 진심으로 그를 축복하고 용서해주었을지도 모른다.

이상에서 볼 수 있듯이 2-3세기 초대교회의 상황에서 〈밀양〉과 같은 아이러니는 일어나기 힘들다. 이는 당시의 회개는 립서비스와는 차원이 달랐기 때문이다. 물론 2-3세기 교회의 참회규칙이 반드시 절대적이고 보편적인 기준이 되어야 한다고 생각하지 않는다. 다만 그러한 검증절차가 있었기 때문에 교회는 더욱 순수성을 유지할 수 있었으며, 신자는 죄에 대해서 좀 더 엄격한 태도를 유지할 수 있었으리라는 말을 하고 싶을 뿐이다. 그리고 이러한 입장은 오늘날 한국 교회가 본받아야 할 태도라 생각한다.

중세교회 시대의 〈밀양〉

만일 〈밀양〉의 사건이 중세 가톨릭교회 때 벌어졌다면 어떠했을까? 면죄부 판매가 만연했던 중세 말기의 유럽 상황을 한번 상상해보자.

우선 준의 살인범은 불신자일 가능성이 거의 없다. 왜냐하면 그가 태어나자마자 부모는 그에게 영세를 받게 했을 것이기 때문이다. 그는 이미 기독교인이다. 그런데 준을 유괴하고 급기야 살인까지 저질렀다. 그리고 체포되어 감옥에 갔혔다. 그는 자신의 잘못을 뉘우치고 회개하기 원한다. 그러나 그의 회개는 혼자서 하나님과 해결할 수 없다. 만일 그가 회개를 하기 원한다면 그는 반드시 사제에게 고해를 해야 했다. 그래서 그는 사제를 만나게 해달라고 부탁했을 것이 분명하다.

사제는 준의 살인범을 만나 마지막 고해가 언제였는지를 묻는다. 그리고 마지막 고해 이후로 저지른 죄가 어떤 것들이었는지 묻는다. 물론 고해 목록에는 준의 유괴와 살해가 들어 있었을 테지만 그것 외에도 크고 작은 죄들이 있을 것이고, 살인범은 그러한 것들을 낱낱이 고백할 것이다. 예컨대 미사에 빠졌고, 기도를 잘 드리지 않았고, 거짓말을 했고, 화를 내고, 시기하고, 음식을 탐하고, 신부님의 말씀에 불순종했고… . 신부는 계속해서 "그 밖에 또 지은 죄가 없나요?"라고 집요하게 물을 것이다.

결국 마지막에 가서는 준을 유괴하고 살해했다는 고백을 하기에 이르게 된다. 하지만 사제는 그 이야기를 대충 넘어가지 않는다. 사제는 마치 경찰이 현장검증을 하듯이 그에게 유괴 및 살해 동기와 경위를 세세히 물을 것이다. 물론 이러한 일련의 고해의 과정이나 내용, 시간은 사제에 따라서 길 수도 있고 짧을 수도 있다. 만일 엄격한 사제라면 맨 처음 그 마음이 들기 시작한 때부터 왜 그러한 마음을 먹게 되었는지, 그러한 마음이 떠올랐을 때 어떻게 반응했는지를 하나씩 캐물어 그의 양심을 괴롭혔을 수도 있다. 하지만 무성의한 사제라면 형식적으로만 간단히 고해를 받을 수도 있다.

어쨌든 고해를 들은 뒤 사제는 살인범에게 모든 죄를 뉘우치고 있는지를 묻는다. 원칙적으로 살인범은 고해하러 오기 전에 이미 충분히 자신의 죄에 대해서 통회하고 있어야 했다. 사제는 고해를 받는 동안 살인범이 진심으로 통회하는지를 판단하며, 만에 하나 살인범이 그저 자기 정당화를 위해서 고해를 하는 것 같으면 그 고해는 가짜 고해(모고해)라고 판정하고 사죄를 선포하기는커녕 기존의 죄에 모고해의 죄를 도리어 덧붙일 수도 있다. 그러나 만일 살인범이 진심으로 자신의 죄를 뉘우치는 것으로 판단이 되면 사제는 '사죄경'을 읽어준다. 사죄경의 내용은 대충 이런 식이다. "성부와 성자와 성령의 이름으로 이 죄인의 죄를 사하노라." 사죄의 선포는 근본적으로 예수 그리스도의 십자가 공로에 기반하고 있으나 사제는 그 공로를 힘입어 마치 자신이 죄인의 죄를 용서하듯 사죄를 선언한다. 이는 예수께서 당신의 제자들에게 죄 사함의 권세를 주셨다는 요한복음의 말씀 때문이다.

그러나 여기서 사죄가 완성되는 것이 아니다. 사제는 이제 그가 해야 하는 보속을 명했을 것이다. 모르긴 해도 보속 행위에는 사법 기관이 주는 형벌을 달게 받으라는 것이 포함되어 있었을 것이며, 무엇보다 살인범에게 신애를 찾아가 용서를 구하라는 목록도 들어 있었을 수도 있다. 꽤 긴 기간 동안 금식을 하거나, 기도를 올리거나, 가난한 자를 구제하거나, 교회에 헌금하거나, 봉사하거나, 고행이나 성지순례를 요구했을 수도 있다.

그러던 중에 만일 그가 테첼의 면죄부 판매 소식을 들었다면 어떻게 했을까? 아마도 그는 수단 방법을 가리지 않고 면죄부를 사기 위해 노력했을 것이다. 그렇게 해서 그가 돈을 주고 '완전면죄부'를 구입했다면 그는 당당하게 사제에게 찾아가 완전면죄부를 보여주며, 자신은 남은 잠벌을 완전히 씻었으며, 더 이상의 불필요한 보속은 필요 없다고 큰소리쳤을지도 모른다. 그러고는 면죄부의 구입과 함께 참회규칙을 완전히 성취했으니 사제에게 이를 인정하라고 큰소리쳤을 수도 있다. 심지어 그는 신애가 찾아왔을 때 면죄부를 보여주며 예수 그리스도께서 자신의 죄를 용서하셨으며 모든 잠벌도 속죄했으니 신애에게 더 용서를 구할 필요가 없다고 주장했을지도 모른다. 그러니까 중세판 〈밀양〉이 가능한 것이다.

이것은 실제로 루터가 경험한 일이었다. 루터가 속한 작센 지방은 선제후 프리드리히가 통치하고 있었는데, 그는 테첼이 자신의 영토 안에 들어와 면죄부 판매를 못하게 막았다. 그 이유는 애국심의 발로 때문이기도 했고, 또 자신이 수집한 성유물의 보속가치가 하락하는 것을 막기 위해서이기도 했다. 성유물의 숭상이나 성지순례는 연옥의 수감 기간을 상당히 단축한다고 믿었기 때문에 당시 많은 순례객들이 프리드리히 제후의 성유물 박물관을 찾았던 것이다. 그런데 테첼의 면죄부 판매가 성공을 거두면 자연히 그의 박물관을 찾는 방문객들의 수는 줄어들 것이 뻔했다. 어쨌든 테첼은 작센 지방을 들어갈 수 없었다.

그러자 작센 지방 사람들이 테첼의 면죄부를 사기 위해 교구를 넘어가는 일이 생기게 된다. 오늘날로 치면 일종의 수평이동 현상과 비슷한 일이 벌어진 것이다. 심지어 루터의 교구민들 중 일부가 테첼의 부흥회에 참석해 면죄부를 사오기도 했다. 그들은 루터에게 당당히 찾아와 테첼에게서 사온 면죄부를 보여주며 아무런 양심의 가책도 느끼지 않은 채 뻔뻔하게 루터에게 사면 선언을 요청했던 것이다.[25] 〈밀양〉의 살인범이 그 시절에 살았더라면 그도 분명 그렇게 했을 것이다.

가톨릭교회는 참회를 7가지 성례전 중 하나로 규정하고 있다. 고해는 성례전으로서 단순히 윤리 규정이 아니라 구원의 중요한 수단이다. 고해성사는 신약성서가 가르치는 공동체 고백의 전통을 사제 개인에게 하도록 바꾸어놓았다. 그렇지만 공고백의 전통을 통해 회개가 개인의 임의적인 행동이 되지 못하도록 막았다. 이를 통해 신도들에게 죄의 문제에 대해서 나름 진지한 태도를 유지하도록 만들었다. 그러나 그러한 노력도 얼마든지 구멍이 생길 수 있었으며, 실제로 역사 속에서 고해를 오남용하는 수많은 사례들이 존재했다. 면죄부 판매는 그중 하나다.

현대 개신교회와 〈밀양〉

〈밀양〉의 배경은 한국 개신교회다. 개신교회는 종교개혁을 통해 중세 가톨릭교회의 악습을 폐지한 개혁된 교회라고 자부한다. 개신교회는 중세 가톨릭교회의 악습 중 면죄부 판매를 폐지했다. 그와 함께 사제에게 은밀하게 행하는 고해성사도 없앴으며, 온갖 괴설과 신화의 진원지인 연옥도 파괴해버렸다. 참회와 사면에 대한 온갖 복잡한 개념, 절차, 이론들도 없애거나 간소화했다. 종교개혁의 방아쇠, 루터의 〈95개조 반박문〉의 제 1조는 이렇게 시작한다.

> 우리의 구주이시며, 스승이신 예수 그리스도가 "참회하라"고 말했을 때, 그리스도는 신도들의 삶 전체가 참회의 삶이기를 요구한 것이다.[26]

고해성사니, 보속이니, 면죄부니, 연옥이니, 이게 다 무슨 소용인가? 중요한 것은 신자의 삶을 죄에서 돌이키는 것이다. 중세 가톨릭교회는 신자의 삶 전체가 참된 회개의 삶이 되도록 이끄는 데 실패했다. 그래서 종교개혁이 일어난 것이다. 다시 말하거니와 루터의 종교개혁은 단순히 면죄부 판매라는 악습을 폐지하기 위해서 일어난 것이 아니라 신자의 삶 전체가 참회의 삶이 되게끔 하기 위해서 일어난 것이다.

하지만 오늘 우리는 진지하게 묻지 않을 수 없다. 과연 오늘날 한국 교회는 신자들에게 그들의 삶 전체가 참된 회개에 이르도록 인도하고 있는가? 오늘날 한국 개신교회는 이러한 개혁의 정신을 충분히 붙잡고 있는가?

특히 이 문제와 관련해서 개신교회가 고해성사를 없앤 대신에 새로운 대안을 제시하지 못한 것은 심각하게 고민해야 할 문제다. 개신교인들은 회개를 위해 사제의 중재를 필요로 하지 않는다. 개신교회는 만인제사장설에 기초해서 모든 신자가 사제의 중재 없이 하나님께 직접 나아가 죄를 고백할 수 있다. 히브리서에서 "그러므로 우리는 긍휼하심을 받고 때를 따라 돕는 은혜를 얻기 위하여 은혜의 보좌 앞에 담대히 나아갈 것이니라"(히 4:16)라고 했을 때, 은혜의 보좌 앞에 담대히 나아가는 주체는 사제만이 아니라 모든 그리스도인이라는 것이 우리 개신교인들의 믿음이다.

그러나 신약성서는 죄를 개인이 혼자 알아서 회개하고, 알아서 용서받는 전통을 지지하는 것 같지 않다. 앞서 얘기한 대로 신약성서는 서로가 서로에게 죄를 고백하고, 공동체의 맥락에서 회개가 이루어져야 한다는 가르침을 내놓고 있다. 진정한 개혁은 단지 고해성사를 없애는 것이 아니라 이러한 성서의 가르침을 회복하는 것이어야 했다. 그래서 루터는 진정한 그리스도인이라면 마땅히 공동체에 죄를 고백해야 한다고 믿었다. 그러나 본회퍼에 의하면 루터의 그러한 가르침은 사람들에게 별 호응을 얻지 못했다고 한다.[27]

그러면서 개신교회는 아무에게도 고백을 하지 않아도 되는 전통을 만들어냈다. 점차 회개는 나와 하나님 사이의 일대일의 문제가 되어버렸다. 이제 죄인이 죄를 회개하고 용서받는 참회 행위는 다른 누구도 간섭할 수 없는 개인적인 행위가 되어버렸다. 영화 속에서 준의 살인범은 감옥에서 혼자 하나님을 만나 회개해버렸다. 누구도 그의 회개 행위에 대해서 왈가왈부할 수 없다.

또한 종교개혁은 가톨릭교회의 보속 교리를 없앴다. 보속을 법률적으로 규정하는 것은 확실히 율법주의적 냄새가 많이 난다. 자칫 사죄와 보속의 선후관계가 뒤집히기라도 하면 순식간에 행위구원론으로 전락할 수도 있다. 또 금식이나 채찍질같이 아무 짝에도 쓸모없는 자기 학대를 만들어낼 수도 있다. 보속교리에서 면죄부 판매라는 악습이 나왔다는 것도 기억해야 한다. 신자의 삶 전체를 참회의 삶이 되게 하는 회개의 정신이 빠져버리면, 보속교리는 그 자체로 문제가 많은 교리가 된다. 그래서 개신교회는 보속을 제거했다. 개신교인은 더 이상 면죄부를 살 필요조차 없으며, 애써 금식을 하거나, 철야를 하거나, 죄를 용서받기 위해서 돈을 낼 필요가 없다. 기계적이고 형식적인 보속은 더 이상 요구되지 않는다. 성인들의 공로도 필요 없다. 오직 예수 그리스도의 십자가의 공로면 충분하다.

하지만 개신교회의 문제는 과연 회개의 진정성을 검증할 수 있는 권징의 수단을 어떻게 마련할 수 있겠는가 하는 것이다. 루터는 말한다. "이는 단지 내면적 참회만을 의미하지 않는다. 이러한 내면적 참회란 그것이 다양하고 구체적인 현세적 변화를 수반하지 않는 한 무가치하다."[28] 또 그는 진정으로 회개한 신자는 입술로만 회개하는 것이 아니라 징벌의 대가를 기꺼이 치르고자 한다고 했다.[29] 또 그는 면죄부를 사느니 차라리 구제하라고 말하기도 했다.[30] 즉 루터는 회개란 그저 내면의 뉘우침만으로는 부족하며 모름지기 구체적인 행동을 수반해야 한다는 사실을 명백히 말했다.

하지만 오늘날 한국 교회는 이러한 식의 회개를 가르치지 않는다. 그래서 위선자가 거짓 눈물과 입에 발린 말로 회개하노라 할 때, 교회는 그 회개의 진정성을 감별할 수 있는 장치를 가지고 있지 못하다. 그래서 날마다 죄를 짓고선 주일만 되면 교회에 가서 "회개합니다"를 반복하는 집사, 권사, 장로, 그리고 목사들이 나타나는 것이다. 신자가 그렇게 회개한 후 곧바로 죄를 향해 달려갈 때 교회는 이를 분별하여 책망할 권한과 수단을 가지고 있지 못하다. 수많은 민주화 인사들을 끔찍한 방법으로 고문하고 죽이던 희대의 고문기술자가 신학교를 나와 목사가 될 때에도, 평생 살인과 탄압과 강탈을 일삼던 독재자가 죽음을 목전에 두고 지옥이 두려워 예수를 믿겠노라 할 때에도 교회는 그들에게 침례를 베풀기 전에 먼저 그의 회개가 진실한지 검증하기 위해 그의 범죄 피해자들에게 최소한의 피해보상을 하도록 요구할 수 있는 권리조차 없는 것이 현실이다.

그러니 보상 없는 회개가 가능해진 것이다. 보속이라는 지나치게 기술적이고 기계적인 절차를 없앤 것은, 자유롭고 자발적으로 진실한 뉘우침을 하게 하기 위해서였다. 그러나 현실은 거저 주시는 하나님의 은총을 아무 보상도 할 필요가 없는 공짜 회개인 양 이해하게 된 것이다. 영화 속의 준의 살인범도 어느 날 갑자기 자신이 예수를 믿고 회개했노라 떠벌린다. 그는 신애에게 용서를 구하지도 않았고 최소한의 피해보상도 한 적이 없다. 하지만 어느 누구도 그 회개의 진실성을 검증할 권한이나 수단을 가지고 있지 못하다. 심지어 피해자인 신애에게도 그럴 권한이 없다.

개신교인들은 더 이상 연옥을 믿지 않는다. 따라서 죽은 뒤 연옥에서 수천, 수만 년 동안의 고통을 두려워하지 않는다. 연옥은 없다. 오직 천국과 지옥만 있을 뿐. 연옥의 개혁은 분명 신학적으로는 의미 있는 개혁이다. 일단 연옥은 도무지 성서에서 찾아볼 수 없는 개념이다. 하지만 연옥이라는 것이 회개 가능한 죄와 회개 불가능한 죄에 대한 논쟁의 결과 생겨난 것이라는 사실을 기억해야 한다. 그리고 이러한 논쟁은 초대교회가 죄에 대해서 얼마나 진지하고, 무겁게 생각하고 있었는지를 보여준다.

개신교회는 연옥설을 없애는 대신 죄에 대한 엄중하고 무거운 태도를 회복했어야 했다. 하지만 개신교회는 죄에 대해서 그토록 엄격하고 신중하게 대했던 태도를 충분히 회복하지 못했다. 루터가 〈95개조 반박문〉을 통해 반복적으로 전하고자 했던 것은 이것이다. 교회나 교황이 산 자와 죽은 자의 모든 죄에 대한 죄책을 기계적이고 자동적으로 사면할 수 있다고 하는 교리는 비성서적이라는 것이다. 교회와 교황의 사면권, 특별히 면죄부 발행권은 남용되어서는 안 된다. 왜냐하면 이것은 회개 그 자체를 파괴하기 때문이다. 회개, 곧 진정한 참회는 기독교 신앙의 핵심이라는 것이 루터의 생각이었다.

그러나 내가 보기에 오늘날 개신교회는 다른 방식으로 회개를 파괴하고 있다. 그것은 그리스도의 은총을 남용하는 것이다. 아마도 이것은 죄의 평준화와 영혼의 민주화라는 방식을 통해서가 아닐까 싶다. 죄의 평준화는 무엇인가? 천박한 개신교의 설교에 따르면 죄는 다 똑같다. 큰 죄와 작은 죄, 중죄와 경죄, 회개 가능한 죄와 회개 불가능한 죄의 구분은 존재하지 않는다. 모든 죄는 다 똑같이 지옥에 던져질 죄다. 영혼의 민주화란 무엇인가? 그것은 선인과 악인, 의로운 자와 불의한 자, 마음으로 죄 지은 자와 행위로 죄 지은 자, 위대한 신앙인과 흉악한 악인의 구분은 존재하지 않는다는 것이다. 죄의 평준화와 영혼의 민주화의 결과 은총의 동일화가 이루어진다. 하나님 보시기에 모두 똑같이 죄인이다. 그래서 은총은 모두에게 '똑같은' 은총이다. 경건한 자나 흉악한 자, 의인과 악인, 모두 동일한 은총으로 구원받는다. 그리고 이러한 은총의 동일화가 이신칭의 교리와 결합하자 이런 결론에 도달하게 된다. "믿기만 하면 큰 죄든 작은 죄든 무조건 전부 용서받는다."

이러한 죄의 평준화와 영혼의 민주화는 회개를 관념화시킨다. 물론 성서에는 마치 죄를 평준화하고, 영혼을 민주화하는 듯한 본문이 있다. 예컨대 "모든 사람이 죄인"(롬 3:23)이라는 바울의 선언이나 "세리들과 창녀들이 바리새인보다 먼저 하나님나라에 들어가리라"(마 21:31-32)는 본문이 그렇다. 하지만 언제나 성경 말씀은 본문의 맥락 속에서 해석해야 되는 법이다. 이들 본문은 어떠한 경우라도 죄를 경시하고, 경건을 향한 참회의 노력을 평가절하 하는 취지의 말씀이 아니다. 이들 본문은 하나님의 주권을 강조하고, 죄인에게 값없이 주어지는 은총의 한량없음을 부각시키고, 하나님 앞에서 누구도 자기 의를 주장할 수 없음을 선언하기 위한 본문이다. 다시 말해서 바리새인들이 자신들은 세리나 창녀와 같은 수준의 죄인이 아니라고 자신을 높일 때, 그들은 하나님의 은총마저 거부하는 교만의 죄를 저지르게 된다. 주님은 바로 교만한 그들을 향해서 "세리와 창녀가 너희보다 천국에 들어가기 쉽다"고 말씀하신 것이다. 그러나 주님은 세리와 창녀나 바리새인이나 똑같다고 하지는 않았다. 주님도 바리새인들의 노력을 아셨기에 "너희 의가 서기관과 바리새인보다 더 낫지 못하면 결코 천국에 들어가지 못하리라"(마 5:20)라고 말씀하셨다. 신약성서의 가르침은 은총이란 인간의 윤리와 도덕성과는 무관하게 전적으로 하나님의 주권에 의해서 주어지는 것이기에 하나님 앞에서 겸손히 자비를 구하라는 말씀이다. 그런데 이러한 말씀을 잘못 이해하고 가르치는 개신교회는 자칫 단순 절도범이나 연쇄살인마나 똑같다고 가르치는 우를 범한다.

하지만 신약성서의 피상적인 해석과 적용으로 만들어낸 죄의 평준화, 영혼의 민주화, 은총의 동일화 이론은 이러한 성서의 가르침과는 반대 방향으로 이끈다. 생각해보라. 실제로 사람을 죽인 살인범과 마음으로만 다른 사람을 미워하는 사람이 다 똑같은 죄인이라고 가정해보자. 준을 유괴해서 죽인 살인범의 입장에서 이런 논리는 굉장히 반가운 것이다. 실제로 준을 죽인 자신이나 마음속으로 다른 사람을 미워한 사람이나 다 똑같은 죄인이라니 말이다. 이 얼마나 솔깃한 말인가! 한마디로 작은 죄의 무게는 늘리고, 중죄의 무게는 가볍게 해서 모든 죄를 도매금으로 똑같이 취급할 수 있다는 논리가 되고 마는 것이 아닌가. 이는 더 나아가 중죄를 아무것도 아닌 것으로 여길 수 있는 논리다. 그리고 이런 논리는 죄인들에게 실로 엄청난 복음이 아닐 수 없다. 한 번 들어보라. 죄인들의 변명을… 그들은 한결같이 자기 죄는 '별것 아닌 죄'라고 항변할 것이다.

준의 살인범 입장에서 신약성서를 이렇게 읽었을 때 정말로 물 만난 고기처럼 기뻤을 것이다. 결국 이 논리를 극단적으로 밀고 나가면, 준을 죽인 자신이나 피해자 의식을 가지고 있는 신애나 다 똑같은 죄인일 뿐이다. 그런데 자신과 하등 다를 바 없는 죄인인 신애가 찾아와 자신을 용서해주겠다니, 실로 오만방자한 말이 아니고 무엇이겠는가? 그러니 신애의 말을 듣고 속으로 분명 이렇게 속삭였을 것이다. '너나 나나 똑같은 죄인인데 누가 누구를 용서한다고… 그대를 위해서 기도

해줄 테니, 너나 잘 하세요.' 하지만 살인범의 이러한 이론은 결코 신약성서의 가르침이 아니다. 죄인의 죄책감을 근거 없이 경감시키고, 피해자의 기소권을 부당하게 빼앗는 이 논리가 십자가의 복음일 수 없다.

이제 우리는 매주 예배 때마다 이런 기도소리를 들을 수 있게 되었다. "지난 한 주간 지었던 모든 죄들, 큰 죄, 작은 죄, 알고 지은 죄, 모르고 지은 죄… 이 모든 죄를 우리 주 예수 그리스도의 십자가의 보혈로 정결하게 씻어주시옵고…." 아마도 준의 살인범도 매주 교회에서 이렇게 기도했을 것이 분명하다. 교회만 가면 무슨 죄든 용서받는다. 회개만 하면 어떤 죄라도 씻음 받을 수 있다. "자, 이제 난 회개했다. 난 깨끗하다. 예수 그리스도 안에 있는 자에게 결코 정죄함이 없다. 나도 나를 정죄할 수 없다. 그런데 누가 나를 죄인이라 고발하는가?"

중세의 면죄부보다 더 악질적인 면죄부가 아닌가 싶다. 돈도 한푼 안 들었으니 말이다. 한때 자신의 면죄부를 사면 성모 마리아를 범한 죄도 용서받을 수 있으리라고 설교했던 테첼은 오늘날이면 분명 이렇게 설교할 것이다. "보라, 여기 무한한 십자가의 보혈의 은총이 이미 예비되어 있도다. 누구라도 믿는 자에게 십자가 보혈이 와르르 쏟아 부어질 준비가 되어 있도다. 죄인들이여, 교회로 나오라. 수도꼭지를 틀라. 그리고 대가 없이 쏟아 부어지는 은총의 샘물을 받아 마시라. 큰 죄든, 작은 죄든, 마음속으로 지은 죄든, 행위로 지은 죄든… 살인죄든, 간음죄든, 우상숭배죄든, 모든 죄가 다 용서되리라. 교회만 나오라. 회개만 하라. 그대의 죄가 다 용서받으리라."

루터가 분명히 선언했듯이 복음은 회개케 하는 복음이다. 죄에서 돌이키기 원하는 자에게 돌이킬 기회를 주는 것이 복음이며, 그 죄의 속박에서 벗어나게 해주는 능력이 복음이다. 하지만 오늘날의 복음에는 죄와 회개가 사라지고 있다. 이것은 죄와 회개의 사유화, 간소화, 관념화 때문이다. 아무런 공적 고백이 없는 편리한 사적 고백과 프라이버시가 보장되는 회개의 사유화, 회개의 진정성에 대한 검증 권한과 수단을 포기한 채 최소한의 피해보상마저 요구할 수 없는 회개의 간소화, 죄의 무게감이 상실된 죄의 관념화, 이것이 현대 개신교회의 왜곡된 참회신학의 문제다. 하지만 기억하라. 신약성서는 회개를 이렇게 가르치지 않았다. 초대교회도 회개를 이렇게 하지 않았다!

3

한국 교회가 남발하는
면죄부

J목사의 복음

우리는 지금 개신교회가 선포해왔던 복음이 점차 살인면허로 전락해버린 끔찍한 현상을 목도하고 있다. J목사는 한국 교회 청년사역의 대표 주자였으며, 한국 교회 차세대 리더였다. 하지만 그는 S교회의 담임목사로 있을 때 여러 명의 자매들에게 상당한 수위의 성추행을 반복하는 물의를 빚어 결국 교회를 사임했다. 그런데 3년도 채 안 돼서 새로 교회를 개척했다. 피해 여성들은 가해자로부터 단 한 번도 제대로 된 사죄나 피해보상을 받아본 적이 없다고 하소연한다. 논란이 한참일 때 궁지에 몰린 J목사가 마지못해 교회 게시판을 통해 자신의 잘못을 소극적으로나마 인정한 것이 전부다. 하지만 피해 여성들을 직접 만나 용서를 구하거나 보상을 한 적은 없다. 도리어 교회를 사임하면서 13억 원이 넘는 전별금을 수령한 것 때문에 또 다른 논란만 일으켰다. 그러나 그 무엇보다 충격적인 것은 새로 개척한 교회에 벌써 수많은 신자들이 몰렸다는 것이다. 과연 J목사는 회개한 것일까? 그는 용서받았을까? 용서받았다면 누가 그의 죄를 용서했을까? 피해자들은 아직도 그를 용서하지 못하고 있는데 말이다. 상황이 어쩌면 이렇게도 〈밀양〉과 똑같은가.

문제는 J목사의 윤리적 잘못만이 아니다. 진짜 문제는 J목사 현상의 배후에 자리 잡고 있는 천박한 신학이다. 매우 건강하지 못한, 편의주의적이고, 이데올로기적인, 썩은 신학이 진짜 문제다. 나는 이 썩은 신학과 씨름하기를 진심으로 원한다. 성추행이라는 죄는 J목사의 성욕으로 시작됐겠지만, J목사의 죄를 부당하게 용서하고 그의 행위를 정당화하고 면죄부를 발급한 주범은 바로 그 썩은 신학이다. 누가 J목사의 죄를 용서했느냐고? 바로 그 썩은 신학이 용서했다. J목사의 설교를 통해 그 썩은 신학을 들여다보자.

> 털어서 먼지 안 나는 사람이 있습니까? 없지요. 누구든지 털면 먼지 납니다. … 그래서 교회는 허물을 터는 곳이 아니에요. 예수 그리스도의 보혈로 허물을 씻어주는 곳이죠.

> 회개를 떠들면서 해요? 회개를 사람 앞에서 해요? 사람들이 회개한다고 하면 용서해줘요? 회개는요, 은밀히 하는 겁니다. 하나님 앞에….

> 심판은 하나님의 고유 권한입니다. 인간이 심판하려고 하면 안 됩니다.

위의 설교는 그가 S교회를 사임한 후 새로 개척한 H교회 강단에서 한 설교 내용의 일부다. 그는 지금 다른 사람의 문제가 아니라 바로 자기 자신의 문제에 대해서 설교하고 있다. 눈치챘겠지만 그의 설교의 근저에는 예수 그리스도의 십자가의 복음이 지나가고 있다. 제3자의 문제에 대한 설교가 아니라 사건 당사자가, 자신의 잘못에 대해서, 복음을 빙자하여 행한 설교라는 말이다. 그리고 우리는 그의 설교에서 그의 천박한 참회신학을 고스란히 들여다볼 수 있다.

털어서 먼지 안 나는 사람 있습니까?

J목사의 이 말에서 우리는 죄의 평준화를 보게 된다. 큰 죄와 작은 죄의 구분은 없다. 모든 죄는 다 똑같다. 마음으로 지은 죄나 행위로 지은 죄나 차이가 없다. 더 나아가 너나 나나 다 똑같은 죄인이다. "그러니 나에게 돌을 던지는 자들이여, 그 입 다물라. 너희도 다 똑같은 죄인 아닌가! 피해 여성들이여, 그대들도 하나님 앞에서 나와 똑같은 죄인 아닌가! 그대들이 나를 향해 고발할 권리를 누가 주었는가?"

교회는 예수 그리스도 보혈로 허물을 씻어주는 곳이죠.

모든 죄는 언제나 용서받을 수 있다. 회개 불가능한 죄는 없다. 교회는 언제나 죄를 용서해주는 곳이지 정죄하는 곳이 아니다. 죄에 대한 책임은 질 필요 없다. 교회만 가면 용서받으니까. 공로 없이, 대가 없이, 보상 없이 모든 죄는 교회에서 용서된다. 극단적으로 간소화된 개신교회의 참회신학의 절정을 보여주는 설교다.

회개를 떠들면서 해요? 회개를 사람 앞에서 해요?

회개는 전적으로 개인적인 문제라는 말이다. 공적 고백은 불필요하다. 공동체 고백? 그런 건 필요 없다. 고해성사? 그건 타락한 로마 가톨릭교회의 비성서적 관습이다. 고백을 어떻게 하느냐고? 회개란 아무도 없는 곳에서 은밀히 하는 것이다. 고백은 철저하게 사적인 행위다. 회개는 다른 사람이 관여할 문제가 아니다. 회개는 오직 하나님과 나와의 일대일의 문제다. 나와 하나님 외의 다른 이가 나의 회개에 관여하지 마라.

이러한 그의 설교는 설득력을 지닌다. 그가 개척한 H교회를 출석하는 한 교인은 이렇게 말했다. "(성추행에 대해) 어떻게 생각하냐면, 목사님이 범죄를 저질렀다고 한다면 그것은 하나님께서 해결했을 것이다. 해결하지 않았더라면 목사님의 좋은 말씀과 부흥을 하나님이 허락하셨을 리가 없다…."

이 교인의 말을 요약하면 이렇다. "회개는 인간이 하나님과 일대일로 하는 것이고, 용서는 하나님의 전적인 주권이다. 그러니 내가 혹은 제3자가 (심지어 피해 여성들일지라도) 왈가왈부할 여지가 없다. 다 각자 자신의 영혼에 대한 책임을 질 뿐 남의 영혼에 대해서 무슨 말을 하겠는가. 하지만 추측컨대(혹은 기대하건대) 하나님께서 개인적으로 J목사의 죄를 벌써 용서하셨을 것이다."

더욱 주목해야 할 것은 소위 '교회성장'이 J목사의 회개의 진정성의 표지이자 하나님의 용서의 증거라고 말하는 대목이다. 우리는 여기서 메가처치 현상과 한국 개신교회의 면죄부 메커니즘이 결합되어 있는 현상과 만나게 된다. 통속적인 대중의 신앙 속에는, 만일 교회가 부흥한다면 그것은 분명 하나님의 용서의 외적 징표일 것이라는 믿음이 자리 잡고 있다. 교회가 빠른 속도로 성장한다는 것, 그래서 비범하게 크다는 것, 사람이 많이 모이고, 재정이 풍부하다는 것, 그러한 메가처치의 담임목사라는 것, 그가 가지는 권력과 금력과 무시할 수 없는 영향력을 소유하게 된다는 것, 이런 것들이 용서의 증거로 볼 수 있다는 것이다. 물론 신학적으로 이를 정당화하는 속죄론은 아직까지는 존재하지 않는다. 하지만 이 논리는 실제 교회 현장에서 심심찮게 발견할 수 있는 논리다. 실제로 메가처치 목사들의 독재, 전횡, 탈법 등이 가능한 이유도 바로 이러한 메가처치 현상 속에서 작동하고 있는 면죄부 메커니즘 덕분이다. 메가처치 목사는 하나님께서 쓰시는 기름부은 종인고로 그의 잘못을 함부로 지적하는 것은 하나님을 대적하는 것인 양 여기는 것이다. 그러나 정말 이것이 성서적인 가르침인가? 이 얼마나 적그리스도적인 사고인가!

어느 살인자의 '구원의 확신'

2003년 12월 19일, 크리스마스를 며칠 앞둔 날 벌어진 일이다. 소설가 서씨가 오전에 기자회견을 가진 뒤 변호사 사무실로 이동 중이었다. 서씨는 동작대교를 지나던 중 승합차 한 대가 비상등을 켠 채 다리 한가운데 서 있는 것을 목격했다. 무슨 일인가 하면서 쳐다보는 순간 승합차 운전자로 보이는 한 남성이 커다란 물체를 다리 아래로 던지는 것을 보았다. 잠시 뒤 또 하나의 물체를 던졌다. 처음에는 확실치 않았으나 두 번째는 분명 사람을 던지는 것 같았다. 서씨는 곧바로 차를 세워 승합차 쪽으로 다가갔다. 운전자는 서씨를 발견하고는 황급하게 차를 몰고 달아났다. 서씨는 승합차 차량번호를 적어 경찰에 신고했고 운전자 이씨는 붙잡혔다. 서씨의 예감대로 이씨가 던진 물체는 사람이었는데, 놀랍게도 이씨의 두 자녀였다.

　2003년 12월 22일, 이씨는 경찰과 함께 동작대교에서 현장검증을 했고, 이때 그가 두 아이를 한강에 던지는 장면이 한 신문사 기자의 카메라에 잡혔다. 기자는 이씨에게 질문했다.

기자 : 지금 심정 어때요?

이씨 : 착잡하고 괴롭습니다.

기자 : 후회 안 해요?

이씨 : 후회합니다.

기자 : 애들 사체 발견된 건 알아요?

이씨 : 어제 들었습니다.

기자 : 어때요?

이씨 : 괴롭습니다.

기자 : 왜 그랬어요?

이씨 : … 살 방법이 없어서 그랬습니다.

기자 : 왜 같이 안 죽었어요?

이씨 : 기독교인이라 자살은 못했습니다.

기자 : 기독교인인데 죽이는 건 괜찮아요?

이씨 : 죄(살인)는 씻을 수 있습니다.

기자 : 뭐라고요?

이씨 : 죄송합니다.

    물론 먼저 밝힐 것은 범인이 정신장애 3급으로 판정받은 장애인이라는 사실이다. 따라서 그의 말에 지나친 신학적 의미를 두는 것은 분명 무리가 따를 것이다. 확실히 그의 변명은 거칠고 세련되지 못하다. 그러나 그의 변명의 배후에는 고도로 정교한 신학적 논리가 작동하고 있다는 사실 또한 간과해서는 안 될 것이다. 우리는 이씨의 말에서 J목사의 설교와 맞닿아 있는 썩은 신학을 발견하게 된다. 이씨의 말에서 발견할 수 있는 썩은 신학의 원리는 다음 두 가지다.

    (1) 살인은 용서받을 수 있다.
    (2) 자살은 용서받을 수 없다.

    '회개 가능한 죄'와 '회개 불가능한 죄'의 논쟁이라는 맥락에서 이 원리들을 살펴보자면 오늘날 개신교회에서 아마도 자살만이 유일하게 회개 불가능한 죄이고, 살인죄를 포함한 나머지 모든 죄는 회개 가능한 죄라는 말이 될 것이다. 이 살인범은 스스로를 기독교인(그가 속한 교단이 정통 교단인지 이단 교파인지는 알 수 없다)이라고 밝혔는데, 그의 기독교 신앙에 의하면 두 자식에게 수면제를 먹여 차가운 한강 물 속에 던져 죽인 아버지의 자식 살해죄는 회개 가능하단다. 하지만 이것이 어떻게 가능할까? 그것을 가능케 하는 것은 위에서 우리가 앞에서 살펴본 그 저렴한 회개 신학 때문이다. 그리스도의 무한한 보혈 공로를 빙자해서 골방에 들어가 은밀하게 말 한마디 하면 용서받지 못할 죄가 없다고 하는 그 싸구려 신학 말이다.

그렇다면 살인죄도 이렇게 쉽게 용서받을 수 있는데 왜 자살죄는 용서받을 수 없다고 생각하는 걸까? 아마도 다음과 같은 논리 때문일 것이다. 자살은 살인죄다. 모든 죄의 삯은 사망, 곧 지옥행이다. 하지만 모든 죄는 회개하면 용서받는다. 하지만 자살은 죄 짓는 순간 죽어버리기 때문에 회개할 시간이 없다. 회개를 할 수 없으니 지옥에 갈 수밖에 없다. 살인을 해도 회개만 하면 즉시 용서받는데, 자살자는 죄 짓는 순간 죽어버리니 회개를 할 시간적 여유가 존재하지 않는다는 논리다. 결국 이씨의 말을 곧이곧대로 믿는다면, 필요하면 살인은 얼마든지 할 수 있으나 자살만은 결코 안 된다는 말이 된다.

이 책에서 자살죄에 대해 많은 논쟁을 하고 싶진 않다. 논점은 자살이 아니기 때문이다. 여기서 더 주목하고 싶은 것은 살인죄는 씻을 수 있다고 당당하게 말하는 이씨의 주장이다. 그의 주장에서 우리는 복음이 실제로 살인면허증으로 전락해버린 사실을 볼 수 있다. 수사적인 표현이 아니라 실제적인 의미로 오늘날 한국 개신교회의 복음은 살인면허로 왜곡되고 말았다. 그리고 바로 이 살인면허증이 오늘날 한국 교회가 발부하는 면죄부다.

면죄부의 메커니즘

어떤 점에서 오늘날 한국 교회에서 발행되고 있는 면죄부는 중세 가톨릭교회에서 발행했던 면죄부보다 더 악질이다. 왜냐하면 중세 때의 면죄부는 돈이 되었든, 선행이 되었든, 뭐가 되었든 모종의 징벌과 보속의 행위를 요구한 만큼 완전히 '공짜'는 아니었다. 돈을 주고 그리스도의 보혈의 은총을 살 수 있다고 선전한 것이 종교개혁자들을 분노케 했다. 또 면죄부는 일정한 조건과 한도 내에서만 발행되었다. 그것은 종이에 인쇄되었고, 특별한 인장이 찍혔으며, 효력이나 발행매수도 한정되어 있었다. 하지만 오늘날 우리 주변에서 발행되는 면죄부는 사실상 공짜다. 아무것도 보상할 필요가 없다. 제한이나 한계, 조건도 없다. 그냥 무제한으로 마구 찍어낼 수 있다. 아니, 찍을 필요도 없다. 그냥 말로 하면 된다. 혹시나 앞서 든 사례가 일부 극단적인 경우라고 생각할지도 모르겠다. 사실 루터로 하여금 종교개혁을 하게 만든 테첼도 당시 상황에서는 일부 극단적인 사례였다. 물론 테첼은 좀 지나친 면이 많았다. 그래서 테첼의 면죄부 판매 방식과 그의 설교는 교황과 가톨릭교회에 의해서도 비판받았다. 이 때문에 테첼의 천박한 면죄부 판매 방식이나 설교 내용은 정통 가톨릭 신학의 기준에서 봤을 때에도 과도하게 벗어난 예외적인 것이라는 게 가톨릭교회의 변명이다. 그러나 이것은 어디까지나 변명이다. 테첼은 당시 유럽에서 엄청나게 인기 있는 대중설교가였다. 테첼의 면죄부 판매 방식이나 그의 신학은 이미 당시에 상당히 유행하고 있었으며, 교황이나 교회도 이를 분명히 알고 있었다. 초기에 루터가 이 문제를 제기했을 때 그들은 묵인하지 않았던가.

마찬가지로 오늘날 한국 교회도 위에서 든 두 가지 예를 지나치게 극단적인 사례라고 구차하게 변명해서는 안 될 것이다. 사례라는 것이 극단적인 측면이 있을 수밖에 없다. 하지만 이 사례는 오늘날 횡행하는 현실을 압축해서 보여주는 대표상징이다. 한국 교회에 만연해 있는 것은, 신학교 교재 속에 들어 있는 정밀한 신학이론이 아니라 대중적으로 성공을 거둔 천박한 구원론과 참회신학이다. 더구나 J목사의 경우는 수많은 청년, 학생, 신학도들의 영적 멘토가 아니었는가. 그의 사례가 극단적이고도 예외적이기는 하나 그의 신학과 논리는 이미 한국 교회에 만연하고 있다. 그리고 이것은 반드시 개혁되어야 하는 썩은 신학이다.

우리는 이러한 썩은 신학을 개혁하기 전에 먼저 알아두어야 할 사실이 있다. 사실 모든 종교는 그 본래의 순수성이 타락할 때 언제나 면죄부 발행 같은 은밀한 거래가 등장한다는 사실이다. 다른 종교도 마찬가지이지만 특별히 우리는 성서 속에서도 동일한 원리를 발견할 수 있다. 즉 면죄부 발행은 어제오늘의 일이 아니다. 우리는 구약성서를 통해 이스라엘 백성들이 제사나 성전을 면죄부처럼 활용했던 사실을 알 수 있다. 구약시대 이스라엘 종교의 지도자들은 제사나 성전 숭배를 통해 하나님의 은총을 끌어내릴 수 있다고 선전했고, 중세 가톨릭교회는 복잡한 참회신학과 면죄부 발행을 통해 하나님의 은총을 거래할 수 있다고 주장했다. 그리고 오늘날 한국의 개신교회는 썩은 참회신학과 천박한 구원론으로 하나님의 은총을 바겐세일하고 있다. 그런데 이들 다양한 면죄부의 형태 속에서 우리는 공통된 특징 몇 가지를 발견할 수 있다.

종교지도자들과 대중 간의 거래
종교지도자들은 늘 돈과 명예, 권력을 원하고, 대중은 심리적 위안과 감동, 종교 서비스를 바란다. 이 둘 사이의 거래는 빈번히 일어난다. 그래서 종교지도자는 대중에게 심리적 위안과 감동, 종교 서비스를 제공하고, 대중은 그에 보답하여 돈과 권력과 명예를 그들에게 제공한다. 이것은 보리 두어 움큼과 두어 조각의 떡을 위해 거짓말을 지어 "평안하다, 평안하다"를 설교했던 구약시대의 거짓 선지자들의 모습에서 발견할 수 있고(겔 13:19), 자신의 면죄부만 사면 성모 마리아를 범한 죄도 사면 받을 수 있다고 선전한 테첼의 설교에서도 들을 수 있다. 그리고 오늘날 한국의 개신교회 목사들도 무제한적 죄 용서의 설교를 통해 대중의 종교적 욕구를 충족시켜주는 대신 그들에게 교회 출석과 십일조와 숱한 명목의 헌금을 요구한다.

한국 교회가 면죄부를 판매하고 있는 이 현상을 메가처치 현상과 관련지을 수 있다. 메가처치 현상이란 1퍼센트의 메가처치는 물론이거니와 99퍼센트의 비메가처치도 모두 한결같이 교회성장을 지향하고 메가처치가 되기를 꿈꾸며 일어나는 거대한 종교사회적 역동을 말한다. 이에 대해서는 《메가처치 논박》을 참고하기 바란다.[31] 메가처치 현상 속에서 교회는 점차 교회성장을 지상 최고의 과제로 삼고, 교회의 모든 활동과 프로그램이 교회를 성장시키기 위한 총력동원 체제로 재편된다. 메가처치 현상 속에서 교회의 목표는 출석교인의 증가다.

바로 여기서 거래가 발생한다. 중세교회가 십자군 모병이나 베드로 대성당 건축 기금 마련과 같은 필요가 있었듯이 오늘날 한국 교회의 필요는 될 수 있는 대로 교인들을 많이 모으는 것이다. 그래서 오늘날 메가처치 현상에 사로잡힌 한국 교회에서는 구원의 확신이라는 면죄부와 교회 출석이 거래되고 있다. 단순히 교회 출석하는 것이 무슨 이익이 될까? 아니다. 어마어마한 이익이 창출된다. 일단 모이는 숫자의 증가 자체가 그 교회 목사에게 엄청나게 성공적인 목회를 했다는 평판을 제공한다. 교인의 출석이 증가하면 평균적 헌금 수입도 자연스럽게 증가한다. 아울러 명예와 권력, 영향력도 덤으로 얻게 된다. 그러니까 메가처치 현상 속의 한국 교회의 면죄부 메커니즘은 교회 출석과 구원 확신이 거래되는 방식으로 판매되고 있다.

그릇된 구원의 확신

사람들에게 자리 잡은 뿌리 깊은 욕망은 확실치 않는 것에 대한 확실한 지식이다. 면죄부는 인간의 그러한 욕망을 충족시킨다. 즉 하나님의 보이지 않는 은총을 보이는 사물이나 대상으로 바꾸어 보여주는 것이다. 홉니와 비느하스는 언약궤가 하나님의 능력을 활용할 수 있는 수단인 양 생각했으며, 기원전 7세기 유다의 거짓 선지자들은 눈에 보이는 성전이 하나님의 임재인 양 선전했으며, 세례(침례) 요한 시절 종교 지도자들은 침례라는 의식이 죄 사함의 효력을 발생시키는 것인 줄 믿었고, 바울 시대의 손할례당은 신체의 훼손 자국이 구원을 보장하는 줄 착각했고, 중세 가톨릭교회는 떡과 포도주가 예수의 실제 살과 피라고 가르치며 그것이 은총을 담보하는 수단인 양 여겼다. 그리고 종교개혁 시절, 면죄부 판매자들은 교황의 인장이 찍힌 종이쪽지가 연옥의 고통을 경감시키며 남은 보속을 완수하는 수단이라고 선전했다.

오늘날 한국 교회도 이와 비슷하게 하나님의 용서와 구원의 은총을 이렇게 객관화시키고 대상화시킨다. 어떤 식인가? 성서 구절을 본문에서 떼어낸 뒤 입맛에 맞도록 재구성해서 기계 장치처럼 만든 '구원의 확신'이라는 신앙 공식이 바로 그것이다. 그러한 신앙의 공식은 동전을 넣으면 음료수가 나오는 자판기처럼 우리의 죄를 입력하면 용서가 자동 출력되도록 만든 일종의 논리적 자동화 기계장치다. 성서에서 뽑아낸 구절들로 만들었기 때문에 외형적으로는 이 기계장치가 성서의 가르침인 것처럼 보인다. 하지만 면죄부의 메커니즘은 언제나 거룩한 것을 그 재료로 사용한다는 사실을 기억해야 한다. 그것이 아무리 성서에서 온 것이라 할지라도 하나님의 본뜻을 제대로 반영하지 못하면 언약궤, 성전, 제물, 침례, 할례, 성례전, 보속 등과 똑같이 그러한 신앙의 공식도 적그리스도적인 것이 되고 만다.

그러나 그렇게 객관화되고 대상화된 '구원의 확신' 공식은 눈으로 보기에 그것이 내 눈앞에 있는 것처럼 보이기에 마치 부정할 수 없는 실재인 양 착각하게 만든다. 하지만 그것은 실재가 아니라 인간 욕망이 밖으로 투사된 것에 불과하다. 확실한 것을 원하는 인간의 욕망이 보이지 않는 신앙을 보이는 어떤 대상에 대한 확신으로 바꾸어놓은 것이다. 특히 한국 교회가 극단적으로 간소하게 요약한 신앙의 공식 속에서 예수 그리스도의 보혈은 조건 없이 인간의 모든 죄를 용서해주는 주문처럼 간주된다. 그래서 그렇게 극단적으로 간소화된 신앙의 공식으로 한국 교회 교인들은 자신의 죄가 용서되었으며, 또 자기가 구원을 확실히 받을 수 있다는 확신에 이르게 되는 것이다. 하지만 그러한 확신의 대부분은 죄로부터의 돌이킴이 없는 범죄자의 그릇되고 거짓된 확신에 불과하다.

정당화된 장치

기원전 7세기 유다의 선지자들은 성전을 가리키며 "보시오, 저기 하나님이 계십니다"라고 했다. 그들의 주장은 완전한 거짓말이 아니었다. 실제로 하나님은 광야의 성막에 그리고 솔로몬의 성전에 임재하셨기 때문이다. 또한 제사장들은 제물을 바치면 하나님께서 죄를 용서해주신다고 했다. 역시 그들의 주장은 거짓말이 아니었다. 토라가 그렇게 가르치고 있기 때문이다. 요한이 베풀었던 침례는 실제로 죄를 용서하는 징표였으며, 토라에 의하면 할례는 아브라함의 자손이 되는 외적 징표였다. 면죄부 메커니즘을 들여다보면 면죄부가 아무런 근거도 없이 허무맹랑하게 만들어지는 법이 없음을 알 수 있다. 면죄부가 신빙성이 있어야만 효력이 생기지 않겠는가? 그리고 신빙성이 있으려면 어떤 식으로든 거룩한 것과 연관관계가 있어야 하지 않겠는가? 즉 면죄부는 거룩한 것과의 연관성을 통해서 스스로 정당화한다. 그래야만 신빙성을 획득할 수 있다.

오늘날 한국 교회가 발행하는 면죄부도 마찬가지다. 그렇다면 한국 교회의 면죄부를 정당화해주는 거룩한 것이란 무엇인가? 성서다. 종교개혁자들은 가톨릭교회의 그릇된 교회 전통과 성례전주의에 반대하여 '오직 성서'를 기치로 내걸었다. 오랫동안 교회는 성서를 망각하고 있었기에 종교개혁자들의 그러한 구호는 신교와 구교를 막론하고 모든 교회에 개혁의 동력의 원천을 발견할 수 있도록 해주었다.

하지만 하나님의 말씀인 성서도 얼마든지 왜곡되거나 오용될 수 있다. 우리는 그 같은 사실을 예수를 시험하는 사탄의 모습에서 볼 수 있다. 사탄은 구약성서를 인용하며 예수를 시험했던 것이다. "기록되었으되 그가 너를 위하여 그 사자들을 명하시리니"(마 4:6). 결국 예수 그리스도의 입에서 직접 선포된 계시의 말씀이라 하더라도 들을 귀가 없는 이에게는 울리는 소리일 뿐이고, 들을 귀가 있는 자에게는 하나님의 말씀이 되는 법이다. 그런데 한국 교회는 성서의 이곳저곳에서 뽑아내서 만들어놓은 신앙의 공식을, 그것이 성서에 기록되어 있다는 이유만으로 100퍼센트 확실한 진리라고 주장한다. 한국 교회의 면죄부는 개신교회의 성서주의라는 정당화 장치로 자신의 진리를 주장하고 있다. 그리고 이러한 진리 주장 때문에 그러한 짜깁기된 구원의 확신 공식이 마치 하나님의 계시의 말씀인 양 여겨져서 함부로 비판하기가 두려운 것이다.

참된 회개를 방해하다

신앙은 관계다. 하나님과 인간의 살아 있는 인격적 관계 말이다. 하나님의 말씀은 수학적 명제가 아니라 살아 있는 한 인격의 목소리다. 하나님이 우리에게 말씀하실 때 기대하는 것은, 우리를 살아 계신 하나님과의 생생한 인격적 관계 속으로 초대하는 것이다. 그저 공식에 따라 기계적으로 움직이는 그런 행동수칙이 아니라 지성과 감성과 의지가 쌍방향으로 교류되는 인격적 관계를 바라신다. 그리고 그러한 인격적 관계 속에서 하나님이 원하시는 것은 온 마음을 다해서 하나님을 사랑하는 것이고, 동시에 이웃을 사랑하는 것이다.

이러한 하나님의 사랑의 이중계명은 자신의 탐욕과 이기심과 완고함과 교만의 삶을 버릴 것을 주문한다. 폐쇄적인 자기중심적 세계에서 나와서 하나님이 통치하는 세계 속으로 들어올 것을 요구한다. 다른 말로 죄와 악을 버리고 하나님의 의로운 통치 안에 들어오는 것이다. 복음은 인간이 의로운 행위를 해야 용서해준다는 것이 아니라 용서해 주셨으니 더 이상 마귀 자식으로 살지 말고 하나님의 자녀로 살라는 것이다. 하나님의 자녀로 산다는 것은 하나님의 말씀에 순종하며 산다는 것이고 그분의 통치를 받는다는 것이다. 하나님의 통치는 간단하게 이렇게 요약될 수 있다. "죄에서 떠나 의를 행하라."

이러한 하나님의 요구는 지속적인 순종과 훈련을 동반한다. 그것을 성화라고 하든, 제자도라고 하든, 뭐라고 하든 말이다. 또 이러한 지속적인 순종의 삶은 인간의 힘으로는 부족하니 성령께서 도와주시겠다는 것이 복된 약속이다.

그런데 면죄부는 이러한 순종의 과정을 생략하게 만든다. 순종을 하면 좋기야 하겠지만 하지 않아도 되는 비법이 있는 양 가르친다. 입으로 회개만 하면 모든 죄를 용서받을 수 있다는 것이다. 이러한 죄 사함의 복음은 그가 앞으로 순종의 삶을 살 것인지, 그렇지 않을 것인지에 대해서 따져 묻지 않는다. 무제한적 용서를 선포하면서도 죄인이 죄에서 떠나야 한다는 것에 대한 강조를 하지 않는다. 균형이 상실되고, 그와 함께 긴장이 제거되었다. 조건 없는 즉각적 죄 용서만을 우선으로 선포한다. 제자도에 대한 강조도 없이 예수를 믿겠다고 말만 하면 구원은 따놓은 당상인 양 선심성 공약을 남발한다. 그러한 공약은 참된 회개를 도리어 방해하고, 계속 죄를 짓고도 양심의 불편함을 무마할 수 있는 수단이 되고 마는 것이다. 죄도 짓고, 양심도 편하고… 그러나 도대체 삶의 변화가 없다. 도무지 순종이 없으며, 열매가 없다. 본회퍼의 말대로 죄인이 아니라 죄에 은총을 베풀고 있으니 한국 교회는 점점 죄악의 수렁 속에 빠져들고 있다. 이것이 오늘날 한국 교회 개신교회가 발행하는 면죄부의 패악이다.

이상이 한국 교회가 발행하는 면죄부의 실상이다. 오늘날 한국 교회가 스스로 개혁하기 원한다면 자신이 발행하는 면죄부가 무엇인지를 정확히 파악해야 한다. 그 면죄부가 온갖 신학적·성서적 궤변으로 자신을 정당화하고, 변명하고 있을지라도 결국 그것은 열매를 통해 판정을 받아야 한다(마 12:33; 눅 6:44). 그리고 이것은 루터를 비롯한 종교개혁자들이 일관되게 고수했던 개혁의 원칙이었다. 만일 루터가 오늘날의 한국 교회를 바라본다면 그는 분명 또 한 번의 개혁을 시도했을 것이다. 삶 전체를 참회하는 한국 교회는 참회신학을 진지하게 점검해봐야 할 것이며, 그것이 종교개혁의 정신으로부터 얼마나 벗어났는지도 정직하게 살펴봐야 할 것이다.

천하무적 아르뱅주의

칼뱅주의 개요

이제 나는 한국 교회가 발행하고 있는 면죄부의 신학적 구조를 분석하려고 한다. 한국 교회가 발행하고 있는 면죄부는 다름 아닌 '아르뱅주의Arvinism'이다. 아르뱅주의는 무엇인가? 그것은 아르미니우스주의Arminianism와 칼뱅주의Calvinism를 적당히 버무려 만든 싸구려 신학이다. 한국 교회를 타락의 구렁으로 빠뜨리고 있는 주범 중 하나가 신학적으로는 바로 아르뱅주의라고 판단된다. 하지만 아르뱅주의를 규명하자니 불가피하게 아르미니우스주의와 칼뱅주의에 대해서 살펴보지 않을 수 없다. 그래서 2부에서는 칼뱅주의의 개요를, 3부에서는 아르미니우스주의의 개요를 고찰해 보려 한다.

사실 칼뱅주의와 아르미니우스주의 사이의 논쟁은 수백 년 동안 계속되고 있는 복잡한 주제다. 그러한 논쟁의 역사를 이 작은 책에 담기에 무리가 있다. 그럼에도 굳이 이 뜨거운 감자를 건드리려는 이유는 지금의 개신교회의 도덕적 타락과 그 논쟁이 이들 신학과 직간접적으로 연결되어 있다고 믿기 때문이다. 오늘날 한국 교회의 윤리적 실패는 신학의 실패 때문이며, 신학 중에서는 구원론이 큰 문제고, 구원론을 다루자니 대표적인 구원론인 칼뱅주의와 아르미니우스주의를 건드리지 않을 수 없다.

이 예민한 구원론을 건드리려고 하는 이유는 두 가지다. 첫째, 오늘날 유통되고 있는 통속적 구원론은 종교개혁자들의 본래의 가르침에서 떠나버렸다. 현대 기독교 대중은 자신들의 입맛에 맞는 희한한 구원론을 만들어서 그것으로 거짓 위안을 누리고 있다. 이 때문에 우리는 지금 알고 있는 구원론이 종교개혁자들이 주장했던 것과 얼마나 멀리 떨어져 있는지를 살펴봐야 한다. 둘째, 500년 전 종교개혁자들이 가지고 있었던 한계들이 있다. 그들은 시대의 아들로서 당시의 역사적 과제와 맞서 위대한 싸움을 했고, 그 결과 우리는 종교개혁이라는 위대한 유산을 물려받았다. 하지만 시간이 지나면서 그들의 한계를 발견하고, 21세기라는 현 상황과 그들의 신학 사이의 부조화되는 면도 발견할 수 있다. 이러한 상황에서 만일 우리가 종교개혁자들의 후예라면 미진한 개혁을 온전히 하는 데 마땅히 힘써야 할 것이다. 이런 점에서 개혁교회의 위대한 모토 "개혁교회는 항상 개혁되는 교회이다"를 기억할 필요가 있다.

윤리의 문제는 윤리만의 문제로 끝나지 않는다. 그것은 곧 신학의 문제이기도 하다. 많은 경우 교회의 윤리적 타락은 신학의 타락과 긴밀하게 연결되어 있다. 종교개혁 시절, 레오 10세의 면죄부의 발행은 많은 논쟁을 불러 일으켰고, 여러 가지 이유에서 면죄부를 반대하는 사람들도 많았음을 기억해야 한다. 앞서 얘기했던 작센 지역의 영주였던 프리드리히 선제후를 비롯해서, 인문주의자 에라스무스Erasmus도 면죄부 판매에 비판적이었다.[1] 심지어 당대의 교회 지도자 중에서도 테첼의 과도한 열정에 비판적이었던 사람이 있었다. 이처럼 면죄부에 대한 여러 사람들의 반대와 혐오는 테첼에게는 익숙한 것이었다. 따라서 루터가 면죄부 판매를 반대했다는 사실이 테첼에게는 그다지 새로울 것이 없었다.

하지만 테첼이 몰랐던 사실이 있다. 루터는 여타의 다른 반대자들과는 완전히 다른 전략을 구사했다는 사실이다. 루터가 〈95개조 반박문〉을 쓸 때 초점을 면죄부 판매 찬반의 문제에 맞추지 않았다. 그는 면죄부 배후에 존재하는 가톨릭교회의 참회신학과 구원론에 초점을 맞추었던 것이다. 한마디로 루터는 면죄부 판매라는 종교적 실천과 연결되어 있었던 배후의 신학을 공격했던 것이다. 이로써 루터는 단순히 면죄부만 반대한 것이 아니라 당시 대중적으로 유행했던 모든 참회 관습들, 성지순례, 성유물 숭배, 죽은 자를 위한 특별미사 등 그 모든 것의 종언을 한꺼번에 선포할 수 있었다. 그는 그러한 전통과 관습의 밑뿌리를 발라내버렸던 것이다.[2]

그리고 이것은 오늘날에도 진실이다. 이미 많은 사람들이 지금의 한국 교회가 16세기 로마 가톨릭교회의 상황과 매우 비슷하다는 사실에 공감하고 있다. 거대한 외형적 성공에도 불구하고 내적으로 심각한 영적 빈곤을 겪고 있는 모습이 그러하고, 교회와 목회자와 교인들의 총체적 부패상이 그러하고, 면죄부를 연상케 하는 근거 없는 구원의 확신을 공공연하게 유포함으로써 신자들에게 거짓 평안을 제공하고 있는 모습이 그러하다. 레오 10세가 성 베드로 성당을 재건축하려 했다면 오늘날 적지 않은 개신교 목사들 역시 웅장하고 거대한 교회건물을 '성전 건축'이라는 미명 아래 건축하려 하는 점 역시 비슷하며, 건축 재정 마련을 위한 헌금을 종용하는 작태 역시 그러하다. 무엇보다도 수많은 개혁의 시도와 외침에도 불구하고 도무지 돌파구를 찾지 못하는 총체적 혼란상 역시 매우 흡사하다. 이러한 상황에서 우리가 단순히 윤리와 실천의 문제에 초점을 맞추기보다는 그 배후에 자리 잡고 있는 신학, 특히 구원론에 초점을 맞추어 비판적으로 성찰하는 일은 당연히 필요한 일이라 할 것이다.

우리는 지금 물의를 일으키고 있는 교회와 신자, 목회자들의 윤리적 실패에 대한 비판과 제재 방안을 강구하는 일도 해야 할 것이다. 그리고 그와 함께 그러한 타락의 밑뿌리를 찾아내서 그것을 발라내야 한다. 그리고 이러한 작업은 다소간 신학적 성찰을 하는 작업이 되지 않을 수 없다. 신학적 성찰이라고 해서 복잡한 학문의 미로를 헤매자는 얘기가 아니다. 신학의 길은 얼마나 멀고도 험한가! 우리에게 진정으로 필요한 신학적 성찰 작업이란 오늘날의 상황에서 성서의 가르침을 새롭게 재발견하는 것을 말한다.

걱정이 앞서기도 한다. 그건 개신교회의 구원론을 재점검하려는 시도에 대한 무수한 비판과 반대가 예상되기 때문이다. 어쩌면 그러한 반대 중 상당 부분은 내가 비판적으로 성찰하려는 칼뱅주의와 아르미니우스주의 신봉자에게서 받지 않을까 싶다. 물론 그것이 건전한 학문적·성서적 토론을 위한 대화라면 겸허히 수용해야 할 것이나 칼뱅주의나 아르미니우스주의에 대한 과도한 충성 때문에 제기되는 것이라면 대화 자체가 불가능해지지 않을까 염려되는 것이 솔직한 고백이다.

종교개혁자들은 '오직 성서'라는 위대한 기치를 목청껏 선포함으로써 성서의 중요성을 재발견하였다. 그러나 오늘날 일부 신학자와 목회자들은 성서보다는 칼뱅주의나 아르미니우스주의라는 자기 교단의 전통과 신학에 더 많이 헌신하는 것처럼 보인다. 아직 주변에는 '오직 칼뱅주의' 혹은 '오직 아르미니우스주의'자들이 많아 보인다. 하지만 종교개혁자들이 '오직 성서'라고 했을 때 그것은 당연하게도 칼뱅주의와 아르미니우스주의를 비롯한 여러 전통과 신학들마저 성서의 가르침 앞에 상대화시킬 수 있어야 한다는 뜻일 것이다. 나는 이 책을 통해 어설프게나마 그러한 시도를 해보고자 한다.

1

구원론의 뇌관,
칼뱅주의 예정론

칼뱅주의 구원론 개관

칼뱅주의라 함은 장 칼뱅으로부터 유래한 신학체계를 말하는데, 여기에는 칼뱅 본인의 신학만 포함되는 것이 아니라 그의 신학을 따르는 여러 학자들의 신학을 모두 일컫는다.[3] 이 때문에 칼뱅주의는 방대하다. 통상 칼뱅주의는 예정론과 관련해서 많이 입에 오르내리나 칼뱅주의는 예정론을 넘어서며, 구원론도 넘어선다. 그리고 사실상 신학도 넘어선다. 칼뱅주의는 정치·경제·사회·문화·과학 등 삶의 모든 문제와 연관된 광범위하고 포괄적인 세계관이다.

여기서는 칼뱅주의의 구원론, 그것도 예정론과 관련해서 일어난 논쟁 부분만을 살펴보고자 한다. 그리고 이를 위해 도르트 신조에 간결하게 요약되어 있는 칼뱅주의 5대 교리만을 집중적으로 살펴보고자 한다. 그러므로 여기서 다루는 내용은 칼뱅주의 전체가 아니며 칼뱅주의와 관련된 극히 일부분의 내용이라는 것을 미리 밝혀둔다.

통상 도르트 신조에 요약된 칼뱅주의 5대 교리를 튤립TULIP 교리라고 한다. 이 튤립 교리는 아르미니우스주의와의 논쟁의 산물이다. 도르트 신조는 칼뱅이 죽고 난 뒤 반세기 지나서 만들어진 교리로, 칼뱅은 알지도 못하는 교리인 셈이다. 그리고 이 신조가 요약하고 있는 칼뱅주의 5대 교리는 아르미니우스주의자들이 발표한 아르미니우스주의 5대 교리에 대한 일종의 논박문의 성격을 지니고 있으며, 내용은 주로 예정론과 관련한 것들이다.

칼뱅주의와 아르미니우스주의 논쟁의 역사4

칼뱅주의와 아르미니우스주의 간의 논쟁이 생기게 된 과정은 대략 이러하다. 위대한 종교개혁자 장 칼뱅은 1509년에 태어나 1564년까지 약 55년의 삶을 살면서 종교개혁 운동을 이끌었다. 그의 신학은 제자들을 통해 제네바를 비롯해서 네덜란드, 스코틀랜드 등지로 확장되었다. 아르미니우스주의 신학을 만든 야코부스 아르미니우스도 칼뱅의 제자 중 한 명이었다.

아르미니우스는 칼뱅이 죽기 4년 전인 1560년 네덜란드 아우데바터르Oudewater에서 출생했다. 아르미니우스는 칼뱅 다음 세대 사람으로 생전에 둘이 만난 적은 없다. 1582년 제네바로 유학을 온 아르미니우스는 그곳에서 칼뱅의 제자인 테오도르 베자Theodore Beza를 만나 그에게 칼뱅주의에 대해서 배우게 된다. 베자는 칼뱅의 제자 중에서도 가장 영향력 있는 인물 중 한 명이었는데, 그의 칼뱅주의는 지나치게 도식적이고 극단적이라는 평가를 받는다. 어려서부터 칼뱅주의 신학을 따르던 아르미니우스는 다소 극단적인 칼뱅주의자라 일컬어졌던 자기 스승인 베자와도 충돌하지 않았다. 그러던 그가 칼뱅주의자들과 척을 지게 된 것은 아이러니컬하게도 그가 칼뱅주의를 변호하기 위해 나서면서부터다.

사건의 발단은 가톨릭계열의 한 평신도 신학자 쿠른헤르트Dirck V. Coornhert가 베자의 예정론을 공격하면서부터다. 베자의 예정론은 칼뱅의 것을 이어받았으나 칼뱅보다 좀 더 논리적이고 도식적이고 극단적인 면이 있었는데, 이는 그가 아담이 타락하기도 전에 하나님께서 구원받을 자와 그렇지 못한 자를 예정하셨다는 '타락 전 예정설'을 주장했기 때문이다. 쿠른헤르트는 이러한 베자의 예정론을 공격했고, 아르미니우스는 쿠른헤르트의 공격에 맞서 칼뱅주의를 변호하라는 사명을 부여받았다. 하지만 그가 예정론을 변호하기 위해서 성서를 살피던 중 그는 도리어 쿠른헤르트의 편으로 의견이 기울어진다. 그는 칼뱅주의의 예정론이 성서의 가르침에 부합하지 않다고 주장하면서 느닷없이 칼뱅주의의 논적으로 부상하게 된다. 칼뱅주의자들은 이제 내부의 적 아르미니우스와 대결하지 않으면 안되었다.

아르미니우스와 칼뱅주의자 간의 논쟁은 결론을 내리지 못한 채 한동안 계속되었다. 그는 상당히 명민한 신학자로서 그의 공격은 칼뱅주의자들을 당황시키기에 충분했기 때문이다. 1609년 아르미니우스가 죽으면서 논쟁이 끝나는가 싶었다. 그러나 아르미니우스 신학을 따르는 그의 추종자들이 그 이듬해인 1610년에 칼뱅주의의 예정론에 반대하는 5가지 요지의 항의 성명을 발표했는데, 이를 '항론서'

라고 하고 이 때문에 그들을 '항론파Remonstrants'라고 부른다. 그리고 이들에 의해 아르미니우스주의가 더욱 체계화되고 발전하게 된다. '항론서'는 칼뱅주의자들로 하여금 뭔가 대응하지 않으면 안 되게 만들었고, 이 때문에 1618년부터 1619년까지 네덜란드 도르트에서 이 문제를 논의하기 위한 회의가 개최된다. 이 회의에서 항론파의 5가지 요지에 반대하는 5대 교리가 확정되는데 이것이 바로 도르트 신조Canons of Dordrecht다.

불행한 것은 이 회의가 전적으로 칼뱅주의자들에게 유리하게 진행되었다는 것인데, 오로지 칼뱅주의자들의 발언권만 인정되고 아르미니우스주의자들의 반론권은 사실상 인정되지 못했다. 이 회의의 결과 아르미니우스주의자들은 이단으로 판정받고, 항론파들은 교직을 박탈당하거나 국외로 추방당했다. 심지어 후고 그로티우스 Hugo Grotius는 종신형을 선고받았으며, 바른펠트Barnfeldt는 참수되기도 했다.

하지만 그 뒤로도 아르미니우스주의는 사라지지 않고 지속적인 영향력을 발휘한다. 그러다가 아르미니우스주의는 18세기 유명한 복음전도자 존 웨슬리John Wesley에 의해 다시 재부흥을 맛보게 된다. 웨슬리의 신학과 아르미니우스의 신학이 완전히 일치하는 것은 아니다. 사실 웨슬리 신학은 칼뱅주의와 많은 부분을 공유하고 있다. 하지만 예정론에 있어서만큼 웨슬리 신학은 아르미니우스주의의 편에 서 있다. 그래서 학자들은 웨슬리의 신학을 웨슬리안-아르미니우스 신학이라고 부르기도 한다.

여기서 튤립 교리라는 칼뱅주의 5대 교리를 간단하게 살펴려고 한다. 현재 통용되고 있는 저급한 개신교 구원론의 상당 부분이 튤립 교리로부터 영향을 받아 생겨났기 때문이다. 하지만 지금 통용되는 저급하고 저렴한 개신교 구원론은 칼뱅주의의 본래 가르침도 아니며, 튤립 교리와 완전히 일치하지도 않는다. 오늘날의 통속적 개신교 구원론은 이것저것 수많은 자료들과 상상력, 상식, 신화, 논리적 추론 등을 짬뽕해서 만들어낸 결과물이다. 그럼에도 이러한 통속적 구원론에 칼뱅주의가 상당부분 영향을 미쳤다는 것이 나의 판단이다. 따라서 튤립 교리를 살펴보지 않을 수 없다. 칼뱅주의와 아르미니우스주의의 내용과 논리적 구조를 간단하게 살펴봄으로써 면죄부로 전락해버린 오늘날의 친박힌 개신교 구원론을 비판하고자 한다.

칼뱅주의는 놀라울 정도로 일관되고 정교한 논리체계다. 성서에 기초한, 성서로부터 수립된 상당히 성서적인 신학체계다. 하지만 아마도 칼뱅주의자들은 이 책의 첫 번째 전제부터 썩 좋아하지 않을 것이다. 왜냐하면 칼뱅주의자들은 칼뱅주의가 성서적인 신학체계라는 말보다는 성서와 완전히 일치하는, 그것도 가장 성서와 부합하는 유일한 가르침이라고 말하기 좋아하기 때문이다. 그래서 극단적 칼뱅주의자들에게 칼뱅주의와 성서는 사실상 동의어처럼 사용된다. 심지어 칼뱅주의에 맞게 성서를 고쳐 해석하기도 한다. 아르미니우스와 칼뱅의 제자 고마루스Gomarus 사이의 충돌에서도 볼 수 있듯이 일부 칼뱅주의자들은 성서를 칼뱅 교리체계에 의해서 해석되어야 한다고 주장하기도 하는 것이다.[5] 오늘날까지 적지 않은 칼뱅주의자들은 성서가 진리인 만큼 칼뱅주의도 진리라고 믿는다. 그러다보니 '오직 성서'라는 개신교회의 기치는 '오직 칼뱅주의'라는 기치로 치환되는 일이 왕왕 일어난다.

나는 칼뱅주의의 많은 내용이 성서로부터 왔음에 동의한다. 하지만 칼뱅주의를 성서 자체라고 보지 않는다. 그리고 칼뱅주의의 권위를 성서의 권위와 동등시하는 것은 신성모독이요, 우상숭배라고 믿는다. 왜냐하면 그것은 '오직!' 성서라는 종교개혁의 기치를 정면으로 부정하는 것이기 때문이다. 성서는 영원하다. 하지만 신학은 영원할 수 없다. 왜냐하면 신학은 성서에 대한 하나의 해석이기 때문이다. 칼뱅주의는 성서 자체가 아니라 다만 성서로부터 추출된 어떤 것이다. 칼뱅주의는 성서에 대한 하나의 해석이며, 그것은 장점과 함께 단점도 아울러 가지고 있는 신학적 사유의 결과물이다. 그 때문에 칼뱅주의는 비판 가능하고, 수정 가능하며, 개혁과 개정될 수 있다는 것이 나의 견해다. 그리고 칼뱅 자신도 그렇게 생각했으리라 믿어 의심치 않는다.

칼뱅주의자뿐만 아니라 모든 신학체계를 수립하고 싶어 하는 신학자에게 성서는 결코 친절한 텍스트가 아니다. 성서는 별로 논리적이지도 않고, 일관성도 없다. 이해를 방해하는 빈 칸이 허다하고, 곳곳마다 구멍이 숭숭 나 있으며, 때로는 서로 모순되기도 하고, 서로 충돌하기도 한다. 이 때문에 성서는 칼뱅주의를 지지하는 본문뿐만 아니라 칼뱅주의를 반대하는 듯 보이는 본문도 대단히 많다. 그리고 이것은 성서가 해석을 필요로 하는 책이라는 뜻이기도 하다. 칼뱅주의는 그러한 성서를 해석하는 여러 해석 중 하나다.

칼뱅주의는 성서 속에서 추출해낸 하나의 일관성 있는 논리 체계로서 당연한 얘기지만 성서보다 훨씬 논리적이고, 일관성 있으며, 체계적이다. 일관성이 없어 보이며 일견 모순되어 보이는 성서에서 유래된 칼뱅주의가 고도로 논리적인 이유는 무엇인가? 간단하다. 성서로부터 논리적이고 일관성 있게 교리를 추출해냈기 때문이다. 칼뱅주의는 성서 속에 존재하는 수많은 빈 칸과 공백을 상상력으로 채우고, 모순을 다듬고, 충돌을 완화시키며, 자신들의 전제와 다르게 보이는 본문을 자신들이 선호하는 본문에 부속시켜서 완성시킨 논리적 체계다. 이러한 논리화, 일관화, 체계화는 논리학과 철학적 개념 및 방법론을 필요로 한다. 그리고 이것은 역사 속에서 신학자들이 항상 수행해왔던 것들이다.

자크 엘륄은 역사 속에서 신학자들이 일관성 있는 교리체계를 만들기 위해서 어떤 일들을 했는지 다음과 같이 설명하고 있다. "신학자들이 지적이든 영적이든, 한두 가지 이유 때문에 약간 첨가한다거나, 살짝 빼버리는 해석을 한다거나, 모음을 빠뜨린다거나, 어떤 주제를 과대평가한다거나 하면서, 성서 텍스트의 정당한 이해를 항상 윤색하는 일이 있었다."[6] 칼뱅주의자들도 이러한 일을 했다. 즉 엘륄식으로 말하면 성서는 계시고, 칼뱅주의는 철학이다.

여기서 칼뱅주의의 방대한 신학체계 중 도르트 신조를 중심으로 예정론 논쟁과 관련된 부분만을 간단하게 살펴보고자 한다. 칼뱅주의 신학체계 전체에 대한 전문적인 고찰을 목적으로 하지 않고 대중적으로 이해되고 있는 칼뱅주의 구원론의 영향력을 살피는 것이기에 도르트 신조를 중심으로 살피는 한계를 이해해주길 바란다.

2

칼뱅주의 5대 교리 튤립

튤립 교리의 특성

1619년 발표된 도르트 신조에 따르면 칼뱅주의 구원관은 5가지 명제로 구성된다.

> **T:** Total Depravity, 전적 타락
>
> **U:** Unconditional Election, 무조건적 선택
>
> **L:** Limited Atonement, 제한속죄
>
> **I:** Irresistible Grace, 거부할 수 없는 은혜
>
> **P:** Perseverance of the Saints, 성도의 견인

위의 5대 교리의 이니셜만 따서 위의 교리를 튤립TULIP 교리라고 부른다. 이 5대 교리는 따로따로가 아니라 논리적으로 긴밀하게 연결되어 아주 촘촘한 한 덩어리로 묶여 있다. 한번 살펴보자.

T(전적 타락) : 구원에 관한 한 인간이 할 수 있는 것은 아무것도 없다. 따라서 구원에 관한 한 모든 것은 하나님의 주권에 달려 있다.

U(무조건적 선택) : 구원은 인간의 선택이 아니라 하나님의 선택으로 가능하다. 하나님의 선택은 무조건적이다. 하나님은 만세 전에 구원받을 자(택자)와 구원받지 못할 자(비택자) 모두를 미리 정하셨다.

L(제한 속죄) : 예수 그리스도는 택자만을 위해서 십자가에서 피를 흘리셨다. 비택자를 위해서 피를 흘리실 이유가 없다.

I(거부할 수 없는 은혜) : 하나님께서 누군가를 구원하기로 작정하고 그에게 구원의 은혜를 주실 때 인간은 이를 거부할 수 없다.

P(성도의 견인) : 한 번 구원받은 신자는 영원히 구원받는다. 그가 가끔 낙심하거나 실패하거나 죄를 지을 수 있을지라도 그의 구원은 취소되지 않는다.

독자 중에는 이러한 칼뱅주의 교리 중 마음에 드는 것도 있고 안 드는 것도 있을 것이다. 그래서 이러한 칼뱅주의에 대해서 다음 세 가지 중 한 가지 입장을 가지지 않을까 싶다.

(1) 모두 거부한다.

(2) 부분만 받아들인다.

(3) 완전히 받아들인다.

그런데 문제는 칼뱅주의가 오직 (1)과 (3)만 가능하다고 말한다는 점이다. 이 튤립 교리를 자세히 살펴보면 첫 번째 명제, '전적 타락'으로부터 나머지 모든 명제가 자동추론되어 하나의 일관된 논리적 체계를 이루고 있음을 알 수 있다. 에드윈 팔머Edwin Palmer의 말대로 칼뱅주의는 전부가 하나로 연결되어 있는 논리체계다. 때문에 전적 타락을 받아들이면, 무조건적 선택을 받아들이게 되고, 이것은 다시 나머지 교리들도 자동적으로 받아들이지 않을 수 없는 구조다.[7] 다른 것도 마찬가지다. 다섯 교리 중 하나를 받아들이면 나머지도 전부 받아들여야 한다. 반대도 마찬가지다. 하나를 거부하면 전체를 거부할 수밖에 없다. 그래서 부분만 받아들일 수 있는 가능성이 없다. 칼뱅주의에 대해서 할 수 있는 태도는 아예 거부하거나 완전히 받아들이거나 둘 중 하나다.

칼뱅주의를 받아들이기 원하는 사람에게 이는 굉장한 모험이다. 마음에 들지 않는 것까지 전부를 다 받아들여야 하기 때문이다. 한마디로 '모 아니면 도'다. 바로 이러한 특성 때문에 칼뱅주의는 논리적 설득의 과정보다는 신앙으로의 도약을 요구하는 것처럼 보인다. 칼뱅주의를 "전부 다 믿고 받아들이든지 아니면 말든지 하라"는 것처럼 보이는 것이다.

그렇다면 남은 가능성은 (1) 아니면 (3)이다. 그러나 만일 (1)을 선택해서 칼뱅주의 전부를 거부하면 칼뱅주의자들은 그를 불신자 내지 이단 혹은 거짓교리라는 선고를 내릴 것이다. 이러한 정죄와 선고는 역사 속에서 매우 폭력적이고 가혹하게 이루어졌다. 결국 칼뱅주의가 요구하는 것은 (3), 즉 전부 다 받아들이라는 것뿐이다. 이러한 식의 논리가 칼뱅주의를 대단히 권위주의적 신학체계로 만든다. 그래서 우리는 칼뱅주의와 대화하면 칼뱅주의자들의 지극히 오만한 태도와 마주하게 된다. 자신의 말은 다 맞고, 다른 사람의 말은 다 틀리다는 식이니 말이다. 그리고 이것은 다분히 제국주의적 인식론에 기초한 신학이라는 비판을 면하기 어렵다.

튤립 교리의 내용

자, 그렇다면 튤립 교리를 하나씩 살펴보자.

T : 전적 타락

"만물보다 거짓되고 심히 부패한 것은 마음이라"(렘 17:9).

전적 타락이란 인간이 죄로 인해 철저하고 완벽하게 타락해서 스스로의 힘으로 구원에 이를 수 있는 가능성이 전무하다는 뜻이다. 그래서 이를 다른 말로 전적 무능력 교리라고 부르기도 한다. 물론 앞에서 예로 든 예레미야 17장 9절 말씀뿐만 아니라 인간의 타락에 대해서 가르치는 성서구절은 적지 않다. 칼뱅주의는 이러한 구절들에 근거해서 모든 인간은 전적으로 철저하게 타락했으며 '구원에 관한 한' 인간은 전적으로 무능력하다고 강조한다. 이것은 단순히 수사적인 표현이 아니다. 수학적으로 인간의 구원능력은 '제로'다. 그리고 구원 능력이 인간에게 전혀 없으니 유일한 구원 가능성은 오직 하나님의 주권적인 은혜뿐이라는 결론으로 나아간다.

당연한 말이지만 이 교리는 원죄론과 긴밀하게 연결되어 있다. 칼뱅주의는 아담의 범죄가 자손들에게 유전되어 내려온다는 고대 교부 아우구스티누스의 영혼유전설을 형태만 바꾸어 거의 그대로 신봉한다.

즉 인간은 태어날 때부터 아담의 원죄를 물려받고 태어나기에 날 때부터 죄인이고, 처음부터 전적으로 무능력한 존재일 수밖에 없다는 것이다. 그리고 이 원죄로 말미암아 자연인 안에는 어떠한 선도 남아 있지 않다는 것이 칼뱅주의자의 주장이다.

칼뱅주의가 말하는 인간의 전적 타락, 전적 부패 혹은 전적인 무능력이라는 말을 오해하면 안 된다. 왜냐하면 그것은 '구원에 관한 한' 아무런 능력이 없다는 뜻이지, 인간이 먹고 자고 일하고 관계 맺는 자연적인 능력마저 없다고 말하는 것은 아니기 때문이다. 사실 이렇게 자연적 능력과 구원에 관한 능력을 구분하는 것이 지나치게 인위적이고, 관념적인 것처럼 들리기는 하지만 어쨌든 칼뱅주의자들은 자연인의 일상적 삶을 살아가는 능력을 부정하지는 않는다. 그러나 그러한 능력이 구원에 관한 한 전혀 도움이 되지 않는다는 것이 칼뱅주의 교리다. 일부 예외적인 인간이 도덕적으로 탁월한 삶을 살기도 하지만 그러한 삶이 구원에 관한 한 전적으로 무익하고 무가치하다고 칼뱅주의자들은 말한다.

인간의 타락과 무능력에 대해서는 아르미니우스주의자들이나 가톨릭 신학자들도 부정하지 않는다. 하지만 그들의 경우는 어떤 식으로든 인간이 하나님의 구원 사역에 반응하고, 참여할 수 있는 여지가 있으며, 또 그래야 한다고 믿는다. 그러니까 인간이 스스로 구원할 수 있는 능력은 없다고 하더라도 하나님께서 구원의 은총을 베푸실 때 인간 편에서 좋든 싫든, 반응은 할 수 있어야 하지 않느냐는 것이다. 하지만 이에 대한 칼뱅주의의 입장은 단호하다. 어떤 식으로든 인간이 뭔가를 할 수 있다는 것은 전적 타락이 아니라는 말이다. 즉 그들은 단순한 타락이 아니라 '전적!' 타락을 강조한다. 그냥 타락한 것이 아니라, 말 그대로 완전히 100퍼센트 타락하고 부패했다는 것이다. 그 어떠한 일 말의 가능성도 인간에게는 조금도 남아 있지 않다. 그래서 칼뱅주의 전적 타락의 교리에서 강조는 '타락'이 아니라 '전적'에 놓인다.

그렇다면 '믿음'이 놓이는 자리는 어디인가? 하나님께서 이루신 구원 사역을 믿음으로 받아들여야 할 책임이 인간에게 있는 건 아닌가? 아니다! 칼뱅주의는 이러한 주장을 거부한다. 칼뱅주의는 믿음조차 하나님께서 주시는 선물이라고 주장한다. 인간이 믿는 것이 아니라 하나님께서 믿게 해주시는 것이라는 말이다. 그리고 이는 아르미니우스주의자들이 강력하게 반대하는 주장이다. 결국 전적 타락의 교리는 믿음의 주체가 누구냐 하는 논쟁으로 기운다. '인간이 믿느냐'와 '하나님께서 믿게 해주시느냐'를 두고 칼뱅주의와 아르미니우스주의가 서로 논쟁한다.

칼뱅주의자들은 왜 이렇게 전적 타락을 강조하는 걸까? 그 본래 의도는 '하나님의 주권'을 강조하기 위해서다. 구원에 관한 한 인간이 할 수 있는 것은 전혀 없음을 강조할 때 하나님의 절대주권을 강조할 수 있다고 믿은 것이다. 반대로 만일 인간에게 구원에 관한 어떤 능력이나 자질이 조금이라도 있다면, 그래서 하나님의 구원 사역에 인간이 단 1퍼센트라도 참여할 가능성이 있다면 그것은 하나님의 주권을 손상하게 된다고 믿는다.

U : 무조건적 선택

"곧 창세 전에 그리스도 안에서 우리를 택하사 우리로 사랑 안에서 그 앞에 거룩하고 흠이 없게 하시려고 그 기쁘신 뜻대로 우리를 예정하사 예수 그리스도로 말미암아 자기의 아들들이 되게 하셨으니"(엡 1:4-5).

인간은 전적으로 타락해서 자기 안에 '구원에 관한 한' 능력이나 자질이 전혀 없다면 그가 자력自力으로 구원받을 수 있는 가능성은 전무하다. 유일한 가능성은 타력他力에 의한 구원뿐이다. 누구의 힘을 빌릴 것인가? 칼뱅주의자는 하나님의 주권과 은혜만이 죄인의 구원을 위한 유일한 가능성이라고 주장한다. 이것은 논리적으로 매우 자연스러운 귀결이다.

복음을 전하는 사람들은 늘 이런 질문을 떠올리게 된다. 똑같은 복음을 전하는데 왜 어떤 사람은 복음을 믿고, 어떤 사람은 복음을 거부하는가? 칼뱅주의자들은 그것이 하나님의 주권에 속한다고 주장한다. 복음을 믿는 자는 하나님께서 그를 믿게 하신 것이고, 복음을 믿지 않는 자는 하나님께서 그를 믿게끔 하지 않으셔서다. 그렇다면 다음 질문은 이것이다. 하나님은 어떤 사람은 왜 믿게 하시는가? 그건 하나님께서 그를 만세 전에 자기 백성으로 선택하셨기 때문이다. 그렇다면 왜 다른 사람은 믿게끔 하지 않으시는가? 그 역시 하나님께서 만세 전에 그를 자기 백성으로 선택하지 않으셨기 때문이다.

우리는 이 지점에서 칼뱅주의 예정설과 만나게 된다. 칼뱅주의 예정설은 만세 전에 인간이 태어나기도 전부터 하나님께서 누구를 구원하시고 말지를 예정하셨다고 한다. 구원받을 자만 예정한 것이 아니다. 구원받지 않을 자도 정하셨다. 기억하자! 하나님은 두 그룹을 모두 예정하셨다. 그래서 이를 '이중예정'이라고 부른다. 하나님이 택자와 비택자를 정했으니 누가 구원받을지, 누가 구원받지 않을지 미리 아신다. 이를 예지라고 한다. 하나님께서 구원받을 자를 미리 예지할 수 있는 이유는 무엇인가? 그건 하나님이 구원하기로 미리 예정하셨기 때문이다. 예정하셨기 때문에 예지할 수 있다. 그래서 이를 '예정예지'라고 부른다.

그렇다면 어떤 사람을 구원하기로 선택한 이유는 무엇이고, 또 어떤 사람을 구원하지 않기로 선택한 이유는 무엇인가? 다른 말로 이중예정의 이유나 근거는 무엇인가? 없다! 그래서 무조건적 선택이다. 여기서 우리는 첫 번째 교리가 전적 타락이라는 사실을 기억해야 한다. 인간은 구원에 관한 한 기여할 수 있는 것이 아무것도 없다. 이것의 자연스러운 귀결이 바로 무조건적 선택이다. 즉 하나님께서 누군가를 구원하기로 예정할 때 인간이 가지고 있는 그 어떤 자질이나 능력, 선행, 공로 등에 근거해서 예정하신 것이 아니다. 그러니까 인간이 하나님의 선택에 영향을 미칠 수 있는 것은 전혀 없다.

그렇다면 하나님께서 제비뽑기해서 걸리는 사람은 구원하고 걸리지 않는 사람은 구원하지 않는다는 말인가? 그건 아니다. 즉 하나님의 선택이 임의적이거나 혹은 우연적이라고 말하는 것은 아니다. 왜냐하면 하나님은 선하시기 때문이다. 하나님은 분명히 어떤 이유와 근거를 가지고 어떤 이들을 택자로, 또 어떤 이들은 비택자로 예정하실 것이다. 하지만 그 근거가 인간 편에 있는 것이 아님은 분명하다. 만일 그런 근거가 있다면 그건 하나님 안에 있다. 하나님 자신에게 있기 때문에 우리는 알 수 없다. 그래서 그것은 신비다. 영원 전에 하나님께서는 모년 모월 모시에 아무개와 다른 아무개를 구원하기로 예정하셨다. 그리고 그때가 되어 그 사람이 복음을 받아들일 때 비로소 하나님의 선택이 효력을 드러낸다.[8] 이것이 무조건적 선택이라는 말의 의미다.

L : 제한속죄

"아버지께서 내게 주시는 자는 다 내게로 올 것이요, 내게 오는 자는 내가 결코 내쫓지 아니하리라"(요 6:37).

하나님께서는 모든 사람이 구원받기를 원하실까? 아니면 구원받을 사람만 구원받기를 원하실까? 고대 교부 아우구스티누스는 하나님의 전지전능한 신의 속성으로 이 문제를 풀었다. 하나님은 전능하시다. 따라서 모든 사람이 구원받기를 원한다면 그렇게 하실 수 있다. 하지만 구원받지 못하는 사람이 존재하는 것은 객관적인 사실이다. 따라서 하나님은 모든 사람이 구원받는 것을 원치 않으신다. 그의 추론은 여기서 그치지 않는다.

예수 그리스도의 속죄의 효력의 범위에 대한 문제로 이어진다. "예수께서 십자가에서 흘리신 피는 누구를 위함인가? 온 인류를 위함인가? 아니면 택자들만을 위함인가?" 칼뱅주의는 이 문제에 대한 답변 역시 전적 타락-무조건적 선택 교리의 연장선상에서 자동적으로 추론해서 찾을 수 있다고 본다. 만일 하나님께서 택자와 비택자 모두 이중적으로 예정하셨다고 해보자. 그렇다면 자연스럽게 예수 그리스도의 속죄의 피는 택자만을 위한 것이지, 비택자를 위한 것이 될 수 없다.

덧붙여 설명하자면 무조건적 선택 교리에 의해, 만일 하나님께서 만세 전에 택자와 비택자를 예정하셨다고 하자. 그래서 하나님께서 누구를 구원하고, 또 누구를 구원치 않으실지를 정하셨다고 치자. 이런 상황에서 예수는 무엇 때문에 구원받지 못할 자를 위해서 십자가에서 피를 흘리시겠는가? 만일 예수께서 구원하지 않기로 결정한 사람들을 위해서 속죄의 피를 흘리신다면 이것은 쓸모없는 일이 될 것이다. 즉 경제적인 입장에서 봤을 때 비택자를 위해 흘리는 피는 속죄의 피라 할지라도 낭비다. 그리고 이것은 하나님의 자기모순이 된다. 나아가 비택자의 입장에서 봤을 때 자신을 구원하지 않기로 예정해놓고 자신을 위해서 속죄의 피를 흘리는 것은 악어의 눈물 같은 우롱이요, 기만이다. 그때문에 자연스러운 논리적 귀결은 예수가 오직 택함 받은 자들을 위해서만 제한적으로 속죄의 피를 흘리셨다는 것이 된다.

I : 불가항력적 은혜

"루디아라 하는 한 여자가 말을 듣고 있을 때 주께서 그 마음을 열어 바울의 말을 따르게 하신지라"(행 16:14).

전적 타락–무조건적 선택–제한속죄라는 논리는 이제 불가항력적 은혜로 이어진다. 우리는 앞에서 칼뱅주의에서 믿음의 주체는 인간이 아니라 하나님이라고 말한 적이 있다. 비록 인간이 복음을 믿는 것이 맞기는 하지만 그 믿음이 하나님이 주신 선물이라는 점에서 믿음은 인간 자신의 것이라고 주장할 수 없다. 이런 점에서 믿음의 주체는 하나님이다.

어떤 사람이 복음을 믿을 경우 언뜻 보면 그가 믿는 것처럼 보이지만 실제로는 하나님께서 그를 믿게 하신 것이다. 즉 죄인이 자발적으로 복음을 믿은 것이 아니라, 하나님께서 성령을 보내주어 죄인의 마음을 감동감화시켰기 때문에 죄인이 믿을 수 있다는 것이다. 이러한 주장은 전적 타락–무조건적 선택–제한속죄의 교리와 잘 어울린다. 인간은 구원에 관한 한 전적으로 무능력하다. 그런데 하나님께서 만세 전에 택자를 정하셨다. 이것은 전적으로 하나님의 은혜이자 주권이다. 따라서 죄인이 믿는 것도 하나님의 주권일 수밖에 없다. 때가 이르자 하나님께서 그의 마음을 열어서 그로 하여금 하나님의 부르심에 응답하고, 복음을 믿도록 만드신 것이다.

칼뱅주의자는 불가항력적 은혜의 근거로 다메섹 도상에서의 사울(행 9:1-9)과 자주장사 루디아의 회심 사건(행 6:11-15)을 예로 든다. 다메섹 도상에서 갑작스럽게 영광과 위엄으로 나타나신 예수 그리스도 앞에서 바울은 거꾸러질 수밖에 없었으며, 결국 그가 믿음에 이르게 된 것은 하나님의 은혜의 불가항력성을 보여준다는 것이다. 또 누가에 따르면 하나님께서 루디아의 마음을 열어 바울이 전한 복음을 믿게 만드셨다고 기록하고 있다. 하나님께서는 듣는 죄인의 마음을 움직여서 그 복음이 믿어지게 만든다. 그리고 이렇게 하나님께서 믿도록 역사하시는 하나님의 주권적인 은혜를 죄인은 거부할 수 없다. 받아들이지도 못하니 당연히 거부할 수도 없는 것이다.

만일 이것이 사실이라면 다음과 같은 논리가 성립된다. 만일 하나님께서 어떤 사람을 구원하기로 작정하셨다면 그가 아무리 거부할지라도 그는 기어코 구원에 이르고야 말 것이다. 반대로 만일 어떤 사람이 하나님께서 그를 구원하지 않기로 예정하셨다면 그가 아무리 믿고자 애를 써도 그는 결코 구원에 이를 수 없을 것이다.

P : 성도의 견인

"내가 확신하노니 사망이나 생명이나 천사들이나 권세자들이나 현재 일이나 장래 일이나 능력이나 높음이나 깊음이나 다른 어떤 피조물이라도 우리를 우리 주 그리스도 예수 안에 있는 하나님의 사랑에서 끊을 수 없으리라"(롬 8:38-39).

성도의 견인이란 한 번 구원받은 신자는 영원히 구원받는다는 교리다. 그리고 성도의 견인 교리 역시 앞의 교리들의 자연스러운 논리적 귀결이다. 최초의 구원 사건이 전적으로 하나님의 주권에 의한 것이라면, 그 구원의 지속 역시 전적으로 하나님의 주권에 의한 것일 수밖에 없다. 그 때문에 구원이 갑자기 철회될 리 만무하다. 애초에 하나님께서 주권적으로 한 번 구원을 이루었다면 자신의 주권을 갑자기 철회하시겠는가? 그럴 리 없다. 하나님은 변덕스러운 분이 아니다. 따라서 구원은 하나님의 동일한 주권에 의해 마지막 순간까지 지속될 것이다. 따라서 신자의 구원은 영원히 보장된다.

그렇다고 한 번 구원받은 신자가 갑자기 완전히 의인이 되었다거나 결코 다시 죄를 짓지 않는다는 말은 아니다. 비록 구원받은 신자라 할지라도 여전히 인간의 연약함은 남아 있어서 자주 흔들린다. 일시적으로 죄를 짓기도 하고, 실패하기도 한다. 그러나 잠시 타락할 수 있을지언정 참 신자는 반드시 돌아와 구원에 이르고야 만다는 것이다. 왜냐하면 하나님의 주권과 은혜 때문이다. 그래서 한 번 구원은 영원한 구원이다.

견인 교리 때문에 칼뱅주의자들은 신자가 자신의 신앙을 도중에 버리는 배교apostasy란 불가능한 일이라고 믿는다. 하지만 성서나 초대교회에서 그리고 우리 주변에서도 신앙을 버린 사람들이 분명히 존재하지 않는가? 이에 대한 칼뱅주의의 답변은 이러하다. 그는 처음부터 참된 신자가 아니었다는 것이다. 영원 전에 생명책에는 택자의 명단이 기록되어 있다. 그런데 도중에 신앙을 떠난 자는 애초부터 생명책에 이름이 없는 자라는 것이다. 그는 단지 신앙을 가진 척 행세했던 위선자였다.[9] 마치 돌밭에 뿌려진 씨나 가시밭에 뿌려진 씨처럼 위선자가 교회 안에서 얼마간 신자인 척 할 수 있다. 그러나 시험이 오자 그 본래의 정체가 드러나게 되었다는 것이다. 칼뱅주의식으로 말하면 그 위선자는 본래 비택자였다. 비택자였는데 택자인 척했다가 결국 그 정체가 탄로 났다는 것이 배교에 대한 칼뱅주의의 설명이다. 하지만 만일 그가 영원 전에 생명책에 그 이름이 씌어져 있었던 택자라면 그는 결코 배교하지 않는다. 아니, 할 수 없다.

이러한 견인 교리에 기초해서 '구원의 확신' 교리가 만들어진다. 자연스러운 논리적 귀결이지만, 한 번 구원받은 자는 하나님의 보호 아래 영원히 그의 구원이 안전하다는 교리는 자신의 구원이 자신의 행동과 관계없이 끝까지 유지된다는 강력한 확신을 만들어내게 된다. 선하신 하나님께서 확증해주기에 택자는 자신이 택자인지 알 수 있고 구원을 확신할 수 있다.[10] 그리고 이것은 존 버니언의 《천로역정》이 잘 보여주듯이 17세기 영국 청교도들이 무수한 박해를 이겨나갈 수 있는 저항의 논리였다. 그래서 성도의 견인 교리를 들은 성도들은 이렇게 노래할 수 있는 것이다. "할렐루야! 하나님께서 나의 연약함과 불순종에도 불구하고 결코 나의 손을 놓지 않으신다네." 이처럼 구원의 확신 교리는 하나님을 향한 감사와 찬양과 신뢰를 이끌어낸다.

튤립 교리에 대한 질문들

전적 타락에 대해

앞서 말한 대로 칼뱅주의의 전적 타락 교리에서 강조점은 타락이 아니라 '전적'에 있다. 하지만 구원에 관한 한 인간이 정말로 할 수 있는 것이 아무것도 없을까? 이에 대한 가장 대표적인 반론이 요한계시록 3장 20절에 대한 해석이다. "볼지어다. 내가 문 밖에 서서 두드리노니 누구든지 내 음성을 듣고 문을 열면 내가 그에게로 들어가 그와 더불어 먹고 그는 나와 더불어 먹으리라." 여기서 예수는 문 밖에 서서 문을 두드리며 안에서 누군가가 그 소리를 듣고 문을 열어주기를 기다리고 계신다. 이러한 이미지에서 예수는 매우 수동적이고, 도리어 인간은 매우 능동적인 모습으로 그려진다. 인간은 최소한 노크 소리를 들을 수 있고, 문을 열지 말지를 결정할 수 있고, 문 앞으로 걸어와 문을 열어줄 수 있는 능력자다.

확실히 이러한 그림은 전적 타락 교리와는 맞지 않는 것처럼 보인다. 인간의 결정에 하나님의 주권이 침해를 받다니… 문을 부수든 공간이동을 하든 하나님은 당신이 원하는 구원의 사역을 하셔야 하는 것 아닌가? 그런데 왜 예수는 그렇게 하지 않고 문 밖에서 기껏 노크하는 자로 서 계셔야 하는가? 이에 대해서 칼뱅주의자는 이 말씀이 라오디게아 교회 신자들을 향한 말씀이지 불신자를 부르시는 모습은 아니라고 반박한다. 하지만 설령 본문이 불신자가 아니라 신자를 향한 말씀이라 하더라도 의문은 남는다. 불신자에게는 제한 당하지 않는 그리스도의 주권이 신자에게는 제한된다는 말인가? 만일 신자가 일정 기간 동안 그리스도를 받아들이지 않기로 결정할 수 있는 자유의지가 있다면, 결국 신자는 영원히 그리스도를 떠나기로 결정할 수도 있단 말 아닌가? 신자든 불신자든 인간에 의해 그리스도의 주권이 제한되는 듯한 이미지가 과연 칼뱅주의 체계 내에서 수용 가능할까?

사실 칼뱅주의가 구원에 관한 한 인간에게 능력이 전무하다고 강조하는 주장에는 어딘가 어색하고 비현실적인 느낌이 있다. 오래 전에 미국으로 이민을 간 한 한국인이 있다고 해보자. 그는 최근 닥친 이민 생활의 어려움으로 크게 낙심하던 차에 전도집회 포스터를 보고 차를 운전해서 집회에 참석했다. 그는 자리에 앉아 복음전도자가 전하는 말씀에 귀를 기울였다. 설교는 영어로 선포되었으나 오랜 미국 생활 탓에 영어를 잘 알아들을 수 있었다. 그의 뇌는 평범한 사람이라면 누구나 다 가질 수 있는 수준의 뇌였고, 그래서 그는 별 어려움 없이 복음을 충분히 이해할 수 있었다. 그러다가 어느 순간에 갑자기 그 설교가 자신을 향한 하나님의 말씀이라고 믿어졌다. 그리고 복음을 믿게 되었다. 이후 그가 "이 모든 것은 전적인 하나님의 은혜입니다"라고 간증했다고 해보자.

그는 차를 운전해서 이동할 수 있었고, 귀를 열어 들려오는 소리를 들을 수 있었으며, 영어를 알아들을 수 있었고, 또 설교 내용을 충분히 이해할 수 있는 이해력을 가지고 있었다. 설령 하나님께서 최근의 이민 생활의 어려움 때문에 그의 마음을 낮추고 복음을 들을 수 있는 상황을 만드셨다고 하더라도 어쨌든 그가 복음을 듣게 되기까지는 많은 능력이 요구되었다. 물론 그러한 능력이 대체 가능하고 또 하나님께서 그러한 능력을 사용하셨다고 말할 수는 있겠지만 어쨌든 그의 능력은 자신의 것이었고, 그 능력 덕분에 복음을 믿을 수 있었다. 어떤 칼뱅주의자는 이러한 능력들은 자연인이 가지고 있는 자연적 능력에 불과하다고 말할지 모르겠다. 하지만 분명한 것은 이러한 능력이 그가 복음을 믿는데 도움이 되었다는 데 있다. 그는 엄밀한 의미에서 전적 무능력자가 아니다. 그는 최소한 움직일 수 없는 식물인간이 아니었고, 듣지 못하는 청각장애인이 아니었고, 또 영어를 알아들을 수 없는 사람이 아니었으며, 이해력에 문제가 있는 지적 장애인이 아니었다.

물론 그러한 능력이 그를 구원했다는 말은 아니다. 구원이 오직 예수 그리스도께서 십자가에서 이루신 구속의 능력으로 말미암는다는 칼뱅주의의 주장에 동의할 요량이 있다. 하지만 그는 식물인간이나 청각장애인, 영어를 모르는 사람, 금치산자와 같은 말 그대로 '진짜 전적' 무능력자는 아니지 않느냐는 말이다. 그에게는 모종의 능력이 있었고, 그 능력이 그가 복음을 믿는 데 도움이 되었다.

어떤 칼뱅주의자는 이런 식으로 설명할지 모른다. 그가 걸어서 집회에 참석한 것, 훌륭한 복음전도자가 그곳에 와서 복음집회를 한 것, 오래 전에 그가 미국에 이민 와서 영어를 알아들을 수 있는 능력이 생긴 것, 그의 이해력 등도 전부 하나님의 주권이라고 말이다. 그러나 이쯤되면 우리는 막무가내식 주권사상과 마주하게 된다. 그러니까 결국 칼뱅주의는 '그냥 다 하나님 주권'이라고 말해야 하는 사상이란 말인가? 그리고 이러한 식이라면 칼뱅주의는 모든 것들을 설명하지만 하나도 납득시키지 못하는 무의미한 설명이 되고 말 것이다. 결국 이러한 막무가내식 주권사상 앞에서 대화와 토론은 불가능할 것이다. 아울러 인간의 삶과 삶의 모든 의미는 증발되고 말 것이다.

자연계시 논쟁

하나님께서 불신자에게 계시를 주셨는가, 주시지 않았는가? 만일 주셨다면 어느 정도 주셨는가? 이 문제는 상당히 오래된 신학 논쟁이다. 전통적으로 가톨릭교회는 토마스 아퀴나스의 주장을 따라서 "은총은 자연을 배제하는 것이 아니라 완성한다*gratia non tollit naturam sed perficit*"라는 관점을 가지고 있었다. 이것은 무슨 의미인가. 하나님께서는 불신자에게도 상당한 양의 자연계시를 주셨으며, 인간의 이성적 능력도 있어서 자연계시를 통해 하나님에 대해 꽤 많은 것을 알 수 있다고 보았다는 말이다. 그러나 그러한 자연계시와 이성은 불충분하다. 하나님은 그것의 불충분함을 알고 예수 그리스도와 성서와 같은 특별계시를 은총으로 주어 부족한 부분을 채워주신다. 따라서 진정으로 하나님을 아는 방법은 자연계시와 이성에 예수 그리스도와 성서를 더하는 것이다. 이것이 은총이 자연을 완성한다는 말의 뜻이다.

한편 종교개혁자들은 대체로 이러한 토미즘(토마스주의)의 원리를 부정했다. 왜냐하면 토미즘이 인간 이성의 능력을 지나치게 강조하여 성서의 중요성을 약화시켰다고 보기 때문이다. 토미즘에 반대해서 종교개혁자들은 '오직 성서'라는 원리를 강조했다. 그 때문에 자연스럽게 그들은 특별계시를 더욱 강조하는 편을 택했다. 하지만 종교개혁자 중에서 자연계시나 이성의 능력을 완전히 부정한 사람은 별로 없었다.

그런데 칼뱅의 경우는 다소 애매하다. 칼뱅은 이 문제에 대해서 다소 혼란스러운 입장을 취했다. 그는 바울을 따라 하나님께서 자연 만물을 통해 하나님의 살아 계심과 신성을 계시하셨다고 주장한다. 즉 자연계시를 분명히 인정했다. 그러나 동시에 그러한 자연계시의 등불은 무익하다고 말한다. 왜냐하면 우리 눈에 보이지 않는 신성이 자연 사물을 통해 표현되기는 하지만, 믿음으로 조명되지 않는 한 계시된 이 신성을 바라볼 수 없기 때문이다.[11] 그러니까 후에 카를 바르트Karl Barth가 힘주어 강조한 대로, 칼뱅에게 있어서 결국 자연계시는 믿음을 가진 신자에게만 유의미할 뿐 불신자에게는 다만 오류와 왜곡의 원천이 될 뿐이다. 한마디로 믿음이 없으면 자연계시도 없다. 그러니까 사실상 칼뱅은 이성으로 자연계시를 이해할 수 있는 가능성을 부정했으며, 전적 무능력을 일관되게 강조한 것이다. 그렇다면 칼뱅이 자연계시를 인정한 이유는 무엇인가? 그것은 성서가 자연계시를 인정하기 때문이며, 그보다 더 중요한 것은 인간으로 하여금 핑계할 수 없도록 그 입을 막게 하기 위해서다. 자연계시는 불신자에게 무익한 것이지만 그들의 불신앙을 핑계할 수 없게 만드는 한에서만 유의미하다.

한편 20세기의 칼뱅의 후예 두 사람은 이 문제 때문에 세기의 논쟁을 벌인다. 그 두 사람은 다름 아닌 카를 바르트와 에밀 브루너Emil Brunner이다. 카를 바르트는 칼뱅의 전적 타락설에 더 많은 방점을 두었다. 구원에 관한 한 혹은 경건에 관한 한 인간에게 하나님을 알거나 하나님의 구원의 말씀을 듣거나 반응할 수 있는 능력이 전무하다.[12] 그에 반해서 에밀 브루너는 바울의 주장에 더욱 강조를 두었다. 그는 바울의 주장을 따라 하나님에 관한 계시가 자연 만물에 분명히 계시되어 있으며, 인간에게는 이를 이해할 수 있는 능력이 분명히 존재한다고 말한다. 이를 다른 말로 그는 '접촉점'이라고 했다. 이 접촉점은 하나님의 말씀에 대한 인간 편의 수용능력과 책임성을 뜻한다.[13]

나는 여기서 브루너의 입장이 좀 더 상식적이라는 관점으로 논리를 전개해 나갔다. 그렇다고 브루너의 추종자요, 바르트의 반대자인 것은 아니다. 왜냐하면 칼뱅주의와 아르미니우스주의 논쟁의 구도 자체에서 벗어나기를 원하기 때문이다. 다만 여기서 칼뱅주의의 전적 타락설에 대한 문제제기 차원에서 브루너의 관점을 소개한 것이다. 그러니까 결론은 구원에 관한 한 인간에게 복음을 듣고, 믿을 수 있는 능력이 전무하다는 전적 무능력설은 상식과 멀어진다는 느낌을 지우기 어렵다는 것이다.

무조건적 선택에 대해

무조건적 선택을 주장하는 칼뱅주의는 어마어마한 논쟁을 촉발시킨다. 특히 이중예정, 즉 하나님께서 구원할 자뿐만 아니라 구원하지 않을 자도 미리 정하셨다는 주장은 거센 반발을 불러일으켰다. 이 교리는 하나님께서 어떤 사람을 창조하면서 "너는 반드시 구원받을 자란다"하고, 또 다른 사람을 창조하면서 "너는 절대 구원받지 못할 자란다"하셨다고 상상하게 된다. 왜 그렇게 구분하시는가? 칼뱅주의에 따르면 인간으로서는 이해할 수 없는 이유 때문이라고 한다. 과연 우리는 이러한 하나님을 공평하고 선하신 하나님이라고 말할 수 있겠는가?

이에 대해서 가장 자주 들을 수 있는 논리적인 답변은 이것이다. 성서는 분명 하나님께서 만세 전에 구원할 자를 선택하셨다고 말한다. 그리고 누군가를 선택하신다는 것은 필연적으로 누군가를 선택에서 배제한다는 뜻을 포함한다. 논리적으로 누군가를 구원하기로 선택했다는 것은 그 나머지는 구원하지 않기로 선택하신 것일 수밖에 없다는 말이다.[14] 그러나 성서가 과연 어떠한 잘못도 저지르기 전에 누군가를 미리 지옥의 땔감용으로 창조하셨다는 칼뱅주의의 하나님을 가르친 적이 있는가?

칼뱅주의자들은 무조건적 선택에 대한 거센 반발에 익숙하다. 그래서 그에 대한 굉장히 다양한 답변을 준비해두고 있다. 그중 하나는 "그런 식으로 아예 생각하지 마라must not"는 것이다. 칼뱅주의자들은 제기된 질문에 설명하기에 앞서 그런 질문을 해서는 안 된다고 말한다. 그런가 하면 그런 질문은 악한 질문이라고 혼내기도 한다.[15] 그중에서도 단연 압권은 로마서 9장 20-21절을 인용하는 것이다. "이 사람아, 네가 누구이기에 감히 하나님께 반문하느냐? 지음을 받은 물건이 지은 자에게 어찌 나를 이같이 만들었느냐 말하겠느냐? 토기장이가 진흙 한 덩어리로 하나는 귀히 쓸 그릇을, 하나는 천히 쓸 그릇을 만들 권한이 없느냐"(롬 9:20-21).

언뜻 보면 이 본문의 인용은 기술적으로 적절한 인용처럼 보인다. 그래서 마치 예정에서 배제된 비택자가 "하나님 왜 저를 예정하지 않으셨나요? 그것이 공평한가요?"라고 항의하는 것에 대해서 바울이 "그 입 다물라!" 하는 것처럼 보인다. 그러나 아르미니우스주의자에게 이 본문은 전혀 다른 의미로 이해된다. 그들은 성서 해석의 제1원칙은

'문맥'임을 주장하면서, 문맥 속에서 본문을 봐야 한다고 주장한다. 로마서 9-11장은 이방인의 선택과 이스라엘의 선택에 대해서 다루고 있는 본문인데, 여기서 바울은 이방인도 하나님의 예정에 포함된다는 당시로서는 파격적인 주장을 한다. 이에 대해서 유대인들이 "어찌 이방인들이 예정되었다고 말할 수 있는가?"라고 주장할 때 바로 로마서 9장 20-21절을 말한 것이다. 그러니까 바울은 비택자에게 이 말을 한 것이 아니라 자신들만 택자라고 주장하는 유대인을 향해 이 말을 한 것이다(롬 9:24-26, 30).[16]

또 설령 이러한 인용이 적절하다 하더라도 이 인용으로 질문에 대한 해답이 주어지지는 않는다. 로마서 9장의 인용은 다만 질문자의 입을 다물게 할 뿐이다. 그리고 이러한 식의 침묵 요구는 칼뱅주의자의 논법에서 자주 발견할 수 있는 것이다. 그러나 기억해야 할 것은 입을 다물게 하더라도 질문은 여전히 남는다는 것이다. 그 질문은 이것이다. "과연 하나님은 그런 식으로 택자와 비택자를 예정하시는가? 그런 하나님은 과연 선하고 공평하신 하나님인가?"

일부 칼뱅주의자들은 이중예정의 어감을 다소 약화시키면서 이 문제를 피해가려고 한다. 어떤 칼뱅주의자는 영화 〈쉰들러 리스트〉의 예를 든다. '아우슈비츠에서 일부 유대인을 구원한 쉰들러는 마지막에 조금 더 많은 유대인을 구하지 못한 것 때문에 마음 아파한다. 그때 쉰들러는 그가 모든 유대인을 살리지 못했다는 이유로 관객에게 비난받아야 하는가, 아니면 그중 일부라도 구원했다는 이유로 관객의 칭송을 받아야 하는가'라고 묻는다. 그러면서 이중예정도 같은 맥락이라고 설명한다. 인간은 본래 죄 때문에 바다에 빠져 죽어가는 상태였다는 것이다. 하나님께서 구명보트를 띄워 일부를 건져내고, 다른 이들은 건져내지 않으신 것이라고 말한다. 그때 하나님을 향해 "왜 모두를 건져내지 않으십니까?"라고 비난한다는 것이 합당하냐는 논리다. 만일 하나님께서 누군가를 건져내기로 마음먹었다면 자연스럽게 나머지는 구원하지 않기로 선택하신 것이고, 이것 때문에 하나님이 비판을 받을 이유는 없다고 주장한다. 언뜻 보면 그럴듯하게 들린다.

하지만 쉰들러의 경우와 칼뱅주의가 주장하는 이중예정이 같은 경우인지는 의문이다. 왜냐하면 쉰들러의 경우, 아우슈비츠를 쉰들러가 고안한 것도 아니고 또 많은 유대인을 아우슈비츠로 보내기로 결정한 것도 아니다. 그것은 히틀러가 결정한 것이다. 쉰들러는 히틀러의 결정에 반하여 자신이 할 수 있는 한 일부라도 아우슈비츠에 가지 못하도록 건져낸 것이다. 만일 그에게 충분한 능력이 있었다면 그는 모든 유대인을 구원했을 것이 분명하다.

그에 반해 이중예정이란 아직 인간이 죄를 짓기도 전에 지옥에 보낼 자와 지옥에서 건져낼 자 모두를 하나님이 정하셨다는 말이다. 지옥도 하나님이 만들었고, 특정한 무리의 인간들을 지옥에 보내기로 결정한 분도 하나님이다. 하나님은 쉰들러와는 다르게 원하면 모든 사람을 지옥에서 건져내실 수도 있다. 쉰들러는 모든 유대인을 구원하기 원했지만 능력이 없어서 못했을 뿐이다. 그러나 하나님은 그러한 능력이 있음에도 알 수 없는 어떤 이유 때문에 일부만 건져내기로 결정하고, 나머지는 지옥에 던져 넣기로 미리 작정하셨다는 말이다.

물에 빠진 사람을 건져내는 비유도 맞지 않다. 그 비유에 따르면 인류는 물에 빠진 뒤에 구명보트가 출동해서 사람들을 구조한다. 하지만 칼뱅주의의 경우 구명보트가 출동하기 전에 물에 빠져서 죽게 할 자와 건져서 살게 할 자를 모두 정했다고 말한다. 그래서 보트에 탄 사람이 명단을 확인해서 명단에 있는 사람만 골라서 보트에 태운다는 식이다. 즉 하나님은 인간이 태어나기도 전에 어떤 이는 지옥에 빠뜨릴지, 어떤 이는 지옥에서 건져낼지, 양편 모두를 미리 정하셨다는 말이니 구명보트의 비유와도 맞지 않다.

또 다른 질문은 이것이다. 하나님의 예정 시기가 정확히 언제인가? 아담이 타락하기 전인가, 타락한 이후인가? 타락하기 전에 하나님께서 예정하셨다는 주장을 '타락 전 예정설Supralapsarianism'이라고 하고 타락한 이후 예정하셨다는 주장을 '타락 후 예정설Infralapsarianism'이라고 한다. 이 문제는 하나님께서 아담의 타락을 예정하셨는가, 하지 않으셨는가 하는 문제로 나간다. 그리고 이것은 하나님이 아담에게 죄 짓게 만드셨는가, 아니면 아담이 스스로의 의지로 죄 짓도록 내버려 두셨는가, 즉 하나님께서 죄의 창조자냐 아니냐 하는 논쟁으로 이어진다. 칼뱅 자신은 이에 대해서 명료하게 밝힌 적은 없다. 그래서 후대 칼뱅주의자들 사이에서 칼뱅이 어느 입장이냐를 두고 논쟁이 일었다. 그러나 몇몇 군데에서 그는 아담의 타락도 하나님의 예정 속에 있음을 암시하고 있다.[17]

죄의 창조자 논쟁에 대해서 칼뱅주의의 두 입장은 다소 다른 전략을 취한다. 타락 전 선택설은 논리적 일관성을 선택한다. 하나님은 처음부터 끝까지 모든 것을 작정하시는 절대주권의 하나님을 선택한다. 그래서 아담의 타락조차 하나님의 작정에 속한다. 하지만 이 때문에 타락 전 선택설은 하나님을 죄의 창조자로 묘사하는 것이 아니냐는 혐의를 받게 된다.

반면에 타락 후 선택설은 하나님이 죄의 창조자가 아니라는 점을 강조하기 원한다. 예정은 아담의 타락 이후에 일어난 일이라는 것이다. 그러나 이 입장은 논리적 일관성이 부족하지 않느냐는 비판을 받고 있다. 만일 타락 후 선택설이 옳다면, 그래서 아담의 타락은 하나님의 예정이 아니라 다만 허용하신 것이라면, 아담의 타락 때까지는 아르미니우스주의자들이 말하는 예지예정으로 보아야 하는가 하는 의심을 사게 된다.

하지만 기억해야 할 것은 두 입장 모두 하나님을 죄의 창조자로 묘사하는 것에는 대단히 싫어한다는 사실이다. 그래서 죄의 창조자 물음에 대한 칼뱅주의의 전형적인 답은 이것이다. "하나님의 영원하신 섭리에 의해 사람은 그런 재난을 당하도록 창조함을 받았지만 재난이 생기게 되는 원인은 사람 자신에게 있다."[18] 이것을 쉽게 표현하면 "잘되면 내 탓, 못되면 조상 탓"이라는 부조리한 논리를 연상시킨다. 즉 칼뱅주의는 "잘되는 건 하나님 탓, 못되는 건 인간 탓"으로 생각하라는 것처럼 들리기 때문이다. 이렇게 말하는 이유는 칼뱅주의가 하나님의 주권을 강조하면서, 동시에 인간의 책임도 동시에 강조하고 싶어 하기 때문이다. 그러나 논리적으로 대안이 없는 선택이라는 것이 가능한가? 둘이나 셋 중 하나를 선택한다는 것은 말이 된다. 그러나 선택 가능한 옵션이 하나뿐인데, 그것을 자발적으로 선택했다고 말하는 것이 타당하냐는 말이다.[19]

하나님의 주권과 인간의 자유를 동시에 주장하는 것 중에서도 가장 황당한 주장은 "하나님이 인간의 자유도 예정하셨다"는 것이다.[20] 이쯤 되면 할 말이 없다. 이러한 주장은 '네모난 동그라미' 식처럼 들린다. 이러한 황희정승식 답변은 그 어떠한 비판에도 반박되지 않는다. 반박되지 않기 때문에 그건 논리적 설명이라고 할 수조차 없다. 그것은 일종의 신앙이다. 하나님의 주권과 인간의 자유, 이 둘 사이의 조화가 어떻게 가능한지 물으면 팔머 같은 이들은 '신비'라고 얼버무리고[21] 뵈트너 같은 이들은 '해결할 수 없다' 하고 넘어간다.[22]

우리는 성서 안에서 하나님의 주권과 인간의 자유 이 두 가지가 동시에 강조되고 있음을 볼 수 있다.[23] 그러나 성서가 이 두 가지를 동시에 강조하는 방식은 매우 변증법적이다. 자크 엘륄은 성서야말로 놀라울 정도로 변증법적인 방식으로 기록된 책이라고 말한다. 예컨대 예수 그리스도의 성육신은 그 자체로 변증법적이다. 영원(무한)하신 하나님께서 제한(유한)된 육체 속에 거하시기 때문이다. 예수 그리스도의 성육신 안에서 영원하신 하나님이 인간의 죄와 반역의 선언을 참아내는 것, 스스로 능력을 제한할 뿐만 아니라 때로는 후회하고, 때로는 계획했던 심판을 철회하는 분이 성서의 하나님이다. 우리는 이러한 하나님을 논리적 설명체계 속에 온전히 담아낼 수 있는가? 하나님의 나라는 이미 우리 가운데, 우리 안에 임했다. 그러나 아직 하나님나라는 완전히 임하지 않았다. 우리는 은총으로 구원받았다. 그러나 우리는 우리의 구원을 이루어야 한다. 이처럼 성서는 두 가지 모순된 선언을 아무렇지도 않게 병치시키고 있다. 이것은 분명 변증법적인 서술이 아닐 수 없다.

변증법적 성서의 계시 앞에서 우리는 이 둘의 모순을 해결하기 위해서 함부로 성서의 계시를 훼손해서는 안 된다.[24] 모순을 견디지 못한 성서 독자들은 세 가지 오류를 범하곤 한다. 모순의 한쪽(정)을 지지하거나, 반대편(반)을 지지하거나, 둘을 적당히 뒤섞어버린다(합). 혹자는 성서 전체를 하나님의 초월성이라는 관점으로만 보려고 하거나, 반대로 혹자는 하나님의 자기 제한성 혹은 내재성이라는 관점으로만 보려고 하거나, 아니면 하나님의 초월성과 내재성을 50대50으로 뒤섞으려 한다. 하지만 이 세 가지 태도는 모두 성서 계시에 대한 올바른 태도가 아니다. 우리는 모순을 그대로 두고, 그 모순 속에서 살아가는 것이 신앙인의 실존임을 깨달아야 한다.

하지만 칼뱅주의자들이 하나님의 주권과 인간의 자유를 동시에 강조하는 방식은, 위에서 말하는 변증법적 긴장 관계를 유지하는 성서의 방식과는 상당히 차이가 있다. 칼뱅주의는 인간의 자유를 훼손하면서까지 하나님의 주권만을 전적으로 강조하기 위해서 애를 쓴다. 그러다가 그러한 설명체계 속에 끝까지 포섭되지 않는 이질적인 성서 계시를 만나면 갑작스럽게 그것을 인간의 자유라고 말하고는 빠져나가 버린다. 모든 것이 하나님의 주권이라고 주장하다가 하나님이 악의 창조자라는 혐의가 부각되면 갑자기 인간에게도 책임이 있다고 급하게 공을 떠넘기는 방식이다. 이런 방식은 납득할 만한 설명이라고 보기 어렵다. 만일 칼뱅주의자들이 하나님의 주권과 인간의 자유에 대한 동시 강조를 성서 속에서 볼 수 있는 변증법적인 방식으로 T-U-L-I-P 교리 전체에 일관되게 적용했다면 칼뱅주의의 모습은 지금의 모습과 많이 달랐을 것이다. 만일 그랬다면 칼뱅주의는 전적 타락에 대해서도 하나님의 주권과 인간의 자유를, 무조건적 선택, 제한속죄, 불가항력적 은혜, 성도의 견인 등에 대해서도 일관되게 하나님의 주권과 인간의 자유를 적용했을 것이고, 모르긴 해도 그렇게 했다면 칼뱅주의와 아르미니우스주의 간의 논쟁도 상당 부분 해소되었을 것이 분명하다. 칼뱅주의가 하나님의 주권과 인간의 자유를 동시에 강조한다고 말할 때, 이는 이미 균형을 잃은 강조며, 때늦은 변신이며, 부조리한 방어논리가 아닌가 싶다.

제한속죄에 대해

예수께서 오직 택자들만을 위해서 속죄의 피를 흘리셨다는 제한속죄도 거센 비판의 대상이 되고 있다. 제한속죄의 하나님은 과연 사랑과 공의의 하나님이 맞는가? 어떻게 하나님께서 누구는 사랑하고, 누구는 미워할 수 있는가? 하나님은 공평하신 하나님이 아닌가? "하나님이 그 해를 악인과 선인에게 비추시며 비를 의로운 자와 불의한 자에게 내려주심이라"(마 5:45)고 하지 않으셨는가?

이러한 질문에 대해서 칼뱅주의는 성서를 증거로 제시한다. 로마서 9장 13절을 보라. "기록된 바 내가 야곱은 사랑하고 에서는 미워하였다 하심과 같으니라." 실제로 성서에는 하나님께서 누군가를 사랑하기로 선택하신 예들로 가득하다. 아브라함을 택하고, 이삭을 택하고, 야곱을 택하고, 요셉을 택하고, 히브리 민족을 택하셨다. 특히 야곱의 경우, 하나님이 야곱을 선택하셨을 때 에서는 선택받지 못했다. 봐라! 성서에는 이렇게 누군가를 선택하신 예들로 가득하지 않는가. 이것을 불공정하다고 할 수 있는가? 그러니까 하나님이 택자를 선택하시는 것도 성서와 모순되지 않는다는 논리다.

하지만 이에 대한 반대측의 대응도 만만치 않다. 아르미니우스주의는 디모데전서 2장 4절과 같은 구절을 제시하며 공격한다. "하나님은 모든 사람이 구원을 받으며 진리를 아는 데에 이르기를 원하시느니라"(딤전 2:4). 하나님께서 모든 사람이 구원받기 원하신다는 이 구절은 칼뱅주의의 제한속죄와는 반대되는 것이 분명해 보인다. 이에 대해서 교부 아우구스티누스는 이 구절을 "진짜로 하나님이 모든 사람이 구원받기 원한다는 뜻이 아니라 하나님이 원치 않으시면 아무도 구원받을 수 없다는 뜻"이라고 희한한 해석을 제시한다. 칼뱅은 이 말씀이 "모든 계층의 사람들에게 구원이 열려 있다는 뜻"이라고 해석했다.[25] 그런가 하면 아예 본문에 손을 대는 칼뱅주의자들도 있다. 그들은 '모든 사람'을 '모든 택자'로 바꾼다. 그러니까 하나님은 '모든 사람'이 구원받기 원하는 것이 아니라 '모든 택자'가 구원받기 원하신다는 것이다.[26]

또 한 가지 예는 "하나님이 '세상'을 이처럼 사랑하사 독생자를 주셨으니 이는 그를 믿는 자마다 멸망하지 않고 영생을 얻게 하려 하심이라"(요 3:16)이다. 제한속죄를 고수하기 원하는 칼뱅주의자들은 본문을 하나님께서 온 세상 모든 사람을 사랑하셔서서 그들에게 독생자를 주셨다고 읽고 싶어 하지 않는다. 그래서 칼뱅은 이것이 신자들에게 더욱 확실하게 안정을 얻을 수 있게 하기 위한 의도의 말씀이라고 주장했고[27] 다른 일부 칼뱅주의자들은 본문에서 하나님이 사랑하신 '세상'은 택자와 비택자 모두를 포함하는 온 세상을 뜻하는 것이 아니라 '전 지구적인 영역에 사는 택자들'이라고 주장한다.[28] 하지만 이는 성서의 본문을 자신들의 체계에 들어맞게 하기 위해, 억지로 꿰어 맞추는 것이 아니냐는 비판을 면키 어렵다.

무엇보다도 제한속죄는 예수가 인색하게 자기가 좋아하는 사람들만을 위해서 십자가에서 피를 흘리셨단 말처럼 들린다. 예수는 비택자들을 위해 죽지 않으셨다. 고로 예수는 비택자들의 구주가 아니다. 그렇다면 비택자들에게 예수는 전혀 믿어야 할 주가 아니다. 그들에게 예수는 믿을 필요도 없는 자요, 믿을 수조차 없는 자다. 아니 도리어 이성을 가진 비택자라면 예수는 미움과 증오의 대상이 될 것이다. 비택자에게 "예수의 사랑은 자기 식구들만 챙기는 가족 이기주의나 조폭들의 의리와 무엇이 다른가?"라는 질문이 저절로 생겨나게 된다. 제한속죄의 신이 과연 자비로운 신이고, 공평한 신이라고 할 수 있는가?

불가항력적 은혜에 대해

하나님께서 구원의 은혜를 베푸실 때 인간이 거부할 수 없다? 그렇다면 하나님은 원치도 않는데 강제적으로 자기 사랑을 베푸시는 분인가? 그러니까 불가항력적 은혜란 결국 신의 강압이란 말인가? 이에 대해 에드윈 팔머는 불가항력적 은혜가 강압이 아니라고 분명하게 말한다.[29] 강압이 아니라면 무엇인가? 이에 대한 팔머의 답변은 혼란스럽고 별로 설득적이지 못하다. 왜냐하면 그의 논증을 읽자면 그는 마치 "불가항력적 은혜는 강압이 아니다. 하지만 강압이다"라고 말하는 것같다.[30]

적지 않은 비판가들이 불가항력적 은혜를 신적 강압이라고 비판한다. 그래서 싫어하는 인간에게 억지로 자기 사랑을 주입하는 것이라며 비판한다. 이는 마치 강간을 연상케 한다. 하지만 나는 불가항력적 은혜를 강간 모델로 보는 것보다는 도리어 인격 침투나 해킹 모델로 보는 것이 더 적절하지 않을까 싶다. 강간은 피해자가 거부할 자유가 있는데도 이를 무력으로 제압하고 자신의 의지를 관철시키기 때문이다. 즉 강간의 문제는 피해자에게 자유의지가 있느냐의 문제가 아니라 누구의 힘이 더 세냐의 문제인 것이다. 하지만 칼뱅주의 체계 내에서 인간은 완전히 죽은 시체나 다름없다. 받아들이거나 거부할 능력과 자유가 전혀 없다. 따라서 하나님의 은총을 거부할 자유는 처음부터 존재하지 않는다. 만일 죄인이 복음을 믿기로 했다면 그건 하나님께서 인간의 마음속에 복음을 믿을 마음을 주셨기 때문에 가능하며, 반대로 그가 복음을 거부한다면 이는 하나님께서 그에게 복음을 믿을 마음을 주지 않으셨기 때문이다. 그 때문에 하나님께서 죄인으로 하여금 믿도록 만드신다는 칼뱅주의의 불가항력적 교리는 인간의 인격 속에 하나님의 영이 무단으로 침입해서 하나님이 원하는 일을 하도록 만드는 것처럼 보인다. 마치 헤라 여신이 헤라클레스에게 광기를 주입해서 아내와 자녀를 죽이게 하고 평생 죄책감 속에 살도록 만들 듯이 말이다.

성도의 견인에 대해

"한 번 구원은 영원한 구원"이라는 견인 교리 역시 거센 비판에 직면하게 된다. 무엇보다 견인 교리는 성서의 증언과 충돌하는 것처럼 보인다. 성서에는 구원이 취소될 수 있는 것처럼 말하는 구절이 꽤 많다. 그중에서도 히브리서 6장 4-6절이 대표적인 구절이다. "한 번 빛을 받고 하늘의 은사를 맛보고 성령에 참여한 바 되고 하나님의 선한 말씀과 내세의 능력을 맛보고도 타락한 자들은 다시 새롭게 하여 회개하게 할 수 없나니 이는 그들이 하나님의 아들을 다시 십자가에 못 박아 드러내 놓고 욕되게 함이라."

대체로 신약성서학자들은 히브리서를 수신한 공동체가 배교의 위험에 직면했다는 사실에 동의한다. 데일 무디Dale Moody는 히브리서를 주석하면서, 히브리서의 다섯 가지 권면은 의심할 여지 없이 배교의 위험성을 경고하기 위한 목적으로 씌어진 책이라고 주장한다.[31] 관습이나 교리적인 전제 없이 히브리서를 읽으면 우리는 이것이 무난한 주장임을 충분히 알 수 있다.

하지만 칼뱅주의자들은 배교가 가능하다는 것은 성도의 견인 교리가 무너진다고 생각하기 때문에 배교의 가능성을 부정하고 싶어 한다. 그러자니 히브리서 본문과도 씨름하기를 주저하지 않는다. 그래서 크게 세 가지 방식으로 이 문제를 해결하려고 한다. 한 가지는 히브리서가 애초에 진정으로 거듭난 신자를 대상으로 하는 편지가 아니었다고 주장한다. 이들은 교회에 출석하며, 겉으로만 신자의 모양을 가졌던 외형적 그리스도인이었다는 것이다. 그러다가 결국 신앙에서 떠난 것이니 애초부터 이들은 구원받은 자들이 아니었다는 것이다. 애초부터 구원받은 자가 아니었으니 논리적으로 그들의 탈선은 배교가 아니라고 주장한다.[32] 하지만 이러한 주장은 히브리서가 신자 공동체에게 보내는 편지가 아니라고 주장하는 것이나 다름없다. 그리고 이는 설득력이 없다. 히브리서를 보라. 히브리서 기자는 그 위험에 직면한 당사자를 "우리"라고 씀으로써 자신도 포함시키고 있지 않는가.[33]

또 한 가지 방식은 히브리서가 신자에게 쓰는 편지가 맞지만, 히브리서 기자가 경고하는 것은 배교라기보다는 신자들이 넘어질 수 있는 죄에 대한 권면이라고 보는 것이다. 그러나 이 역시 본문 자체가 갖는 심각한 수준의 경고를 무시하는 해석이다.

세 번째 해석은 뵈트너와 같은 칼뱅주의자의 주장인데, 히브리서의 경고가 배교의 위험성을 암시하고 있기는 하지만 이는 신자들로 하여금 더욱 하나님을 신뢰하라는 교훈을 주기 위한 목적으로 주신 말씀이라는 설명이다.[34] 달리 말하면 하나님께서 든든히 붙들어주시지만 신자는 인내해야 할 책임이 있다는 것이다.[35] 그러나 이 역시 새로운 의문을 자아낸다. 하나님을 신뢰하라는 말을 하기 위해서 히브리서 기자가 가능하지도 않는 배교의 위험성을 언급했다는 말인가?

칼뱅주의의 견인 교리는 교회사적인 증거와도 일치하지 않는다. 앞서 말한 바 있지만 초대교회에서는 언제나 배교를 용서받기 어려운 중죄 중 하나로 여겼다는 증거가 넘쳐난다. 역사적으로 보면 최소한 처음 300년 동안 초대교회는 신자들이 늘 황제숭배나 주술과 같은 배교의 위험 속에 살았으며, 배교는 두 번 다시 회개할 수 없는 중죄이니 신자들에게 배교하지 않도록 엄히 경계했던 것이다. 하지만 칼뱅주의자들에 의하면 초대교회의 이러한 배교에 대한 경계는 신학적 오류라고 보아야 한다.

칼뱅주의자들은 배교를 부정하고, 영원한 안전을 강조한다. 만일 어떤 사람이 신앙에서 떨어졌다면 그는 배교한 것이 아니라 본래 택자가 아니었는데 택자인 척했다가 본색이 드러났다고 말한다. 이러한 주장은 결과에 기초한 원인의 추론이며, 그 어떤 반론에도 반박당하지 않는 무적의 순환논법이다.

신비의 무효화 효과

칼뱅주의는 무적의 논리체계다. 그 어떠한 반박도 거뜬히 막아낼 수 있는 다양한 무기를 가지고 있다. 하지만 반박되지 않는다는 말은 검증될 수도 없다는 뜻이기도 하다. 이것이 칼뱅주의의 교리에 대한 신빙성에 의문을 제기한다. 예컨대 칼뱅주의가 자신의 논리체계를 변호하는 장치로 사용하는 '신비'라는 미지의 공간이 있다. 이 미지의 공간은 칼뱅주의를 무적의 논리체계로 만드는 힘의 근원 중 하나다. 칼뱅주의는 신비라는 미지의 공간에 모든 논리적 문제를 일거에 해결해버릴 수 있는 기계장치의 신 *deus ex machina*을 숨겨놓고 필요할 때면 그 신을 불러낸다.

예를 들어보자. 어떤 사람이 이중예정과 제한속죄를 근거로 비택자에게 전도해서는 안 된다고 주장한다고 해보자. 그의 논리는 다음과 같다.

- 예수는 오직 택자만을 위해서 피를 흘리셨다.
- 따라서 우리도 택자에게만 전도해야 한다.
- 비택자에게 전도하는 것은 헛된 일이다.

제한속죄 교리에 따라 우리는 비택자에게 전도할 필요가 없다. (칼뱅주의에 따르면, "택자에게도 전도할 필요가 없다. 왜냐하면 우리가 전도하지 않아도 택자라면 그는 어떤 식으로든 반드시 구원받을 것이기 때문이다." 하지만 이러한 칼뱅주의식 패러독스는 일단 여기서는 접어두자.) 그러나 이는 자칫 복음전도의 책임을 소홀히 할 소지가 있어서 이를 긍정하는 칼뱅주의자들은 별로 없다. 칼뱅주의자들은 "비택자에게 전도할 필요가 없다"는 주장에 답하기 위해서 신비라는 미지의 공간에서 기계장치의 신을 불러낸다.

논리적으로 보면 우리는 비택자에게 전도할 필요가 없다. 아니 전도해서는 안 된다. 십자가 상의 주님께서도 그리 하셨으니까 말이다. 하지만 문제는 우리가 택자와 비택자를 알 수 없다는 것이다. 택자와 비택자를 선택하시는 것은 하나님의 뜻에만 맡겨지며 그것은 우리에게 알려지지 않는다. 하나님의 예정은 우리에게는 신비로 감춰져 있다. 누구도 하나님의 선택을 알 수 없다. 하지만 죄인이 복음을 믿을 때 비로소 하나님의 신택이 드러난다.

바로 이 예정의 신비 때문에 "예수는 택자만을 위해서 속죄의 피를 흘리셨다"라는 제한속죄의 교리로부터 "비택자에게는 전도할 필요가 없다"라는 결론을 추론할 수 없다. 제한속죄는 누가 택자이고 누가 비택자인지 모든 것을 알고 계시는 하나님에게만 참인 진리이지, 그것을 모르는 인간에게는 무의미한 진리다. 따라서 우리는 누가 택자이고, 누가 비택자인지 모르니 모두에게 나아가 전도해야 한다. 마치 예수께서 모든 사람을 위해서 속죄의 피를 흘려주셨다 생각하고 말이다. 나는 이를 '실천적 아르미니우스주의'라고 부르고자 한다. 그러니까 칼뱅주의자들은 칼뱅주의의 유지를 위해서라도 실천적으로나마 아르미니우스주의자가 되지 않으면 안 되는 것이다. 결국 실천적인 측면에서만 봤을 때 제한속죄는 무의미한 교리다. 그것은 오직 전지전능하신 하나님에게만 유효한 교리일 뿐, 이 땅을 살아가는 인간에게는 유효하지 않다. 그리고 이 모든 것이 '신비'라는 구멍으로 말미암아 생겨난 일이다. 즉 신비가 만들어내는 무효화 효과다.

문제는 이 무효화 효과가 나머지 칼뱅주의 교리도 무효화시킨다. 예를 들어보자. 마지막 명제 P, "성도의 견인은 한 번 구원받으면 영원한 구원이다." 그렇다면 구원받은 사람은 죄 지어도 구원받는가? 물론이다. 견인 교리에 따르면 오늘 실패해도, 때로는 죄를 지어도 구원에서 떨어지지 않는다. 이처럼 견인 교리는 놀라운 안정감을 신자에게 제공해주는 복음이다(물론 어떤 이에게 이것은 저주처럼 들리겠지만). 그렇다면 신자는 살인해도 구원받는가? 형식논리적으로 보면 그렇다. 사실 다윗도 간음하고 살인도 하지 않았는가. 한 번 택자는 영원한 택자다. 하여 택자는 살인뿐만 아니라 어떠한 죄를 지어도 구원받는다. 인간의 죄가 아무리 크다 해도 예수 그리스도의 속죄의 공로보다 크겠는가? 무한한 은혜 앞에서 죄는 크나 작으나 다 무無나 다름없지 않은가? 그렇다면 견인 교리는 살인면허가 되고 만다. 논리적으로 보면 칼뱅주의의 견인 교리는 〈밀양〉처럼 살인면허로 전락하는 것을 막을 수가 없다. 그리고 우리는 이런 식의 논리를 두 자녀를 살해한 이씨의 입을 통해 들었다 .

하지만 그럴 수 없다. 아니, 그래서는 안 된다. 이것은 교리적인 문제가 아니라 현실적이고 윤리적인 문제다. 그래서 칼뱅주의자는 이 문제를 해결하기 위해 다시 '신비'라는 미지의 공간으로부터 기계장치의 신을 불러낸다. 택자와 비택자를 선택하시는 하나님의 뜻은 영원한 신비 가운데 감추어져 있는 고로 누구도 어떤 사람이 택자이고, 어떤 사람이 비택자인지 알 수 없다. 심지어 나 자신도 택자인지, 아닌지 확실하게 알 수 없다. (물론 칼뱅 같은 이들은 자신이 택자라는 사실을 믿어 의심치 않았지만 말이다.)

그렇다고 전혀 알 수 없는 건 아니다. 칼뱅주의에 따르면 어떤 사람이 진정으로 구원받았는지를 검증할 수 있는 두 종류의 증거가 있다. 하나는 내적 증거다. 이 내적 증거는 복음이 믿어지고, 성서가 깨달아지고, 자신의 죄 때문에 애통하는 마음이 생기고, 하나님을 두려워하며, 하나님의 계명을 사랑하는 마음이 생겨나면 이것이 그가 구원받았음을 확신할 수 있는 내적 증거다. 하지만 내적 증거, 즉 감정이나 느낌, 체험은 구원의 객관적 증거가 될 수 없다. 또 위선자도 똑같은 체험을 했다고 주장할 수 있으니 말이다. 내적 증거는 개인에게만 유효할 뿐 객관적 효력은 없다. 칼뱅주의 체계 내에서 위선자의 정체가 탄로나기 전까지 누구도 위선자의 내적 체험의 진위를 판별할 수 없다. 내적 증거는 참된 확신의 근거가 되지 못한다.

다른 하나는 외적 증거다. 외적 증거는 삶의 열매다. 변화된 삶, 인격의 성숙, 정직, 근면, 금욕, 성실 등 통상 청교도 윤리로 알려진 변화된 삶과 도덕적 행위가 그가 구원받았음을 확인할 수 있는 외적이고 가시적인 증거로 간주된다. 바로 이 대목이 우리의 흥미를 끈다. 이 논리에 의하면 택자와 비택자를 100퍼센트 확실히 알 수 없기 때문에 증거(결과)를 통해 원인(택자 여부)을 추론할 수 있다는 것이다. 이러한 결과를 통한 원인의 역추론법은 칼뱅주의 체계를 강력한 도덕적 명령으로 바꾼다.

예컨대 조셉 얼라인Joseph Alleine은 자신이 택자인지 비택자인지 고민하는 신자들을 향해 이렇게 설교했다. "먼저 자기가 회개했음을 입증하라. 그 다음 자기가 선택받은 사실을 확신하라."**36** 칼뱅주의 신자들은 이렇게 묻는다. "만일 내가 택자라면 구원을 확신할 수 있고, 만일 내가 비택자라면 절망할 겁니다. 목사님, 제가 택자일까요, 비택자일까요?" 이에 대해 칼뱅주의 설교가들의 답변은 "당신이 택자임을 스스로 입증하시오. 그러면 당신은 택자일 것입니다"이다. 의문문은 순식간에 명령문으로 바뀐다. 이러한 논법은 신앙을 무너뜨리는 의심을 막고 도덕적 열매를 맺는 삶에 헌신하도록 촉구하는 일석이조의 효과를 거둔다.

하지만 외적 증거가 자신이 택자임을 확실하게 알 수 있게 해줄까? 대체 얼마나 도덕적이 되어야 자신을 택자로 확실히 입증할 수 있단 말인가? 그리고 위선자라도 어느 정도는 도덕적인 삶을 살 수 있지 않겠는가? 이러한 질문이 끊임없이 칼뱅주의자들을 괴롭힌다. 이 양심의 번민은 청교도의 중요한 특징 중 하나다.

이 번민에서 벗어나는 길은 신앙의 도약을 하는 것이다. 즉 어떤 객관적 근거에 기초해서 구원의 확신을 가지는 것이 아니라, 그냥 자신이 구원받았음을 담대히 믿어버리는 것이다. 어떻게? 믿음으로! 그러니까 믿음으로 자신의 구원을 그냥 믿어버리는 것이다. 그러고는 자신이 구원받은 택자라고 주장하는 것이다. 하지만 이러한 식의 구원의 확신은 자신이 믿는다는 것을 믿는 것이고, 자신의 구원의 확신을 확신하는 결과를 낳게 한다.

자신이 택자임을 입증하여 자신이 택자임을 믿을 수 있다는 논법은 결국 견인 교리가 논리적으로가 아니라 효과적으로 무용한 교리임을 드러낸다. 누가 택자이고 누가 비택자인지 모두 알고 계시는 하나님 편에서는 견인 교리가 가능하다. 그러나 누가 택자이고 누가 비택자인지 모르는 인간에게 견인 교리는 논리적으로만 가능한, 무의미한 교리다.

즉 칼뱅주의자들에게 진짜로 문제가 되는 것은 "구원이란 취소될 수 있는가, 없는가?"가 아니라 "나는 택자인가, 비택자인가?"이다. 만일 자신이 택자임을 확신한다면 그는 자신의 구원이 취소되지 않을 것을 확신할 수 있을 것이다. 그러나 자신이 택자임을 확신할 수 없다면 구원이 영원히 취소되지 않는다는 견인 교리가 무슨 위안이 되겠는가. 따라서 성도의 견인 교리는 하나님에게만 유의미하고 인간에게는 신비로 남는다. 신비 덕분에 견인 교리는 무효화된다.

같은 논리로 만일 택자와 비택자를 100퍼센트 확실하게 알 수 없다면 제한속죄라는 교리나, 불가항력적 은혜 교리 역시 실효성에 있어서 의심을 받게 된다. 왜냐하면 그 모든 교리는 결국 택자들에게만 한정된 교리이기 때문이다. 모든 것을 아시는 하나님께 제한속죄와 불가항력적 은혜는 유의미한 교리일지 몰라도 하나님의 뜻을 완벽하게 파악할 수 없는 인간에게 그러한 교리들은 논리적으로만 가능할 뿐 실제로는 무의미하다.

3

칼뱅주의의
윤리적 추진력

일부 아르미니우스주의자들은 칼뱅주의가 성도의 견인 교리에 기초한 구원의 확신 교리를 무분별하게 가르침으로써 도덕적 방종을 초래했다고 비판한다. 내 표현으로 바꾸면 견인 교리가 칼뱅주의 구원론을 살인면허로 만들 수 있다는 말이다. 그러나 칼뱅주의 구원론이 도덕적 방종을 초래하지 않겠느냐는 아르미니우스주의의 비판에는 동의하지 않는다. 형식논리적으로 보자면 "한 번 구원은 영원한 구원"이라는 견인 교리가 도덕적 방종을 초래한 것처럼 보인다. 그러나 칼뱅주의 체계 내의 여러 장치들이 신자가 도덕적 방종을 할 수 없도록 다잡는다. 단 조건이 있다. 그것은 칼뱅주의 교리체계가 제대로 작동하고 있는 한 그렇다. 그렇게 제대로 작동하고 있을 때 칼뱅주의는 그 어떤 교리보다도 인간의 도덕적 실천을 강력하게 요구하는 교리체계가 된다.

역사적으로 보더라도 칼뱅주의는 놀라운 수준의 윤리적 삶을 만들어냈다. 막스 베버Max Webber는 칼뱅주의의 윤리적 삶을 루터주의와 비교하면서 이렇게 말했다. "잘 알려져 있듯이 동시대인들이 보기에 개혁파(칼뱅주의) 궁정의 도덕적 수준과, 폭음과 난잡함에 빠져 있던 루터파 궁정은 극명히 대비되었다."[37] 우리는 이러한 칼뱅주의의 탁월한 윤리적 결과물을 청교도 운동puritanism을 통해서도 볼 수 있다. 물론 청교도 윤리에 대한 역사적 평가가 서로 엇갈릴 수 있겠지만 청교도의 윤리가 상당히 높은 수준을 유지했음은 분명한 사실이다.

그렇다면 칼뱅주의의 윤리적 추진력은 어디서 나오는 것일까? 그것은 칼뱅주의의 제1신조라 할 수 있는 '하나님 주권 사상'에서 나온다. 칼뱅주의에 있어서 하나님 주권 사상은 다양한 측면과 함의를 지니고 있다. 그중 하나는 바로 인간의 타락과 부패에 대한 극단적인 강조다. 우리는 앞에서 하나님 주권 사상이 전적 타락 교리의 근원이라는 사실을 살펴보았다. 칼뱅주의자들에게 있어서 하나님의 하나님되심을 강조하는 것은 인간의 죄인됨에 대한 강조와 동일한 의미였다. 거룩함으로 충만한 하나님의 영광과 한없이 누추하고 비천한 죄인에 대한 극단적인 대비는 신자들에게 죄에 대한 공포와 혐오를 갖게 했고, 이것이 극단적일 정도로 회개를 강조하게 만들었다. 그리고 이러한 회개 혹은 회심에 대한 강조는 칼뱅주의의 가장 근원적인 윤리적 추진력 중 하나다.

칼뱅주의의 하나님 주권 사상의 또 다른 측면은 전 우주가 하나님의 통치 아래 있음을 강조하는 것이다. 이것은 교회와 세상의 이원론을 거부하게 만든다. 하나님은 교회 안에서만 통치하는 교회의 주가 아니라, 정치·경제·사회·문화도 통치하시는 만유의 주다. 이러한 칼뱅주의의 세계관은 세속의 공간도 수도원이나 교회와 같이 거룩한 신성 공간이 되어야 한다고 믿었다. 이러한 칼뱅주의 세계관이 개인적 차원에서 적용될 때 모든 신자는 사제나 수도사들뿐만 아니라 평신도나 세속인들도 자신의 삶의 영역에서 하나님께 영광 돌리는 삶을 살아야 한다는 윤리적 명령으로 전환되었다. 칼뱅주의자들은 중세인들의 성직자와 평신도라는 이층계급과 이중의 부르심을 거부했다. 목회자는 목회자대로, 평신도는 평신도대로, 각자 맡은 직업에서 동일하게 하나님께 영광 돌리라는 부르심을 받았다는 칼뱅주의의 주장은 확실히 강력한 수준의 윤리적 추진력을 만들어낼 수 있었다.

칼뱅주의 세계관이 사회적 차원에서 적용될 때 기독교 세계의 건설에 대한 열정으로 전환되었다. 온 세계가 하나님의 통치 아래 있다는 칼뱅주의 세계관은 역사 속에서 구체적인 형태로 모습을 드러냈다. 제네바에서의 칼뱅의 신권통치, 크롬웰의 청교도 혁명, 뉴잉글랜드에 정착한 퓨리턴들의 '언덕 위의 집' 비전, 네덜란드 자본주의의 비약과 아브라함 카이퍼의 기독교적 정치 등이 그 예다. 이러한 전통은 프란시스 쉐퍼와 기독교 세계관 운동가들을 통해 오늘날까지 전해 내려오고 있다. 물론 이에 대한 평가는 서로 다르겠지만 이러한 세계관이 칼뱅주의의 윤리적 추진력을 만들어낸 것만은 분명하다.

그런데 칼뱅주의의 윤리적 추진력 중 또 하나 흥미로운 것이 있다. 그건 바로 '예정론'이다. 만세 전에 구원할 자와 구원하지 않을 자를 예정하셨다는 예정론은 확실히 신자들에게 하나님의 주권이 압도하는 현실 앞에 서게 했다. 누구도 그에 대해서 따지거나 힐문할 수 없다. 그저 다만 복종할 수밖에. 그런데 예정론은 신자들을 깊은 고뇌에 빠뜨렸다. "나는 택자인가, 비택자인가?" 칼뱅을 비롯해서 칼뱅주의 교사들은 선하신 하나님께서 분명히 자신이 택자인지 아닌지를 알게 하실 것이라고 말했지만 확신을 가지지 못한 이들은 예정론보다 더 두려운 교리가 따로 없었다. 이 두려움은 내세의 안전에 대해서 편집증적 집착을 가지게 했고, 바로 이것이 윤리적 추진력으로 전환되었다. 얼라인의 주장대로 먼저 자신이 택자임을 입증해야 한다. 그런 다음 자신이 택자인지 확신할 수 있다.[38]

이러저러한 이유로 칼뱅주의는 역사적으로 도덕적 방종보다는 상당한 수준의 도덕적 추진력으로 신자들을 지도할 수 있었다. 이것은 17세기 청교도의 우월한 도덕적 실천을 통해서도 알 수 있으며, 우리나라의 경우도 일제 강점기, 신사참배에 반대했던 이들 다수가 칼뱅주의에 엄격하게 헌신했던 것을 통해서도 알 수 있다. 물론 이러한 도덕적 실천이 갖는 의미에 대해서는 다양한 평가가 가능하겠지만, 분명한 것은 칼뱅주의 교리가 제대로 작동하기만 한다면 칼뱅주의 교리가 도덕적 방종을 직접 생산해낸다고 보기는 어려운 것이 사실이다.

3

부

아르미니
우스주의
개요

교회사에서 칼뱅주의와 아르미니우스주의는 강력한 라이벌 관계였다. 이런 라이벌 관계 속에서 둘은 서로 극과 극인 것처럼 보인다. 이 때문에 오랫동안 복음주의권 내에서 구원론은 칼뱅주의와 아르미니우스주의 둘 중 하나를 선택하는 양자택일의 문제처럼 여겨졌다. 내가 속한 침례교단은 칼뱅주의와 아르미니우스주의 모두에서 영향을 받았기 때문에 신학교에서 공부할 때 학우들은 자주 칼뱅주의가 맞느냐, 아르미니우스주의가 맞느냐를 놓고 논쟁을 벌이곤 했다. 이것은 침례교단 내의 중요한 두 흐름, 일반침례교회(아르미니우스주의 계열)를 택할 것이냐, 특수침례교회(칼뱅주의 계열)를 택할 것이냐 하는 문제와도 연관이 있었는데, 이 문제는 현재 미국 남침례교회 내에서는 상당히 심각한 문제다. 이런 논쟁이 벌어질 때면 논객들은 늘 나에게도 선택을 종용하면서 둘 중 하나를 택하라는 식으로 다그치곤 했다.

칼뱅주의와 아르미니우스주의 논쟁은 신학적으로 확실한 결론을 내리지 못한 채 지금도 평행선을 달리며 계속되고 있는데 이는 두 교리가 결코 해결할 수 없는 철학적 역설을 내포하고 있기 때문일 것이다. 그러다 보니 적지 않은 신학도들은 칼뱅주의와 아르미니우스주의 논쟁을 할 때에는 마치 수학도들이 페르마의 마지막 정리를 대하듯 혹은 중세 스콜라신학도들이 바늘 위에 천사가 몇이나 앉을 수 있느냐 하는 문제로 씨름하는 것과 비슷한 태도로 논쟁에 임하게 된다. 풀 수 없는 문제를 놓고 시간을 보내는 그런 킬링타임용 논쟁거리처럼 말이다.

두 신학이 논쟁적인 적대관계를 유지하다보니 기독교 신학은 이 둘의 입장을 벗어나서는 성립될 수 없는 양, 그리고 바른 신앙인은 둘 중 하나의 입장을 반드시 취하지 않으면 안 되는 양 생각하게 된 것이다. 이 둘 이외의 제3의 입장을 배제하는 것은 도무지 이해할 수 없다. 이러한 닫힌 질문이 그리스도인의 사고의 폐쇄성의 한 원인일 것이라고 생각한다. 나는 이 논쟁의 3자 배제 원칙에 동의할 수 없다.

3자 배제 원칙을 거부하는 이유는 먼저 이들이 감히 광대한 기독교 신앙을 칼뱅주의와 아르미니우스주의 단 둘로 압축하려는 무모한 시도를 하고 있기 때문이다. 그러한 이분법적 태도는 세상의 모든 사람을 '내가 좋아하는 사람'과 '내가 좋아하지 않는 사람'으로 양분하는 자기중심주의와 별로 다르지 않다. 사실 3자 배제 원칙을 주장하는 이들은 둘이 모순관계이기 때문에 필경 하나는 진리고, 하나는 오류일 수밖에 없으니 진리의 편에, 즉 자기 편에 서라고 압력을 가하려는 욕망이 자리 잡고 있다. 하지만 나는 여기에 동의할 수 없다.

3자 배제 원칙은 아리스토텔레스의 논리학 중 '배중률排中律'의 원칙을 따르고 있다. 배중률은 이런 것이다. 동전을 던져 앞면과 뒷면을 맞추는 게임을 한다고 해보자. A는 앞면에 돈을 걸고, B는 뒷면에 걸었다. 그런데 C가 나타나 자신은 앞면인 동시에 뒷면일 거라면서 앞면과 뒷면 모두에 걸겠다고 주장한다. 그러자 D는 앞면도 아니고 뒷면도 아니라고 한다고 해보자. 이때 C와 D의 주장은 오류다. 동전은 앞면 아니면 뒷면 밖에 안 나온다. 앞면이 나오면 뒷면이 안 나오고, 뒷면이 나오면 절대로 앞면은 나오지 않는다. 이때 앞면과 뒷면의 관계를 모순관계라고 한다. 이러한 모순관계에서 제3의 가능성은 존재하지 않으며, 이를 배중률 즉 3자 배제의 원칙이라고 말한다. 그런데 주사위에서 1과 2의 관계는 어떨까? 당연히 1과 2는 모순관계가 아니다. 주사위에는 1과 2 외에도 3, 4, 5, 6이라는 수가 존재하기 때문이다. 이럴 때 배중률은 성립되지 않는다.

문제는 많은 기독교인들이 칼뱅주의와 아르미니우스주의 논쟁을 이렇게 동전의 앞뒤 관계로 보는 것이다. 즉 이 두 신학의 관계는 모순관계고 그래서 이 논쟁은 마치 제3의 가능성이 전혀 존재하지 않는 양 여기는 것이다. 칼뱅주의와 아르미니우스주의 중 하나를 고르라는 요구는 광대한 기독교 신앙이 동전의 앞뒷면처럼 칼뱅주의와 아르미니우스주의 둘 밖에 없다고 감히 주장하는 것이다. 생각해보라. 칼뱅주의는 16세기에 칼뱅에 의해서(아우구스티누스 때까지 거슬러 올라간다 해도 5세기다), 아르미니우스주의는 17세기에 아르미니우스에 의해서 생겨난 이론이다. 그런데 어떻게 이 두 신학이 기독교 신학 전체를 아우른다고 말할 수 있는가? 이러한 주장에 동의할 수 없다.

칼뱅주의와 아르미니우스주의는 동전의 앞뒷면이라기보다는 주사위의 1과 2의 관계와 비슷하다. 즉 두 신학은 모순관계가 아니다. 모순관계가 아니기 때문에 배중률이 적용되지도 않는다. 이해를 돕기 위해 다음과 같은 스펙트럼을 짜보자. 만일 신의 주권을 전적으로 강조하고 인간의 자유의지를 철저히 약화시키는 태도의 극단을 1이라 하고, 반대로 신의 주권을 철저히 약화시키고 인간의 자유의지를 전적으로 강조하는 태도의 극단을 10이라고 해보자.

이런 스펙트럼에서 1은 극단적 숙명론쯤 될 것이고, 10은 극단적 자유론이 될 것이다. 칼뱅주의나 아르미니우스주의는 이 스펙트럼에서 2-9 사이 어딘가 존재한다. 물론 칼뱅주의가 숙명론 쪽에 조금 더 가까울 것이고 아르미니우스주의는 자유론에 좀 더 가까울 것이다. 하지만 전체적으로 볼 때 두 신학은 모두 중앙을 기점으로 숙명론 쪽으로 기울었다고 보아야 할 것이다.

이러한 스펙트럼을 기독교 신앙의 범주 내에서 짜보자. 그렇다면 1은 극단적/급진적 칼뱅주의쯤 될 것이고, 10은 과정신학이나 열린 유신론쯤 될 것이다. 이 스펙트럼에서 아르미니우스주의는 아마도 2-9 사이에 위치할 것인데, 개인적인 생각으로는 존 웨슬리 같은 복음적 아르미니우스주의는 대략 3-4 사이쯤 되지 않을까 싶다.

1 ◀——?——?———?————?————?——▶ 10

극단적/급진적   온건   수정   웨슬리식   자유주의적   펠라기우스주의   과정신학/
칼뱅주의   칼뱅주의 칼뱅주의 아르미니우스주의 아르미니우스주의   열린 유신론

그리고 이러한 스펙트럼은 하나님의 주권과 인간의 자유라는 틀에서만 그려본 것이다. 그러니까 다른 틀로 들여다본다면 얼마든지 또 다른 다양한 스펙트럼을 그릴 수 있을 것이다. 그렇다면 이와 같은 사실이 보여주는 것은 무엇인가? 칼뱅주의와 아르미니우스주의는 동전의 앞뒤 관계보다는 주사위의 1, 2 관계에 가깝다는 말이다. 사실 거시적 관점에서 보면 둘은 의외로 상당히 가까이 있다. 기독교 신앙의 범주 내에서 극단적 칼뱅주의는 아마도 열린 유신론과 서로 상극인 관계라고 할 수 있을 것이다. 열린 유신론에 비하면 펠라기우스주의는 도리어 복음적이다. 이런 스펙트럼에서 수정 칼뱅주의와 웨슬리식 아르미니우스주의는 대단히 유사하다. 그러니까 칼뱅주의와 아르미니우스주의는 모순관계도 아닐 뿐더러 상극도 아니다. 단지 두 입장에 상호 모순되는 몇몇 주제가 존재할 뿐이다.

아르미니우스주의는 칼뱅주의를 수정하려는 의도에서 출현한 신학적 입장이다. 그러니까 굳이 레이블링을 하자면 아르미니우스주의는 '수정한 칼뱅주의'라고 할 수도 있을 것이다. 물론 칼뱅주의자들이나 아르미니우스주의자들은 모두 이렇게 이름 붙이는 것을 무척이나 싫어하겠지만 말이다. 서

로의 차이점에 모든 초점을 고정시킨다면 아르미니우스주의와 칼뱅주의는 완전히 다른 교리라고 말하고 싶을 것이다. 나는 그들의 그러한 의도를 공격할 생각은 없으나, 이런 이유로 모든 기독교인이 칼뱅주의와 아르미니우스주의 둘 중 하나를 양자택일해야 한다는 주장은 받아들일 수 없다.

아우구스티누스와
펠라기우스 논쟁

역사적으로 보면 17세기 칼뱅주의-아르미니우스주의는 5세기 아우구스티누스와 펠라기우스 논쟁의 되풀이다. 아우구스티누스와 펠라기우스가 각각 하나님의 주권과 인간의 자유의지를 변호하면서 충돌했던 두 입장이 1200년 뒤에 다시 비슷한 주제로 충돌한다. 하지만 완전히 똑같지는 않다. 아우구스티누스의 입장은 거의 큰 변화 없이 칼뱅주의자에 의해서 답습되었으나, 펠라기우스의 입장은 아르미니우스주의자가 받아들이지 않으려고 애를 썼기 때문이다. 먼저 5세기에 있었던 아우구스티누스와 펠라기우스의 논쟁을 잠깐 살펴보자.

펠라기우스주의 훑어보기

펠라기우스는 누군가? 그는 신학적으로 위대한 교부 아우구스티누스와 동시대 사람으로 영국 출신의 수도사로 알려져 있다. 그는 확고한 신앙, 훌륭한 도덕적 삶, 수도사적 자기 절제와 훈련으로 무장한 사람이다. 거기에 명민한 두뇌와 훌륭한 문학적 감수성까지 가지고 있었다. 그러한 그는 콘스탄티누스의 밀라노 칙령 이후 기독교의 폭발적인 대중적 성공이 기독교의 위기를 초래하고 있다고 보았다. 수많은 사람들이 세속적인 동기로 회심하고, 기독교인이 되려고 하며, 이 때문에 초대교회의 도덕적 탁월성이 땅에 추락한 것 때문에 분노했다. 그는 교회가 개혁되기를 간절히 갈망했고, 그래서 그는 기독교인들을 향해 도덕적인 삶을 살라고 설교하기 시작했다.

하지만 그는 소위 기독교인들이라는 작자들이 이런저런 이유를 핑계로 제자의 삶을 살기를 거부하는 것 때문에 분노했다. 특히 그가 들었던 가장 많은 핑계는 이런 것이다. "저희도 하나님의 말씀을 지키고 싶습니다. 하지만 저희는 너무 연약해서 주님의 말씀을 지킬 수 없어요." 펠라기우스는 이러한 변명이 기독교를 망쳐놓고 있다고 판단하고 그들을 향해 이렇게 비난했다. "그대들이 연약하다고 하는 것은 거짓말이오. 그대들은 원하기 때문에 할 수 있소. 또 그대들은 해야만 하오. 왜냐하면 할 수 있기 때문이오."[1]

바로 여기서 펠라기우스주의의 가장 중요한 특징을 보게 된다. 그는 도덕적으로 타락한 기독교인을 향해 "도덕적이 되라!"고 설교했다. 변명을 늘어놓는 자들을 향해 "왜 할 수 있는데 하지 않느냐"고 비난했다. 그는 인간에게 도덕적인 삶을 살 능력과 자유의지가 있다고 믿었다. 물론 그런 것들이 다소 위축되거나 혹은 왜곡되어 있을 수는 있다고 보았다. 그러나 하나님께서 말씀하셨으면 순종하는 것이 마땅한 도리이며, 그러한 도덕적 열매야말로 구원에 이르는 첩경이라고 거듭 주장했던 것이다.

이러한 펠라기우스의 주장을 편의상 튤립 교리의 구조를 따라 간단히 설명해보자. 물론 펠라기우스는 튤립 교리의 구조를 알지도 못했으며, 단 한 번도 사용한 적이 없다. 하지만 논의의 일관성을 위해서 이러한 방식을 취하기로 한다.

타락에 대해

펠라기우스는 본래 인간은 선하지도 악하지도 않은 중립적 상태라고 주장했다. 만일 그가 선을 택한다면 선하게 될 것이고, 악을 택한다면 악하게 될 것이다. 그런데 아담은 악을 택했다. 그래서 악하게 되었다. 하지만 그는 아담의 타락을 아담 개인의 타락으로 보았다. 그가 이렇게 주장하는 이유는, 능력이 없어서 하나님의 말씀을 지키지 못한다고 변명하는 이들의 변명을 막기 위해서였다. 펠라기우스의 주장은 한결 같다. "인간은 말씀을 지킬 능력이 있다! 그러니까 지켜야 한다." 그는 아담의 타락이 모든 인간에게 미쳤다는 원죄론이 문제라고 생각했다. 그래서 그는 아담의 타락이 모든 인간에게 미치지 않았다고 주장하게 된다. 원죄론을 부정한 것이다. 그 때문에 그는 유아세례를 받지 않고 죽은 유아는 지옥이 아니라 중간상태에 들어간다고 보았다.[2]

하지만 그도 인간이 죄에 물들어 있는 엄연한 현실을 부정할 수는 없었다. 그래서 그는 죄의 모방이라는 이론을 꺼내든다. 아담 시대에는 죄인이 아무도 없었다. 그러나 아담의 후손들에게는 이미 자기 부모와 조상들이 죄를 짓고 있는 세상에 태어나게 된다. 그래서 아담보다 죄를 모방하기 더 쉬운 상태에 있다는 것이 그의 이론이다. 이러한 죄를 모방하기 쉬운 상태는 점점 더 악화되는 경향이 있는데, 죄는 습성화되고 문화화되고 구조화되고 종국에는 사방에 죄를 지은 선조들로 가득하기 때문에 후손들은 죄를 모방할 수밖에 없는 상황이 도래했다. 이런 점에서 인류는 죄를 짓지 않기란 극히 어려운 상태에 놓이게 되었다는 것이 펠라기우스의 주장이다.[3] 그럼에도 갓 태어난 인간은 아담과 동일한 상태며, 만일 인간이 조심하고 노력한다면 인간에게 죄를 짓지 않을 수 있는 능력은 그대로 있다.

선택(예정)에 대해

펠라기우스는 예정론을 부정한다. 그는 하나님께서 특정한 몇몇 사람을 구원하기로 예정하셨다는 것은 인간의 자유에 대한 심대한 침해라고 보았다. 하나님은 인간에게 선택권을 주셨다. 율법을 지키라는 명령 자체가 인간에게 선택권을 주신 것이다. 하나님은 인간이 자발적으로 말씀에 순종하기를 원하신다. 이것이 전부다. 만일 선택이라는 것이 존재한다면 그건 하나님이 아니라 인간이 하는 것이다. 지금 여기서 하나님의 말씀을 순종할 것이냐, 말 것이냐. 마치 모세가 이스라엘 백성들에게 했던 말과 비슷하다. "보라, 내가 오늘 생명과 복과 사망과 화를 네 앞에 두었나니"(신 30:15). 인간은 자신의 선택에 따라 자신의 운명을 결정짓는다. 순종을 택하면 그의 운명은 생명으로 향할 것이고, 불순종을 택한다면 그의 운명은 사망으로 향할 것이다. 하나님은 여기에 관여하지 않으신다.

속죄에 대해

펠라기우스는 이교도를 포함한 모든 인간들의 본성이 타락하지 않았다고 주장한다. 따라서 누구라도 자신의 내면에 심겨진 법 *lex naturalis*, 곧 하나님의 올바른 도덕적 표준을 바로 알고 그 길을 따르기만 한다면 그는 거룩한 자가 된다고 주장했다.[4] 하지만 인간의 현실은 범죄한 선조들로 둘러 싸여 있다. 그래서 그 선조들의 범죄를 모방하지 않기란 거의 불가능하다. 실제로 인간은 선조들을 모방함으로 그들의 죄에 참여한다. 조상들에 대한 모방과 죄의 습성화는 외형적으로 보면 인간 세계가 마치 원죄에 의해 죄의 지배 아래 놓이는 것과 비슷한 결과가 벌어진다.

이러한 죄의 지배 아래 있는 이들에게 예수 그리스도의 속죄는 반드시 필요하다. 예수의 십자가 사건은 모든 인간이 그때까지 지은 모든 과거의 죄를 용서한다. 대속의 죽음으로 예수는 죄인을 하나님께로 이끄는 대제사장이 되신다.[5] 이것이 침례의 속죄효과다. 그러나 침례는 단순히 죄 사함의 성례만이 아니라 인간 편의 결단을 의미하는 것이기도 하다. 펠라기우스는 침례와 함께 그리스도인들은 옛 생활을 완전히 단절해야 한다고 역설했다.

그리스도의 속죄는 제한되어 있지 않다. 택자와 비택자는 없다. 그리스도는 모든 사람을 위해서 죽으셨고, 구속의 은총은 모든 인간들에게 공평하게 주어진다. 하지만 논리적으로 봤을 때 반드시 그리스도의 구속의 은총이 필요한 것은 아니다. 갓 태어난 유아는 아직 죄를 모방하지 않았기 때문에 그리스도의 속죄가 필요하지 않다. 최소한 지옥에 떨어지지는 않는다. 또 자신의 무죄상태를 훌륭하게 지킨 이교도 의인이 있다면 그 역시 그리스도의 은총 없이 구원에 이른다.

은혜에 대해

펠라기우스에게 구원이란 무엇일까? 그것은 거룩에 참여하는 것이
다. 인간은 자신의 노력으로 거룩에 참여할 수 있다. 그러나 죄로 편만
한 이 땅에서 거룩에 참여할 수 있는 인간은 그리 많지 않다. 그래서
인간은 하나님의 도우심이 필요하다. 이 하나님의 도우심이 바로 은혜
다. 펠라기우스에게 있어서 은혜는 크게 두 가지가 있다. 하나는 율법
이고, 다른 하나는 그리스도다.

율법이 왜 은혜인가? 인간이 비록 자신의 노력으로 거룩에 참여할
수 있기는 하지만 이를 위해서는 지식이 필요하다. 무엇이 선이고 악
인지 알아야 노력을 하든 말든 할 것이기 때문이다. 그래서 시내 산에
서 율법을 주신 것은 놀라운 은혜다. 하나님은 모세를 통해 율법을 내
려주어 구원에 이를 수 있는 길을 열어주셨다. 율법은 단순히 죄를 깨
닫게 할 뿐 아니라, 그 율법을 지키는 모든 사람을 생명에 이르게 하는
하나님의 구원의 은혜다. 이것이 바로 펠라기우스가 말하는 율법의 은
혜다.[6]

다른 하나는 예수 그리스도다. 하나님은 왜 예수 그리스도를 주셨는
가? 이유는 간단하다. 시내 산 율법만으로 인간이 구원에 이르기에는
역부족이었기 때문이다. 예수 그리스도는 돌판에 새겨진 글이 아니라
살아 있는 사람, 인격으로 오셨다. 예수는 친히 산상설교를 비롯한 여
러 말씀을 가르침으로써, 또 직접 모범을 보이심으로써 온전한 율법을
보여주셨다. 무엇보다도 친히 십자가에 달리심으로 온전한 율법의 표

준을 보여주셨다. 이런 점에서 예수는 온전한 모범이다. 즉 100퍼센트 완전한 교과서인 것이다. 더불어 예수 그리스도 속죄의 피는 이미 지은 많은 죄를 용서하고 죄인을 하나님께로 인도하는 은혜가 된다.[7]

그러면 이러한 은혜는 거부될 수 있을까 없을까? 당연히 거부될 수 있다. 이것은 그의 믿음관을 통해 확인할 수 있다. 아우구스티누스는 믿음을 하나님의 선물로 보지만 펠라기우스는 인간의 일로 본다. 은혜를 입기 위해서는 믿음이 필요하고, 믿음은 인간의 자발적인 결단이다.[8] 따라서 인간은 믿음으로 은총을 받을 수도 있고, 반대로 믿지 않음으로 은총을 거부할 수도 있다.

견인에 대해

펠라기우스는 구원이란 한 번 받고 마는 것이 아니라 끊임없이 구원에 이르는 것이라고 믿었다. 설령 믿음으로 은총을 입었다고 하더라도 몸과 마음이 부단히 완전을 향해서 성화되어야 한다.[9] 따라서 "한 번 구원은 영원한 구원"이라는 견인이 있을 수 없다. 물론 성령이 끊임없이 신자를 도와주기는 하겠으나 결국 그 자신이 하나님의 말씀에 순종할지 말지를 결정해야 한다. 그리고 그 결정은 한 번에 그치는 것이 아니라 지속되어야 한다. 따라서 신자는 늘 배교의 위험에 놓여 있으며, 이러한 위험에서 자신의 신앙을 지킬 책임은 전적으로 자신에게 있다.

이상의 펠라기우스주의는 신자의 도덕적 삶에 대한 무한한 강조를 한다는 특징이 있다. 그가 도덕적 삶을 강조한 이유는 밀라노 칙령 이후 기독교의 급속한 성장과 함께 교회의 도덕성이 급속히 무너져 내리는 상황에서 초대교회의 거룩한 삶에 대한 동경 때문이었다. 그가 살았던 4-5세기 당시는 오늘날 한국 교회를 연상케 할 정도로 교회는 도덕적으로 심각한 위기에 처해 있었던 것이다.[10] 하지만 불행히도 그는 균형을 잃고 말았다. 교회가 만일 그의 주장을 따랐다면 교회는 분명 율법주의적 도덕종교로 전락하고 말았을 것이다. 무엇보다도 예수 그리스도의 성육신과 그의 십자가 없이도 구원이 가능하다는 그의 주장은 기독교적 교리라고 하기조차 매우 어렵다.

아우구스티누스주의 훑어보기

　이러한 펠라기우스의 주장에 대항하여 싸운 장본인이 바로 히포 Hippo의 위대한 교부 아우구스티누스다. 아우구스티누스는 젊은 시절 심히 방탕한 삶을 살았던 장본인이었다. 하지만 극적으로 회심한 뒤 그는 위대한 신학자요, 목회자로 탈바꿈했다. 그러한 그의 극적인 회심과 변화는 펠라기우스주의를 반대하는 중요한 밑거름이 되었다. 왜냐하면 아우구스티누스는 펠라기우스가 주장하듯 그렇게 인간의 도덕성을 신뢰할 수 없었기 때문이다. 아우구스티누스는 자신의 경험에 비추어보았을 때 결코 인간에 대해서 낙관적일 수 없었다. 그는 자신의 삶 속에 강력하게 역사하신 하나님의 신비하고 놀라운 주권적 은총이 자신의 양심이나 선한 의지보다 훨씬 더 중요하다고 주장하지 않을 수 없었다. 이러한 그의 사상을 튤립 교리에 비추어 살펴보자.

타락에 대해

아우구스티누스의 가장 중요한 주장 중 하나는 인간의 타락에 대한 극단적인 강조에 있다. 특히 그가 인간의 타락을 강조하기 위해서 원죄설을 강조한 것은 유명하다. 원죄설은 그가 주장하기 훨씬 전부터 있었던 것이지만, 아우구스티누스에 의해 극단적으로 강조되었다. 원죄설은 아우구스티누스 신학의 기초라고 해도 과언이 아닐 정도다.

아우구스티누스는 아담의 범죄가 아담 한 사람에게만 국한된다는 펠라기우스에 반대하여 아담 '안'에서 모든 인간이 범죄했다고 주장했다. 아담의 죄는 전 인류의 죄다. 아담의 모든 후예는 아담의 죄를 물려받아 본성상 죄인이다. 그는 아담의 죄가 부모의 성행위를 통해 자녀의 영혼으로 유전되어 내려온다고 주장했다. 죄가 대대로 이어져 내려온다는 아우구스티누스의 원죄설을 영혼유전설이라고 한다. 영혼유전에 기초한 원죄설은 그때까지 원죄에 대해서 가르쳐왔던 교회지도자 중 가장 극단적인 견해에 속한다. 그리고 이러한 영혼유전설 때문에 유아세례의 논리적 근거가 된다. 유아세례는 원죄를 씻어주기 때문에 유아세례를 받은 뒤 죽은 유아는 구원받지만 유아세례를 못 받은 유아는 지옥에 간다는 교리도 여기서 생겨난다.[11]

아우구스티누스는 원죄로 말미암아 인간의 이성은 어두워졌고, 인간의 의지는 왜곡되어 죄를 짓는 데는 왕성한 힘을 발휘하나 선을 행하는 힘은 '전혀' 존재하지 않는다고 주장했다. 인간이 율법을 지켜 선을 행함으로 구원에 이른다고 할 수는 있으나 선을 행할 수 있는 의지가 원죄로 말미암아 철저하게 무력화되었다. 그래서 구원에 관한 한, 인간은 완전한 무능력자다. 따라서 인간은 스스로 하나님이 원하시는 선한 일을 할 수 있는 능력이 전무하다고 주장했다. 오직 하나님의 은총만이 인간의 의지를 불태우며 선을 행할 수 있게 한다.[12] 아우구스티누스가 원죄설을 강조한 이유는 인간이 선을 행할 능력이 '전혀' 없는 반면, 하나님의 주권은 '절대적'임을 강조하기 위해서다. 더불어 모든 구원 역사에 대해서 하나님께 온전히 감사를 돌릴 수 있게 하기 위해서다.

무조건적 선택

일단 인간이 선을 행할 능력이 전무하다고 주장하기 시작하니 모든 책임은 하나님께로 넘어가게 되었다. 그러는 과정에서 점차 예정론의 교리가 생겨나게 된다. 그의 예정론은 후기에 좀 더 명확해진 교리다. 처음에 그는 예지론을 주장했으나, 그의 전제에 기초해서 논리적 일관성을 추구하다보니 점차 예정론으로 기울게 된 것이다. 문제의 핵심은 이것이다. "하나님은 장차 복음을 믿을 자를 미리 예지하시는가?" 아니면 "하나님은 장차 복음을 믿게 만드실 자를 미리 예지하시는가?" 앞의 논리는 예지고, 뒤의 논리는 예정이다.[13]

그런데 그의 전제는 인간이 스스로 선을 행할 능력이 전무하다는 것이다. 만일 인간이 믿음으로 은총을 입는다면 그건 오로지 하나님의 주권에 의해서만 가능하다. 바울 사도가 말하는 것처럼 구원은 오직 믿음으로만 얻을 수 있는데, 그 믿음조차 하나님께서 성령을 보내주어 믿도록 만들어주지 않으시면 가질 수 없다. 만일 누군가에게 믿음을 선물로 준다면, 그 얘기는 반대로 다른 누군가에게는 믿음을 선물로 주지 않는다는 얘기가 된다. 여기서 믿음을 줄 자(택자)와 믿음을 주지 않을 자(비택자)에 대한 이중예정이 자연스럽게 도출된다.[14] 그렇다면 무슨 이유로 어떤 자에게는 믿음을 주고, 어떤 자에게는 믿음을 주지 않는가? 알 수 없다. 그러나 한 가지는 분명하다. 그건 인간의 공로나 덕이나 선에 대한 대가가 아니라는 것이다. 예정은 공로에 대한 대가가 아니라는 점에서 무조건적이다.[15]

속죄에 대해

예수 그리스도의 속죄의 은총은 보편적인가 제한적인가? 다시 말해서 예수 그리스도는 택자만을 위해서 돌아가셨는가, 아니면 전 인류를 위해서 돌아가셨는가? 이중예정을 일관성 있게 유지하기 위해서는 자연스럽게 제한속죄를 주장할 수밖에 없다. 만세 전에 하나님은 구원하실 자와 버릴 자를 예정하셨다. 그리스도는 구원할 자들만을 위해서 돌아가셨다. 하나님께서 버리기로 예정한 자를 위해서 그리스도가 돌아가실 이유는 없다.

은총에 대해

은총은 불가항력적인가 가항력적인가? 당연히 불가항력적이다. 왜냐하면 믿음도 하나님께서 선물로 주시는 것이니까. 아우구스티누스는 초기에는 믿음의 주체가 하나님이신지, 인간인지에 대해서 불명확하게 생각했다. 오히려 믿음은 인간의 일처럼 생각했다. 그러나 점차 예정론을 발전시키면서, 특히 펠라기우스주의자들과 논쟁을 거듭하면서 아우구스티누스는 믿음이 인간의 일이 되면 안 된다는 결론에 이른다. 믿음이 인간의 일이 되는 순간 인간은 자유의지를 가지게 되고, 그렇게 되면 원죄론이 부정되기 때문이다. 그래서 아우구스티누스는 믿음도 하나님의 선물이라고 주장하게 된다. 인간은 구원에 관한 한 전적으로 무능력하다. 따라서 하나님께서 택자에게 믿음을 주어 은총을 입게 하실 때 인간은 저항할 수 없다.

견인에 대해

견인 역시 자연스러운 논리적 귀결이다. 사실상 견인은 예정과 동의어다. 예정의 은총이 일회적인 사건에 머무르지 않고 지속적으로 주어질 때 이를 견인이라고 한다.[16] 하나님께서 누군가를 구원에 이르도록 만들어주셨다면, 하나님께서 그 구원을 끝까지 붙들어주실 것이다. 그리고 이 견인 역시 하나님의 주권적인 은총이다. 아우구스티누스는 하나님의 은총이 구원의 최초의 단계에서뿐만 아니라 그 마지막에 이르기까지 지속된다고 주장했다. 이로써 그는 인간의 공로가 아니라 전적으로 하나님의 주권에 의해서만 구원받을 수 있다는 그의 교리를 완성했다.

우리가 아우구스티누스의 구원론과 관련해서 알 수 있는 한 가지는 이것이다. 그는 인간의 공로는 철저히 낮추고, 온전히 하나님의 주권적 은총만을 높이기 원했다는 사실이다. 따라서 그는 인간의 공로라고 할 수 있는 모든 것을 부정했다. 그리고 철저하게 하나님의 주권적인 구원 은총만을 찬양하고 싶어 했다. 이러한 그의 찬양은 이후 칼뱅주의자에 의해서 거의 그대로 되살아났다. 사실 칼뱅주의의 튤립 교리는 거의 대부분 아우구스티누스의 예정론에서 온 것이다.

세미펠라기우스 논쟁

세미펠라기우스주의란 반半만 펠라기우스주의라는 뜻이다. 하지만 뒤집어서 말하면 이는 반半아우구스티누스주의라고도 할 수도 있다. 하지만 아우구스티누스주의자 입장에서는 아우구스티누스의 정통교리에서 벗어나는 모든 것은 다 펠라기우스주의라고 혐의를 씌우고 싶어 하기 때문에 '세미펠라기우스주의'라고 이름붙인 것이다. 이에 대해서는 간단히 언급하겠다.

아우구스티누스와 펠라기우스가 신랄한 논쟁을 벌이는 와중에 여러 차례 종교회의가 열렸다. 특히 418년에 열린 카르타고 공의회에서 펠라기우스주의가 정죄되고, 아우구스티누스의 교리가 정통교리로 인정되었다. 하지만 이 회의에서 아우구스티누스의 '전적 무능력' 교리는 수용되지 않았다. 인간이 전적으로 무능력하고 수동적이라는 그의 주장은 지나치게 인간을 무능력하게 만든다는 생각에서였다.[17] 요약하면 펠라기우스주의는 틀렸다, 그러나 아우구스티누스의 원죄론은 극단적이다, 이런 결론이라고 할 수 있다.

그리고 이것은 세미펠라기우스주의 주장의 핵심과 통한다. 그들은 대체로 아우구스티누스의 원죄론과 은총론, 심지어 예정론도 상당 부분 받아들인다. 그러나 그들은 하나님의 은총을 받아들이기 위해서는 인간 편에서 믿음을 가져야 한다고 주장했다. 그들은 하나님 편에서의 주권과 인간 편에서의 반응이 상호협력해야 한다고 주장했다. 이를 협력설synergism이라 한다. 이를 요약하면, 결국 믿음의 주체가 누구냐의 논쟁인 것이다. 세미펠라기우스주의자는 인간이라고 주장했고, 아우구스티누스는 믿음조차 하나님의 선물이라고 했다. 이러한 세미펠라기우스주의는 상당히 많은 부분이 아르미니우스주의와 닮았다.

세미펠라기우스주의는 529년 오렌지회의에서 거부되었고 나중에는 아예 이단으로 정죄되었다. 그러나 역사는 늘 반전이 있는 법. 교회는 아우구스티누스주의를 정통으로 인정했으면서도 아우구스티누스의 '전적 무능력설'에 대해서는 지속적으로 거북스러워했다. 이와 더불어 아우구스티누스가 은총의 주입을 주장하여 그리스도의 의를 소유할 수 있다고 주장한 부분 역시 부각되어 중세 가톨릭교회는 점차 인간의 행위를 강조하게 된다. 그러면서 점차 세미펠라기우스로, 다시 펠라기우스 쪽으로 점점 더 방향을 틀고 만다. 그래서 종교개혁 시절, 가톨릭교회는 행위구원론과 거의 다를 바 없는 교리를 가르쳤던 것이다.

2

아르미니우스주의
5대 교리

　이제 아르미니우스주의에 대해서 살펴보자. 칼뱅주의자들은 아르미니우스주의를 펠라기우스의 후예라고 부르기 좋아한다. 물론 아르미니우스주의와 펠라기우스주의가 서로 통하는 점이 없지 않다. 그러나 아르미니우스주의자들에게 물어보면 펄쩍 뛴다. 그들은 펠라기우스를 강력하게 거부한다. 그러나 동시에 그들은 칼뱅주의의 경직성과 완고함에도 거부감을 표한다. 즉 아르미니우스주의는 인간의 자유의지를 전적으로 무시하는 아우구스티누스–칼뱅주의도 거부하고, 동시에 자력구원을 주장하는 펠라기우스도 거부함으로써 제3의 길을 모색하는 과정에서 탄생했다. 아르미니우스주의에 대해서 생각할 때 기억해야 할 것은 그것이 칼뱅주의자들 중에 칼뱅주의를 수정하려는 일련의 무리에 의해서 출현했다는 사실이다.

　그렇다면 아르미니우스주의가 말하는 5대 교리는 무엇인가? 이 5대 교리는 아르미니우스 추종자들이 1610년에 발표한 항론서의 주요 내용이다. 그리고 이 5대 주요 교리에 대한 반대 논제로 칼뱅주의자들이 튤립 교리를 발표한 것이다. 따라서 아르미니우스주의 5대 교리와 튤립 교리는 서로 대치관계에 있다. 보면 알겠지만 아르미니우스주의는 이니셜로 개념을 만들지는 않았다.

아르미니우스주의		칼뱅주의
Natural Inability : 자연적 무능력	↔	T : 전적 타락
Conditional Election : 조건적 선택	↔	U : 무조건적 선택
Unlimited Atonement : 보편속죄	↔	L : 제한속죄
Resistible Grace : 저항할 수 있는 은혜	↔	I : 저항할 수 없는 은혜
Conditional Perseverance : 조건적 견인	↔	P : 성도의 견인

- **Natural Inability(자연적 무능력) :** 인간은 전적으로 타락했으나 하나님의 은혜에 반응할 수 있는 믿음의 능력이 하나님의 선행하는 은혜로 회복되었다.
- **Conditional Election(조건적 선택) :** 하나님께서 복음을 믿을 자를 미리 알고 그들만 자기 백성으로 예정하신다. 하나님의 예정은 복음을 믿을 것이라는 조건에 따른다.
- **Unlimited Atonement(보편속죄) :** 예수 그리스도는 모든 사람을 위해 차별없이 속죄의 피를 흘리셨다.
- **Resistible Grace(저항할 수 있는 은혜) :** 하나님께서 베푸신 십자가의 은혜는 이를 믿기로 받아들일 수도 있고 믿지 않기로 거부할 수도 있다.
- **Contitional Perseverance(조건적 견인) :** 신자는 인내로 자신의 구원을 이루어가야 하며, 하나님은 그러한 신자를 붙드신다.

이를 하나씩 살펴보자.

자연적 무능력

"모든 사람이 죄를 범하였으매 하나님의 영광에 이르지 못하더니"
(롬 3:23).

아르미니우스주의와 칼뱅주의를 가르는 분기점은 전적 타락 교리에 있다. 사실 둘 사이의 차이는 그리 크지 않다. 그러나 결론은 극과 극이다. 칼뱅주의는 아우구스티누스의 가르침을 따라 인간의 전적 타락과 전적 무능력을 강조했다. 그리고 아담의 죄 안에서 모든 인간이 범죄했다는 원죄론을 받아들인다. 그런데 아르미니우스주의자들도 위의 두 가지를 모두 받아들인다. 웨슬리는 모든 인간the whole human race이 모든 면에서every partaker of human nature 부패했다고 말했다. 그래서 인간의 성품은 오직 악할 뿐이고, 어떠한 선한 것도 존재하지 않으며, 자신의 힘으로는 하나님을 알 수도, 믿을 수도, 스스로 구원할 수도 없다고 분명히 선언했다.[18]

그렇다면 무슨 차이가 있는가. 아르미니우스주의는 하나님께서 인간에게 사랑과 은총을 베푸실 때 이를 인식하고, 받아들일 수 있는 여지가 있다고 말한다는 점에서 칼뱅주의와 다르다. 다른 말로 하면 이것은 믿음의 주체가 하나님이 아니라 인간 자신이라는 뜻이다. 아우구스티누스-칼뱅주의의 전통은 믿음도 하나님의 선물이라고 본다. 하지만 아르미니우스주의자들은 믿음은 인간 자신의 행위라고 주장한다. 만일 믿음의 주체가 하나님이라면 구원이란 일종의 하나님의 자작극이 되고 말 것이라는 것이 아르미니우스주의자들의 판단이다. 믿음은 하나님의 사랑과 은총에 대한 인간의 책임 있는 반응으로, 인간이 해야 할 바다. 그리고 이를 위해서 아르미니우스주의자들은 인간에게 하나님의 사랑과 은총을 인지할 수 있는 능력과 이를 받아들이기로 결단할 수 있는 자유의지가 남아 있다고 믿는다.

그렇다면 전적 타락이 아니질 않는가. 여기에 아르미니우스주의자들의 난점이 존재한다. 그들은 전적 타락은 맞지만 가죽옷의 은총을 보아 알 수 있듯이 하나님께서 범죄한 아담의 죄를 용서해주셨다. 그리고 그때 하나님은 인간에게 어느 정도 자유의지를 회복시켜주셨다고 주장한다. 이것이 아르미니우스주의자들이 말하는 선행은총prevenient grace이다.

아르미니우스주의의 선행은총론은 원죄론에도 영향을 미친다. 일반적으로 아르미니우스주의는 펠라기우스와는 다르게 원죄를 인정한다. 인간은 날 때부터 아담의 원죄를 본성 속에 지니고 태어난다. 그러나 아담의 죄에 대한 형벌은 하나님께서 아담의 죄를 용서(가죽옷의 은총)하실 때 면제되었다고 믿는다. 따라서 유아는 죽어도 지옥에 가지 않는다. 즉 유아는 원죄는 있으나 원죄에 대한 형벌은 없다는 말이다.[19] 즉 인간은 원죄로 인해 죄악된 본성을 타고난다. 하지만 원죄의 형벌을 질 필요는 없다. 인간이 자신의 죄성을 활용해서 자기 의지로 범죄를 저질렀을 때, 그 자범죄에 대한 책임으로 지옥에 간다. 우리는 여기서 아르미니우스주의자의 일관된 원칙을 보게 된다. 그 원칙이란 "행위 없이 책임 없다"는 것이다.

조건적 선택

"하나님이 미리 아신 자들을 또한 그 아들의 형상을 본받게 하기 위하여 미리 정하셨으니 이는 그로 많은 형제 중에서 맏아들이 되게 하려 하심이니라"(롬 8:29).

만일 인간에게 선과 악을 분별할 수 있는 인식 능력이 조금이라도 남아 있고 책임 있는 행위를 할 수 있는 자유의지가 회복되었다면, 하나님은 인간이 당신의 사랑과 은총을 받아들여주기를 기대하실 것이다. 다른 말로 인간은 복음을 믿을 수 있는 능력이 있으며 또 그 믿음에 대한 책임도 본인이 지고 있다. 하나님은 예수 그리스도를 통해서 구원의 역사를 온전히 이루었고, 이를 값없이 인간에게 선물로 주신다. 당연하게도 인간은 그 선물을 받아들일지 말지를 선택해야 한다. 그 선물을 받아들인다면 이는 그가 복음을 믿는다는 뜻이고, 받아들이지 않는다면 이는 복음을 믿지 않는다는 뜻이다. 그리고 이러한 선택의 결과에 대한 책임은 전적으로 인간에게 있다.

그렇다면 하나님께서는 인간의 구원을 전혀 예정하지 않는가? 아니다. 그들은 하나님이 구원받을 자를 예정하기는 하시지만 그것이 칼뱅주의의 예정과는 다르다고 믿는다. 아르미니우스주의자가 말하는 예정은 예지를 통한 예정이다. 우리는 여기서 칼뱅주의의 예정-예지와 반대되는 아르미니우스주의의 예지-예정과 만나게 된다. 그럼 예지-예정은 무엇인가? 하나님께서는 놀라운 예지력으로 먼 미래를 전부 내다보고, 어떤 인간이 복음을 믿을지, 믿지 않을지를 다 아신다는 것이다.

예정 - 예지와 예지 - 예정

칼뱅주의자들은 예정 - 예지를, 아르미니우스주의자들은 예지 - 예정을 주장한다. 예정 - 예지란 하나님께서 예정하셨기 때문에 예지하신다는 뜻이다. 칼뱅주의자들은 하나님이 영원 전에 어떤 이들은 구원하기로 예정하시고, 어떤 이들은 구원하지 않기로 예정하셨다는 이중예정을 주장한다. 이때 하나님 자신이 구원키로 예정했으니 당연히 하나님은 누가 구원받을지 아신다. 이것이 예정 - 예지다.

반면에 아르미니우스주의자들은 이러한 이중예정을 거부한다. 하나님은 누구를 구원하고, 누구를 구원하지 않을지 영원 전에 미리 다 예정하지 않으셨다. 구원은 오직 하나님의 구원 은총을 받아들이는 자만 얻을 수 있다. 그리고 은총을 받아들일지 말지는 전적으로 그 자신의 선택이다. 하지만 하나님은 전지전능하신 분이다. 그래서 탁월한 예지력으로 누가 복음을 받아들일지, 누가 거부할지 전부 아신다. 그래서 그 예지력에 기초해서 복음을 받아들일 자들을 미리 알고, 그렇게 미리 안 자들을 자녀로 삼기로 예정하셨다. 이것이 예지 - 예정이다.

하지만 결국 그게 그거 아닌가? 결국 하나님께서 누가 구원받을지 전부 아신다는 얘기는 결정되어 있다는 것이고, 결정되어 있다는 것은 다른 선택의 가능성이 없다는 얘기고, 이것은 결국 예정되어 있다는 얘기가 아닌가?[20] 그렇지 않다. 하나님이 모든 것을 미리 예지하신다고 해서 역사가 결정된 것은 아니다. 이 문제에 답하기 위해서 아르미니우스주의자들은 중간 지식*scientia media*이라는 개념을 활용한다.

중간 지식은 무엇인가? 중간 지식이란 가톨릭 신학자 몰리나Molina 가 처음 주장한 개념이다. 몰리나는 종교개혁에 반대하여 가톨릭교 회와 신학을 지키고자 노력한 반종교개혁Counter Reformation 신학자다. 그는 종교개혁자들이 인간의 자유의지를 약화시키는 것이 결국 하나 님을 악의 창조자로 만드는 것이라고 생각하고 이를 반대했다. 그는 종교개혁자들이 말하는 하나님의 주권도 충분히 강조하면서 인간의 자유의지도 아울러서 강조할 수 있는 길을 찾았다. 이러한 와중에 찾 아낸 것이 바로 '중간 지식'이라는 개념이다.[21]

몰리나 이전의 신학자들은 하나님의 지식이 두 가지뿐이라고 믿 었다. 하나는 하나님의 본성적 지식scientia naturalis이고, 다른 하나는 하나님의 의지적 지식scientia libera이다. 본성적 지식이란 하나님이라 면 본성상 필연적으로 알 수밖에 없는 지식을 말하고, 의지적 지식이 란 하나님 자신이 역사 속에서 사건을 예정하고, 결정한 것에 대해서 자연스럽게 알 수밖에 없는 지식을 말한다. 예컨대 "두 점의 최단거 리는 직선이다"와 같은 지식은 하나님의 의지와 별 상관이 없는 지식 이다. 전지하신 하나님은 수학적 지식이나 과학적 지식 등 우주에 관 한 지식을 본성적으로 아신다. 그래서 이것을 본성적 지식이라 한다. 그런데 '예수 그리스도께서 재림하실 때'에 대한 지식은 종류가 다 르다. 왜냐하면 이는 하나님의 의지에 달린 지식이기 때문이다. 예수 께서 언제 어느 때 다시 재림할지는 오직 하나님만 아는데, 이는 그 때를 하나님이 자신의 의지로 정하셨기 때문이다. 이것을 의지적 지 식이라고 한다.

중간 지식은 이 둘 사이에 끼여 있는 제3의 지식이라는 뜻인데, 다른 말로 하면 조건적 지식이다. 이는 하나님의 본성상 아는 지식도 아니고, 하나님의 의지로 알게 된 지식도 아니다. 이 지식은 하나님이 탁월한 예지력으로 어떤 사람이 어떤 조건 아래 A를 선택할지 혹은 B를 선택할지를 내다보는 지식을 말한다. 비유로 말하면 바둑의 고수가 초심자와 바둑 둘 때 초심자의 바둑 수를 미리 내다볼 수 있는 능력과 유사하다. 초심자는 무척 고심해서 바둑을 두지만 고수는 자신이 어디다 돌을 놓으면 초심자가 그 다음 어떤 식으로 돌을 놓을지를 훤히 꿰뚫고 있다. 그래서 고수는 하수가 실수하도록 유도할 수 있다. 이때 고수는 모든 가능한 상황을 예지하고 그 예지에 기초해서 특정 상황과 조건을 만들어 초심자로 하여금 실수하도록 만드는 것이다. 자, 이때 하수가 실수를 했다. 그러나 그것이 고수가 하수에게 강제적으로 시킨 일일까? 아니다. 그는 그렇게 하지 않을 수도 있었다. 결국 초심자는 '자신의 자유의지'로 고수가 예측한 실수를 했다. 고수는 다만 상황을 조성했을 뿐이다.

　　하나님은 역사상 존재했던 모든 사건뿐만 아니라, 각각의 사건이 다른 방향으로 일어날 수 있는 다양한 가능성과, 그렇게 되었을 때 이어지는 결과에 대한 모든 지식을 다 알고 계신다. 이것이 조건적 지식이다. 이때 하나님의 예지능력은 인간의 자유의지에 전혀 영향을 미치지 않으면서도 내다보실 수 있다. 그래서 아르미니우스주의자들은 하나님께서 인간이 어떤 상황에서 어떤 식으로 행동할지를 훤히 볼 수 있다고 주장한다. 나아가 하나님은 당신께서 어떤 상황과 조건을 조성하면 인간이 어떤 식으로 반응할지도 전부 알고 계신다.

이때 인간의 반응은 비록 하나님의 섭리 아래 있기는 하지만, 인간 자신의 자유의지로 행한다.

가룟 유다를 생각해보자. 그에게는 실제적으로 예수를 팔 자유와 팔지 않을 자유가 다 있었다. 판다고 했을 때 은 10에 팔지, 20에 팔지, 30에 팔지를 정할 자유가 있었으며, 안 판다고 했을 때 은 30에도 불구하고 안 팔지, 금 30에 불구하고도 안 팔지, 다이아몬드 30개에도 불구하고 안 팔지를 결정할 자유가 있었다. 팔 경우의 다양한 가능성들, B1, B2, B3··· 안 팔 경우의 다양한 가능성들, N1, N2, N3··· 이 무수한 가능성이 가룟 유다 앞에 펼쳐져 있었다. 그리고 하나님의 마음속에는 그 모든 가능성을 전부 알고 계셨으며, 어떤 조건 아래 유다가 어떤 결정을 할지도 다 알고 계셨다. 그런데 하나님은 유대지도자들로 하여금 은 30을 제시하는 특정 조건을 만드셨다. 그러자 유다가 예수를 팔 결정을 한다. 그것을 B10의 옵션이라 한다면 그 옵션을 복음서가 기록하고 있다는 것이다. 이상이 중간 지식의 개념이다.[22]

하나님은 이러한 중간 지식으로 사람들에게 복음을 들려줄 때 어떤 사람이 어떤 상황에서 복음을 믿기로 결단할지 혹은 안 할지를 훤히 아신다. 비록 하나님께서 특정 상황을 조성하기는 하시지만 결정은 어디까지나 인간의 몫이다. 하나님은 인간의 결정을 침해하지 않는다. 상황의 조성은 하나님의 몫이지만 믿기로 결정하는 것은 인간의 몫이다. 그리고 그렇게 특정 상황에서 예수를 믿기로 결단할 사람들을 하나님은 자기 자녀로 선택하신다. 이러한 하나님의 선택이 논리적으로는 인간의 결단에 뒤따르지만 시간적으로 앞서기 때문에 예정이라 할 수 있다. 통상 이러한 예정론을 '예지 - 예정'이라 부른다. 그리고 아르미니우스주의자들은 '예지 - 예정'은 인간의 자유의지를 침해하지 않는다고 믿는다.

보편속죄

"하나님은 모든 사람이 구원을 받으며 진리를 아는 데에 이르기를 원하시느니라"(딤전 2:4).

칼뱅주의자들은 예수 그리스도가 오직 택자들만을 위해서 속죄의 피를 흘리셨다고 주장한다. 하지만 아르미니우스주의자들은 그러한 예수는 성서가 말하는 사랑의 예수가 아니라고 강력하게 반발한다. 그들은 디모데전서 2장 4절을 힘껏 주장한다. 따라서 예수 그리스도의 속죄의 피는 모든 사람을 위한 것이어야 한다고 주장한다. 그러니까 하나님은 모든 사람을 구원하기 원하셨고, 예수 그리스도는 모든 사람의 죄를 속하기 위해서 속죄의 피를 흘리셨다. 누구라도 구원받을 수 있다. 믿기만 하면! 이때 모든 사람을 위해서 속죄의 피를 흘리셨다는 것이 보편속죄론이다. 이것은 모든 사람이 복음을 믿을 능력과 자유의지가 있다는 아르미니우스주의의 원리와 잘 어울린다.

그런데 아르미니우스주의의 보편속죄를 종종 보편구원으로 오해하는 이들이 있다. 보편속죄와 보편구원은 다르다. 보편구원이란 복음을 믿든 안 믿든 하나님께서 모든 인간을 하나님께서 전부 다 구원하신다는 뜻이고, 보편속죄란 예수 그리스도께서 모든 인간을 위해서 차별없이 속죄의 피를 흘리셨다는 뜻이다. 모두를 위해서 속죄의 피를 흘리시기는 했으나, 이 속죄의 은총을 받아들이는 자만 구원받는다. 받아들이지 않는 자는 구원받지 못한다는 것이 아르미니우스주의의 보편속죄론이다. 아르미니우스주의자들은 칼뱅주의자들의 제한속죄를 '차별적'이라며 강력하게 비판한다. 그리고 보편속죄의 '차별 없음'을 강조한다. 그리스도는 믿을 사람뿐만 아니라 믿지 않을 사람들을 위해서도 똑같이 피를 흘리셨다. 구원의 문은 누구에게나 열려 있다. 선택은 인간의 몫이다.

저항할 수 있는 은혜

"볼지어다. 내가 문 밖에 서서 두드리노니 누구든지 내 음성을 듣고 문을 열면 내가 그에게로 들어가 그와 더불어 먹고 그는 나와 더불어 먹으리라"(계 3:20).

하나님께서는 모든 사람이 구원받기 원하고, 예수 그리스도께서는 모든 사람을 위해서 피를 흘려주셨다. 누구라도 믿기만 하면 구원받을 수 있다. 이것이 아르미니우스주의의 가장 단순한 요약이다. 이러한 주장에 따르면 믿기로 결단한 자는 구원받지만 믿지 않기로 결단한 자는 구원받을 수 없다. 결국 구원을 받느냐, 못 받느냐는 본인의 책임에 달려 있다.

모든 인간을 위해 그리스도는 속죄의 피를 흘리셨다. 이제 인간이 반응할 차례다. 복음을 믿고 주님을 영접하면 구원을 얻을 것이지만 믿기를 거부하면 구원을 얻지 못한다. 자, 어떻게 할 텐가? 요한계시록 3장에 나와 있는 것처럼 예수는 문 밖에 서서 우리의 마음 문을 두드리지만 억지로 문을 부수고 들어오시지는 않는다. 주님은 우리가 문을 열기를 기다리신다. 만일 문을 열면 주님이 들어오시지만 열지 않으면 주님은 들어오실 수 없다. 아르미니우스주의의 이러한 자발주의는 하나님의 은혜를 거부할 수 있는 은혜라고 말한다. 이러한 거부할 수 있는 은혜론이 "주님을 영접하시겠습니까?"라는 초청altar calling을 할 수 있게 만들고, 또 영접기도라는 것도 가능하게 만든다.

더불어 아르미니우스주의가 '영접-회심'을 강조하는 이유도 이 때문임을 알 수 있다. 칼뱅주의 역시 회심을 무척 강조한다. 하지만 칼뱅주의는 회심의 시기를 인간이 확정할 수 없다. 왜냐하면 회심은 성령께서 거부할 수 없는 감동을 허락하실 때 비로소 이루어지기 때문이다. 그러니까 영접-회심이라고 말하기 곤란하다. 그러나 아르미니우스주의는 영접하면 회심하는 것이다. 그래서 영접-회심이라고 할 수 있다. 복음을 듣는 자가 믿겠다고 결단하고 예수를 주와 구주로 영접하는 것이 회심이기 때문이다. 그 때문에 복음을 듣는 자가 어떤 식으로든 예수를 믿겠다고 자발적으로 표시를 한다면 우리는 그가 회심했음을 알 수 있다.

조건적 견인

"그러므로 나의 사랑하는 자들아 너희가 나 있을 때뿐 아니라 더욱 지금 나 없을 때에도 항상 복종하여 두렵고 떨림으로 너희 구원을 이루라"(빌 2:12).

아르미니우스주의는 구원의 영원한 안전을 보장해주지 않는다. 그들은 칼뱅주의의 영원한 안전 교리가 비성서적이라고 비난한다. 왜냐하면 성서에는 히브리서를 비롯해서 곳곳마다 배교의 위험성을 경고하고 있기 때문이다. 구원이란 과정이다. 한 번 구원받았다고 영원한 안전이 보장되는 것이 아니다. 매일매일 자신의 구원을 이루어가야 한다. 그리고 그러한 구원의 과정 속에서 자칫 믿음의 배가 파선될 수 있으며, 의심의 바다로 빠져들 수 있다. 믿음의 파선과 신앙의 배신이라는 위험과 맞서 싸워 끝까지 인내하는 자가 비로소 얻을 수 있는 것이 구원이다.

그렇다면 아르미니우스주의는 하나님의 보호와 견인의 은총을 부정하는가? 그렇지 않다. 아르미니우스주의는 하나님께서 다양한 수단을 통해서, 상황의 섭리와 성령의 도우심으로 신자가 자신의 믿음을 끝까지 유지해갈 수 있도록 도와주신다고 믿는다. 그러나 중요한 것은 만일 신자가 의지적으로 신앙을 포기한다면 하나님의 붙드심의 은총도 어찌할 수 없다고 본다. 또한 신자가 믿노라 하면서도 의도적이고, 자발적으로, 악질적이고, 지속적이며, 습관적인 죄를 택하고 그 죄에서 떠나지 않는다면 그의 구원은 언제라도 위기에 처할 수 있다고 주장한다.

이러한 교리체계에서 성화가 강조되는 것은 당연하다. 특히 웨슬리안-아르미니우스주의는 매일매일의 삶에서 구원을 이루는 성화를 무척이나 강조한다. 우리는 바로 여기서 웨슬리의 '완전성화론'과 만나게 된다. 아르미니우스주의자들은 자신들의 교리가 회심을 강조하는 만큼 성화도 균형 있게 강조한다는 점을 자부한다. 실제로 웨슬리는 하나님께서 신자에게 성령을 주셔서 매일 죄에서 승리케 하도록 돕는다는 점을 강조했는데, 이러한 성령의 도우심으로 말미암아 신자는 율법의 요구를 완전히 성취할 수 있다고 주장했다. 율법의 성취라고 해서 인간의 체질이 예수 그리스도와 똑같아진다는 뜻은 아니다. 체질의 완전한 변화는 영화의 때까지 기다려야 할 것이다. 그러나 도덕적으로 주님을 닮는 일은 가능하며, 신자는 자신의 마음과 삶을 깨끗케 해야 할 책임이 있다.[23]

3

칼뱅주의의 문제를
해결했는가

아르미니우스주의는 칼뱅주의에서 나왔다. 이러한 기원적 속성이 아르미니우스주의와 칼뱅주의의 관계를 복잡하게 만든다. 아르미니우스주의가 칼뱅주의로부터 나왔기 때문에 큰 틀에서 아르미니우스주의는 칼뱅주의와 공유하는 내용이 많다. 하지만 아르미니우스주의가 칼뱅주의의 논리적 경직성을 비판했기 때문에 칼뱅주의의 노선에서 떨어져 나왔다는 점에서 차이점도 상당하다. 이런 점에서 아르미니우스주의는 칼뱅주의에서 발견한 문제점들을 해결하기 위해서 만들어진 교리체계다.

따라서 아르미니우스주의에 대해서 던질 수 있는 질문은 바로 이것이다. "그렇다면 과연 아르미니우스주의는 칼뱅주의 문제들을 해결했는가?"

자연적 무능력에 대해

아르미니우스주의는 칼뱅주의를 수정하려는 의도에서 생겨났다. 이런 점에서 아르미니우스주의는 칼뱅주의와 다르다. 그러나 동시에 아르미니우스주의는 펠라기우스를 강력하게 반대한다. 그 때문에 펠라기우스주의와도 다르다. 아르미니우스주의는 늘 아슬아슬한 중도의 길을 걷는다. 예컨대 전적 타락의 문제에 대해서 아르미니우스주의는 펠라기우스와는 다르게 원죄를 인정하고, 인간의 전적인 타락과 무능력을 인정한다. 하지만 동시에 아르미니우스주의는 인간이 복음을 믿을 수 있는 능력조차 부정하는 칼뱅주의도 비판한다. 그래서 아르미니우스주의는 인간이 철저하게 타락했으나, 완전히 타락한 것은 아니라고 주장하고 싶어 한다. 한마디로 아르미니우스주의는 두 마리의 토끼를 모두 잡고 싶어 하는 것이다.

그렇다면 왜 아르미니우스주의는 인간에게 자유의지가 남아 있다고 주장하고 싶어 하는 것일까? 이유는 두 가지다. 첫째는 하나님을 악의 창조자로 만들고 싶지 않기 때문이다. 우리는 앞의 칼뱅주의 체계에서 전적 타락의 교리가 예정의 교리로 나아가고, 예정론은 불가피하게 하나님을 악의 존재에 대해서 책임을 져야 하는 분으로 만드는 딜레마에 처하게 된다는 사실을 보았다. 아르미니우스주의는 인간에게 미약하나마 자유의지가 남아 있기 때문에 악은 하나님이 아니라 인간 자신의 책임이라고 말하고 싶어 한다. 두 번째로, 자유의지를 강조하여 인간에게 모종의 행동을 하도록 촉구할 수 있는 기반을 마련할 수 있다고 믿기 때문이다. 이런 이유로 아르미니우스주의자들은 죄인들을 향해 수동적으로 하나님의 은총을 기다리는 것이 아니라 적극적으로 "믿으라!"고 복음적 촉구를 할 수 있었던 것이다.

그러나 당장 생기는 문제는 아르미니우스주의가 인간의 완전한 타락을 부정하고 있지 않느냐 하는 것이다. 아르미니우스주의는 펠라기우스주의의 주장만큼은 아니어도 인간이 부분만 타락했다는 세미펠라기우스주의로 기운다는 비판을 면하기 어렵다. 이러한 비판을 모면하기 위해서 만들어낸 것이 '선행은총론'이다.

선행은총론이란 무엇인가? 그것은 인간은 전적으로 타락했으나 하나님께서 은총으로 인간에게 일부 능력을 회복시켜주셨다는 주장이다. 아르미니우스주의는 인간이 아담의 범죄로 말미암아 전적으로 타락했다고 강조한다. 이런 점에서 전적 타락에 동의한다. 그러나 하나님께서 범죄한 아담의 죄를 용서하고 가죽옷을 입혀주었던 것처럼 전적으로 타락한 인간에게 선행은총을 부어주셨다고 말한다. 아르미니우스주의자들이 선행은총론을 만든 이유는 "인간은 전적으로 타락했다"와 "인간은 전적으로 타락하지 않았다"는 두 마리의 토끼를 다 잡기 위해서다. 그러나 이것이 가능한가?

일반은총과 선행은총

선행은총은 언뜻 들으면 칼뱅주의의 일반은총과 비슷하다는 느낌이 든다. 하지만 이 둘은 완전히 다르다. 칼뱅주의에서 말하는 일반은총은 앞장에서 언급한 자연계시(일반계시)를 말한다. 이것은 로마서 1-2

장에 나오는 바울의 주장에 근거하는데 하나님은 모든 인간에게 창조세계를 통해 더듬어 알 수 있는 창조주에 대한 지식을 주었고, 또한 모든 인간 내면의 양심을 통해 하나님의 율법을 짐작해서 알 수 있도록 하셨다. 이 두 가지 때문에 불신자들은 하나님에 대해서 들어본 적이 없노라고 핑계할 수 없다는 것이 바울의 주장이다. 칼뱅주의자는 이것을 일반은총이라고 부른다. 그러나 칼뱅은 믿음으로 영적 눈을 뜨기 전에는 일반은총을 통해서 인간이 하나님을 알 수 있는 가능성이 전무하다고 주장한다. 그러니까 일반은총은 있으나마나 한 은총이다.

반면에 아르미니우스주의자가 말하는 선행은총은 완전히 다르다. 선행은총은 아담의 범죄로 인해 철저하고 완전하게 타락한 '모든' 인간 안에 하나님을 알 만한 씨앗을 회복시켜주신 은총이다. 인간은 자신 안에 있는 이성의 능력으로 하나님을 알 수 있고, 복음이 선포될 때 그것을 하나님의 음성으로 깨달을 수 있으며, 무엇보다 하나님께서 베풀어주신 사랑과 은총을 믿음으로 받아들일 수 있는 능력이 있다. 이 능력이 바로 선행은총이다. 이 선행은총은 그것 자체만으로는 구원에 이르게 할 수는 없다. 그러나 인간은 선행은총 때문에 복음을 듣고, 깨달을 수 있으며, 믿을 수 있다. 그리고 이 믿음으로 말미암아 인간은 구원을 받는다.

문제는 타락 직후 하나님께서 모든 인간에게 부어주신 '선행은총'이라는 개념이 과연 성서적인가 하는 것이다. 사실 대부분의 신자들은 아르미니우스주의의 선행은총설을 들으면 다소 어리둥절해한다.

왜냐하면 그런 용어 자체가 생경하기도 하거니와 그러한 내용을 성서에서 본 기억이 별로 없기 때문이다. 이 때문에 선행은총론은 아르미니우스주의의 신학체계를 이루기 위해 고안해낸 일종의 논리적 장치로서 논리적 필요에 의해 만들어낸 것이 아니냐는 의문이 제기되는 것이다.

또 다른 문제도 있다. 아우구스티누스-칼뱅의 전통은 이렇게 말한다. "죄를 지어서 죄인이 아니라 죄인이기 때문에 죄를 짓는다." 아르미니우스주의는 반대로 말한다. "죄인이기 때문에 죄를 짓는 것이 아니라 죄를 지어서 죄인이다." 자유의지와 책임을 강조하는 아르미니우스주의는 죄와 악을 개인의 도덕적 결단과 책임의 문제라고 설명하고 싶어 한다. 하지만 과연 인간에게 아르미니우스주의자들이 말한 것처럼 자유의지라는 것이 존재할까?

중독현상을 예로 들어보자. 중독 환자에게 자유의지가 존재할까? 우리가 쉽게 관찰할 수 있는 대로 알코올 중독 환자는 술을 마실 자유는 있어도 마시지 않을 자유는 없다. 이것은 회심하기 전 아우구스티누스가 죄악의 굴레 속에 있는 자기를 통해서 발견한 모습이었다. 성서는 죄를 '멍에'라고 표현하는데 이를 심리학적 용어로 바꾸어 말하면 '중독'이라고 할 수도 있을 것이다. 즉 전적으로 타락한 인간의 상태를 중독 상태와 비교할 수 있다는 말이다. 도무지 자유의지란 존재하지 않는 것처럼 보이는 이러한 중독 현상은 아르미니우스주의보다 칼뱅주의의 훌륭한 예처럼 보인다.

또 다른 문제는 현대 사회에서 빈번하게 제기되는 소위 '집단악'의 문제다. 스캇 펙Scott Peck은 《거짓의 사람들 People of the Lie》에서 '집단악'

에 대해서 다루었다. 1968년 바커 기동타격대에 의해 자행된 밀라이 주민들에 대한 집단 학살은 과연 누구의 책임인가? 단순히 방아쇠를 당긴 기동타격대원들의 잘못인가? 그렇지 않다. 그들은 장기판의 말처럼 제 위치에서 제 기능을 발휘했을 뿐이다. 밀라이 학살사태는 기동타격대원, 헬기조종사, 작전 명령을 하달한 소대장과 중대장, 미국 본토의 국무부, 정부, 사건의 은폐에 참여한 모든 정부 및 민간 부처, 언론사, 그리고 무엇보다 이 정부에 세금을 내고, 대통령을 선출한 미국 국민들이 전부 연루된 집단악이다.[24] 이러한 집단악은 20세기에 들어서면서 더욱 본격적으로 부각되고 있다. 그런데 개인의 자유의지를 강조하는 아르미니우스주의는 집단악을 설명하는 데 한계가 있어 보인다.

중독과 집단악의 문제를 통해서 제기하고자 하는 문제는 이런 것이다. 과연 인간에게 아르미니우스주의가 전제하듯 그러한 자유의지가 존재한다고 말할 수 있는가? 어쩌면 그러한 자유의지에 대한 가정은 지나치게 순진한 개인주의적·자유주의적 환상은 아닌가? 그렇다고 오해는 말았으면 좋겠다. 중독이나 집단악의 문제가 전적으로 아우구스티누스–칼뱅주의의 '전적 타락설'을 입증한다고 생각하지 않는다.

나의 생각은 이렇다. 인간의 자유의지는 어느 한쪽의 설명만으로 완벽하게 설명할 수 없는 대단히 복잡한 문제이다. 그것은 마치 손 안의 작은 새가 살았는지 죽었는지를 맞추는 것만큼이나, 혹은 빛이 입자인지 파동인지를 맞추는 것만큼이나 어려운 문제라는 것이다. 결정론으로 설명하려고 해도 안 되고, 자유론으로 설명하려고 해도 안 되는 것이 인간의 자유의지에 관한 문제다. 그것은 어떤 이론으로도 확정할 수 없다. 우리는 대부분의 인간 행동을 통계를 통해 확률적으로 예측할 수 있다. 그러나 그 예측을 벗어나는 예외가 늘 존재한다. 우리는 인간의 행동이 결정되어 있다는 수많은 증거와 여전히 인간에게 '마지막 하나의 자유'가 존재한다는 많은 사례들을 알고 있다. 그러나 인간 행동의 결정론적 측면과 자유론적 측면이 어떤 식으로 조합을 이루는지에 대해서는 알지 못한다. 따라서 인간의 자유의지에 대한 칼뱅주의의 설명과 아르미니우스주의의 설명은 모두 훌륭한 참고자료일 뿐 그 이상은 아니라고 생각한다.

중독의 문제를 보자. 인간 의지의 복잡성과 역설적 특성을 우리는 알코올 중독 치유프로그램에서 볼 수 있다. 〈알코올 중독 치유 12단계〉는 중독자가 알코올 중독으로 말미암아 자신이 철저하게 무능력하게 되었으며 그리하여 자신의 삶에 대한 주도권을 완전히 상실했다는 사실을 인정하는 것에서 시작된다. 만일 이를 인정하지 않으면 그는 12단계를 진행할 수 없다. 이어지는 2-3단계에서는 우주 어딘가에 전능한 신(혹은 힘)이 있어 자신을 중독에서 치유해줄 수 있을 것을 믿고, 그 신에게 자신의 삶과 치유의 주도권을 전적으로 의탁한다. 그러니까 중독 치유의 첫걸음은 이러한 고백으로 시작된다.

"저는 전적으로 무능력합니다. 하지만 절대자는 저를 치유하실 수 있습니다."

이러한 중독 치유의 원리는 마치 임상학적 칼뱅주의라고 불러도 될 만큼 칼뱅주의의 전적 타락설과 잘 부합한다.

알코올 중독 12단계 치유법[25]

1. 우리는 알코올에 무력했으며 스스로 생활을 처리할 수 없게 되었음을 깨닫고 시인했다.
2. 우리보다 더 위대하신 '힘'이 우리를 건전한 본정신으로 돌아오게 해주실 수 있다는 것을 믿게 되었다.
3. 우리가 이해하게 된 대로 신의 보살피심에 우리의 의지와 생명을 완전히 맡기기로 결정했다.
4. 철저하고 대담하게 우리의 도덕적 생활을 검토했다.
5. 솔직하고 정확하게 우리가 잘못했던 점을 신과 자신에게 또 어느 한 사람에게 시인했다.
6. 신께서 우리의 이러한 모든 성격상 약점을 제거해주시도록 우리는 준비를 완전히 했다.
7. 겸손한 마음으로 신께서 우리의 약점을 제거해주시기를 간청했다.
8. 우리가 해를 끼친 모든 사람들의 명단을 만들어서 그들에게 기꺼이 보상할 용의를 갖게 되었다.
9. 어느 누구에게도 해가 되지 않는 한 할 수 있는 데까지 어디서나 그들에게 직접 보상했다.
10. 계속해서 자신을 반성하여 잘못이 있을 때마다 즉시 시인했다.
11. 기도와 명상을 통해서 우리가 이해하게 된 대로의 신과 의식적인 접촉을 증진하려고 노력했다. 그리고 우리를 위한 그의 뜻만 알도록 해주며 그것을 이행할 수 있는 힘을 주시도록 간청했다.

> 12. 이러한 단계로 생활해본 결과 우리는 영적으로 각성되었고 알코올 중독자들에게 이 메시지를 전하려고 노력했으며 우리 생활의 모든 면에서도 이러한 원칙을 실천하려고 했다.

아우구스티누스-칼뱅주의 전통에서 중독 현상은 전적 타락설의 중요한 증거로 삼는다. 왜냐하면 알코올 중독의 경우, 알코올 중독자에게는 술을 마실 자유만 있지 마시지 않을 자유는 없다고 보기 때문이다. 그리고 이러한 주장은 임상학적 증거를 충분히 갖추고 있다. 더불어 중독을 치료하기 위해서는 먼저 술을 끊기로 결단하는 것이 아니라 '자신의 전적 무능력'을 인정해야만 한다는 사실은 더욱 칼뱅주의의 전적 무능력설에 무게를 더한다. 확실히 이러한 중독현상 속에서 우리는 인간에게 자유의지가 여전히 남아 있다는, 혹은 선행은총으로 회복되었다는 아르미니우스주의의 주장에 의문이 든다.

그러나 여기서 우리는 또 다른 측면을 보게 된다. 이러한 〈알코올 중독 12단계〉는 결코 강제로 시행할 수 없다는 사실이다. 누군가가 중독자를 감호소에 가두어서 억지로 시킨다고 12단계가 먹혀들지는 않는다. 결국 중독자 자신이 해야 한다. 중독자는 '자발적으로' 자신의 전적 무능력을 인정하고 고백해야 한다. 우리는 바로 여기서 인간 의지의 역설적 특성을 보게 되는 것이다. 자신이 전적으로 무능하다는 사실(칼뱅주의의 전적 타락설)을 자기 스스로 인정(아르미니우스주의의 자유의지론)해야만 치유가 가능하다는 사실은 결국 인간 의지의 문제가 심오한 역설이라고밖에는 달리 표현할 길이 없다는 말이다.

집단악의 문제도 마찬가지다. "(자유로운) 행위 없이 책임 없다"는 아르미니우스주의적 원리에 따르면 인간은 자신의 자범죄에 대해서만 책임을 져야 한다. 즉 아르미니우스주의에 따르면 자유의지 – 선택 – 책임 간의 일대일 등식이 형성된다. 그러나 사회구조적인 악의 문제에 이러한 등식이 적용되기란 쉽지 않다. 물론 실천적인 관점에서 보자면 아르미니우스주의는 사회구조적인 악의 문제를 개선하기 위해서 일찍부터 많은 노력을 기울여왔다. 웨슬리 자신을 보거나 감리교회의 역사를 볼 때, 일찍부터 사회참여에 대한 강조가 있었으며, 한국 교회의 민중운동사를 살펴보더라도 감리교 전통에 서 있는 많은 신자들은 일찍이 사회구조적인 문제에 많은 관심을 쏟았던 사실을 알 수 있다. 그러니 이러한 실천들이 신학적인 물음을 해소해주지는 않는다.

라인홀드 니부어Reinhold Niebuhr는 개인은 도덕적이더라도 사회는 비도덕적인 차원에 있다고 말한 바 있다.[26] 이것은 개인의 도덕적 선택과 사회의 비도덕적 현실 사이의 불균형을 지적한 것이다. 즉 도덕적 선택이란 개인적인 차원에서는 가능한 얘기지만 집단적이고 사회적인 차원에서 도덕적 선택은 완전히 다른 문제가 된다는 것이다. 비슷한 맥락에서 월터 윙크Walter Wink도 인간의 결정에 영향력을 미치는 사탄의 체제가 실재한다고 말한 바 있다.[27] 그러니까 어떤 인간의 행동은 개인의 자유로운 선택으로만 이루어지는 것이 아니라 사탄적 체제의 강력한 영향에 의해서 이루어지기도 한다는 것이다. 이들 주장의 공통점은 자유의지 – 선택 – 책임 간에 일대일 등식이 성립되기 어렵다는 것이다.

이와 관련해서 한나 아렌트Hannah Arendt의 통찰은 중요하다. 한나 아렌트도 아이히만Karl A. Eichmann의 유대인 학살 만행에서 유사한 현상을 목격했다. 그녀는 아우슈비츠에서 과거와는 다른 새로운 범죄가 만들어졌다고 보았다. 당시 아우슈비츠에 부역했던 많은 사람들은 전혀 죄의식을 느끼지 않고, 매우 선량한 의도로 그러한 끔찍한 악에 참여했다는 사실이다. 그녀는 이것을 관료제와 결합된 악의 평범화 현상이라고 표현했는데, 아렌트에 따르면 아이히만의 끔찍한 만행은 전통적으로 중요한 범죄 요건이라 간주되었던 범죄의 의도를 찾아보기 어려운 새로운 종류의 범죄였다.[28] 끔찍한 범죄의 결과가 눈앞에 벌어졌다. 그러나 그 만행을 저지른 범인들은 그러한 범죄를 만들어낼 의도가 없었으며, 그저 무의미한 일상이었다고 주장하며, 심지어는 선량한 의도로 그러한 일을 했다고 주장한다. 이 우스우면서도 슬픈 역사적 사실, 이것이 바로 아우슈비츠다.

이러한 역사적 사실은 전통적인 자유주의에 대한 도전이면서 동시에 아르미니우스주의적 원리에 대한 의문을 제기하게 만든다. 즉 이러한 새로운 종류의 범죄자들에게 "행위 없이 책임 없다"는 원칙을 적용할 수 있을까? 무의미한 행위나 혹은 선량한 의도로 행한 행동에 대해 끔찍한 학살에 대한 책임을 져야 한다고 선고할 때, 이것은 과연 공정한 판결인가?

물론 그렇다고 아이히만의 행동에 면죄부를 주자는 얘기는 아니다. 밀라이 주민들에게 기관단총의 방아쇠를 당긴 소대원들을 봐줄 수도 없다. 현실적으로 책임의 배분을 어떻게 할 것인지에 대해서 뚜렷한 해법을 찾아낼 수는 없을 것이다. 그러나 원칙적으로 결국 행위자에게 책임을 물어야 한다. 그렇지만 만일 책임을 물으려면 집단악에 참여한 모든 행위자에게 물어야 한다. 국가의 범죄와 불법에 침묵을 지킨 언론의 행위에 대해서도 마찬가지고, 그저 순진하게 꼬박꼬박 세금을 바치면서 불법적인 정부를 지지해왔던 국민의 행위에 대해서도 마찬가지다. 그리고 집단악이 버젓이 자행되고 있는데도 이에 대해서 무지했던 것, 그리고 그러한 무지로 말미암아 아무런 행위를 하지 않았던 것에 대해서도 책임을 물어야 한다. 여기서 원칙은 뒤집힌다. 행위에 대해서만 책임을 묻는 것이 아니라 무행위에 대해서도 책임을 물어야 하는 것이다.

여기서 우리는 집단악의 문제에 있어서도 중독과 비슷한 결론에 이른다는 사실을 보게 된다. 개인의 선택을 초월한 사회적인 악이 존재하지만 개인의 책임은 물어야 한다는 것이다. 그러한 개인의 책임은 범죄에 참여한 행위에 대해서도 물어야 하지만 아무 행위도 하지 않음으로써 범죄에 참여한 죄에 대해서도 책임을 물어야 한다. 집단악에서는 무지와 무행위도 책임져야 하는 것이다. 중독에서는 자신의 전적 무능력함을 자신의 의지로 고백해야 하듯이, 집단악에서는 의도와 행위뿐만 아니라 비의도와 무행위에 대해서도 책임을 물어야 한다. 이런 상황에서 아르미니우스주의식 '행위–책임'의 원칙이 지나치게 순진하지 않은지 질문해볼 수 있다.

끝으로 하나만 더 지적하자. 아르미니우스주의는 칼뱅주의와는 다르게 유아의 구원에 대해서 긍정적이다. 이는 유아가 원죄는 있되 그 죄에 대한 형벌은 면제되었다고 믿기 때문이다. 모든 인간은 아담의 죄성을 물려받았기 때문에 필연적으로 죄 지을 수밖에 없다. 그러나 유아가 자신의 의지로 범죄하기 전까지 유아는 지옥에 가야 한다고 말할 수 없다. 요약하면 유아가 태어날 때는 구원받을 수 있는 상태다. 하지만 조만간 유아는 죄를 지을 수밖에 없으며, 그렇게 되면 지옥에 가게 될 것이다. 그렇다면 이런 질문이 가능하다. 내세의 영원한 삶이 현세의 삶보다 훨씬 더 중요하다면, 부모가 유아를 위해서 할 수 있는 최선의 길은 그 아이가 죄 짓기 전에 빨리 죽이는 것이 낫지 않을까? 물론 죄를 짓더라도 복음을 믿고 구원에 이르는 것이 최선이긴 하겠으나, 만일 복음을 들을 수 없는 이들이라면 유아는 되도록 빨리 죽여주는 것이 아이를 위하는 차선의 길은 아닐까?

조건적 선택에 대해

아르미니우스주의자들은 칼뱅주의의 이중예정과 무조건적 선택을 거부한다. 대신 아르미니우스주의자들은 조건적 선택을 주장한다. 조건적 선택이란 하나님의 탁월한 예지력(중간 지식)으로 장래에 특정 상황에서 복음을 믿을 자들을 미리 알고, 그들을 당신의 자녀로 삼기로 예정하셨다는 것이다. 그러니까 말 그대로 예정은 믿음이라는 조건에 의해 결정되는 것이다.

질문은 이것이다. 이러한 예정을 예정이라고 할 수 있을까? 아르미니우스주의자들은 하나님이 탁월한 예지력으로 누가 어떤 상황에서 복음을 믿을지 미리 예지하실 수 있으며, 그렇게 믿을 사람들을 자기 자녀로 삼기로 예정하셨다고 말한다. 이러한 설명을 위해서 중간 지식이라는 복잡한 개념을 활용하기도 하지만 결국 문제는 이것이다. 인간이 믿기로 선택한 것이 하나님의 섭리의 결과냐, 인간이 한 선택의 결과냐? 하나님께서 특정 상황을 조성하여 인간이 다른 대안 없이 믿을 수밖에 없는 상황에 놓이게 되었고, 그 상황에서 어쩔 수 없이 믿게 되었다면 이는 사실상 쥐를 몰아 독 안에 들어가게 한 것이나 다름없다. 그렇다면 자유의지는 명목에 불과하다. 그리고 이것은 칼뱅주의다. 그러나 만일 순수하게 인간이 자신의 자유의지로 믿음을 결단했다면 대체 하나님이 선택한 것은 무엇이고, 예정한 것은 무엇인가? 결국 인간이 선택한 것일 뿐, 하나님은 아무것도 선택한 것이 없다. 하나님은 그저 인간의 선택을 미리 예지만 하신 것이다. 탁월한 예지력으로 인간의 선택을 미리 알았다고는 하나 미리 알았다고 해서 그것을 예정이라고 말할 수는 없다.

결국 논리적으로 하나님의 예지는 인간의 선택을 앞서지 못한다. 늘 언제나 인간의 선택이 앞선다. 믿음이 하나님의 예정의 조건이 되기 때문이다. 믿음이 원인이고 예정이 결과다. 시간상 하나님의 예지와 예정이 인간의 믿음보다 앞서기는 하나 실제로는 인간의 선택보다 앞서지 못한다. 그러니까 선택은 하나님이 하신 것이 아니고 인간이 하는 것이다. 인간이 선택하고 하나님이 받아들이신다. 인간이, 하나님이 원치 않는 결정을 할지라도 하나님은 어쩔 수 없다. 그것도 인간의 몫이니 그저 받아들이실 수밖에. 그러니까 결국 예지만 있지 예정은 없는 것이다.

아르미니우스주의 예정의 개념[29]

아르미니우스주의자들은 선택 혹은 예정이라는 개념을 칼뱅주의자들과는 다르게 쓴다. 칼뱅주의자들이 선택이라는 말을 쓸 때 이는 전체 인류 중 몇몇 사람들을 당신의 자녀로 삼기로 영원 전에 택하셨다는 것을 말한다. 이를 예정이라고 하기도 한다. 그러나 아르미니우스주의자들에게 선택이란 사실상 하나님의 역할이 아니다. 따라서 칼뱅주의식의 선택 혹은 예정이란 존재하지 않는다. 그러나 그들도 그 말을 사용한다.

이 단어는 굉장히 다양한 의미를 내포한다. 먼저 (1)아르미니우스주의는 하나님께서 예수 그리스도를 선택/예정하셨다고 말한다. 하나님은 예수를 통해 구원의 역사를 이루기로 예정하셨다는 것이다. (2)집단의 선택/예정이 있다. 하나님께서는 이스라엘이라는 민족을 언약 백성으로 예정하셨다고 말한다. 물론 이러한 집단적 선택에는 개인의 선택권이나 자유의지와는 무관한 전체적인 선택이다. (3)특별한 사역을 위한 부르심이라는 측면에서의 선택 혹은 예정이 있다. 예컨대 아브라함을 이스라엘의 조상으로 부르고, 모세를 히브리인들의 구원자로 부르고, 예언자들을 당신의 대언자로 부르신 그 소명 속에 예정이 있다. (4)두 번째와 비슷한데, 교회의 선택/예정이 그것이다. 하나님은 새 이스라엘로 교회라는 집단을 예정하셨다. (5)개인의 구원에 대한 선택/예정이 있다. 이 예정이 예지에 따른 예정인데, 앞서 말한 대로 사실상 이것은 예정이 아닌 예정이다.

더 나아가 논리적으로 보면 결국 주권은 인간에게 있지 하나님에게 있다고 할 수 없다. 물론 하나님은 인간이 믿음을 결단할 수 있도록 다양한 여건을 마련해주신다. 복음전도자를 보내주고, 다양한 상황 속에서 섭리하며, 성령을 보내주어 마음을 감동케 하시기도 한다. 하나님은 그 모든 것들을 당신의 뜻대로 예정하고, 섭리하신다. 하지만 최종 선택만큼은 하나님의 몫이 아니다. 그건 인간의 몫이다. 인간이 선택하고 하나님은 단지 승인하신다. 그러니까 하나님은 배경으로 전락하고 마는 것이다.

　또 하나는 결국 믿음이 구원의 조건이라면 믿음은 결국 공로가 되지 않느냐는 것이다. 이 문제에 대해서도 아르미니우스주의는 두 마리의 토끼를 잡고 싶어 한다. 한편으로 그들은 믿음이 구원의 조건이라고 말하고 싶어 한다. 그러나 동시에 믿음은 공로가 아니라고 말하고 싶어 한다. 그런데 아르미니우스주의자들은 이 문제에 대해서 늘 혼란스러운 답변을 내놓고 있다. 한편으로는 믿음은 그저 하나님의 선물을 받아들이는(수납하는) 것이기 때문에 공로가 될 수 없다고 말한다.[30] 그러나 다른 한편으로 그들은 인간에게 이해력과 결단력이라는 능력이 있어, 그러한 (긍정적인) 능력의 발현으로 믿음을 가질 수 있다고 주장한다.[31] 그리고 무엇보다도 믿음의 순간, 인간의 자유의지가 수행하는 만큼 하나님의 주권이 제한된다고 말한다. 인간의 자유의지는 하나님의 주권을 제한할 정도로 영향력 있고 중요한 것이라고 말한다.[32] 이렇게 중요한 인간의 자유의지와 인간의 긍정적인 능력으로 믿음이 가능한 것이라면 이것을 어떻게 인간의 공로가 아니라고 말할 수 있을까?

보편속죄에 대해

아르미니우스주의자들에 따르면, 만일 칼뱅주의의 주장대로 하나님께서 어떤 이들은 하나님의 자녀로 창조하고, 어떤 이들은 멸망의 자식으로 창조했다면 결국 하나님은 죄인의 창조자가 되며, 더 나아가 하나님은 죄의 창조자가 되신다. 아르미니우스주의자들은 하나님을 죄의 창조자로 만드는 칼뱅주의 체계를 강력하게 비판하며 하나님에게 덧씌워진 죄의 창조자 혐의를 벗기고자 애를 쓴다. 아르미니우스주의자들은 하나님께서 다만 한 부류의 인간만을 창조하셨을 뿐 하나님의 자녀와 멸망의 자식, 두 부류로 창조하신 것은 아니라고 주장한다. 따라서 하나님은 모든 사람을 잠재적인 하나님의 자녀로 보고, 그들모두 구원받기를 원하신다. 아울러 예수 그리스도는 모든 인류를 위해서 십자가에서 속죄의 피를 흘리셨다. 이것이 그들이 주장하는 보편속죄론이다.

하지만 이러한 보편속죄론은 몇 가지 궁금증을 불러일으킨다. 첫째로, 보편속죄론이 과연 실제적으로 제한속죄론과 얼마나 차이가 있는가 하는 문제다. 제한속죄론은 예수께서 택자들만을 위해서 피를 흘리셨다는 것이고, 보편속죄론은 모든 사람을 위해서 피를 흘리셨다고 말한다. 제한속죄론은 어떤 사람이 복음을 믿지 않는 것은 하나님의 예정 때문이라고 말하고, 보편속죄론은 개인의 선택 때문이라고 말한다. 언뜻 들으면 칼뱅주의는 불신자의 지옥행이 하나님의 예정 때문이라고 말하고, 아르미니우스주의는 인간 자신의 불신앙 때문이라고 말하는 것 같다. 그러나 정말 그런가?

칼뱅주의 체계에서 인류는 단 두 부류로 나뉜다. 택자와 비택자다. 그러나 아르미니우스주의 체계에서 인류는 세 부류로 나뉜다. (1)평생 복음을 들어본 적 없는 자 (2)복음을 들어봤으나 거절한 자 (3)복음을 듣고 믿는 자. 아르미니우스주의의 보편속죄론이 (2)와 (3)의 부류의 사람들에게는 의미가 있을 수 있다. 하지만 예수가 모든 사람을 위해서 피를 흘리셨다는 보편속죄론이 그러한 복음을 한 번도 들어보지 못하고 죽어간 (1)의 사람들에게는 어떤 의미가 있을까? 아르미니우스주의에서 인간은 선행은총을 입기는 했으나 전적으로 타락한 고로 자력구원은 없다. 따라서 아르미니우스주의의 체계에서도 (1)은 지옥행을 면키 어렵다. 물론 아르미니우스주의자들은 (1)의 지옥행을 그들의 자범죄의 탓으로 돌릴 것이다. 그들의 행위에 대한 책임을 져야 한다는 것이다. 옳다. 그들의 지옥행은 하나님의 예정이 아닌 고로 하나님은 비난에서 면제된다. 죄를 지은 그들 책임이다. 하지만 하나님은 전능한 분이 아닌가? 아들로 하여금 모든 사람을 위해서 십자가에서 피를 흘리게 하신 하나님이 왜 당신의 능력을 발휘해서 모든 사람에게 복음을 듣게 하시지 않았을까? 왜 하나님은 복음전파를 인간에게만 맡기셨을까? 하나님은 능히 그렇게 하실 수 있었음에도 모든 사람이 복음을 듣게 하지 않으셨는데, 그것은 책임방기가 아닌가?

예를 들어 하나님은 치료약은 개발했으나, 전달해주지는 않은 약사라고 할 수 있지 않을까? 약사는 자신의 약이 환자를 살릴 것이라는 사실을 알았고, 누가 그 약이 필요한지도 알고 또 원한다면 그 약을 전달할 수 있는 능력도 있었다. 그러나 그는 그렇게 하지 않았고 그 환자는 결국 죽었다. 그런데 그 약사가 "그 환자가 죽은 것은 자신의 병 때문이오. 그러나 나는 그 환자를 위해서 약을 발명했소"라고 말한다고 해보자. 이 말이 과연 납득되는가? 그 약사가 비난을 면할 수 있는 길은 딱 하나뿐이다. "환자에게 수단과 방법을 가리지 않고 약을 전달해주고 싶었으나 제게는 도저히 전달할 능력이 없었습니다." 그러나 이것은 전능한 하나님의 변명이라고 할 수 없다. 전능한 하나님은 충분히 그렇게 하실 수 있는 능력이 있다. 단지 그렇게 하지 않았을 뿐이다. 그렇다면 왜 하나님은 그렇게 하지 않았을까? 이 물음에 대해 아르미니우스주의는 갑자기 책임을 인간에게 넘긴다. "그렇기 때문에 그대가 복음을 들어보지 못하고 죽어가는 영혼들에 대한 책임이 있는 겁니다." 질문하는 자에게 명령하는 칼뱅주의자들의 전형적인 대응방식과 비슷하다. 이러한 행동주의적 전략은 인간의 적극적 책임을 강조한다는 점에서 나름 매력이 있다. 그러나 질문은 해결되지 않는다.

결국 보편속죄론은 불신자의 멸망의 문제에 대해서 일부만 답할 뿐 전부 답하지는 못한다. 어떤 점에서 설명이 제한속죄론보다 더 제한적이다. 왜냐하면 제한속죄론은 처음부터 당당하게 불신자의 멸망은 하나님께서 그렇게 정하셨다고 주장한다. 그러나 보편속죄론은 하나님이 모든 사람이 구원받기를 원하지만 그렇게 하지 않으신다라는 기이한 결론에 이르고 말기 때문이다. 이 문제를 해결하려면 아르미니우스주의는 하나님의 전능성을 훼손하든지, 아니면 인간에게 복음전도의 책임을 넘기든지, 아니면 하나님의 알 수 없는 신비한 계획이라고 하든지 해야 한다.

저항할 수 있는 은혜에 대해

아르미니우스주의는 하나님은 인격적이기 때문에 우리의 결단 앞에 물러나 계신다고 주장한다. 요한계시록 3장 20절의 말씀처럼 예수는 우리의 문 밖에서 문을 두드리고, 문을 열어주기를 기다리신다. 문을 여는 것은 결국 우리의 책임이다. 아무리 하나님의 사랑과 은총이 크더라도 우리가 거부하면 하나님도 어쩔 수 없다고 주장한다. 이러한 주장은 분명 하나님과 인간의 인격적 관계 맺음을 강조하는 데 유익하다. 구약의 하나님이 이스라엘을 당신의 아들 혹은 딸로, 혹은 당신의 신부 혹은 아내로 묘사하실 때, 이는 분명 하나님과 인간 사이의 인격적 관계를 부각시키려는 뜻이 있음이 분명하다.

그러나 성서가 하나님과 인간 사이의 인격적 관계를 묘사하는 것이 아르미니우스주의가 말하듯 그렇게 일관성이 있는 것은 아니다. 구약에서 하나님은 인격적인 분이지만 동시에 알 수 없는 분이시기도 하다. 특히 욥기에서, 하나님은 인간의 예측 가능한 차원을 넘어 계시는 분으로, 그분의 초월성이 극단적으로 강조되어 있다. 따라서 우리가 인간의 언어로 하나님에 대해 묘사할 때 우리는 "하나님이 이런 분이다" 혹은 "저런 분이다" 하고 함부로 규정하려고 해서는 안 된다.

성서의 하나님은 많은 경우 인간의 결단을 존중하신다. 그러나 그렇지 않은 수많은 사례도 분명 존재한다. 가장 대표적인 경우 중 하나가 나사로를 다시 살리신 사건이다. 아르미니우스주의 신학자 요컴은 이 사건을 믿음의 자발성에 대한 중요한 사례인 것처럼 제시한다. 그는 말하기를 "예수님께서 '나사로야, 나오라'고 명령하셨을 때(요 11:43)

나사로는 자발적으로 응답하고 그 놀라운 사건에 참여하였다."[33] 그런데 똑같은 사건을 칼뱅주의자는 저항할 수 없는 은혜에 대해서 설명할 때 제시한다.[34] 내가 보기에도 이 사건은 칼뱅주의자에게 유리한 증거 본문이다. 나사로는 죽어 있었다. 죽은 자가 예수의 명령을 어떻게 듣고 자발적으로 반응할 수 있단 말인가? 예수의 권능이 죽은 자를 불가항력적으로 살리신 것이다.

나는 하나님과 인간의 관계가 기본적으로 인격적이라는 아르미니우스주의에 대해서는 동의한다. 그러나 하나님이 인간의 반응을 망연하게 기다릴 수밖에 없는 분으로만 묘사하는 것에 대해서는 동의할 수 없다. 물론 아르미니우스주의자들은 전능하신 하나님께서 인간의 반응을 기다리지 않고 칼뱅주의자들이 말하는 방식대로 주권적으로 역사하실 수 있다는 것을 부정하지는 않는다. 다만 그들은 하나님께서 우리의 자유의지를 존중하여 스스로 제한하고 일부러 그렇게 하지 않으신다고 말한다. 그러나 여기에 한 가지를 더 덧붙이고자 한다. 원하시면 하나님은 실제로 인간의 자유의지를 제어하신다고 말이다. 하나님은 죽은 나사로를 깨워 무덤 밖으로 불러내신 것처럼, 강퍅한 사울 왕을 감동시켜서 예언자의 반열에 동참케 하실 수 있듯이, 애굽의 바로를 강퍅케 하시기도 하고, 가롯 유다에게 예수를 팔도록 역사하실 수도 있는 분이라고 믿는다. 칼뱅주의자들의 말처럼 말이다. 이런 점에서 어느 한쪽으로만 하나님을 묘사하려고 해서는 안 된다고 생각한다. 아르미니우스주의의 말대로 인간은 자유하다. 그러나 칼뱅주의의 말대로 하나님의 자유는 인간의 자유를 능가한다. 자기 스스로를 제한하시든, 인간의 자유를 제어하시든, 한마디로 하나님 마음이다!

조건적 견인에 대해

아르미니우스주의가 구원의 확신에 대해서 말할 수 있는가? 아르미니우스주의는 "한 번 구원은 영원한 구원"이라고 말하지 않는다. 구원은 언제라도 취소될 수 있다고 말한다. 이런 점에서 아르미니우스주의는 구원의 확신에 대해서 말할 수 없다. 그러나 아르미니우스주의는 다른 방식으로 구원의 확신에 대해서 말한다. 영접–회심 때문이다. 복음을 믿고 예수를 영접하는 주체가 신자 자신이기에 그는 자신이 회심했음을 알 수 있다고 말한다. 만일 누군가가 "예수를 영접하겠습니다"라고 하면 그는 신자가 된다. 반대로 거부하면 그는 불신자가 된다.

이것은 칼뱅주의의 불확실성과는 현저하게 대비된다. 칼뱅주의는 "한 번 구원은 영원한 구원"이라고 말하지만 "누가 택자인지 아무도 알 수 없다"고 말한다. 그래서 늘 칼뱅주의자들을 괴롭힌 문제는 "내가 과연 택자인가, 비택자인가?" 하는 것이다. 마치 안개가 잔뜩 낀 거리를 걷듯이 칼뱅주의는 자신의 택자 여부에 대해서 거의 아무것도 말해주지 않는다. 대신에 칼뱅주의는 자신이 택자인지를 스스로 입증하라는 도덕적 명령으로 도약해버린다. 하지만 아르미니우스주의 체계에서 이러한 불확실성은 존재하지 않는다. 자신이 신자인지 불신자인지는 뚜렷하게 알 수 있다. 심지어 모년 모월 모시, 어느 곳에서, 어떻게 신자가 되었는지도 분명히 알 수 있다. 예컨대 존 웨슬리는 1738년 5월 24일 저녁 8시 45분, 올더스게이트Aldersgate의 모라비안 집회라고 자신의 회심일시와 장소를 정확하게 말했다.

웨슬리 이후 많은 복음주의자들은 어떤 사람이 복음을 듣고 믿겠다고 하면, 그리고 예수님을 마음속에 구주와 주로 영접하면 그를 구원을 받은 사람으로 간주해왔다. 이때 그가 믿는 사실에 대해서는 자신도 알 수 있고 남도 알 수 있다. 그래서 구원의 확신은 분명해지는 것이다. 물론 영원히 보장된 구원은 아니다. 이것이 아르미니우스주의식 구원의 확신이다. 이러한 확실성은 자신이 택자인지 비택자인자 알 수 없어서 전전긍긍해하던 사람들에게 큰 매력이 될 수 있다.

그러나 아르미니우스주의는 언제라도 믿음에서 파선하며, 하나님을 배신할 수 있다고 가르친다. 논리적으로 보면 인간이 자신의 자유의지로 복음을 믿었으니 역시 자유의지로 복음을 버릴 수 있다. 그리고 초대교회 지도자들은 박해 기간 동안 성도들이 배교할 위험성이 있다고 늘 경고해왔다. 그래서 "끝까지 견디는 자는 구원을 얻으리라"는 그리스도의 권고를 금과옥조처럼 여겼다. 바로 이러한 배교 가능성은 아르미니우스주의의 구원의 확신을 절대적 확신으로 만들 수 없게 만든다. 결국 아르미니우스주의의 구원의 확신이란 '지금 여기에'서만의 '잠정적인' 확신일 뿐 결코 미래까지 보장되지 않는 '불확실한' 확신이다.

그러니까 칼뱅주의와 아르미니우스주의의 구원의 확신을 비교해보면 '조삼모사' 다. 왜냐하면 칼뱅주의는 "한 번 구원은 영원한 구원이지만 그대가 택자인지 비택자인지 확신할 수 없다"고 말하고, 아르미니우스주의는 "그대가 구원받은 건 확실하지만 그 구원이 보장되지는 않는다"라고 말하기 때문이다. 그러니까 둘 다 안심할 수 있는 체계는 아니다. 물론 아르미니우스주의는 신자가 자신의 구원을 붙잡을 수 있도록 하나님이 도와주신다고 말한다. 그러나 결국 최종결정은 자기 자신이 한다. 하나님을 못 믿어서가 아니라 자기 자신을 믿을 수 없기 때문에 구원의 확신은 유지되기 어렵다. 그리고 칼뱅주의와 마찬가지로 바로 이러한 불확실성은 아르미니우스주의의 구원의 확신이 살인면허로 전락하는 것을 막는다. 더불어 완전한 성화를 향해 달음박질하도록 촉구하는 근거가 된다.

또 아르미니우스주의에서 칭의와 성화는 종종 서로 모순을 일으키기도 한다. 인간은 회심함으로 구원받는가, 아니면 성화를 이룩함으로 구원받는가? 물론 아르미니우스주의는 개신교의 전통을 따라 성화는 칭의의 열매요, 결과라고 강조한다. 하지만 아르미니우스주의가 성화를 강조하고 제자도를 강조하는 동안, 종종 죄 속에 머무르는 자를 향해서 구원받지 못했다고 지적하는 경향이 있다. 예컨대 아르미니우스주의 침례교신학자 데일 무디는 《배교*Apostasy*》에서 무지와 연약함으로 짓는 죄가 아니라 고의적이고 의도적으로 죄를 지을 때 이를 배교라고 주장한다.[35] 즉 그러한 죄를 짓는 자는 회심했다 하더라도 배교한 것이라는 말이다. 이러한 그의 주장은 결국 성화에 실패한 자는 구원에 이르지 못한다는 강렬한 인상을 남긴다. 그렇다면 자연스럽게 제기되는 질문은 이것이다. 회심만으로 충분치 않다면 '어느 정도'의 성화가 구원받기에 안전한가?

4

아르미니우스주의의
윤리적 추진력

　펠라기우스주의의 등장은 콘스탄티누스의 밀라노 칙령 이후 있었던 기독교의 윤리적 패배에 대한 반작용 때문이었다. 마찬가지로 존 웨슬리가, 이단이나 다름없었던 아르미니우스주의를 선택한 것 역시 당시 교회의 윤리적 패배 때문이었다. 우리가 알아야 할 것은 존 웨슬리가 올더스게이트의 회심 체험을 하기 훨씬 전부터 웨슬리는 종교적 형식주의와 교회의 윤리적 패배에 문제의식을 느끼고 그리스도인의 윤리적 성결에 대해서 큰 관심을 가졌다는 사실이다. 웨슬리가 스스로 밝힌 바에 따르면 그는 회심하기 훨씬 전인 1725년부터 제레미 테일러 Jeremy Tailor의 《거룩한 삶과 죽음의 법칙과 실천》, 토마스 아 켐피스 Thomas a Cempis의 《그리스도를 본받아》, 윌리엄 로William Law의 경건서적을 읽고 완전성화론의 씨앗을 발견하게 된다.[36]

　또한 그 시절부터 옥스퍼드 대학에서 뜻을 같이하는 학우들과 거룩하고 성결한 삶을 서로 권면하는 소그룹 운동, 즉 신성 클럽Holy Club을 조직한다. 신성 클럽은 교리나 신학보다 실천을 강조했다. 즉 이들은 성결의 삶을 살기 위해서 성서읽기, 기도, 묵상, 금식, 구제, 봉사 등과 같은 실천을 강조했는데, 때문에 이들에게 '방법론자methodist'라는 별명이 붙여졌다. 물론 초기 성결운동에는 칼뱅주의자 조지 휫필드George Whitefield도 이 클럽에 포함되어 있었으나 점차 이 운동은 웨슬리의 영향으로 아르미니우스주의와 더 가깝게 되어갔다.

이 같은 사실에서 분명히 알 수 있는 것은 아르미니우스주의 신학이 교회의 종교적 침체와 윤리적 패배에 대한 문제의식에서 시작된 성결운동과 긴밀한 연관이 있다는 사실이다. 그리고 이것이 아르미니우스주의의 윤리적 추진력의 중요한 한 축이 된다. 즉 웨슬리의 신학이 일관되게 추구했던 것은 신자의 거룩한 삶이었으며, 이것이 아르미니우스주의로 하여금 지속적으로 윤리적 실천을 격려하게 했던 것이다.

웨슬리는 특히 칭의에만 그치는 개신교 구원론에 많은 문제의식을 가지고 있었다. 그는 칭의와 성화는 분리되지 않는다고 믿었다. 또한 그는 "한 번 구원은 영원한 구원"이라는 칼뱅주의의 견인 교리가 결국 율법폐기론antinominalism으로 흐를 수 있다고 염려했다. 그래서 그는 칭의와 성화를 연결시켰으며, 한 번의 구원으로 끝나는 것이 아니라 지속적으로 구원을 이루어가야 하는 과정으로서의 구원을 강조했다. 특히 그는 신자가 이 땅에서 죄성을 완전히 벗어버리는 완전한 성화에 이를 수 있다고 강조하기도 했다. 신자가 완전한 자가 된다는 얘기는 존재론적으로 하나님과 같이 된다는 뜻이 아니라, 도덕적으로 하나님의 계명을 온전히 지킬 수 있게 된다는 뜻이다. 당연한 얘기지만 이러한 완전성화론은 신자에게 견인 교리에 안주할 수 없게 만든다. 언제 신앙에서 벗어날지 모르니 끊임없이 자신의 신앙을 다잡고, 삶의 열매를 맺으며, 완전한 성화를 향해 달음박질하게 만든다. 이러한 성화에 대한 강조가 강력한 윤리적 추진력을 만들어냈음은 당연하다.

실제로 웨슬리안-아르미니우스주의는 당시 영국 사회에 커다란 윤리적 모범을 보였다. 특히 웨슬리가 제안한 신도회society-속회class-신도반band 같은 소그룹은 삶의 나눔, 상호신뢰, 제자도, 훈련 등을 주도적으로 이끌어갔을 뿐만 아니라 환자를 방문하고, 늙은 과부를 돌아보고, 가난한 아이들의 교육 사업을 추진하며, 소규모 사업을 지원하는 구체적인 실천을 하기도 했다.[37] 그뿐만 아니라 윌리엄 윌버포스William Wilberforce의 노예해방운동의 예에서도 볼 수 있듯이 사회적인 차원에서의 개선을 위해서도 많은 노력을 감당했다. 일부 아르미니우스주의자들은 이것이 웨슬리의 사회적 성결social holiness 교리 때문이라고 주장하기도 하나 이는 논쟁의 여지가 있는 부분이다.

이처럼 아르미니우스주의는 여러 모로 도덕폐기론을 반대하여 신자의 실천, 삶의 열매, 윤리를 강조하는 교리체계다. 존 웨슬리가 조지 휫필드의 예정론에 강력하게 반대했던 이유 중 하나도 칼뱅주의 예정론과 견인 교리가 그리스도인의 윤리적 패배를 가져다줄 수 있을 것이라는 우려 때문이었다. 아르미니우스주의는 자신이 믿기로 결단하는 순간에서의 '회심 체험'을 강조하지만 그 이상으로 '완전한 성화'를 향한 윤리적 실천과 제자도를 강조한다. 따라서 만약에 아르미니우스주의 교리가 제대로 작동되기만 한다면 오늘날과 같은 한국 교회의 윤리적 패배가 초래되지는 않았으리라고 본다.

칼뱅주의는 1200년 전 아우구스티누스의 전통을 이어받고 있다. 이런 점에서 칼뱅주의는 역사적 특권을 가지고 있다. 하지만 아르미니우스주의는 그렇지 못하다. 그들은 아우구스티누스–칼뱅의 전통을 수정하고자 하기 때문이다. 그래서 칼뱅주의와 아르미니우스주의의 논쟁을 정통주의와 개량주의의 싸움으로 혹은 순혈주의와 수정주의의 싸움으로 보는 것이다.

하지만 흥미로운 것은 역사가 아르미니우스주의 편으로 점점 기울어 왔다는 것이다. 그건 바로 아르미니우스주의가 근대의 시대정신을 더 잘 반영하고 있기 때문이다. 아르미니우스주의는 결핍된 역사적 정통성을 당대의 시대정신으로 메웠다. 특히 계몽주의의 개인 인권에 대한 무한한 존중과 개인이 자신의 운명과 신앙을 결정할 수 있나고 하는 자율적 인간관, 만인의 평등에 대한 강조는 아르미니우스주의의 출현에 결정적 영향을 미친다. 그리고 이러한 시대정신이 논리적으로는 다소 수세에 몰려 있음에도 불구하고 점차 아르미니우스주의가 근대인들에게 설득력을 얻게 된 이유이기도 하다. 이런 이유 때문에 칼뱅주의자들은 아르미니우스주의를 세속주의에 물든 기독교라고 비판하기도 한다. 하지만 칼뱅주의자들은 자신을 포함해서 모든 신학이 시대정신과 대화하며 생겨나고 발전해왔다는 사실을 종종 간과한다.

4

천하무적 아르뱅주의

부

한국 교회의
면죄부,
아르뱅주의

우리는 앞에서 칼뱅주의는 칼뱅주의대로, 아르미니우스주의는 아르미니우스주의대로 각각 나름대로의 성서적 근거와 장단점이 있음을 보았다. 아울러 각각의 교리는 나름의 윤리적 추진력을 가지고 있으며, 역사 속에서 실천적 성과와 열매를 맺은 바 있음을 살펴보았다. 물론 그러한 실천적 성과물에 대한 평가는 또 다른 문제겠으나, 칼뱅주의나 아르미니우스주의가 충분히 자신의 교리에 충실했다면 오늘날과 같은 그리스도인의 윤리적 패배를 만들어내지는 않았으리라는 것은 분명하다. 이런 점에서 한국 교회는 충실한 칼뱅주의도, 충실한 아르미니우스주의도 견지하지 못하고 있다. 그렇다면 한국 교회는 어쩌다 오늘날과 같은 지경에 이르게 되었을까? 칼뱅주의도 아르미니우스주의도 그 원인이 아니라면 대체 무엇 때문인가?

물론 그것은 인간의 죄성 때문이다. 이러한 점에서 인간은 어쩔 수 없이 타고난 죄인인 듯하다. 하지만 인간의 죄성 때문이라고 답하는 것은 지나치게 추상적이고 지나치게 광범위한 답변이다. 만일 인간의 죄성이 모든 문제의 원인이라면 우리가 뭘 더 할 수 있겠는가? 답이 나오지 않는다. 그러므로 우리는 좀 더 구체적이고 특수한 형태의 답변이 필요하다. 지금의 상황을 어떻게든 개혁하고 개선할 수 있을 만한 그런 답변 말이다. 특히 한국 교회의 윤리적 패배의 이면에 자리 잡고 있는 나쁜 신학을 규명하고 이를 고쳐나가야 하는 답이 필요하다.

이러한 작업의 일환으로 아르뱅주의 문제를 지적하고자 한다. 그렇다고 아르뱅주의가 모든 문제의 원인이라는 말은 아니다. 다만 신학적으로 특히 개신교가 금과옥조처럼 여기는 구원론에 있어서 아르뱅주의가 침투해 들어온 것이 오늘날 한국 교회의 윤리적 패배를 가져온 중대한 원인 중 하나라는 말을 하고 싶다. 아르뱅주의란 무엇인가? 이것은 칼뱅주의와 아르미니우스주의를 적당히, 편리하게 결합해서 만든 혼합물을 말한다. 왜 칼미즘

천하무적
아르뱅주의

Calminism이라고 하지 않고, 아르뱅주의라고 하는가? 사실 일찍부터 칼미니즘이라는 용어는 두 교리체계를 무작위로 뒤섞어 만든 혼합물이라는 의미로 사용된 바 있다. 마이클 호튼Michael Horton 도 이러한 의미에서 칼미니즘이라는 말을 사용한 바 있다.[1]

하지만 그렇지 않은 경우도 있다. 신학의 역사 속에서 칼뱅주의와 아르미니우스주의는 거의 400년 가까이 치열한 전쟁을 계속 해오고 있다. 그렇게 치열하게 논쟁하면서, 웨슬리의 말대로 칼뱅주의와 아르미니우스주의는 '머리카락 굵기 정도의 차이' 밖에 나지 않는다는 사실을 확인하기도 했다.[2] 이 때문에 일부 신학자들은 칼뱅주의와 아르미니우스주의를 조화시킬 수 있지 않을까 하는 시도를 하기도 했다. 크레이그 블롬버그Craig Blomberg 교수의 경우도 두 신학을 결합하기 위해서 나름의 노력을 기울였는데, 그는 그러한 절충적 신학을 칼미니즘이라고 불렀다.[3] 이때 블롬버그가 사용하는 칼미니즘이라는 용어는 다소 긍정적인 의미로 사용되고 있다. 나는 혼란을 피하기 위해서 아르뱅주의라고 이름하고자 한다.

아르뱅주의는 결코 긍정적인 용어가 될 수 없다. 아르뱅주의는 칼뱅주의와 아르미니우스주의의 최악의 조합으로, 오늘날 한국 교회의 타락을 부추기며 그러한 타락을 정당화하고 있는 현대 한국 교회가 발행하는 면죄부이니 말이다. 오늘날 한국 교회 그리스도인들에게 왜곡된 구원론을 주입시키고 있는 주범이 바로 아르뱅주의이고, 이 아르뱅주의가 현대 한국 교회의 윤리적 패배와 중요한 연관성이 있다.

아르뱅주의라는 신학이 있는가? 물론 그런 신학은 없다. 누구도 그런 신학을 정리해서 발표한 적은 없다. 이것은 칼뱅주의와 아르미니우스주의가 만들어내는 강력한 긴장이 점점 이완되는 과정 중에 둘이 서서히 가까워지다가 나중에는 아예 두 신학의 요소들 중 마음에 드는 것만을 뽑아 하나로 결합해 만들어낸 신학이다. 즉 아르뱅주의는 주창자가 없는 신학이다. 이 신학은 대중의 취향에 맞추려는 수많은 신학자와 목회자가 공동으로 참여해서 만들어낸 신학이다. 그것은 칼뱅주의와 아르미니우스주의가 신자들에게 가하는 긴장을 제거하여 편리하고, 듣기 좋고, 부담 없는 요소만을 모아 만든 대중적 취향의 신학이다. 하지만 아르뱅주의는 상당히 뚜렷한 형태를 지닌 채 한국 교회 저변에 유포되어 있다. 수많은 목회자가 현장에서 목회하면서 만들어낸 다양한 성서공부 교재나 설교집 등에서 상당히 뚜렷한 형태로 나타난다. 아르뱅주의는 누구라도 한 번쯤은 들어보았음 직한 논리들의 결합체다. 이런 점에서 아르뱅주의는 유사 신학이다. 여기서 아르뱅주의를 앞의 튤립 교리의 구조를 따라 다섯 가지로 정리해보겠다.

1

아르뱅주의란
무엇인가

(1) 타락에 대해 : 전적인 – 전적이지 않은 전적 타락

(2) 선택에 대해 : 조건적 – 무조건적 선택

(3) 속죄에 대해 : 보편속죄

(4) 은혜에 대해 : 저항할 수 있는 은혜

(5) 견인에 대해 : 성도의 견인(완전한 안전)

위에서 보다시피 (1), (2)는 칼뱅주의와 아르미니우스주의를 혼합
했고, (3), (4)는 아르미니우스주의와 닮았다. 하지만 (5)는 칼뱅주의
와 닮았다. 세부적으로 들어가 각각의 내용을 자세히 살펴보면 아르뱅
주의는 완전한 아르미니우스주의도 아니고 완전한 칼뱅주의가 아니다.
그저 각각의 교리 중 마음에 드는 것만을 취해서 논리적 일관성 없이
만든 교리다. 아르뱅주의의 신학 내용을 간단히 정리하면 다음과 같다.

(1) 타락에 대해 : 하나님께서 은혜로 인간을 구원하신다는 것을 강조하기 위해서 인간은 전적으로 무능력하다고 주장한다(칼뱅주의). 하지만 인간이 복음을 받아들이기로 결단할 수 있다는 점에 대해서는 의심하지 않는다(아르미니우스주의).

(2) 선택에 대해 : 나도 알지 못하는 때에 나를 위해 구원을 준비하고, 나로 하여금 믿음에 이르도록 은혜를 베풀어주셨다는 점에서, 그러니까 '나'를 위해서 하나님께서 모든 것을 해주셨다는 의미로 하나님의 선택과 예정을 믿는다(칼뱅주의). 하지만 예정론이 논리적으로 이중예정으로까지 나아갈 수 있다는 점까지 진지하게 사유하지 않는다. 그러고는 내가 믿기 때문에 하나님의 예정과 선택을 받을 수 있게 된다고 생각한다(아르미니우스주의).

(3) 속죄에 대해 : 속죄에 대해서는 거의 아르미니우스주의 쪽에 일치한다. 하나님은 모든 사람이 구원받기 원하며, 그리스도는 모든 사람을 위해 차별없이 십자가에서 속죄의 피를 흘리셨다고 믿는다. 그래서 아르뱅주의자들은 누구든지 믿기만 하면 구원받을 수 있다는 복음주의적 초청을 강력하게 할 수 있다. 그리고 이러한 보편속죄는 아르뱅주의의 강력한 복음주의적 추진력의 근원 중 하나다.

(4) 은혜에 대해 : 이 문제에 대해서도 아르뱅주의는 거의 아르미니우스주의 쪽에 가깝다. 하나님의 은혜가 거부될 수 있을까? 하나님께서 자신을 구원하신 은혜가 크고 놀랍다고 찬양할 때 그 고백은 불가항력적 은혜와 비슷하다(칼뱅주의). 하지만 아르뱅주의는 불신자가 스스로 복음을 믿기를 거부해서 지옥에 가고, 신자는 복음을 믿기로 결단했기 때문에 천국에 갈 수 있다고 주장한다. 이러한 점에서

아르뱅주의는 저항할 수 있는 하나님의 은혜에 가깝다(아르미니우스주의).

(5) 견인에 대해 : 이 부분에 있어서는 놀라울 정도로 칼뱅주의적이다. 대부분의 신자는 한 번 구원은 영원한 구원이라고 굳게 믿는다. 즉 아르뱅주의자들은 한 번 받은 구원이 결코 취소되지 않는다는 의미에서 견인 교리를 확실히 붙든다. 그래서 하나님의 구원의 손길은 로마인의 악수에 비유된다. 내가 손을 놓아도 하나님은 내 손을 놓지 않는 악수다. 로마서 8장 37-39절을 읽어보라. 그 어떠한 피조물도 우리의 구원을 앗아갈 수 없다고 하지 않는가!

타락에 대해 : 전적인 - 전적이지 않은 전적 타락

아르뱅주의자들은 인간의 원죄와 전적 타락을 최대한 강조한다. 왜 이렇게 전적 타락을 강조하는가? 그건 자신과 세상이 얼마나 악한지에 대한 철저한 자기반성 때문이다. 자신을 보더라도, 사회를 보더라도, 심지어 교회나 신도나 목회자를 보더라도 그 어디에서도 본을 찾을 수 없고 온통 범죄자들뿐이다. 이러한 지극히 현실적인 인식으로부터 "인간은 죄인이다"라고 확신하며, 전적 타락을 강조한다. 더불어 원죄도 받아들인다. 여기까지는 매우 칼뱅주의적이다.

여기서 한걸음 더 나아간다. 인간이 전적으로 타락했기 때문에 인간은 구원에 관한 한 전적으로 무능력하며, 어떠한 공로도 세울 수 없다는 칼뱅주의의 주장을 거의 그대로 받아들인다. 그런데 아르뱅주의자들이 공로로 구원받을 수 없다는 전적 타락설을 주장할 때 이는 "구원을 위해서 나는 아무것도 할 필요가 없다"는 공짜 심리가 들어 있다. 구원에 관한 한 인간이 할 수도 없고, 해서도 안 된다는 칼뱅주의식 전적 타락설은 안일한 복음주의를 향한 길을 예비한다.

아르뱅주의자들이 인간의 전적 타락을 수긍하는 맥락은 다음과 같다. "네가 아무리 큰 죄를 지었어도 하나님께서는 전부 용서해주셔! 구원받기 위해서 아무것도 노력할 필요 없어. 그냥 하나님께서 부어주시는 은혜를 받아들이기만 하면 돼." 그러니까 결국 방점은 무제한적인 용서, 행할 필요 없음에 찍힌다. 이것은 다른 말로 "구원은 공짜!"가 되는 것이다. 인간이 철저하게 타락해서 구원에 관한 한 할 수 있는 일이 전혀 없다는 칼뱅주의 교리는 아르뱅주의자들에게는 정말로 복음 중의 복음이 된다.

그런데 더욱 중요한 것이 있다. 전적 타락설은 예수를 믿기 전에만 유효한 것이 아니라 예수를 믿고 난 뒤에도 유효하게 사용되는 교리이기 때문이다. 칼뱅주의든 아르미니우스주의든 두 교리체계는 모두 한결같이 중생 전과 후가 확연히 구별된다고 말한다. 즉 두 신학 모두 회심 전후의 뚜렷한 삶의 변화를 강조한다. 둘 중 어떤 것도 성화를 무시하거나 멸시하지 않는다. 다만 칼뱅주의는 지상에서 완전한 성화를 이루는 것은 불가능하다고 말하고, 웨슬리안-아르미니우스주의는 성령의 도우심으로 지상에서도 완전한 성화가 가능하다고 말한다.

그런데 놀랍게도 아르뱅주의자들은 전적 타락설을 성화의 부담을 누그러뜨리는 데 사용한다. 그들은 일차적으로 칼뱅주의가 말하는 성화론, 즉 지상에서의 완전한 성화가 불가능하다는 점을 적극 차용한다. 그런데 이러한 칼뱅주의 논리는 한걸음 더 나아가 아무리 거듭난 신자라 할지라도 '여전히 죄인'이라는 논리로 이어진다. 다시 이 논리는 윤리적으로 실패한 교회와 신자를 정당화하는 데로 나아간다. "인간은 너무도 철저하게 타락했기 때문에 예수를 믿은 뒤에라도 여전히 철저하게 죄인일 수밖에 없다. 주님께서 재림하실 때까지 지상에는 완전한 인간은 존재할 수 없다. 따라서 신자와 교회가 타락하는 것은 당연하다." 이를 아르뱅주의의 '신자의 전적 타락설'이라고 부르고자 한다. 우리는 앞에서 J목사가 "털어서 먼지 안 나는 사람이 어디 있어요?"라고 항변하는 모습을 봤다. 그때 그가 기댄 논리가 바로 이 신자의 전적 타락설이다.

자, 이제 교회 내에서 발견되는 수많은 문제들에 대해서도 할 말이 생겼다. 교인의 위선적인 삶에 실망할 때나, 목회자가 전혀 본이 되지 않음을 발견할 때 혹은 교회가 윤리적으로 파탄 났을 때 아르뱅주의자들은 신자의 전적 타락설로 이를 변명한다. "인간은 철저하게 타락한 죄인이야!" "마음은 원이로되 육신이 약한 걸 어쩌겠어." 결국 신자의 전적 타락설은 그리스도인이 예수를 믿음에도 불구하고, 성령의 도우심을 받음에도 불구하고, 영원히 타락의 굴레에서 벗어날 수 없으며, 교회와 신자는 언제까지나 윤리적으로 패배할 수밖에 없는 존재라는 믿음을 만들어낸다. 물론 이러한 가르침은 성서 어디에도 존재하지 않는다. 어쨌든 지금까지 아르뱅주의는 칼뱅주의로부터 참 마음에 드는 요소를 꽤 많이 찾아냈다.

여기서 반전이 있다. 칼뱅주의와 아르미니우스주의가 전적 타락설 때문에 논쟁했을 때 그 핵심 주제 중 하나는 인간이 과연 복음을 받아들일 능력이 있는가 하는 것이었다. 칼뱅주의에 따르면 인간은 철저하게 타락했기 때문에 심지어 복음을 들을 능력도, 그것을 깨달을 능력도, 그것을 받아들일 능력도 없다. 그래서 만일 누군가가 복음을 믿는다면 그건 그 사람이 믿은 것이 아니라 하나님께서 그에게 믿음도 선물로 주셨기 때문에 가능하다. 반면 아르미니우스주의는 비록 인간이 철저하고 완전하게 타락하기는 했으나 하나님의 선행은총으로 복음을 듣고, 깨닫고, 믿을 수 있는 능력이 회복되었다고 말한다. 그러니까 전적 타락과 관련해서 죄인이 복음을 믿을 수 있느냐, 없느냐 하는 점에서 두 신학은 갈린다.

아르뱅주의는 어느 편을 택할까? 물론 아르뱅주의자들 중에는 이러한 논의에 대해서 심도 깊게 이해할 줄 아는 이들이 별로 없다. 따라서 아르뱅주의자들은 대체로 지적으로 매우 천진하고 순진한 자들이다. 그 때문에 인간이 복음을 믿을 수 있느냐는 물음에 대해서 그들은 너무도 자연스럽고 천진난만한 태도로 "당연히 인간이 복음을 믿어야 하는 거 아니야?"라고 반문한다. 그들에게 있어서 자신들이 기대고 있는 전적 타락설은 인간이 복음을 믿을 능력조차 파괴한다는 사실까지 논리를 전개할 수 있는 능력이 결핍되어 있는 것이다. 아르뱅주의는 "인간이 복음을 믿을 수 있을 뿐만 아니라 믿어야 한다"는 아르미니우스식 선행은총론이 마치 선험적인 진리라도 되는 양 당연하게 주장한다. 아르뱅주의자들은 바로 이 점에서만큼은 아르미니우스주의로 전향한다. 인간은 철저하고 완전히 타락했다. 하지만 인간은 복음을 받아들일 능력도 있고 책임도 있다. 하지만 이 두 주장은 모순이다. 그 때문에 칼뱅주의자들과 아르미니우스주의자들이 얼마나 길고 지루한 논쟁을 벌여왔던가? 그러나 아르뱅주의자들은 별로 신경 쓰지 않는다. 그러니까 아르뱅주의는 인간이 전적으로 타락했으나, 동시에 전적으로 타락하지 않았다는 모순되고 기이한 타락설을 아무렇지도 않게 주장하는 셈이다.

선택에 대해 : 조건적 - 무조건적 선택

앞에서 봤던 것처럼 예정론은 전적 타락설에서 자연스럽게 도출된다. 구원에 관한 한 인간이 할 수 있는 능력이 전무하기 때문에 결국 구원은 하나님의 단독적 행위일 수밖에 없다. 이를 신단독설이라 한다. 그리고 만일 구원이 신의 단독적인 행위로 말미암는다면 인간이 할 수 있는 일은 아무것도 없다. 그리고 신은 전지전능하시기 때문에, 영원 전에 누구를 구원할지, 하지 않을지 미리 예정하셨으며, 본인이 예정했으니 이를 예지하실 수밖에 없다. 성서는 믿음으로 구원받는다 했다. 예정론에 따르면 믿음도 하나님께서 정하신 택자에게 선물로 주는 것이 될 수밖에 없다. 인간이 믿는 것이 아니라 하나님이 믿게 하시는 것이다. 한마디로 예정론은 전적 타락설의 논리적 귀결이다.

하지만 아르뱅주의자들은 전적 타락설과 예정론의 논리적 연관성을 쉽게 알아차리지 못한다. 그래서 필요할 때면 전적 타락설을 혹은 예정론을 주장하다가, 또 필요할 때면 이를 부정하는 것이다. 아르뱅주의자들은 기본적으로 인간이 믿어야 한다는 사실을 한 번도 의심하지 않고 받아들인다. 믿음은 하나님의 선물이기 앞서 인간 스스로의 결단이고 선택이다. 심지어 믿음은 죄인의 의무이자 책임이기도 하다. 그런데 일단 믿기로 결단한 사람은 자신의 믿음의 결단이 하나님의 섭리 때문이었다고 말한다. 그리고 그들은 "하나님께서 창세 전부터 나를 택하고, 나를 당신의 자녀로 예정하고, 나에게 은총을 베푸셔서, 나로 믿게 하고, 나를 구원하고, 천국에 들어보내주시다니, 이 얼마나 놀라운 은혜인가!"라고 하나님을 찬양한다. 그러니까 이들은 예정론과 믿음의 결단이 논리적으로 조화되기 어렵다는 사실을 전혀 눈치채지 못한 채 필요할 때마다 원하는 방식으로 그 둘을 주장하는 것이다.

특히 아르뱅주의자들은 칼뱅주의의 무조건적 선택이라는 용어를 참 좋아한다. 어째서인가? 무조건적 선택이라는 말의 본래 의미는 영원 전에 하나님께서 택자와 비택자를 미리 정하셨다는 말이다. 내가 원한다고 해서 택자가 되거나 혹은 비택자가 될 수 있는 일이 아닌 것이다. 이러한 하나님의 예정에 인간이 관여할 수 있는 가능성은 전혀 없다. 그 때문에 만일 칼뱅주의의 무조건적 선택을 바르게 이해했다면 그는 필히 "나는 택자인가, 비택자인가?"라는 영혼의 고뇌에 빠져들고야 만다. 그리고 바로 이 깊은 고뇌로부터 칼뱅주의의 윤리적 추진력이 나온다.

그러나 아르뱅주의자들이 무조건적 선택이라는 용어를 좋아하는 이유는 다른 데 있다. 그들은 무조건적 선택을 인간이 구원을 위해서 어떤 공로나 행위를 하지 않아도 된다는 말로 이해한다. 인간 편에서 아무런 노력 없이 무조건 구원받을 수 있다는 것이 무조건적 선택이라고 이해하는 것이다. 그러니까 이러한 무조건적 선택의 교리에 근거해서, 온갖 죄악으로 점철된 삶을 산다 해도 구원받는 데 하등 지장이 없다는 식으로 이 말을 이해하는 것이다. 그래서 아르뱅주의자들은 평생 교도소를 들락거리던 대도大盜라도, 선량한 시민을 고문한 끔찍한 고문기술자라도, 많은 시민들을 학살한 독재자라도, 누가 되었든 조건 없이 구원받을 수 있다고 주장한다.

더욱 큰 문제는 아르뱅주의자들이 무조건적 선택을 중생 이후의 범죄자에게도 사용한다는 것이다. 소위 크리스천이 여전히 똑같은 죄를 저질러도, 여전히 상상할 수 없는 범죄에 연루되어도, 특히 목사라 하는 자들이 간통을 하고, 논문을 위조하고, 여신도들을 성추행하고, 불법으로 세습하고, 교회의 재정을 제멋대로 유용하고, 배임하더라도, 그러한 온갖 악행에도 불구하고 무조건적으로 선택받았으니 무조건적으로 구원받을 수 있다고 믿는다. 이러한 주장을 하기 위해서 그들은 칼뱅주의의 무조건적 선택이라는 용어를 기꺼이 가져다 쓴다.

그러나 믿음에 대해서 강조할 때 아르뱅주의자들은 갑자기 돌변한다. 그들은 믿는 행위는 어디까지나 인간이 해야 할 일이라고 말한다. 다른 사람이 믿어주는 것이 아니다. 부모가 믿어줄 수도 없고, 아내나 남편이 믿어줄 수도 없고, 자녀가 믿어줄 수도 없고, 친구나 동료, 다른 누구라도 대신 믿어줄 수 없다. 바로 당사자 자신이 믿어야 한다. 그리고 만일 그가 믿기만 하면 위의 모든 구원의 축복(?)이 바로 그 믿는 자에게 주어진다. 아무리 끔찍한 죄도 믿기만 하면 용서받는다. 설령 믿고 난 뒤 죄를 짓더라도 회개하면 용서받는다. 여하튼 믿어야 한다. 믿지 않으면 다 소용없다. 모든 것은 믿음을 전제로 하고, 믿음을 조건으로 한다. 이 점에서 아르뱅주의자들은 철저하게 아르미니우스주의의 조건적 선택을 받아들인다. 믿어야만 구원받는다는 말은 믿음이 조건이 되기 때문이다. 그러니까 결국 조건적 선택이 되는 셈이다. 행위의 문제에 대해서는 무조건적이라고 여기고, 믿음에 대해서는 조건적이라고 여긴다. 요약하면 아르뱅주의자들은 무조건적인 하나님의 은총을 조건적으로 받을 수 있다고 말한다. 그러니까 선택교리에 있어서 아르뱅주의자들은 조건적–무조건적 선택설을 주장하는 셈이 된다. 물론 이는 모순이다.

속죄에 대해 : 보편속죄

아르뱅주의자들의 속죄에 대한 이해는 거의 아르미니우스의 보편속죄 쪽으로 기울어 있다. 물론 더러 아르뱅주의자들은 신자와 불신자를 형이상학적으로 구분하기도 한다. 그래서 옛날 유대인들이 선민의식에 사로잡혔던 것과 같이 일부 아르뱅주의자들은 자신들이 하나님께로부터 구원받은 백성으로 특별하게 선택된 존재라고 우월감을 나타내기도 한다. 반대로 불신자들은 영원히 멸망으로 예정된 이들이라고 멸시하기도 한다. 신자와 불신자를 극단적으로 구분하는 이분법적 태도 때문에 이들이 혹시나 제한속죄를 주장하는 것은 아닌가 하는 생각이 들기도 한다.

그러나 "예수께서 누구를 위해서 속죄의 피를 흘리셨느냐?"라는 질문에 아르뱅주의자들은 거의 백이면 백 "모든 사람들을 위해서 흘리셨다"라고 답한다. 예수께서 모든 사람들을 위해서 속죄의 피를 흘리셨다는 보편속죄론은 칼뱅주의의 골치 아픈 문제를 간단히 해결해버린다. 즉 "만일 하나님께서 영원 전에 택자와 비택자를 예정하셨다면 나는 택자인가, 비택자인가?"라는 문제다. 자신이 택자인지 비택자인지 알고자 하는 문제는 칼뱅주의 안에서는 대단히 강력한 힘을 지닌다. 행여나 자신이 비택자이기라도 하다면 그는 무슨 수를 쓰더라도 멸망으로 예정될 수밖에 없을 테니 말이다.

그러나 보편속죄론은 자신이 택자인지, 비택자인지 고민할 필요를 없애버렸다. 왜냐하면 예수는 모든 사람을 위해서 십자가에서 피를 흘리셨기 때문이다. 예수는 나를 위해서도 십자가에서 피를 흘려주셨다. 따라서 누구라도 예수를 구주와 주로 믿고 마음에 영접하기만 하면 그는 구원받으며, (아르미니우스주의식으로) 택자가 될 수 있다. 이처럼 아르뱅주의자들은 보편속죄론을 받아들이며, 모든 사람을 잠정적인 택자로 전제하기 때문에 자신이 택자인지 비택자인지 골치 아픈 질문을 할 필요가 없다. 구원은 모든 사람에게 활짝 열려 있다. 주님은 오늘도 말씀하신다. "오라… 듣는 자도 오라 할 것이요, 목마른 자도 올 것이요, 또 원하는 자는 값없이 생명수를 받으라"(계 22:17).

앞에서도 살펴본 것처럼 아르뱅주의는 구원의 길을 조금이라도 어렵게 만드는 것이 있으면 이를 가차 없이 제거하여 가급적 쉬운 길로 만들어버린다. 즉 아르뱅주의자들은 택자들에게만 구원의 문이 제한적으로 열려 있다는 칼뱅주의를 거부하고, 모든 사람에게 구원의 문이 활짝 열려 있다는 아르미니우스주의를 기꺼이 선택한다. 아무나 믿기만 하면 구원받을 수 있다는 말은 광대한 하나님의 자비로운 초대를 의미하는 동시에 너무나 쉽게 구원을 받을 수 있다는 말이기도 하다. 2-3세기 초대교회의 어렵고 복잡한 입교 의식과 비교해보면 아르뱅주의의 구원의 길은 쉬워도 너무 쉬운 구원이다. 하지만 주님이 경고하시지 않았던가. "좁은 문으로 들어가라. 멸망으로 인도하는 문은 크고 그 길이 넓어 그리로 들어가는 자가 많고 생명으로 인도하는 문은 좁고 길이 협착하여 찾는 이가 적음이라"(마 7:13-14).

아르뱅주의의 보편속죄론은 강력한 복음전도적 열정으로 나타나곤 한다. 예수께서 모든 사람을 위해서 십자가에서 피를 흘리셨다. 누구라도 십자가의 복음을 듣고 믿기만 하면 구원받을 수 있다. 그러니 나가서 복음을 듣게 하고, 그들로 예수를 믿게 하자는 이야기가 나오는 것은 당연하다. 그래서 그들은 이렇게 설교하곤 한다. "예수께서 모든 사람을 위해서 속죄의 피를 흘리셨습니다. 누구라도 믿기만 하면 구원받을 수 있습니다. 그러나 오늘도 얼마나 많은 영혼들이 이 복음을 듣지 못해서 죽어가고 있습니까? 저들도 우리처럼 예수를 믿으면 구원받을 수 있는데 복음을 몰라 지옥에 떨어지고 있습니다. 여러분, 만일 우리가 저들에게 복음을 전하지 않으면 저들의 핏값이 우리에게 떨어질 것입니다. 자, 나가서 복음을 전합시다."

이러한 비장한 복음주의적 설교는 아르미니우스주의의 보편속죄론을 기초로 한 설교다. 그리고 이러한 영혼에 대한 책임감 때문에 아르뱅주의자들은 서슴없이, 심지어는 무례하게 복음을 전도할 수 있는 것이다. 만에 하나 누군가 그들의 무례한 전도행위에 대해서 비난하면 이렇게 응수하는 것이다. "전도 당할 때 불쾌한 기분은 잠시겠지만 그렇게라도 해서 한 영혼이라도 믿기만 하면 그는 영원한 생명을 얻을 것이네. 잠깐의 불쾌한 기분보다 영원한 생명을 얻는 것이 훨씬 낫지 않은가. 그러니 내가 복음을 전하는 것도 다 그대들을 위하는 것이라

네. 나의 전도를 무례한 전도라고 너무 나무라지 말게나. 우리 주님은 강권하여 데려다가 내 집을 채우라 하셨네. 그대를 가장 사랑하는 사람보다도 내가 그대를 더 사랑하고 있다는 사실을 잊지 말게. 그대를 사랑하는 자가 그대의 영혼을 천국에 들여보내줄 수 있을 것 같은가? 하지만 나는 그대에게 천국에 갈 수 있는 복음을 전해주고 있지 않은가. 자, 어서 복음을 믿고 구원을 받게나."

복음을 전도하는 순간 이제 책임은 불신자에게 넘어간다. "예수께서는 모든 사람을 위해서 십자가에서 속죄의 피를 흘리셨다. 그리고 나는 그대에게 복음을 전했다. 어떻게 할 것인가? 믿을 것인가, 말 것인가? 그대가 정하라. 믿으면 그대는 영생을 얻겠으나 믿지 않으면 영원한 지옥행이다. 그대가 정하고 그대가 그 책임을 지라."

이러한 복음주의적 메시지는 간단하게 축약되어 "예수천당 불신지옥"으로 나타나고 있다.

은혜에 대해 : 저항할 수 있는 은혜

하나님의 은혜가 저항할 수 있느냐 없느냐의 문제에 대해서도 아르뱅주의자들은 당연히 저항할 수 있다는 아르미니우스주의 편에 선다. 십자가의 복음을 인간은 받아들일 수도 있고 받아들이지 않을 수도 있다고 보는 것이다. 아르뱅주의자들은 아르미니우스주의자들처럼 요한계시록 3장 20절을 즐겨 인용한다. "볼지어다. 내가 문 밖에 서서 두드리노니 누구든지 내 음성을 듣고 문을 열면 내가 그에게로 들어가 그와 더불어 먹고 그는 나와 더불어 먹으리라."

주님은 우리의 문 밖에 서서 문을 두드리시는 분이시다. 문을 두드리신다 함은 복음증거자가 복음 전하는 것을 통해 예수님을 믿으라고 초청한다는 뜻이다. 주님은 구원에 필요한 모든 절차를 온전히 충족시켰다. '풀 패키지 구원'이라는 선물상자를 들고 지금 주님은 문 밖에서 계신다. 문을 열고 주님을 영접하기만 하면 그는 주님께서 들고 계신 구원이라는 선물을 받을 수가 있다. 문을 열면 구원이고 문을 열지 않으면 멸망이다. 이때 문을 열지 않을 수 있는 가능성을 아르뱅주의자들은 인정한다. 그러니까 그들은 주님의 은총이 거절당할 수 있다고 믿는 것이다. 즉 하나님의 은총은 저항할 수 있는 은총이다.

아르미니우스주의자들처럼 아르뱅주의자들도 주도권은 복음을 듣는 당사자에게 있다고 믿는다. 문을 열지 말지를 결정할 수 있는 주도권 말이다. 만일 그가 문을 열면 주님은 그의 마음속에 들어가실 것이다. 하지만 만일 그가 문을 열지 않으면 주님은 끝내 들어오실 수 없다. 물론 주님은 문을 박차고 들어와서 인간의 마음의 주인이 되실 수도 있다. 그러나 그렇게 하지 않는다. 왜냐하면 주님은 인격적인 분이시기 때문이다.

아르뱅주의자들은 이때 마음 문을 열고 믿음을 결단하는 결신을 종종 '영접한다'는 말로 표현하기도 한다. 그들은 기본적으로 아르미니우스주의의 '영접-회심'을 받아들인다. 그래서 전도자들은 전도대상자들에게 복음을 죽 설명한 뒤 꼭 마지막에 주님을 영접하겠느냐고 묻는다. 다시 말하지만 "주님을 영접하시겠습니까?"라는 질문은 칼뱅주의자들에게는 거의 불가능하다. 칼뱅주의자들은 불신자를 영적으로 죽은 상태라고 본다. 즉 영적으로 죽은 자가 어떻게 예수를 영접할 수 있단 말인가. 칼뱅주의자들은 결신의 주도권이 성령께 있기 때문에 영접 초청을 할 수 있는 근거가 매우 취약하다. 하지만 아르미니우스주의는 다르다. 그들에겐 결신의 주도권이 인간에게 있기 때문에 영접 초청을 할 수 있을 뿐만 아니라, 반드시 해야 하는 일이기도 하다. 만일 복음전도자가 복음만 전하고 영접 초청을 하지 않아 그가 끝내 예수를 믿기로 결단할 기회를 갖지 못했다면 이는 복음전도자의 심각한 직무유기가 된다. 그래서 복음전도자는 꼭 영접 초청까지 하는 것으로 자신의 책임을 다했다고 생각한다. 아르뱅주의자들은 이러한 아르미니우스주의의 영접 초청 방식을 복음전도의 방법으로 받아들인다. 그래서 그들은 아르미니우스주의자들과 똑같이 "형제 자매님, 예수님을 마음속에 주와 구주로 영접하시겠습니까?"라고 묻는다.

이 지점에서 아르뱅주의자들이 즐겨 인용하는 성서구절은 로마서 10장 10절이다. "사람이 마음으로 믿어 의에 이르고 입으로 시인하여 구원에 이르느니라."

아르뱅주의자들은 이 말씀에 기초해서 구원받기 위해서는 두 가지가 필요하다고 주장한다. 하나는 마음으로 믿는 것이고, 다른 하나는 입으로 시인하는 것이다. 마음으로 믿는 것은 뭔가? 그거야 자기가 '믿겠노라'는 마음이 생기면 되는 것이다. 그럼 입으로 시인하는 것은 뭔가? 그거야 "예, 믿겠습니다"라고 말을 뱉는 것이다. 이렇게 마음을 먹고 입으로 "믿습니다"라고 말하면 구원받을 수 있다는 것이다.

영접은 골방에서 할 수도 있겠지만 보통 아르뱅주의자들은 사람들 앞에 혹은 전도하는 사람 앞에서 믿겠노라고 발설하게 시킨다. 그렇게 해야 공적으로 확증되기 때문이다. 공공연하게 "믿노라"고 발설함으로써 신앙이 공증된다는 논리다. 이러한 논리 때문에 복음전도를 할 때 영접기도를 시키는데 이것도 불편해하는 사람이 있으면 아예 전도자가 영접기도문을 죽 읽고 동의하면 "아멘"이라고 답하라고 요구한다. 대중집회 때에는 설교자가 강단에서 "지금 주님을 마음에 구주와 주로 영접하는 분은 손을 들어(혹은 그 자리에서 일어서서) 표해주시기 바랍니다"라고 요구하기도 한다. 이때 많은 사람들 앞에서 손을 들거나 일어서면 자신의 신앙을 공공연하게 고백하는 것이 되기 때문에 믿음을 결단한 것으로 간주된다.

그러면 대중집회 때나 혹은 일대일 전도 때 전도대상자에게 따라하게 하는 영접기도라는 것은 무엇인가?

영접기도문	
회개	하나님, 저는 죄인입니다. 지금까지 죄 짓고 살아온 잘못을 회개하오니 용서해주세요.
믿음	주님께서 저의 죄를 위해 십자가에서 죽으시고 부활하신 것을 믿습니다.
영접	주님을 저의 구주와 주님으로 영접합니다. 부디 제 마음에 들어오셔서 저를 다스려 주옵소서.
결단	이제부터 주님을 믿고 주님 뜻대로 살기 원합니다.
송영	예수님의 이름으로 기도드립니다. 아멘

이 기도 한마디면 구원이라는 선물이 넝쿨째 굴러들어오는 것이다. 심적인 동의와 공적으로 발설하는 "아멘"이라는 한마디면 구원

을 얻기에 충분하단다. 여기에 무언가 더 요구하면 그는 즉시 행위구원론자로 낙인이 찍힌다. 이신칭의, 얼마나 복된 소식인가! 그리고 이것이야말로 개신교식 면죄부가 아니고 무엇인가!

이러한 단순하고 명료한 절차 때문에 아르뱅주의는 대단히 선명한 신앙의 확신을 제공할 수 있다. 앞서 얘기한 대로 칼뱅주의 체계에서는 자신이 택자인지, 비택자인지 확증할 수 없다. 그래서 칼뱅주의는 구원의 확신을 말할 수는 있어도 그것이 100퍼센트 명료할 수는 없다. 칼뱅주의는 다만 자신이 구원을 삶으로 입증하는 한, 구원을 확신할 수 있는 체계를 가지고 있다. 결국 구원의 주권이 전적으로 하나님께 있기 때문에 불확실성이 언제나 안개처럼 끼어 있다. 하지만 아르뱅주의는 그러한 일말의 불확실성을 완전히 제거했다. 본인 스스로와 전도 대상자와 수많은 회중이 부정할 수 없는 객관적인 방식으로 구원을 공증할 수 있는 길이 제시되어 있다. 그건 입으로 고백하거나, 손을 들어 표하거나, 자리에서 일어서거나, 강단 앞으로 나와 무릎을 꿇거나 혹은 기타 어떤 방식으로든 외적으로 신앙을 결단한 표시를 하는 것이다. 그리고 그렇게 하기만 하면 그는 결신한 것이 된다. 그리고 이렇게 결신하면 그는 구원을 얻을 수 있게 된다. 이러한 논리로 아르뱅주의자들은 자신이 구원을 얻은 제2의 생일 날짜와 시간과 장소를 정확히 알 수 있다. 일부 극단적인 아르뱅주의자들은 자신의 제2의 생일을 모르면 구원받지 않았다고 말하기도 한다.

이를 정리하면 다음과 같다.

• 예수는 십자가에서 우리의 모든 죗값을 다 치르고 구원의 조건을 충

족시키셨다.

- 복음전도자를 통해 주님은 전도대상자의 마음 문을 두드리신다.
- 믿으면 구원, 믿지 않으면 멸망이다. 즉 예수천당 불신지옥!
- 심적인 동의와 믿겠다는 외적 표시를 하면 (롬 10:10에 의해) 그것이 곧 믿음이다.
- (이신칭의의 공식에 따라) 믿음은 곧 구원이다.
- 나는 내가 믿는다는 사실을 분명히 알 수 있고, 내가 구원받았음을 확신할 수 있다.

우리는 이 과정에서 중요한 요소가 생략될 수 있다는 사실을 볼 수 있다. 특히 회개의 위치가 참 애매해진다. 회개를 지나치게 강조하면 행위구원론이 될 우려가 있으니 너무 강조할 수도 없다. 그렇다고 회개를 빼버리자니 신약성서의 가르침과 대치되는 것 같다. 그래서 회개는 보통 믿음을 결단케 하기 전 죄책감을 자극하는 표현 속에 통째로 집어넣어 버린다. "주님, 저는 죄인입니다." 이러한 말 한마디에 회개가 몽땅 들어가버린다. 하지만 회개가 그런 것인가?

아주 종종 회개를 강조하는 집회에 참석하면 생각나는 죄를 종이에 모두 다 쓰라고 한 뒤 불에 태우는 의식을 치르기도 한다. 혹은 사람들이 많은 곳에서는 그냥 뭉뚱그려서 죄인이라고 고백하게 하고, 아무도 없는 곳에 가서 태어나서부터 지금까지 생각나는 죄라는 죄는 전부 고백하라는 요구를 받기도 한다. 이러한 요구는 말에 힘이 있다는 일종의 언령言靈사상인데, 마치 주문처럼 자신이 죄를 입으로 혹은 글로 발설하는 순간 죄가 말이나 글로 옮겨 나와서 죄가 제거되는 양 여기는 것이다. 그러나 회개가 정녕 그런 것인가?

성서에서 회개는 늘 새로운 사람의 탄생과 관련이 있다. 그건 어떤 절차나 과정에 관한 것이 아니다. 마음의 중심과 관련된 것이고, 새로운 존재로의 변화를 지향하는 것이다. 그리고 새로운 존재로의 변화란 삶을 통해 뚜렷하게 드러나는 것이어야 한다. 하지만 아르뱅주의자들에게 있어서 회개는 "믿습니다"라는 고백을 돕는 하나의 장식이거나 아니면 죄의 용서를 획득할 수 있는 어떤 기술적 절차인 양 여겨진다.

견인에 대해 : 완전한 안전

이상에서 살펴본 것처럼 아르뱅주의자들은 대체로 아르미니우스주의의 가르침을 따르지만 필요할 경우 칼뱅주의자들의 의견도 아무렇게나 가져다 쓰는 것을 살펴보았다. 그런데 결정적으로 견인 교리에 있어서만큼은 확실하게 칼뱅주의의 교리를 따른다. 아르뱅주의자들은 무엇보다도 구원의 확신을 강조한다. 그리고 구원의 확신은 두 가지 내용으로 구성되는데, 한편으로는 자신이 신앙을 결단한 것에서 얻을 수 있는 결신의 확신이다. 이것은 아르미니우스주의가 제공할 수 있는 확신이다. 다른 한편으로 구원의 확신이란 칼뱅주의가 말하는 "한 번 구원은 영원한 구원"이라는 확신이다. 그러니까 아르뱅주의자들의 구원의 확신이란 영원한 안전 교리에 기초한 확신인 것이다.

그들은 견인 교리를 주장하기 위해서 칼뱅주의의 속죄론을 채택한다. 칼뱅주의는 수많은 속죄론 중에서 속죄의 객관성을 강조하는 편에서 있기 때문에 형벌대속설을 주장한다. 형벌대속설이란 속죄론의 여러 이론 중 하나로 예수 그리스도께서 우리가 받아야 할 죗값, 즉 형벌을 대신 다 받으셨다는 주장이다. 한마디로 음식점에서 어떤 마음씨좋은 양반이 내 밥값을 다 내주었으니 나는 밥값 안 내도 된다는 얘기다. 밥값을 다 지불했으니 밥값이 없다고 걱정할 필요도 없고 카운터에서 비굴하게 머리를 조아릴 필요도 없고, 접시닦이를 해서 대가를지불할 필요도 없다. 고개 빳빳하게 들고 당당하게 식당을 빠져나오면된다. 마찬가지로 형벌대속설에 따르면, 인간의 행위나 반응과는 전혀무관하게 인간의 죄는 예수 그리스도의 십자가의 공로에 의해 완전히값이 지불되었기 때문에 우리는 아무것도 염려할 것 없이 사신의 죄없음을 당당히 주장할 수 있다. 이러한 형벌대속설에는 아르뱅주의자들을 만족시키는 두 가지 내용이 들어 있다. 첫째는, 인간이 속죄를 위해서 해야 할 것이 전혀 없다는 것이고, 둘째는 속죄는 주관적 믿음의문제가 아니라 객관적 사실의 문제라는 것이다.

이러한 속죄론이 견인교리와 결합하게 되면 그야말로 최고의 속죄론이 된다. 예수께서 십자가에서 흘리신 피는 우리의 과거의 죄만 속할까? 아니면 현재와 미래의 죄도 속할까? 당연히 예수는 십자가 위에서 우리의 과거, 현재, 미래의 모든 죄를 다 속하셨다. 식당에서 밥값을 내주신 마음씨 좋은 신사는 내가 과거에 먹은 밥값과 오늘 먹은 밥값뿐만 아니라 앞으로 먹을 밥값까지 전부 다 지불해준 셈이다. 이 얼마나 신 나는 일인가! 미래의 죗값까지 지불되었으니 우리는 앞으로지을 미래의 죄에 대해서 염려하지 않아도 되는 것이다. 그리고 이러한 칼뱅주의의 속죄론은 그대로 아르뱅주의자의 견인 교리의 근거가 된다. 예수는 우리의 미래의 죄까지 모두 용서해주셨으니 내가 무슨 죄를 짓더라도 나의 구원은 안전하다!

아르뱅주의자들이 견인 교리를 주장하기 위해서 드는 예 중 하나는 저 유명한 '로마인의 악수법'이다. 로마인들은 악수할 때 상대방의 손이 아니라 손목을 잡고 악수를 한다. 우리가 예수를 믿을 때, 그래서 하나님께서 우리를 당신의 자녀로 삼아주실 때 하나님과 우리 사이에는 전에 없던 관계가 만들어진다. 이를 결혼에 비유할 수도 있고 입양에 비유할 수도 있다. 어쨌거나 우리는 하나님과 언약적 관계를 맺는다. 이때 하나님과 우리 사이의 언약적 관계는 로마인의 악수와 같은 방식으로 맺어진다는 것이다. 로마인의 악수에서 중요한 것은 한 사람이 손을 놓더라도 다른 사람이 손목을 잡고 있으면 그 악수는 풀리지 않는다는 것이다.

이러한 비유에서 우리가 비록 연약해서 죄 짓고, 하나님을 배반하고 떠날지라도, 즉 우리가 잡았던 손을 놓아버리더라도, 하나님께서는 우리의 손목을 잡고 놓아주지 않는다는 것이다. 그래서 우리와 하나님과의 관계는 영원히 안전하게 유지된다는 것이다. 이러한 하나님의 붙드심 교리를 인용하기 위해 아르뱅주의자들은, 칼뱅주의자들이 견인 교리를 위해서 인용한 여러 성서구절을 재인용한다. 그중 하나가 로마서 8장 37-39절이다. "그러나 이 모든 일에 우리를 사랑하시는 이로 말미암아 우리가 넉넉히 이기느니라. 내가 확신하노니 사망이나 생명이나 천사들이나 권세자들이나 현재 일이나 장래 일이나 능력이나 높음이나 깊음이나 다른 어떤 피조물이라도 우리를 우리 주 그리스도 예수 안에 있는 하나님의 사랑에서 끊을 수 없으리라."

하지만 우리는 이러한 아르뱅주의의 견인 교리가 논리적으로 치명적인 약점을 지니고 있음을 알 수 있다. 칼뱅주의자의 견인 교리에 따르면 하나님께서 영원 전에 택자의 구원을 예정하셨으니 그 구원이 영원히 보장되는 것이다. 선택이 전적으로 하나님의 주권에 의해 이루어졌으니 견인도 하나님의 주권에 의해 이루어지는 것이다. 반대로 아르미니우스주의에 따르면 우리가 스스로 믿음을 결신했으니 우리가 돌이켜 믿음을 포기할 수도 있다고 말한다. 즉 나의 결단이니 구원이 영원히 보장되는 것이 아닌 것이다. 하지만 아르뱅주의자들은 우리가 결신하지만 구원의 보장은 하나님이 해주신다고 말한다. 이것은 칼뱅주의도 아니고 아르미니우스주의도 아니다. 그냥 제멋대로, 자기 편한 대로의 구원론인 것이다.

대체 무슨 근거로 아르뱅주의자들은 제멋대로 견인 교리를 주장하는가? 아르뱅주의자들의 근거는 논리적이기보다는 감성적이다. 즉 "하나님이 우리를 얼마나 사랑하시는데…"이다. "하나님은 우리를 얼마나 사랑하시는가. 하나님은 우리를 구원하기 위해서 하나밖에 없는 독생자까지 주신 분이다. 그런데 그렇게 구원한 분이 우리를 어찌 잃어버리시겠는가? 우리 주님은 무리에서 떨어진 양 한 마리를 찾기 위해서 99마리를 들에 두고 찾아나서는 분이 아닌가. 그런 주님께서 우리가 하나님을 떠난다고 내버려두시겠는가? 천지 사방을 헤매서라도 기어이 우리를 찾아서 반드시 안전한 우리 안으로 들여보내시지 않겠는가?"라고 말하는 것이다.

우리를 향한 무궁한 하나님의 사랑은 아르뱅주의의 가장 중요한 주제다. 우리는 아무것도 행한 것이 없지만 하나님은 우리를 무척이나 사랑하셔서 그냥 공짜로 구원을 주신다. 우리를 얼마나 사랑하시는지 하나밖에 없는 독생자까지 아낌없이 내어주실 정도다. 우리가 만일 믿기만 하면, 그래서 우리가 "예스!"라고 말하면 하나님은 우리에게 구원도 주고, 천국도 주고, 영생도 주고, 이 땅에서의 복도 주고, 모든 것들을 다 주신다. 우리가 설령 예수를 믿은 뒤에도 개판으로 산다 할지라도 하나님께서는 우리를 버리지 않고, 끝까지 우리를 붙들어주신다. 우리는 영원히 안전하다. 그 어떤 것도 우리를 구원에서 끊을 수 없다. 할렐루야!

2

아르뱅주의의
무율법주의

긴장의 제거

이상에서 본 것처럼 아르뱅주의는 칼뱅주의와 아르미니우스주의 중에서 마음에 드는 부분만을 따와서 제멋대로 만들어놓은 혼합물이다. 아르뱅주의는 자신의 교리체계를 기성의 탄탄한 교리체계에서 따왔기 때문에 겉보기에는 상당히 그럴듯하고 설득력 있어 보인다. 또 필요하면 자유자재로 칼뱅이나 웨슬리의 글을 혹은 저명한 복음주의자의 설교를 또 여타 신학자들의 저서들을 인용하기도 한다. 그러니 권위도 있어 보인다. 무엇보다 아르뱅주의는 칼뱅주의와 아르미니우스주의가 자주 활용하는 수많은 성서구절들을 잘 알고 있다. 그래서 아르뱅주의는 그러한 성서구절들을 자유자재로 인용하여 자신의 교리를 정당화한다. 그러다 보니 아르뱅주의는 제법 성서적인 것처럼 보이기도 한다. 물론 그러한 인용이 맥락에서 뚝 떨어진 채 그야말로 자의적으로 이루어진 인용이긴 하지만 말이다. 어지간한 신학적 지식이나 성서에 대한 배경지식이 없는 한 아르뱅주의의 교리적 허구성을 간파하기란 쉽지 않다. 바로 이러한 그럴듯함 때문에 아르뱅주의는 강력한 영향력을 지닌 채 오늘날 한국 교회 속을 파고드는 데 성공했던 것이다.

아르뱅주의의 가장 큰 문제는 무엇일까? 그건 아르뱅주의가 칼뱅주의와 아르미니우스주의를 뒤섞어서 혼합물을 만드는 와중에, 칼뱅주의와 아르미니우스주의 모두가 유지하려고 했던 변증법적 긴장을 파괴하고 만다는 것이다. 변증법적 긴장이란 무엇인가? 단순하게 말하면 믿음과 행위, 칭의와 성화, 역사와 종말, 확실과 불확실성, 즉각성과 점진성, '이미'와 '아직' 간에 존재하는 변증법적 긴장을 말한다. 이 땅을 살아가는 그리스도인은 불가피하게 이러한 긴장을 온몸으로 감내하며 살 수밖에 없다. 그리고 이 긴장으로부터 신앙이 끊임없이 동력을 얻고 여기에서 윤리적 추진력이 만들어진다. 그런데 아르뱅주의는 이 긴장을 파괴함으로써 신앙의 동력을 상실하고 윤리적 추진력의 근거를 제거하고 마는 것이다.

칼뱅주의를 보자. 칼뱅주의는 영원 전에 택자와 비택자가 이미 예정되어 있다고 말한다. 만일 이 말만 한다면 칼뱅주의는 극단적 운명론으로 치우치고 말 것이며 정적주의를 만들어내고 말 것이다. 또 칼뱅주의는 "한 번 구원은 영원한 구원"이라고 말하기 때문에 택자에게 칼뱅주의는 살인면허와 같은 것이 된다. 하지만 칼뱅주의는, 하나님의 예정의 뜻은 영원한 하나님의 뜻 속에 감추어져 있다고 말함으로써 운명론으로 전락하는 것을 막으며 살인면허로 사용할 수 없게 만든다.

하나님의 예정은 하나님의 영원하신 뜻 안에 감추어져 있다. 그렇다면 우리는 어떻게 우리가 택자인지 비택자인지 알 수 있는가? 그것은 우리가 열매를 통해 입증함으로 '어렴풋이' 알 수 있다. 여기서 우리는 실천의 자리를 발견할 수 있다. 자신이 택자인지를 입증하여 그 입증 속에서 스스로 택자인지를 확신할 수 있다는 칼뱅주의의 주장에서 윤리적 추진력이 추동되는 것을 볼 수 있는 것이다. 다소 어색한 논리이기는 하나 어쨌든 칼뱅주의는 운명론으로 혹은 살인면허로 추락하는 것을 막는 강력한 긴장을 유지하고 있다.

아르미니우스주의를 보자. 아르미니우스주의 체계 내에서는 자신이 택자인지 비택자인지 고민할 필요 없이 자신이 예수를 마음에 영접하면 된다. 선택권은 하나님이 아니라 인간에게로 넘어왔다. 만일 인간이 믿기로 결단한다면 그는 믿는 것이고, (이신칭의의 원리에 따라) 믿는 자는 의롭다 함을 받으며, 의롭다 함을 받았으니 구원받은 셈이 된다. 만일 그가 믿기를 거부한다면? 당연히 그는 자신의 죄로 멸망당할 것이다. 이 때문에 아르미니우스주의 체계에서는 자신이 믿는지 안 믿는지, 신자인지 아닌지, 심지어 자신이 구원받은 자인지 그렇지 않은지를 유리알을 들여다보듯 선명하게 볼 수 있다. 최소한 칼뱅주의보다는 확실히 알 수 있다.

그러나 아르미니우스주의는 신앙이 회심에서 끝나는 것이 아니라 거기서 시작한다고 말한다. 그리고 그리스도인의 구원은 완전한 성화를 향해 부단히 나아가는 과정이라고 말한다. 또한 자신이 구원받았는지 알 수 있다고 하더라도 그 구원을 언제 상실할 수 있을지 모르기 때문에 함부로 장담할 수 없다고 말한다. 견인은 없다. 있다고 하더라도 선택이 조건적인 것과 똑같은 논리로, 견인도 조건적이다. 그래서 100퍼센트 확실하게 장담할 수 있는 구원의 확신이란 존재하지 않는다. 아르미니우스주의자들은 요한계시록의 예수의 말씀을 인용하여, 오직 "끝까지 견디는 자만이 구원"에 이른다고 말한다. 그리고 바로 이것이 그리스도인으로 하여금 부단히 완전을 향해서, 신앙을 배신하지 않기 위해서 실천하도록 만든다. 즉 아르미니우스주의도 기독교 신앙을 긴장 속에 위치하게 함으로써 그리스도인의 윤리가 가능하도록 만든다.

이처럼 변증법적 긴장은 모든 신학체계가 늘 갖추어야 할 미덕이다. 루터가 그리스도인의 실존을 '용서받은 죄인 simul justus et peccator'이라고 표현했을 때 그는 '용서받음'과 동시에 simul '죄인'이라고 말했다. 이러한 표현 속에서 우리는 루터가 변증법적 긴장을 제거하지 않기 위해서 노력한 것을 알 수 있다. 만일 용서에만 방점을 찍으면 방자해지고, 죄인에게만 강조점을 두면 복음의 능력이 약화될 것이다. 그래서 루터는 둘 다 '동시에' 강조하여 그리스도인을 용서받은 죄인이라고 표현했던 것이다. 이처럼 칼뱅주의나 아르미니우스주의나, 루터나 혹은 그 누가 되었든 건전한 신학은 모두 기독교 신앙의 변증법적 긴장을 제거하지 않기 위해서 애를 써왔으며, 또 그렇게 해야 마땅하다.

하지만 아르뱅주의는 이러한 긴장을 과감하게 파괴해버린다. 그들은 자신이 구원받았는지 받지 않았는지를 알 수 있다고 말하는 지점에서는 아르미니우스주의를 닮았다. 그들은 자신이 믿기로 결심한 시간과 장소를 기억하고 있으며, 자신이 구원받았다고 주장하는 근거가 되는 성서구절을 줄줄 읊어댄다. 그리고는 감격에 찬 목소리로 "저는 주님을 만났습니다. 저는 구원받았습니다"라고 고백한다. 그러한 고백이 하나님의 인격을 신뢰하고, 용서하시는 무한한 은총에 감사하는 고백의 차원이라면 권장할 만한 것이리라. 하지만 아르뱅주의자들은 그것이 과거에 실제로 있었던 역사적 사실로 확정짓는다. 그리고 그러한 확정은 하나님도 어찌할 수 없는 것인 양 기정사실화한다. 성서와 설교, 여러 신앙서적에서 찾아낸 온갖 궤변과 기이한 증거들을 들이대며 그러한 구원을 객관화하기 위해서 노력한다.

더불어 아르뱅주의자들은 과거에 명확하게 받은 구원을 영원불변하게 보장된 것인 양 확정하고자 한다. 이를 위해서 그들은 과감히 칼뱅주의의 속죄론과 견인 교리를 차용한다. 즉 예수 그리스도께서 십자가에서 죄인의 과거, 현재, 미래의 모든 죄를 속하셨다는 칼뱅주의 속죄론은 무제한적인 용서의 은총에 대한 보증의 근거가 된다. 아울러 한 번 구원은 영원한 구원이라는 칼뱅주의의 영원한 안전 교리도 구원이 영원히 취소될 수 없다는 안전보장을 얻을 수 있는 근거가 된다. 과거에 명료하게 받은 구원이 영원한 미래까지 확정된다는 것이다.

이러한 주장의 체계 속에서 우리는 아무런 긴장도 발견할 수 없다. 자신의 구원에 대한 무한한 확신과 미래의 구원까지 안전하게 확보한 그야말로 천하무적 구원론이다. 보험으로 치면 이렇게 훌륭한 상품이 더 있을 수 없다. 아르미니우스주의식 '구원의 확신'과 칼뱅주의식 '성도의 견인'이 최악의 방식으로 결합된 아르뱅주의에서 우리는 자신의 과거, 현재, 미래의 구원에 대한 철통 같은 보장만 발견할 수 있을 뿐, 어떠한 두려움도, 떨림도, 긴장도, 회개도, 성화의 의무도, 윤리도, 실천도 발견할 수 없다. 윤리적 추진력은 완전히 소멸해버리고 말았다.

성화의 실종

아르뱅주의 체계에서는 성화가 자리 잡을 곳이 없다. 그렇다고 아르뱅주의자들이 성화에 대해서 전혀 아무 말도 하지 않는다는 뜻은 아니다. 아르뱅주의자들 중에서 성화를 말하지 않는 사람은 찾아보기 어렵다. 하지만 문제는 아르뱅주의자들이 성화를 기본적으로 칭의와 구별되는 별개의 사건으로 본다는 점이다. 그래서 칭의는 구원에 필수지만 성화는 선택이다. 칭의는 과거의 어떤 한 번의 사건an event이지만 성화는 끝을 알 수 없는 지속적인 과정endless process이다. 그래서 칭의는 확정가능하지만 성화는 확정할 수 없다. 이 때문에 칭의를 통해서 구원을 명료하게 알 수 있으나 성화를 통해서는 어느 수준이 되어야 구원에 이를 수 있는지 말할 수 없다. 그래서 구원은 칭의에 관한 문제이지 성화에 관한 문제가 될 수 없다고 보는 것이다.

더 나아가 구원은 오직 칭의에만 연관되고 성화와는 무관하다고 말한다. 만일 어떤 사람이 성화를 강조해서 성화도 구원에 필수라고 주장하면 아르뱅주의자들은 그를 분명 율법주의자요, 행위구원론자로 낙인찍고 말 것이다. 아르뱅주의자들에게 있어서 성화는 좋게 말해 열매다. 열매라는 얘기는 그것이 논리적으로나 시간적으로 칭의 뒤에 칭의를 뒤따라 나오는 것 혹은 구원받은 뒤에 일어날 '먼' 미래의 일이라는 뜻이 포함되어 있다. 성화의 열매는 클 수도 있고 작을 수도 있고, 빨리 맺을 수도 있고 늦게 맺을 수도 있다. 그래서 아르뱅주의자들은 칼뱅주의를 인용하며 이 땅에서는 어느 누구도 완전히 성화되었다고 말할 수 없다고 주장한다. 생각해보라. 하나님 앞에서 누가 완전히 성화되었다고 자신할 수 있겠는가. 그리고 이 모든 이유로 그들은 성화를 구원에 연결시킬 수 없다고 말한다.

군이 성화에 의미를 부여하자면 그건 아마도 상급의 문제이리라. 훌륭한 삶을 산 그리스도인은 천국에서 상급이 클 테고, 그렇지 못한 삶을 살면 상급이 작을 것이다. 칭의는 받았으되 삶을 정말 개판으로 산 그리스도인이라면 하다못해 부끄러운 구원이라도 얻을 수 있다. 부끄러운 구원이란 고린도전서 3장 15절을 근거로 한다. 부끄럽더라도 구원받을 수 있다는 구원관은 아르뱅주의자들에게는 더욱 복음이다. 이 땅에서 짓고 싶은 죄 실컷 짓고 죽어서도 지옥에는 가지 않는다니 말이다. 여하튼 성화는 구원을 좌우하지는 않는다. 진짜 중요한 건 칭의다. 그리고 칭의는 오직 믿음으로만 얻을 수 있다. 마음으로 믿고 입술로 시인하는! 무엇을 믿는가? 예수 그리스도께서 나를 위해 십자가에서 죽으시고 부활하셨다는 대속의 교리를 믿어야 한다. 이것만 믿으면 구원받는다. 그러면 끝이다.

자, 그러니 우리는 성화에 대해서 너무 많은 말을 하지 말자. 우리는 다만 우리의 무한한 죄를 위해서 십자가에서 피흘려 죽으신 예수 그리스도의 보혈만을 묵상하자. 오직 구원의 은총에 감사하자. 그러다 보면 언젠가 하나님께서 성령을 보내어 우리를 성화시켜 주실 것이다. 그것도 하나님의 주권에 맡기자. 성화도 내가 하려고 하면 안 된다. 성화도 은총이고 선물이다. 값없이 주시는 선물 말이다. 그러니 너무 고민하지 말고, 너무 애쓰지 말자. 가만히 기다리며 기도하자. 죄를 자주 짓는다고 너무 슬퍼하지 마라. 모든 인간은 다 죄인이다. 성화를 너무 신경쓰는 것도 교만이다.

이제 우리는 기독교 구원이 사실상 살인면허로 전락하고 만 결과를 다음처럼 보게 될 것이다.

(1) 나는 구원받았다.
(2) 나의 구원은 취소되지 않는다.

생각해보라. 이 두 문장의 결합이 어떤 결과를 초래하게 될지 말이다. 그야말로 천하무적 구원론이 아닌가? 긴장이 사라진 기독교 신앙은 나태와 방종을 향한 고속도로를 만들어낸다. 그 고속도로의 종착지는 이름하여 '무율법주의'다. 아르뱅주의는 무슨 짓을 해도 하나님은 나를 용서하실 것이고, 나의 구원은 안전하다는 식의 거짓된 복음을 가르침으로써 담대히 죄 짓게 만든다. 결국 아르뱅주의 구원론은 살인면허다.

현실긍정의 이데올로기

아울러 지적할 것은 아르뱅주의가 현실긍정의 이데올로기로 전락하고 만다는 것이다. 그리고 이것은 소망이라는 기독교의 가장 강력한 힘의 근원을 스스로 포기하는 행위다. 기독교는 본성상 종말론적 종교다. 역사의 끝에서 이루어질 회복된 세상이 저 먼 미래에서 지금 이곳을 향해 돌입해온다는 믿음으로부터 죄악된 현실을 극복할 수 있는 힘을 공급받는 종교다. 교회는 그러한 종말론적 새로운 창조의 예시다. 교회 안에서 우리는 종말의 때에 이루어질 새 창조의 모습을 '지금 여기서' 발견할 수 있(어야 한)다. 현재 속에서 발견하는 종말, 이것을 소망이라 부른다. 이 소망으로부터 기독교는 혁명의 진앙이 될 수 있다.

하지만 아르뱅주의는 바로 이 소망을 철저하게 체계적으로 제거해낸다. 아르뱅주의는 쉽게 얘기하면 지금 있는 현 상태를 굳이 애써 바꿀 필요가 없다는 말이다. 물론 인간은 죄인이고, 사회도 죄악으로 가득 차 있다. 이 모든 것들은 변화되어야 한다. 하지만 그건 주님이 재림하시고 난 뒤 일어날 일이지 역사 속에서 우리가 할 일은 아니다. 보라, 하나님은 무한히 자비로우사 죄인을 있는 그대로 받아주지 않는가. 이 죄 많은 사회도 있는 그대로 인정하시지 않는가 말이다. 죄인의 개선이나 사회의 개혁은 은총의 하나님과는 어울리지 않는다. 기독교 신앙은 과거 한 번의 신앙고백으로 족하다. 현재의 긴장도 불필요하고 종말에 대한 소망도 필요 없다. 어차피 구원은 보장되었으니 축배나 들자!

비록 인간이 총체적 죄성으로 가득하고, 이 사회가 본질상 악하더라도 한없이 자비로운 하나님은 인간과 사회를 '있는 그대로 용납' 하신다. 자, 우리는 있는 모습 그대로 하나님께 나아갈 뿐이다. 애써 변화된 존재가 되려고 할 필요가 없다. 그런 건 위선이고 율법주의다. 애써 사회를 개혁하려고 노력하지도 마라. 자칫 해방신학자나 자유주의자, 아니면 진보 종북세력이 될 수 있다. 그러니 신자가 불법을 일삼고 교회와 목사가 온갖 뻔뻔스러운 죄를 저질러도 교회의 덕을 위해 덮으라. 하나님도 덮으시는데 그대가 뭐라고 들먹이는가. 대통령이 온갖 부정과 비리를 저지르고, 국정원과 국가기관이 대선에 개입하고, 국가가 민간인을 사찰하고, 민주주의가 파괴되고, 재벌이 착취의 구조를 일삼고, 언론들이 진실을 은폐하더라도 은혜로 이 모든 악을 가리우라. 비판하는 자, 그대도 비판 받으리. 어차피 세상은 죄가 넘쳐난다. 주님이 오실 때까지 세상은 조금도 변화되지 않는다. 오직 은총만이 역사를 지탱하고 있다. 지금 이대로라도 은총은 충분히 넘친다. 그런데 인간이 무엇을 더 할 수 있단 말인가?

아르뱅주의는 결국 긍정의 복음이다. 자기를 긍정하고 타인을 긍정하고, 사회를 긍정하고 체제를 긍정한다. 물론 이 긍정은 인간과 사회에 대한 지독한 비관론에서 출발한다는 점에서 역설적이다. 인간은 철저하게 죄인이고, 이 세상도 철저하게 악하다. 큰 죄, 작은 죄, 알고 지은 죄, 모르고 지은 죄, 모두 지옥형벌감이다. 그런데 예수 그리스도의 십자가 보혈 그리고 하나님의 무한한 자비가 이러한 비관주의를 역전시킨다. 특히 하나님의 주권과 은총을 강조하는 칼뱅주의는 이러한 역전을 위해서 자주 활용된다. 하나님의 절대주권과 인간의 무한한 죄성에 대한 강조는 죄를 평준화시키고 영혼을 민주화하여 죄의 현실성을 제거한다. 그리고 그렇게 관념화된 죄관을 은총의 동일화로 덮어버린다. 여기에는 개신교회의 천박한 참회신학이 한몫 거든다. 바로 이 지점에서 극단적인 현실부정이 극단적인 현실긍정으로 역전되고 마는 것이다. 하나님의 무궁한 은총이 소매치기범과 사이코패스를 모두 똑같이 용서하신다. 바로 그 은총으로 나도 용서받고 그대도 구원받았다. 모든 것이 하나님의 은혜다! 그러니 은혜 받은 자여, 정죄하지 마라. 용서받은 자여, 그대도 용서하라. 이러한 역설적인 은총의 낙관주의가 모든 비관주의를 몰아내고 현실긍정의 이데올로기로 전락한다.

그러자 새로운 죄가 생겼다. 그건 비판이다. 아르뱅주의자들은 악행이 죄가 아니라, 그 악행을 비판하는 것을 악이라 한다. 하나님도 우리를 정죄하지 않는데 하물며 인간이 감히 누구를 정죄한다는 말인가. 하지만 이상하지 않은가? 구약의 예언자들은 그야말로 비판 세력의 대표 주자가 아닌가? 왜 아모스나 이사야, 예레미야와 같은 예언자들은 하나님의 무궁한 은총과 자비 대신에 정의와 진실을 외쳤을까? 어쩌면 그들은 구약시대 사람이라서 그런 것이라고 말할지도 모르겠다. 그렇다면 왜 예수는 예언자적 전통에 서서 바리새인들과 종교권력을 비판하셨는가? 하나님의 아들이라서 그럴 수 있다고 말할 텐가?

결국 아르뱅주의자들은 담임목사의 죄를 고발하고 교회의 잘못을 지적하는 이들의 입을 다물게 하는 데만 관심이 있을 뿐이다. 그러다 보니 예언이 사라졌다. 예언이 사라지니 묵시가 사라지고, 묵시가 사라지니 말씀이 희귀해졌다. 마치 사무엘이 나타나기 전 제사장 엘리의 시대처럼 하나님의 말씀이 희귀한 시대가 도래했다. 계시는 사라지고 종교만 흥왕하는 시대가 도래했다. 그러나 생명을 잃은 종교가 언제까지나 흥왕하겠는가!

예언의 실종과 함께 한국 교회는 이데올로기가 되어버렸다. 예언자적 상상력이 제거된 한국 교회, 그것은 그저 거대한 종교덩어리일 뿐이다. 월터 브루거만Walter Brueggemann의 말대로 예언자적 상상력은 야훼종교의 특성이고, 이방종교의 특징은 예언자적 상상력이 질식된 현 체제status quo 긍정의 이데올로기일 뿐이다.[4] 아르뱅주의에 물든 기독교는 오로지 현체제를 긍정하는 이데올로기를 생산하기에 분주하고, 이를 통해 기득권자들에게 아부하고 아첨하기에 바쁘다. 하지만 성서를 보라. 성서 속에서 하나님의 계시가 현체제를 긍정하는 이데올로기적 기능을 한 적이 단 한 번이라도 있었던가? 프롤로그에서 인용한 글처럼 하나님나라의 복음은 세상 나라에 대한 근본적인 부정이 아니고 무엇이던가. 이데올로기적 장치로 전락한 기독교는 이단이고 사이비일 뿐이다.

구원파와 아르뱅주의

구원의 확신과 성도의 견인의 결합을 특징으로 하는 것이 바로 한국 교회의 주요 이단 중 하나인 구원파 신앙이다. 아르뱅주의는 본성상 구원파와 동일한 교리체계를 가지고 있다. 물론 구원파와 일반 한국 기독교가 완전히 똑같다는 얘기는 아니다. 그러나 김세윤을 비롯한 여러 신학자들은 한국 교회에서 남발되고 있는 소위 복음이라고 하는 것을 자세히 들여다보면 그게 구원파의 복음과 하나도 다를 바 없다고 말한다. 여기서 잠시 김세윤 교수의 글을 인용하고자 한다.

예수의 하나님나라 복음에 대한 부족한 이해와 바울의 칭의 복음의 부분적 이해가 예정론에 대한 왜곡된 이해와 합하여 이루어진 것이 "우리는 오직 은혜와 믿음으로 의인이라 칭함 받는 것이며, 그렇게 한 번 얻은 구원은 우리의 삶과 관계없이 영원히 보장된 것이다"라는 '구원파적 복음'이다. 구원파 사람들은 이렇게 왜곡된 '복음'을 당당히 가르치는 모양인데, 그들을 이단으로 규정하는 이른바 정통 교단들의 많은 목사들도 사실상 같은 '복음'을 가르치고 있다. 그들은 "한 번 구원은 영원한 구원이다"라는 구호를 외치면서 "그러므로 신자가 어떻게 사는가에 대해서는 괘념치 말고 오직 구원의 확신을 가지고 살면 된다"라는 생각을 더러는 노골적으로, 더러는 암암리에 고취하면서, 그것(만)이 곧 "은혜로만, 믿음으로만" 복음의 올바른 표현이라고 주장하고 있는 것이다.[5]

잘 알려진 것처럼, 구원파도 긴장의 제거와 무율법주의라는 특징을 동시에 드러낸다. 구원파에서는 모종의 종교 체험의 순간에, 즉 자신의 죄가 눈처럼 하얗게 씻기는 것을 확실히 알게 되는 그 순간에 과거와 현재와 미래의 죄까지 모두 제거된다고 말한다. 신자는 바로 그 순간에 단 한 번의 회개로 과거, 현재, 미래의 모든 죄를 용서받는다고 말한다. 그래서 구원파는 (대체로) 한 번 회개한 이후 또다시 회개하는 것을 불신앙으로 간주한다. 회심 후 또 회개하는 것은 아직 구원의 확신을 얻지 못했음을 뜻한다고 말한다. 그러면서 한 번 회개한 죄를 또 회개하는 것이 어떻게 가능하냐고 그들은 묻는다.

사실 그들의 질문은 상당히 논리적이고 합리적이다. 그리고 이것은 아르미니우스주의자들이 칼뱅주의자들을 공격하는 주요 논점이기도 하다. 칼뱅주의자들의 말대로 회심의 순간에 택자의 과거, 현재, 미래의 죄가 모두 용서를 받았다면 회심 이후 또 회개를 해야 하는 이유는 무엇인가?[6] 칼뱅주의자들은 이러한 질문 앞에 다소 곤혹스러워 한다.

하지만 칼뱅주의의 교리들은 변증법적 긴장 속에서 이해해야 한다. 여기서 과거, 현재, 미래의 죄를 용서하셨다고 하는 칼뱅주의의 주장은 하나님 편에서 이루신 구원의 역사다. 하지만 누누이 얘기했다시피 택자는 하나님의 마음속에서만 알려졌으며 우리는 누가 택자인지 정확히 모른다. 누가 택자인지는 그의 삶이 증언해줄 것이다. 그런 고로 인간 편에서는 지속적으로 회개하여 죄를 떨치려는 노력을 해야만 하는 것이다.

그런데 구원파의 교리체계에는 이러한 변증법적 긴장이 존재하지 않는다. 만일 한 번 구원받은 것이 확실하다면 그는 과거, 현재, 미래의 모든 죄에 대한 용서를 지금 체험하는 것이 마땅하다는 것이다. 따라서 한 번 회개하면 다시 회개할 필요가 없을 수밖에 없다. 결국 관건은 지금 내가 구원받았느냐 받지 못했느냐다. 그리고 이것은 구원파가 지속적으로 강조하는 것이다. 구원파는 늘 "구원받았습니까?"라고 묻는다.

그들은 '특정한 순간의 구원 체험'을 강조한다. 그 체험의 본질이 무엇인지에 대해서는 논란이 많다. 상당수의 구원파는 그 체험을 마르틴 루터의 '탑의 체험'이나 존 웨슬리의 '올더스게이트의 체험'과 유사한 것이라고 주장하는 경향이 있다. 구원파는 그러한 구원체험을 과거, 현재, 미래의 모든 운명이 걸려 있는 오메가포인트라고 여긴다. 그 체험을 통해서 구원파는 자신의 구원을 확신할 수 있다고 말하는 것이다. 결국 구원파는 구원 여부를 알 수 있다는 아르미니우스주의와 과거, 현재, 미래의 죄에 대한 완전한 속죄라는 칼뱅주의를 결합시킨 구원론을 만들어낸 셈이 된다. 그리고 이것은 정확히 아르뱅주의의 논리체계다.

구원파와 아르뱅주의는 사촌지간이다. 다만 구원파는 아르뱅주의의 논리 체계를 극단으로까지 밀어붙인다. 만일 내가 구원받았는지 확실히 알 수 있고, 또 한 번 구원은 영원한 구원이 맞다면 죄 사함을 받는 순간 나는 모든 죄책감으로부터 완전한 해방을 맛볼 수 있다는 것이 구원파의 논리적 귀결이다. 죄책감으로부터의 실제적이고 완전한 해방은 구원파가 가장 강조하는 주요 가르침이다. 그리고 그 완전한 해방은 먼 미래에 약속된 종말론적 평화가 아니라 바로 지금 이곳에서 맛볼 수 있는 죄 사함의 기쁨이라고 약속한다. 죄책감으로부터의 완전한 해방과 완전한 평안을 종말론적 실체가 아니라 역사적 실체로 맛볼 수 있다고 주장하는 것이다. 구원파의 이러한 주장 속에서는 '이미'만 남고 '아직'은 제거된다. 그 때문에 하나님나라의 미래성은 불신앙으로 정죄되고 오직 현재성만 남는다.

구원의 역사적 체험 속에서 하나님나라는 이미 임했다. 자, 천국이 여기 있다. 만일 지금 이곳이 천상의 삶이라면 우리의 신앙을 얽어매는 모든 의무, 형식, 절차, 규율이 다 무슨 필요가 있단 말인가? 하기 싫은 모든 것은 하지 마라. 종교적인 형식과 의무를 때려치워라. 주일성수와 십일조, 새벽예배, 금요철야, 금식, 각종 모임과 절기는 다 율법이다. 그것들은 모두 구원받은 성도를 얽어매는 낡은 율법이다. 모든 율법을 과감히 벗어버려라! 이처럼 구원파는 신도들에게 놀라운 해방감을 제공한다.

그들의 이러한 주장은 결국 칼뱅주의와 아르미니우스주의를 뒤섞어 만든 교리의 논리적 비약에서 빚어진 것이다. 하지만 이러한 구원파의 논리적 비약은 결국 구원파의 복음이 살인면허로 전락하는 것을 막을 브레이크 장치를 제거하는 결과를 초래한다. "만일 내가 구원받은 것이 확실하다면 나는 살인해도 구원받을 수 있어!" 구원파식 구원론에서 이 주장을 어떻게 오류라고 판정할 수 있겠는가.

구원파의 이러한 논리적 귀결은 아르뱅주의의 자연스러운 논리적 귀결이기도 하다. 그리고 이것은 초두에서 살펴봤던 그러한 악한 열매를 실제로 맺고 있다. 하지만 아르뱅주의는 구원파만큼 앞으로 나아가지는 않는다. 구원파는 어찌 보면 아르뱅주의의 논리적 귀결을 정직하게 받아들인 셈이다. 반면 우리 주변에서 발견할 수 있는 아르뱅주의는 이러한 논리를 극단으로까지 밀고 나아가지 못하고 중간에서 타협한 결과물이다. 그리고 이러한 타협은 구원파에게 비판의 빌미를 제공한다. 구원파는 주류 기독교 내의 아르뱅주의의 논리적 모순, 비일관성, 타협, 율법주의, 형식주의를 신랄하게 공격한다. 그러나 둘 다 동일한 교리를 바탕으로 하고 있음을 그들은 알지 못한다. 하지만 결국 구원파나 주류 교회의 아르뱅주의는 살인면허로 사용될 수 있다는 점에서 동일하다.

"영들이 하나님께 속하였나 분별하라"

우리는 한국 교회에 만연해 있는 구원론이 내용상으로는 구원파와 별 차이가 없다는 김세윤 교수의 지적을 심각하게 고려하지 않으면 안 된다. 오늘날 아르뱅주의에 물든 한국 교회는 허황된 약속을 남발하고 있다. 자신이 구원받은 사실을 알 수 있다고 하고, 한 번 구원은 영원한 구원이라고 주장한다. 그러나 이러한 아르뱅주의는 지극히 비성서적인 가르침이요, 거짓 복음이다. 이 두 가지를 합쳐서 만든 거짓 복음은 요한이 말한 거짓의 영이고 적그리스도의 영이다. "사랑하는 자들아 영을 다 믿지 말고 오직 영들이 하나님께 속하였나 분별하라. 많은 거짓 선지자가 세상에 나왔음이라"(요일 4:1).

우리는 영을 분별해야 한다. 영을 분별한다는 뜻은 무슨 투시의 은사를 받아서 사람의 마음속을 꿰뚫어본다는 말이 아니다. 영 분별이라 함은 설교나 교리를 차근차근 점검하고 성서의 가르침과 대조해보면서 비판한다는 뜻이다. 거짓된 복음, 그릇된 설교는 거짓 영이다. 그러한 거짓 복음과 그릇된 설교는 믿어서는 안 되고 분별해서 발라내야 한다. 그러한 거짓 복음을 전하는 자는 거짓 선지자다. 누가 거짓 선지자인가?

"누구든지 하나님을 사랑하노라 하고 그 형제를 미워하면 이는 거짓말하는 자니 보는 바 그 형제를 사랑하지 아니하는 자는 보지 못하는 바 하나님을 사랑할 수 없느니라. 우리가 이 계명을 주께 받았나니 하나님을 사랑하는 자는 또한 그 형제를 사랑할지니라"(요일 4:20-21). 무엇보다도 영 분별의 기준으로 가장 중요한 것 중 하나는 요한이 말한 것처럼 열매다. 요한은 사랑이라는 열매로 영을 분별할 수 있다고 말한다. 열매를 통해서 참 영과 거짓 영을 분별할 수 있다고 신구약성서는 일관되게 가르쳐준다. 선지자 이사야는 말한다. "그들은 그들의 행위의 열매를 먹을 것임이요"(사 3:10). 세례 요한은 자신에게 세례 받으러 나오는 유대인을 향해 "회개에 합당한 열매를 맺고 속으로 아브라함이 우리 조상이라 말하지 말라"(눅 3:8)고 했다. 산상설교에서 예수는 "그들의 열매로 그들을 알리라. 나더러 주여 주여 하는 자마다 다 천국에 들어갈 것이 아니요 다만 하늘에 계신 내 아버지의 뜻대로 행하는 자라야 들어가리라"(마 7:20-21)고 하셨다. 바울은 "스스로 속이지 말라. 하나님은 업신여김을 받지 아니하시나니 사람이 무엇으로 심든지 그대로 거두리라"(갈 6:7)고 했으며, 야고보는 "행함이 없는 믿음은 그 자체가 죽은 것"(약 2:17)이라고 했다.

다시 말하거니와 성서는 구원과 행위 사이의 그 어떠한 분리도 가르친 적 없다. 물론 2천 년 신학의 역사가 말해주듯 이 둘 사이의 관계를 논리적으로 규정하기란 결코 쉬운 일이 아니다. 설명하기 어렵다고 해서 진리가 아닌 것이 아니다. 성서의 진리는 분명하다. 죄 용서의 복음과 선한 열매를 맺는 윤리는 결코 분리될 수 없다. 반짝인다고 다 금은 아니지만 모든 금은 반짝일 수밖에 없다. 마찬가지로 선한 열매를 맺는다 해서 다 복음의 열매는 아니지만 복음은 반드시 선한 열매를 맺을 수밖에 없다. 이러한 원리에 기초해서 우리는 우리 시대에 스스로 진리라 주장하는 영들을 참 영과 거짓 영으로 분간할 수 있으며 분간해야 한다.

바로 이러한 분별의 결과로 아르뱅주의를 찾아내고, 이를 비판하고자 하는 것이다. 아르뱅주의는 구원의 확신과 성도의 견인을 결합시켜 만들어낸 탐욕의 복음이다. 이것이 거짓 영임이 분명한 이유는 오늘날 아르뱅주의에 물든 한국 교회가 도무지 선한 열매를 맺지 못하고 있기 때문이다. 그런데도 아르뱅주의는 그러한 열매 없음을 별 문제 아니라고 말한다. 아르뱅주의는 임박한 하나님의 심판을 보고도 괜찮다, 괜찮다고 거짓 위로하는 유대의 거짓 예언자들과 같다. 하나님께서는 그 거짓 예언자들을 향하여 이렇게 말씀하셨다. "힘 있는 자든 힘 없는 자든, 모두가 자기 잇속만을 채우며, 사기를 쳐서 재산을 모았다. 예언자와 제사장까지도 모두 한결같이 백성을 속였다. 백성이 상처를 입어 앓고 있을 때에 '괜찮다! 괜찮다!' 하고 말하지만, 괜찮기는 어디가 괜찮으냐? 그들이 그렇게 역겨운 일들을 하고도, 부끄러워하기라도 하였느냐? 천만에! 그들은 부끄러워하지도 않았고, 얼굴을 붉히지도 않았다. 그러므로 그들이 쓰러져서 시체더미를 이룰 것이다. 내가 그들에게 벌을 내릴 때에, 그들이 모두 쓰러져 죽을 것이다. 나 주의 말이다"(렘 6:13-15, 새번역).

3
아르뱅주의의 역사

1970년대의 복음주의 운동

대체 언제부터 이런 아르뱅주의가 한국 교회에 판을 치게 된 것일까? 사실 하나님의 말씀을 살인면허로 만들어온 역사는 어제오늘의 일이 아니다. 구약의 이스라엘 백성들은 제사와 성전을 살인면허로 만들었다. 그래서 홉니와 비느하스는 하나님 앞에서 참람한 짓을 방자히 행하고도 언약궤만 메고 다니면 그들의 방자함이 가려지고 전쟁에서 승리할 줄 알았다. 요한은 침례를 받으러 나오는 유대인들을 호되게 책망했는데, 이는 그들이 침례를 마치 범죄 허가증 정도로 여기고 있었기 때문이다. 예수께서는 말은 그럴듯하게 하지만 조금도 실천하지 않는 당대 유대인들을 위선자라 책망하셨는데, 그들에게 종교적 외형은 죄를 덮는 가림막이었다. 유다서의 저자는 하나님의 은혜가 범죄 허가증이라도 되는 양 여기는 이단들을 "하나님의 은혜를 방탕한 것으로 바꾸었다"라고 저주했으며(유 1:4), 밧모 섬에서 요한에게 계시를 주신 그리스도는 버가모 교회가 죄를 지어도 무방하다는 '발람의 교훈'을 받아들인 것을 호되게 질책하셨다(계 2:14).

교회사를 보더라도 마찬가지다. 중세 가톨릭교회는 그릇된 신학과 전통으로 십자군 전쟁을 일으켰을 뿐만 아니라, 십자군 전쟁 때 죽은 자의 죄벌을 무제한 용서해준다며 실제로 살인면허를 발급한 적이 있다. 그것이 바로 최초의 면죄부다. 16세기 루터의 종교개혁을 일으키게 한 결정적인 원인도 바로 면죄부다. 한마디로 복음을 살인면허로 바꾸어온 역사는 하루이틀이 아니다. 인간의 죄악된 본성이 기회만 있으면 하나님의 말씀을 왜곡하고, 복음을 방탕한 색욕거리로 혹은 범죄허가증으로 바꾸려 했다는 사실을 기억해야 한다. 즉 아르뱅주의는 복음인 양 가장한 거짓 복음이다. 예수의 말씀대로 아르뱅주의는 순전한 복음의 밭에 사탄이 은밀하게 가라지의 씨를 뿌려서 맺은 악한 열매다. 그리고 오늘날 우리는 새로운 형태의 면죄부가 한국 교회에서 판매되고 있음을 보게 된다.

그러면 대체 언제부터 이런 아르뱅주의가 한국 교회에 나타나기 시작했는가? 내 생각으로는 미국에서 신복음주의가 유입되기 시작한 1970년대 이전에는 한국 교회에 아르뱅주의가 그렇게 왕성하게 나타나지 않았던 것 같다. 그렇다면 신복음주의가 대체 무엇이기에 이것이 아르뱅주의의 출현과 관계가 있단 말인가? 신복음주의란 새로운 복음주의라는 말이다. 새로운 복음주의는 뭐고, 본래 복음주의는 무얼 말하는가? 복음주의Evangelicalism란 용어는 의외로 굉장히 복잡한 용어다. 그래서 여기서는 자세한 설명은 생략하고 다만 복음주의란 복음전도

evangelism에 굉장히 많은 강조를 하는 교회의 전통을 말한다는 것으로 그치겠다. 특히 18-19세기 대부흥 운동 시절 복음주의 운동은 절정을 구가했다. 그렇다면 신복음주의는 무엇인가? 신복음주의는 1940년대 이후 미국에서 생겨난 새로운 복음주의 운동이다. 18-19세기 대부흥 운동 때 강력한 위세를 떨쳤던 복음주의 운동은 19세기 근본주의와 자유주의 간의 격렬한 논쟁 때문에 잠시 사그라든다. 그러다가 20세기 초반에 다시 목소리를 내기 시작하는데, 특히 1940년을 전후로 미국에서는 미국복음주의협의회N.A.E가 결성되고 이를 중심으로 근본주의 신학에서 떨어져 나온 다소 온건하고 중도적인 입장의 복음주의 운동이 새 복음주의 운동의 중심 세력으로 자리 잡게 된다. 바로 이를 신복음주의라고 한다.[7]

신복음주의 운동의 걸출한 지도자는 단연 빌리 그레이엄Billy Graham이다. 그는 신학적으로나 방법론적으로 18-19세기 복음주의 운동의 후예라고 할 수 있다. 그는 선배들의 캠프 집회를 초대형 대중 전도집회로 발전시켜 전 세계적으로 엄청난 영향을 끼친다. 신학적으로 보면 빌리 그레이엄의 메시지는 아르미우스주의적이다. 왜냐하면 빌리 그레이엄은 기본적으로 보편속죄에 기초해서 복음을 전하며, 그의 집회의 절정 때는 늘 예수를 영접하도록 초청하기 때문이다.

빌리 그레이엄은 1956년에 한국에서 최초로 전도집회를 개최한 이후, 1973년, 1974년, 1977년 등 여러 차례 한국을 방문해서 초대형 전도집회를 인도했다. 그중에서도 가장 인상적으로 남는 대회는 집회 마지막 날에만 110여 만 명이 참석한 1973년의 빌리 그레이엄 전도집회다. 또 1974년에 한국대학생선교회ccc가 주최한 〈EXPLO 74〉 대회는 더욱 성공적이어서 전하는 기록에 의하면 이 대회에 참석한 전체 연인 원이 1,700만 명을 넘었다고 한다. 단군 이래 최대 행사이자 세계 최대 전도집회였다.

빌리 그레이엄의 초대형 전도집회가 중요한 이유는 바로 이때부터 한국 교회에 소위 본격적인 복음주의 운동이 시작되기 때문이다. 물론 한국 교회는 맨 처음 시작할 때부터 복음주의적 특성을 지니고 있었다. 그래서 한국 교회의 역사 속에서 복음주의 운동은 지속적으로 있어왔다. 그러나 한국 교회는 전통적으로 보수신학과 진보신학이 양대 산맥을 이루며 발전해왔다. 그런데 1970년대 이후 복음전도를 강조하는 운동이 강세를 떨치면서 보수신학과 진보신학을 모두 아우르기 시작한다. 그리고 이때부터 한국 교회는 실세적으로나 신학적으로 복음주의 운동이라고 할 만한 뚜렷한 움직임이 등장하게 된다.[8]

미국의 신복음주의 운동에 영향을 받아 1960-1970년대를 전후로 대중 전도집회와 복음주의 학생선교운동 등이 결합된, 그 이전과는 뚜렷하게 구별된 복음주의 운동이 시작된다. 그리고 이 운동의 중심에 빌리 그레이엄의 초대형 전도집회가 자리 잡고 있는 것이다. 그러니까 빌리 그레이엄의 집회를 전후로 한국에서는 선교단체를 중심으로 하는 학생선교운동, 초대형 대중집회운동, 복음주의 문서선교운동 등이 동시다발적으로 일어나게 되는데, 이것이 내가 말하고자 하는 복음주의 운동이다.[9] 더불어 1970년에 조직된 한국복음주의신학회Korea Evangelical Theology Society와 1974년에 창립된 아세아연합신학대학Asian Center for Theological Studies and Mission 등은 이러한 복음주의 운동에 신학적 지도력을 발휘했다.[10]

교단적으로 보면 복음주의 운동은 거의 언제나 초교파를 표방했다. 이 때문에 1970년대 이후 한국의 복음주의 운동은 보수와 진보교단 모두 참여할 수 있었다. 그러나 신학적으로 보자면 이 시기의 복음주의 운동은 대체로 아르미니우스주의적 성향이 강했다. 전통적으로 장로교 성향이 강한 한국 교회에 아르미니우스주의 신학이 본격적으로 영향을 미치게 된 시기가 바로 이 신복음주의 운동의 영향으로 생겨난 때이다. 특히 빌리 그레이엄은 신학적으로 아르미니우스주의에 크게 경도된 인물로, 그의 집회의 절정에는 거의 언제나 예수를 마음에 영접하기로 결심하는 사람을 그 자리에서 일어서게 하는 초청의 시간이 배치되어 있었다. 그리고 그때 일어선 결신자의 숫자는 종종 빌리 그레이엄이 얼마나 위대한 능력을 지닌 복음전도자인지 홍보하기 위한 수단으로 사용되곤 했다.

여의도 광장에서 수백만 명 혹은 수천만 명에게 복음을 전할 때 빌리 그레이엄은 복음과 함께 그가 가지고 있었던 아르미니우스주의 신학도 함께 전했다. 그는 설교할 때 "이 지구상에 단 한 명이 살고 있다고 하더라도 예수께서는 그를 위해서 십자가에서 돌아가셨을 것입니다"라고 설교했다. 그가 누구든 관계없이 단 한 사람의 영혼을 위해서 예수께서는 그를 위해 십자가에서 돌아가셨을 것이라는 그의 설교는, 아르미니우스주의의 보편속죄론에 대한 실로 감동적인 묘사다. 만일 그가 예수는 택자만을 위해서 돌아가셨다는 제한속죄설을 믿고 있었다면 결코 그 같은 설교는 할 수 없었을 것이다. 아마도 그는 이런 단서를 붙였을 것이다. "이 지구상에 단 한 명의 택자가 살고 있었다고 하더라도…" 그러나 자신이 택자인지 비택자인지 모르는 청중에게 이 말이 무슨 감동을 일으키겠는가? 빌리 그레이엄의 설교의 파워는, 예수는 모든 사람을 위해서, 아니 '바로 당신을 위해서' 돌아가셨다고 역설한 점에 있었다.

그는 설교의 말미에 청중들을 향해 호소했다. "교회에 다니고 있는 사람이든 그렇지 않은 사람이든 관계없이 지금 이 순간 마음속에 예수를 영접하기 원하는 사람은 그 자리에서 일어서십시오!" 1973년 빌리 그레이엄의 전도집회 기간 동안 결신한 사람의 숫자는 81,842명에 달했다.[11] 물론 이 결신자의 숫자는 영접 초청에 응답한 사람들의 숫자다. 그리고 이러한 초청은 웨슬리안-아르미니우스주의의 전통에 기초한 복음주의적 초청이었다.

이러한 결신의 시간은 칼뱅주의 전통에서 신앙생활을 해왔던 한국 교회 신자들에게 신선한 충격을 주었다. 자신이 구원받았는지 전혀 알지 못하고 신앙생활을 했던 이들에게 자신이 구원받았다는 사실을 알려주었기 때문이다. 당시 전통적인 교회에서 신앙생활을 해왔던 다수의 한국 교회 신자들은 자기 영혼의 구원 문제에 대해서 심각한 고민을 해본 적이 별로 없었다. 특히 누가 택자이고 누가 비택자인지 알 수 없다고 가르치는 칼뱅주의 체계에서는 교회들이 구원의 문제에 대해서 침묵하는 쪽으로 선택할 가능성이 많았는데, 당시 한국 교회가 그런 상황이었다. 그래서 집회에 참석한 신자 중에는 "나는 평생 교회를 다녔지만 내가 거듭났는지 않았는지 한 번도 관심을 가져본 적이 없었어요"라고 고백하는 이들이 왕왕 생겨났던 것이다.

그러니까 빌리 그레이엄의 전도집회는 먼저는 기독교의 본질이 자기 영혼의 구원에 관한 문제라는 사실을 알게 했으며, 두 번째는 자신이 결단함으로 구원을 받을 수 있다는 사실을 깨닫게 해주었던 것이다. 구원을 전적으로 하나님의 예정에만 맡겨두고 자신은 그저 교회에 나가 신앙생활만 열심히 하면 하나님의 은총으로 구원받게 되는 줄로 알고 있던 이들이 "아, 내가 결단하면 구원을 받을 수 있구나!"라는 큰 깨달음을 얻게 된 것이다. 자신의 구원을 전적으로 하나님의 주권에만 맡겨 왔던 칼뱅주의적 전통의 신자들에게 이러한 복음주의 집회가 주었을 충격이 얼마나 신선했을지는 상상하고도 남음이 있다.

그런데 이러한 깨달음을 얻는 순간 부작용이 나타나기 시작한다. "왜 그동안 우리 교회에서는 이 복음을 가르쳐주지 않았을까?"바로 이 순간 기성 교회들은 순식간에 거짓 교회 내지는 최소한 영혼 구원에 무관심한 교회가 되고 말았기 때문이다. 복음에 대해서 강조하지 않았던 기존의 모든 교회들, 자신의 영혼의 구원 문제에 대해서 설교하지 않았던 목회자들, 구원의 길을 알려주지도 않고 또 결단할 기회를 주지도 않았던 전통 기독교는 순식간에 영혼 구원에 무관심한 교회가 되어버렸다. 실제로 그런 면이 없지는 않았지만 그러나 그러한 대조가 과장된 것도 사실이다.

특히 이러한 대립은 1960년대 이후 대학교 캠퍼스를 중심으로 왕성한 활동을 해온 학생 선교 단체들에 의해서 더욱 심화되었다. 학생 선교단체는 1960년대 이후로 꾸준히 성장하다가 1974년 CCC가 EXPLO 대회를 성공적으로 개최한 이후 큰 성공을 거두는데 그 성공의 이면에도 다름 아닌 복음주의적 메시지가 한몫했던 것이다. CCC의 사영리와 네비게이토의 브릿지 예화 등을 통한 개인전도는 선교단체의 가장 일반적인 전도법이었으며, 특별히 회심 체험을 강조하고 회심

체험에 기초한 구원의 확신을 강조했다.[12] 이처럼 학생 선교단체의 일대일 전도법은 구원 초청, 영접 기도, 구원의 확신 등을 강조한다는 점에서 아르미니우스주의 신학의 영향을 받았다고 해도 크게 틀린 말은 아닐 것이다.

앞서 얘기했던 부작용이 선교단체를 통해 복음을 듣고 예수를 영접한 대학생 결신자들 가운데서도 나타나기 시작했다. 그들 중 적지 않은 사람들은 어려서부터 신앙생활을 해왔던 그리스도인들이었는데, 학생 선교단체를 통해 예수를 영접한 학생들에게 전통교회는 복음에 대해 무지하고, 영혼 구원에 무관심한, 생명 없는 교회로 비추어졌다. 반대로 선교단체들은 복음이 선명하고, 구령의 열정으로 가득하며, 전도와 선교에 목숨을 거는 생명 있는 단체처럼 보였다. 이러한 이분법은 1970년대 이후로 교회church와 선교단체para-church 간의 갈등의 한 요인이 된다. 심지어 UBF 같은 곳은 자신들이 지역교회를 대체한다는 과격한 주장까지 내놓았다.[13]

복음주의 4인방과 새로운 교회의 출현

대중 전도집회와 학생 선교단체를 통한 복음주의 운동은 점차 한국교회를 바꾸기 시작했다. 1980년대가 되면서 학생 선교단체의 정신과 방법론을 지역교회에 접목하려는 시도들이 생겨나게 된다. 우선은 청년대학부를 중심으로 선교단체에서 실시하고 있던 제자훈련 프로그램을 도입하는 교회들이 생겨났다. 그러한 교회들은 청년대학부의 엄청난 성장을 맛보게 된다. 내가 대학생 시절 훈련을 배웠던 교회도 바로 이러한 교회 중 하나였다.

1980년대 중반을 넘어서면서 청년대학부뿐만 아니라 아예 교회 전체가 제자훈련을 배우는 교회가 등장하기 시작했다. 특히 선교단체 출신이거나 제자훈련 프로그램을 잘 아는 목회자들이 교회개척에 뛰어들어 청년뿐만 아니라 장년까지 전 성도를 제자훈련과정에 편입시키는 새로운 형태의 교회를 목회하기 시작했다. 이러한 교회들이 생겨나기 전만 해도 선교단체는 전문성을 독점하고, 지역교회는 후진성을 면치 못하는 구도였다. 그러나 이제 선교단체를 능가하는 고도로 체계적이고 전문적인 훈련 프로그램을 가동하는 지역교회들이 속속 등장하기 시작했다.

이러한 복음주의 교회개척 운동을 이끈 지도자들은 우리에게 복음주의 지도자 4인방으로 알려진 이들 곧 홍정길, 옥한흠, 하용조, 이동원 목사다. 이들은 대체로 선교단체 출신이거나 제자훈련을 직간접적으로 체험한 목회자들로서 선교단체의 정신과 방법론을 지역교회에 훌륭하게 접목한 대표자로 꼽힌다. 이들의 교회개척과 성공적인 목회는 그 자체만으로 한국 교회에 큰 반향을 일으켰다. 이들의 선명한 복음, 한 영혼에 대한 사랑, 복음전도에 대한 강조, 제자훈련과 체계적인 양육, 세계선교의 비전 등을 특징으로 하는 교회를 세웠다. 이러한 복음주의적 강조는 확실히 기성교회와는 뚜렷한 차별성을 만들었다. 그리하여 그들은 금세 한국 교회의 새로운 지도자로 부상하게 되었다. 더불어 4인방은 목회자와 신학생들의 멘토로서, 나아가 교회개혁을 이끌 선도자로서 기대되었다. 이러한 복음주의 운동은 기성 교회에 신선한 충격과 자극을 주기에 충분했다. 그리고 이들의 메시지와 방법론은 순식간에 한국 교회에 전파되기 시작했다. 1980년대 이후 사랑의 교회의 제자훈련과 온누리교회의 경배와 찬양의 영향을 받지 않은 한국 교회는 없을 정도로, 믿기 어려울 정도로 짧은 시간 내에 한국 교회는 4인방이 주도하는 복음주의적 영향권 안에 급속하게 빨려 들어가게 되었다.

그런데 이들 복음주의 4인방에 의해 주도된 복음주의 운동은 신학적으로는 그다지 진지하지 못했다. 사실 이들은 전통적인 교회의 고답적인 신학적 논쟁이 구태의연한 모습인 양 여기고 한 영혼이라도 구원하는 것이 훨씬 더 긴급한 사명인 양 여겼다. 사실 복음주의는 태생적으로 이론 신학보다는 실천적인 문제에 더 많은 관심을 기울이는 경향이 있기는 하지만 1970년대를 전후로 등장한 복음주의 운동은 더욱 그러했다. 로버트 웨버Robert Webber는 이러한 류의 신학적으로 덜 진지한 복음주의자들을 가리켜 실용적 복음주의자라고 불렀다. 그에 의하면 실용적 복음주의는 고답적 교리논쟁보다는 실용성을 강조하고, 문화에 대해서 더 수용적이며, 구도자에 대해서 민감하고, 첨단 테크놀로지와 문화 등을 적극적으로 도입한 것을 특징이라고 꼽는다.[14] 실용적 복음주의자들의 주된 관심은 교회도 현대인에게 충분히 매력을 느낄 수 있는 세련된 곳이라는 점을 보여주는 것이었다.

그러다 보니 실용적 복음주의자들은 점차 탈신학적이 되어갔다. 그리고 나는 이러한 실용적 복음주의의 탈신학적 성향이 아르뱅주의의 출현에 중요한 기여를 했다고 본다. 실용적 복음주의는 칼뱅주의나 아르미니우스주의냐 하는 문제로 입씨름을 하느니, 차라리 밖에 나가서

한 영혼이라도 전도하는 것이 낫다고 생각하는 경향이 있었다. 그러다 보니 자연스럽게 칼뱅주의와 아르미니우스주의 모두를 편리하게 수용하고 활용하는 다원주의적 태도가 생겨난다. 이에 대해서 웨버는 이렇게 주장하고 있다.

> 그의 저서를 통해, 그리고 '19세기 복음주의 계승자'로서 권리를 주장하는 여러 웨슬리주의자를 통해 신복음주의의 개혁주의 리더들은 신학적 통제력을 상실하고, 사실상 신학적 전통이 다른데도 웨슬리주의자를 복음주의 진영으로 받아들였다. 신학적인 일치는 사라졌다. 신학적 다양성이 탄생한 것이다.[15]

실용적 복음주의자들은 성향상 회심이라는 실제 결과를 얼마나 만들어내며, 교인을 얼마나 잘 훈련시키고 제자화하느냐에 대해서는 많은 관심을 기울였지만 복잡하고 까다로운 교리적 문제는 가급적 회피하는 경향이 있었다. 일부 칼뱅주의자들은 이러한 실용주의적 복음주의의 기원을 마치 아르미니우스주의 신학에서 기원한 양 호도하기도 한다. 하지만 이러한 비판은 그다지 설득력 있어 보이지 않는다.[16] 비록 웨슬리파가 칼뱅주의자에 비해 좀 더 실용주의적이고 방법론적이긴 했으나 그들이 지적으로나 교리적으로 열등하다고 볼 수는 없다. 어쨌든 중요한 것은 세계적으로 1960년대 이후 등장한 실용주의적 복음주의는 실용적 관점에서 칼뱅주의와 아르미니우스주의 모두를 수용했으며, 이 둘 사이의 전통적인 투쟁의 분위기를 화해 분위기로 바꾸었다는 사실이다. 그리고 그러한 분위기가 한국에도 그대로 전해지게 되었다.

이 실용적 복음주의가 칼뱅주의와 아르미니우스주의가 서로 갈등 없이 결합하게 된 중요한 환경을 제공했다고 본다. 이런 점에서 실용적 복음주의는 아르뱅주의의 태동을 가능케 한 배양기 노릇을 했다. 그러나 1980년대 한국 교회에 큰 영향을 미친 실용적 복음주의는 그 자체로는 아르뱅주의와는 거리가 멀었다. 1980년대에 새로운 형태의 교회개척에 성공한 실용적 복음주의자들, 특히 복음주의 4인방의 공통점은 헌신과 제자도, 제자훈련을 많이 강조했다는 점 때문이다. 그 중에서도 옥한흠 목사의 제자훈련은 엄격하기로 소문이 났는데, 오죽 하면 제자훈련 하는 동안에는 아프지도 말아야 한다는 말이 회자될 정도였다. 더불어 이들 4인방은 그들 스스로 높은 도덕성을 유지하며, 한국 교회의 도덕적 개혁에도 많은 발언과 기여를 하였다. 따라서 복음주의 4인방을 아르뱅주의자라고 단정할 수는 없다. 다만 이들 4인방은 신학적으로 충분히 진지하지 못했다는 점에서 한계가 있었고, 이러한 탈신학적 특성으로 말미암아 아르뱅주의가 탄생하는 과정을 엄격하게 감시하지 못했다는 점은 지적되어야 마땅하다.

메가처치 현상의 등장

1980년대에 한국 교회에 큰 영향을 미친 실용적 복음주의가 아르뱅주의의 태동을 가능케 한 배양기 노릇을 했다면, 아르뱅주의의 성장을 촉진시킨 촉매제는 메가처치 현상이라고 할 수 있다. 여기서 메가처치 현상이라고 부르는 것은 큰 교회든 작은 교회든 할 것 없이 너도나도 무한성장을 추구하여 일어나는 거대한 종교사회적 역동을 가리킨다.[17] 이러한 현상 속에서 주일 평균 출석인원이 2천 명이 넘는 메가처치가 모든 교회의 표본인 것처럼 여겨지기 시작했다. 메가처치 현상 속에서 한국 교회는 1퍼센트의 메가처치와 99퍼센트의 잠재적 메가처치가 있다고 해도 과언이 아니다. 즉 모든 교회가 메가처치이거나 메가처치를 지향하고 있는 상황인 것이다. 이러한 현상이 본격적으로 나타나기 시작한 때가 바로 1980년대쯤으로 보인다.

한국 교회에 메가처치가 처음 등장하기 시작한 것은 1950년대부터라고 할 수 있을 것이다. 1945년도에 설립된 서울 영락교회는 1950년에 이미 3,000명이 넘는 교인들이 출석하는 당시로서는 초대형 교회였다.[18] 영락교회가 메가처치 1세대교회의 대표주자라면 단일 교회로는 세계에서 가장 큰 여의도순복음교회는 2세대 메가처치의 대표주자다. 2세대 메가처치라 함은 1960-70년대에 세워진 메가처치를 말한다. 그러나 1세대와 2세대 메가처치가 뭇 사람들의 관심과 시선을 잡아끌었을 때에도 한국 교회에는 너도나도 메가처치를 추구하고자 하는 경향이 그렇게 크게 감지되지 않았다.

사실 1970년대까지만 해도 한국 교회의 목회자와 신자들은 교회의 양적 성장에 대해서 다소 의심스러운 눈빛을 보내고 있었다. 여의도 순복음교회가 세계가 놀랄 만한 초고속 성장을 하는 와중에도 일부를 제외한 한국 교회의 많은 신자들은 그 교회의 정체성에 대해서 미심쩍어했다. 1세대 메가처치에 속한다고 할 수 있는 영락교회의 경우는 1976년, 교회개척 30주년을 즈음해서 열린 신학 강연회에서 지나친 양적 성장으로 친교가 깨지고 사랑의 공동체가 퇴색했다는 자체 비판을 하기도 했다.[19] 즉 1970년대까지만 해도 메가처치는 특별히 부정적이지도 않았지만 그렇다고 적극적으로 표방해야 하는 교회의 모델도 아니었던 것이다.

그러나 1980년대가 되자 상황이 바뀌기 시작했다. 이렇게 된 데에는 수많은 이유와 원인들이 있을 것이다. 우선 1970년대에 일어난 한국 교회의 극적인 성장 속도가 만들어낸 부작용들이 크다. 신학교를 졸업한 수많은 목회자 후보생들의 대대적인 교회개척, 교단의 영향력의 약화와 개교회주의의 출현, 교회성장학의 범람 등이 바로 그러한 부작용이라고 할 수 있을 것이다.

이와 함께 지적할 수 있는 것은 복음주의 4인방이 메가처치 현상에 끼친 영향이다. 이들 복음주의 지도자 4인방이 개척한 교회는 모두 메가처치로, 이들은 소위 성공한 목회자다. 웨버도 미국의 실용적 복음주의자들이 메가처치 현상의 주된 지도자라는 사실을 지적하고 있다.[20] 4인방의 맏형뻘인 홍정길 목사는 자기 목회의 롤 모델이 미국의 메가처치였다고 고백한 바 있다.[21] 즉 한국의 실용적 복음주의자 4인방은 미국의 실용적 복음주의자들이 목회하는 메가처치를 롤 모델로 삼았고, 다시 절대 다수의 한국 교회는 이들 4인방의 메가처치를 롤 모델로 삼은 것이다. 어쨌든 이들 복음주의 지도자 4인방의 사역과 설교, 각종 책은 한국 교회 목회자와 신자들에게 큰 반향을 일으켰는데, 이들의 복음주의 운동은 교회개혁이라는 함의를 포함하고 있었다. 그러면서 이들 복음주의 지도자들의 목회와 사역 안에서 교회개혁의 이미지와 메가처치의 이미지가 겹치게 되었다. 한국 교회의 멘토로 자리 잡은 4인방의 인물들 안에서 개혁과 혁신이라는 이미지와 메가처치라는 이미지가 중첩된 것이다. 그러면서 자연스럽게 메가처치에 대한 부정적인 이미지들이 씻겨나갔다.

이들 실용적 복음주의자들은 건강한 교회는 질적 성장과 함께 양적 성장도 동반한다는 신념을 만들어 유포했다. 특히 옥한흠 목사는 제자훈련이 교회의 건강성을 회복하고, 회복된 건강성은 자연스럽게 교회성장을 가능케 한다고 주장했던 것이다.[22] 이러한 그의 주장은 칼세미나CAL seminar를 통해서 전국교회 목회자들에게 영향을 미치게 되었다. 하지만 이러한 옥한흠 목사의 주장은 그것이 대중화되면서 그 애초의 의도가 충분히 반영되지 못한 채 확산되고 만다. 즉 점차 제자훈련이 교회성장의 훌륭한 방법론처럼 여겨지게 된 것이다. 그래서 점점 질적 성장에 대한 강조는 약화되고 양적 성장에 대한 강조만 남게 된다.

이러한 결과의 책임을 4인방, 특히 옥한흠 목사에게 전적으로 돌리는 것은 부당할 것이다. 사실 옥한흠 목사는 교회의 대형화에 대해서 대단히 많은 고민을 했다. 그의 유작 《옥한흠 목사가 목사에게》에서 그는 교회의 성장을 한편에서는 하나님의 축복으로 여긴다.[23] 그러나 동시에 그는 교회의 대형화가 얼마나 위험스러운 일인지에 대해서 수시로 경고한다.[24] 특히 그는 성장을 위한 성장은 탐욕이라고 강하게 질타했다.

마찬가지로 대형 교회 목회자들을 보면 그 정도만 해도 감당하기 힘든 사이즈인데 계속 더 모으려는 탐욕이 잠재의식 속에 있습니다. 그러고는 신실한 목회자, 한 영혼 한 영혼을 소중히 여기는 목회자의 이미지를 심기 위해 그럴듯한 미사여구로 교인들을 속이는 경우를 자주 봅니다. "우리 교회는 한 사람을 절대로 무시하지 않습니다." 그런데 무슨 재주로 무시하지 않을 수 있습니까? 교회가 양적으로 커지면 자연히 한 사람이 소외되는 사각지대가 생기기 마련입니다. 아무리 춤을 추고 장구를 쳐도 안 됩니다. 사람의 능력에는 한계가 있습니다.[25]

그러나 옥한흠 목사는 비의도적이고, 자연스러운, 소위 '건강한' 교회 성장을 반대한 적이 거의 없다. 그의 표현대로 하자면 목회자가 한 영혼을 위해서 헌신하고 사역할 때 자연스럽게 교회가 성장하고 부흥하는 것이며, 이런 경우 이러한 교회성장은 도리어 축복이라는 것이다. 즉 그는 좋은 메가처치와 나쁜 메가처치를 구분하고 있으며, 자의든 타의든 그를 멘토로 여기는 이들에게 좋은 메가처치 목회를 하라고 권고했던 것이다.[26] 하지만 그는 교회의 크기 자체가 교회의 본질에 중대한 왜곡을 준다는 사실을 명료하게 깨닫거나 인정하지는 않았다. 그리고 4인방은 모두 건강한 메가처치를 목양하고 있으니 메가처치를 지향하는 것이 결국 그들을 본받는 것과 다르지 않았다. 그 덕에 후배 목회자들은 너도나도 4인방을 멘토로 삼고 건강한(?) 메가처치 목회를 하기 위해서 메가처치 현상에 뛰어들게 된다.

결국 이들 4인방이 메가처치에 대해서 가지고 있었던 전통적인 부정적인 관점을 긍정적 관점으로 바꾸고, 메가처치를 하나의 롤 모델로 여기게 하는 데 결정적인 기여를 한 점은 지적되어야 할 것이다. 이것은 4인방의 공헌이 아무리 크다고 하더라도 간과해서는 안 되는 문제다. 이에 대해서 박영돈 교수의 지적은 적절하다고 할 수 있을 것이다.

> 옥 목사를 비롯한 '복음주의 4인방'은 한국 교회 발전에 기여한 점이
> 많다. 그러나 그들은 대형화의 폐단을 막지 못하고 그 대세에 안일하
> 게 편승하여 부흥하는 교회를 일구어낸 성공한 목사라는 입지를 굳히
> 는 데 머물고 말았다. 또한 아쉽게도 한국 교회의 미래를 여는 새로운
> 교회 운동의 물꼬를 트는 데는 공헌하지 못했다. ⋯ 그들이 존경받는
> 목사들이었기에 어쩌면 한국 교회에 미친 선한 영향 뒤에 가려져 무형
> 적인 해악도 컸을지 모른다. 그들의 본을 통해서 큰 교회를 이루는 것
> 이 성공한 목회라는 인식이 교계에 편만해져 한국 교회가 하나님나라
> 의 가치관보다 세상의 가치관에 휘둘리는 것을 막아내지 못하고 오히
> 려 기여한 꼴이 된 게 아닌지 자문해보아야 할 것이다. 왜냐하면 젊은
> 목사들에게 그들의 발자취를 따르도록 상당한 영감을 불어넣었기 때
> 문이다.[27]

1980년대에 등장한 4인방에 의해 이루어진 메가처치에 대한 이미
지 탈색 작업으로 인해 1990년대 이후 메가처치 현상은 가히 광풍이
라고 할 정도로 폭발적으로 일어나게 된다. 이러한 폭발적인 확장은
한국 교회의 지형도를 삽시간에 바꾸어놓고 말았다. 갑자기 모든 교회
가 영혼구원, 복음전도, 세계선교를 강조하기 시작했다. 이러한 복음
주의적 강조는 교회성장학과 결합되어 더욱 증폭되었다. 그래서 전도
와 선교에 대한 복음주의적 강조와 교회성장이 결합되면서 예수 그리
스도의 지상명령은 이제 점차 교회성장 명령으로 이해되기 시작했다.

한 영혼을 향한 순수한 사랑은 수단과 방법을 가리지 않고 자기 교회의 빈 의자에 사람을 데려다 앉히는 것과 동일한 것이 되었다. 자신들의 교회가 천 명, 만 명, 십만 명으로 성장하는 것은 복음이 땅끝까지 전파되는 것과 동일하다고 여기기 시작한 것이다. 점차 인과관계가 뒤집어졌다. 교회의 건강성이 양적 성장을 가능케 해주리라는 옥한흠 목사의 주장은 뒤집어졌다. 그래서 교회의 양적 성장이 도리어 교회의 건강성의 증거로 간주되었다. 더불어 교회성장은 지상명령에 순종하는 충성의 표지로 간주되었다. 그리고 바로 이러한 메가처치 현상이 아르뱅주의의 성장을 촉진시켰다는 것이 나의 판단이다.

아르뱅주의 시대의 도래

한국은 전통적으로 장로교가 강세인 지역이었다. 그러니까 신학적으로는 칼뱅주의가 주도적인 곳이었다고 말할 수 있다. 그런데 이러한 한국 교회가 1960년대 이후부터 신복음주의로부터 영향 받은 복음주의 운동에 영향을 받으면서 아르미니우스주의 신학과 강력하게 접촉하게 되었다. 한국 교회를 강타한 새로운 형태의 복음주의는 놀라울 정도로 실용주의적이어서 칼뱅주의와 아르미니우스주의의 결합이 어떤 의미를 갖는지에 대해서 세심하게 분별하는 일에 별 관심이 없었다. 그리고 이것이 점차로 아르뱅주의가 번식할 수 있는 호조건을 만들어낼 수 있었다.

1970년대에 한국 교회에 복음주의 운동이 소개될 때만 하더라도 아르뱅주의는 거의 존재하지 않았다. 새로운 형태의 복음주의 운동은 한결같이 '제자화'를 강조하며 신자의 삶에 대해서 강력하게 도전을 했다는 점을 기억할 필요가 있다. 예컨대 학생 선교단체의 경우는 대체로 혹독하기로 소문난 다양한 훈련 프로그램을 갖추고 있었다. 네비게이토 선교회 같은 경우는 신앙수준에 따라 그리스도인을 회심자convertor, 제자disciple, 일꾼worker, 리더leader로 나누고 회심자를 리더로까지 성장시키는 고도로 체계적이고 정교한 양육 프로그램을 개발했다.[28] 학생선교단체가 한국 교회에 끼친 긍정적인 영향 중 하나는 바로 제자도discipleship에 대한 강조라고 할 수 있는데, 이는 선교단체가 성화의 문제, 즉 신자의 경건생활에 대해서 각별한 관심을 가지고 있었음을 알 수 있다. 그리고 이러한 양육과 훈련에 대한 강조는 4인방을 중심으로 하는 실용적 복음주의자들의 교회 내에서도 큰 변화 없이 유지되었다.

하지만 문제는 실용적 복음주의자들이 강조했던 경건생활이라는 것이 대체로 개인경건의 삶과 전도 및 해외선교에 과도하게 집중되었다는 것이다. 그래서 네비게이토 선교회 같은 선교단체가 추구하는 제자훈련의 목표라는 것이 결국은 전도하고 제자훈련시키는 사람을 양성해내는 것으로 한정되고 만다. 아울러서 그리스도의 주권에 복종한다는 것은 산상설교의 준수를 의미한다기보다는 아프리카 같은 오지에도 기꺼이 선교사로 나갈 수 있을 정도로 헌신된 자세로 여겨졌다. 그러니까 성화라는 것이 무엇보다도 전도와 선교라는 복음주의적 강조라는 맥락 안에서 이해되고 실천된 것이다.

이러한 제자훈련이 프로그램화되어서 지역교회에 안착될 즈음에는 제자훈련이란 교인들을 전도인으로 양성하고 동력화하는 수단 정도로 전환되고 만다. 더구나 메가처치 현상이 광풍처럼 몰아닥치기 시작하자 교회는 전 교인을 전도인으로 차출하는 총력 동원체제로 재편된다. 본래 옥한흠 목사의 제자훈련은 만인제사장주의에 기초한 급진적 평신도 신학으로부터 출발했다. 하지만 그것이 일반 지역교회에 수용될 때에는 평신도를 성숙한 사역자로 삼겠다는 급진적 철학은 잃어버린 채 그저 목사의 권위를 넘보지 않으면서도 사역자와 같은 마음으로 전심을 다해 전도하고 양육시키는 양질의 일꾼을 만드는 법이 되고 만다. 한마디로 교회성장의 수단이 되어버린 것이다. 그리고 이러한 딜레마는 사랑의교회가 메가처치로 성장해가는 과정에서 옥한흠 목사 자신도 경험했던 문제였던 듯하다.

이러한 와중에 아르뱅주의는 서서히 그 모습을 드러내기 시작한다. 실용적 복음주의와 메가처치 현상이 서로 맞물리면서 어떻게 하면 교회를 성장시킬 수 있을까, 또 어떻게 하면 불신자를 교회로 끌어올까 하는 것에 과도하게 관심을 기울이게 된다. 다양한 전도법이 개발되고, 점차 잘 먹히는 전도법, 잘 먹히는 복음메시지 등이 가공되기 시작했다. 그러면서 진지한 반성 없이 점차 구원의 확신과 성도의 견인을 연결짓는 아르뱅주의가 나타나기 시작한 것이다. 하지만 교회는 이에 대해서 신학적 성찰을 할 만한 여유가 없었다. 왜냐하면 목회현장은 사실상 전쟁터나 다름없었기 때문이다. 성장하지 않으면 도태된다. 그런데 한가롭게 신학이나 논하고 앉아 있게 생겼는가.

교회에서 교인들을 전도인으로 양성할 때, 꼭 하는 훈련 중 하나가 4영리나 혹은 그것을 응용하고 변형한 매개물(화장지, 소금, 사탕 등)을 가지고 최단시간 내에 불신자에게 복음을 소개하고 영접시킨 뒤 구원을 확신시켜주는 기술이다. 이때, 불신자에게 "예수님을 마음속에 영접하시겠습니까?"라고 영접 초청을 하는 방식은 앞에서 설명했듯이 아르미니우스주의적 방법론이다. 일단 예수를 영접한 사람에게 "한 번 구원은 영원히 흔들림 없이 보장됩니다"라고 주장할 때는 칼뱅주의의 견인 교리에 기초한 구원의 확신이다. 전도의 현장에서 이 두 가지 이질적인 메시지가 아무런 갈등이나 충돌 없이 자연스럽게 결합되어 불신자에게 제공되기 시작했던 것이다. 바야흐로 아르뱅주의가 본격적으로 그 모습을 드러내는 것이다.

이와 함께 지적해야 할 것이 있다. 1970년대 이후 한국 교회를 강타한 새로운 형태의 복음주의 운동은 대중집회를 통해서도 파급되었다는 것이다. 빌리 그레이엄이 모범을 보인 이후로 한국 교회는 대중집회를 선호하게 되었는데, 학생선교단체를 비롯한 여러 교회와 단체 등에서 수련회, 찬양집회, 각종 캠프와 모임이 붐을 이루었다. 그리고 이러한 대중집회에는 어김없이 초청과 영접기도가 이루어졌다. 그래서 수련회나 찬양집회, 선교대회와 같은 대규모 집회의 마지막 밤 절정의 시간에는 늘 결신자를 자리에서 일으켜 세우거나 앞으로 나오게 하는 습관이 생겨났다. 물론 이러한 결단의 시간은 대체로 아르미니우스주의자들이 즐겨 사용했던 제단 초청의 변형이라 할 수 있다. 즉 교회뿐만 아니라 다양한 집회와 캠프, 수련회 등을 통해서도 아르뱅주의는 많은 고객을 확보할 수가 있게 된 것이다.

여기에 더 첨언하자면 방언과 같은 성령의 은사가 구원의 표지가 될수 있다는 식의 대중적 주장들이 아르뱅주의와 결합한 측면이 있다는 사실이다. 물론 빙인이 구원의 표지인지에 대해서는 논란의 여지가 많다. 그리고 대부분의 교회는 이를 명시적으로 부정한다. 한국 교회의 은사운동의 선두주자였던 여의도순복음교회도 이에 대해서는 분명하게 부정의 뜻을 표한 바 있다.[29] 그럼에도 일부 부흥사들이나 방언 체험을 한 신자들을 통해서 한때 방언이 구원의 표지인 양 간주되었던 적이 있었다.

방언을 구원의 표지인 양 간주하는 데 사용된 논리는 다소 복잡하다. 오순절 신학에서는 구원을 제1의 축복이라고 보고, 구원을 받은 후에 변화된 삶과 능력 있는 사역을 위해서 제2의 축복을 받아야 한다고 주장한다. 두 번째 축복을 통상 성령세례라고 부른다. 그런데 방언은 성령세례를 받은 증거 중 하나라는 것이다.[30] 이러한 논리에 기초해서 만일 방언이 성령세례를 받은 증거라고 한다면 방언 받은 신자는 제1의 축복은 말할 것도 없거니와 제2의 축복도 받은 신자라는 논리가 파생된다. 어찌 보면 성령세례를 받은 신자는 단순히 구원만 받은 신자보다는 고차원의 신자인 셈이다. 그러니까 방언을 안 받았다고 구원받지 않았다고 할 수 없지만 방언을 받았다 함은 구원은 물론이고 성령까지 더불어 받았다는 식의 논리가 파생되는 것이다. 그러니까 방언 받은 신자에게 구원은 따놓은 당상이 되는 셈이다. 이러한 식의 대중적인 논리가 은사주의의 확산과 함께 유포되면서 이것이 아르뱅주의와 결합하게 된 것이다. 그래서 은사주의적 성향이 강한 신자들에게는 다음과 같은 은사주의적 아르뱅주의가 만들어진다.

(1) 방언(혹은 은사)을 받았기 때문에 나는 구원받았다.

(2) 한 번 구원은 영원한 구원이다.

이러한 아르뱅주의는 1980년대 이후 메가처치 현상이 한국 교회를 광풍처럼 몰아닥치면서 더욱 강력한 힘을 발휘하기 시작한다. 무엇보다 교회의 성장을 교회의 최우선적 과제로 여긴 교회들은 복음의 내용을 점점 더 고객 위주로 다듬을 필요를 느꼈다. 그러다 보니 복음의 내용은 더 간단하고, 더 명료하고, 더 확실하게 간소화되었다. 사람들이 좋아할 만한 모든 요소를 무차별적으로 끄집어 와서 '좋은(?)' 것으로만 채운 상품이 만들어지게 되었다. 고객 입장에서 아르뱅주의는 확실히 매력 있는, 그래서 '먹히는' 교리였다. '내'가 믿고자 해서 믿을 수 있다는 결신주의와 '내'가 아무리 떨어지려고 해도 구원에서 떨어질 수 없다는 견인 교리가 결합된 아르뱅주의는 한 마디로 '나'에게는 좋은 것들만 모여 있는 종합선물세트 같은 것이다. 이렇게 좋은 복음이라면 진짜 추천해줄 만하지 않은가. 구령의 열정으로 충만한 전도자들이 이러한 식의 아르뱅주의를 열심히 전할 때 효과는 나쁘지 않았다. 최소한 초기에는 말이다.

이제 한국 교회는 어떠한 실천이나 윤리를 강조하지 않고도 예수를 믿기만 하면 과거, 현재, 미래의 모든 죄가 용서받는다고 감히 전할 수 있게 되었다. 그렇다면 어떻게 믿는가? 마음으로 믿고, 입술로 시인하면 된다. 마음으로 믿는 거야 "믿겠노라"라고 결심하면 되고, 입술로 시인하는 거야 영접기도를 따라하기만 하면 된다. 그럼 성화는 어떠한가? 이 땅에 완전한 성화는 없으니 너무 성화에 목맬 필요는 없다. 주일성수하고, 십일조 내면 기본은 하는 것이다. 즉 구원에 큰 지장은 없디는 말이다. 성화 목록에 만드시 더해야 할 섯이 있는데 다른 사람을 전도하는 것이다. 전도자의 상급이 제일 크다니 말이다. 물론 전도는 구원의 문제가 아니고 상급의 문제다. 그러나 굉장히 큰 상급이다. 왜냐하면 그리스도의 지상명령에 의하면 모든 신자의 최대 의무는 전도라고 하지 않았던가. 그러니 열심히 전도하라. 여기에 성경 읽고 기도하면 금상첨화다. 자, 이제 그대는 영원히 천국이 보장되었다. 그러니 모든 염려는 이제 던져버려라. 하나님께서 그대를 영원토록 지켜주시리라.

그러나 이것은 거짓 복음이다! 사도 바울이 말했던 것처럼 '다른 복음'이다. 성서는 이런 복음을 가르치지 않는다.

4

아르뱅주의의
값싼 은총

아르뱅주의가 인기를 끄는 이유는 무엇보다 자기중심적이기 때문이다. 한마디로 은총을 값싼 것으로 둔갑시키는 것이 아르뱅주의의 첫 번째 특징이기도 하다. 하나님은 사랑이시다. 나를 무척 사랑하셔서 독생자를 십자가에서 죽게 하셨다. 나의 연약함을 다 받아주고, 나의 죄도 다 용서해주고, 기도에 응답해주고, 병 고쳐주고, 물질의 복 주고…. 하나님은 나의 복지가 최고의 존재목표인 분이다. 하나님은 나를 위하는 분이며, 나의 구원을 위해 모든 것을 다 해주는 분이다. 내가 무슨 짓을 하더라도 하나님은 나의 연약함을 너그러이 이해해주시는 분이다. 왜? 하나님은 나를 무척 사랑하시니까. 이러한 자기 중심성은 결국 하나님을 마음씨 좋은 할아버지로 만들고, 하나님의 은혜를 값싼 은혜로 변질시킨다.

아르뱅주의의 두 번째 특징은 반지성주의이다. 한마디로 아르뱅주의는 진지한 사유를 결여하고 있다. 편의주의가 초래하는 논리적 모순

같은 것에 대해서는 별로 신경 쓰지 않는다.

　　(1) 나는 예수를 믿기로 결단한다(아르미니우스주의).
　　(2) 하나님은 나를 끝까지 붙드신다(칼뱅주의).

　위의 두 가지 주장은 조화되기 어렵다. 왜냐하면 (1)에서 자신이 예수를 믿기로 결단하는 것은 본인의 자유의지로 가능한 일이다. 그런데 (2)에서는 그러한 자유의지를 부인하고 있다. 만일 어떤 사람이 예수를 믿기로 결단할 수 있다면 같은 논리로 그는 자신의 믿음을 부인하기로 결단할 수도 있어야 한다. 하지만 아르뱅주의는 예수를 믿기로 결단할 자유의지는 있으나, 예수를 부인하기로 결단할 수 있는 자유의지는 없다고 주장하고 있다. 이처럼 명백한 논리적 오류에도 이를 문제 삼지 않을 수 있는 건 진지하게 사고하지 않기 때문이다.

　그러면서 그들은 말한다. 어차피 신학으로, 논리로, 교리로 구원받는 것이 아니지 않는가. 십자가의 보혈! 이것만이 우리를 구원하는 하나님의 능력이다. 따라서 지나치게 논리적인 것은 적그리스도적인 것이다. 그래서 아르뱅주의자들은 지성을 공격하는 대범함마저 보인다. 사고하기를 멈추라! 사고는 먹물들의 허영이요, 책상신학자들의 지적 유희다! 앉아서 책 읽을 시간 있으면 성서나 한 줄 더 읽어라. 복음은 단순한 것이다. 자, 단순한 복음을 믿어라. 명백한 진리 안에 거하라. 토론하고 생각하고 논쟁할 시간 있으면 나가서 한 영혼이라도 복음을 전하라.

　아르뱅주의의 세 번째 특징은 편의주의다. 칼뱅주의와 아르미니우스주의는 나름대로 치열한 논리적·신학적·성서해석학적·윤리적 고민의 산물이다. 두 신학은 오랜 사유와 피 튀기는 논쟁으로 엄격하게 사고하고, 성서에 충실하며, 논리적으로 일관성을 갖추기 위해서 각고의 노력을 기울여 어느 정도 완성된 형태를 갖출 수 있었다. 하지만 아르뱅주의는 실용적 목적으로 상식과 자신의 감성에 기초해서 마음에 드는 것만을 편리하게 조합해 만든 것이다. 성서에서 마음에 맞는 구절이 있으면 가져다 인용하고, 칼뱅주의나 아르미니우스주의 신학도 아무렇게나 가져다가 만들고 싶은 것을 만들어버렸다. 논리적으로나 성서적으로 '그럴듯함'이라는 기준만 통과하면 그것을 진리라고 받아들여버리는 것이다. 지독한 편의주의의 산물, 이것이 아르뱅주의다.

편의주의는 한국 교회 신자들에게 칼뱅주의나 아르미니우스주의가 가지고 있는 긴장을 점차 해제하는 방향으로 움직이게 한다. 아르뱅주의의 긴장 이완 전략의 결과 중 하나가 바로 구원의 확신에 대한 맹신이다. 아르뱅주의자들은 이렇게 단언한다.

> **아르뱅주의자** : 저는 구원받았습니다.
> **질문자** : 무슨 근거로 구원받았다고 자신하나요?
> **아르뱅주의자** : 저에게는 구원의 확신이 있으니까요.

위의 대화를 보면 구원받았다는 믿음의 근거를 물었더니 구원의 확신 때문이라고 답한다. 구원의 확신이 구원받은 믿음의 증거라는 말이다. 믿음의 근거가 확신이라는 건데 이건 일종의 동어반복이다. 아르뱅주의자들의 주장에 따르면 "구원의 확신이 없는 사람은 믿음이 없는 사람이고, 믿음이 없는 사람은 구원받지 못한다. 그러나 구원의 확신이 있는 사람은 믿음이 있는 사람이고, 믿음이 있는 사람은 구원받은 사람이다." 결국 이들의 논리는, 구원의 근거는 '구원의 확신' 자체라는 말이다. 그러다 보니 구원의 확신만 있으면 구원받게 되는 기이한 논리적 비약이 일어난다. 그러니까 극단적인 아르뱅주의의 경우 구원을 얻는 믿음의 내용은 "그리스도의 대속의 진리"도 아니게 된다. 믿음의 내용은 "내가 구원받았다는 믿음" 자체가 되어버리는 것이다. 여기서 우리는 아르뱅주의의 또 한 가지 특징, 곧 맹신주의를 볼 수 있다.

그러다 보니 극단적 아르뱅주의자들의 경우 전도의 내용도 바뀐다. 예수 그리스도께서 죄인을 위해서 십자가에서 죽으셨다는 전도의 내용은 이제 "네가 구원받았다는 사실을 확신해야 해"로 바뀐다. 그러다 보니 전도인들은 신앙이 오락가락하는 이들에게 찾아가서 "넌 구원받았는데 왜 그렇게 확신이 없는지 모르겠어. 구원의 확신을 가지란 말이야!"라고 윽박지르기도 한다. 즉 아르뱅주의의 가장 극단적 형태는 예수를 믿어서 구원받는 것이 아니라 자신이 구원받았다는 사실을 믿어서 구원받는다고 주장하는 모습에서 완성된다.

이러한 아르뱅주의가 한국 교회를 열매 없는 교회로 만든 주범이라는 것이 나의 판단이다. 아르뱅주의는 교회의 윤리적 실패를 조장하고 독려하고 있는 나쁜 신학이다. 이 나쁜 신학 덕분에 한국 교회는 덫에 걸려 있다. 윤리적 실패가 뻔히 눈에 보이지만 그것을 정당화하는 아르뱅주의에 대해서는 무지하기 때문에 윤리적 개혁은 자꾸만 실패하고 마는 것이다. 이 때문에 여기저기서 한국 교회를 비판하는 목소리가 드높다. 한국 교회는 현재 동네북이다. 문제는 한국 교회의 이러한 윤리적 실패가 불온세력을 기생하게 만든다는 것이다. 신천지 같은 이단들은 한결같이 한국 교회의 윤리적 실패를 지적하며 자신들을 정당화한다. 나는 신천지가 주류 교회를 개혁의 대상으로 삼고 교회에 침투하게 되는 주된 원인 중 하나가 아르뱅주의라고 본다. 결국 아르뱅주의는 한국 교회로 하여금 윤리적으로 실패하게 만들 뿐만 아니라, 비성서적이고 극단적인 불온세력으로 하여금 한국 교회를 공격함으로써 자신들을 정당화하도록 돕는다는 점에서 이중 해악을 끼치고 있는 셈이다. 아르뱅주의에 물든 한국 교회를 공격하는 모든 세력을 건전세력으로 볼 수 없다. 참된 건전세력은 본래 성서의 가르침에 기초해서 대안을 제시하는 이들이라야 할 것이다.

이제 남은 두 개의 부를 통해 대안을 모색해보고자 한다.

Arvinism

5

천하무적 아르뱅주의

부

제3의 길을
찾아서'

여기까지 읽은 독자는 이렇게 질문할지도 모르겠다. "그래, 좋다. 아르뱅주의가 한국 교회의 면죄부라고 치자. 그런데 칼뱅주의도 완전한 대안이 아니고 아르미니우스주의도 완전한 대안이 아니라면, 대체 대안은 무엇인가?"

이번 장의 목표는 이 질문에 대해서 답하는 것이다. 즉 칼뱅주의와 아르미니우스주의 간의 논쟁에 대해 내가 생각하는 제3의 대안을 부족하게나마 간단히 밝히고자 한다.

대안은 제3의 길을 찾는 것이다. 두 신학 사이의 대안을 찾으려는 노력은 오랫동안 있어왔다. 크레이그 블룸버그가 제안한 칼미니즘은 전형적인 제3의 길이다. 어찌 보면 아르뱅주의도 두 신학을 조화시킨 제3의 길이라고 할 수 있다. 그러나 이러한 식의 해법은 내가 생각하는 대안이 아니다. 내가 생각하는 제3의 길은 아예 논쟁에서 벗어나는 것이다.

사실 이 논쟁은 그 자체로 함정이다. 앞에서도 얘기했지만 이 논쟁은 결국 모든 기독 신자들에게 칼뱅주의, 아니면 아르미니우스주의 중 하나를 택하게 만든다. 그리고 다른 선택의 가능성은 전혀 존재하지 않는 것처럼 말한다. 더 큰 문제가 있다. 이러한 양자택일의 구도에서 어느 하나를 고르면 필연적으로 다른 쪽은 거짓 혹은 이단이라고 판정하게 된다. 왜냐하면 이 논쟁은 진리 논쟁이기 때문이다. 진리 논쟁에서 답은 T(진리)냐, F(거짓)냐 둘 중 하나다. 그러니까 이 논쟁은 단순히 어느 것을 더 선호하느냐고 묻는 것이 아니라 어느 것을 이단이라고 보느냐고 묻게 된다. 나는 이런 함정에 빠져들기를 원치 않는다.

생각해보자. 첫째, 칼뱅주의와 아르미니우스주의 모두 나름대로 논리적인 일관성을 가지고 있다. 둘째, 두 신학은 모두 역사적으로 정통신학으로 인정을 받아왔다. 셋째, 두 신학은 모두 위대한 교사들이 있으며, 또한 훌륭한 실천적 사례들이 있다. 넷째, 무엇보다도 두 신학은 모두 성서로부터 상당히 많은 증거를 가지고 있으며, 부분적이긴 하지만 성서의 진리를 반영하고 있다. 그 때문에 다섯째, 하나님께서 역사 속에서 두 신학을 사용하신 증거들이 풍부하다. 그런데 이 둘 중 하나를 선택하라고? 하나를 정통으로, 다른 하나를 이단으로 규정하라고? 이런 요구에는 응할 수가 없다. 두 신학 중 어느 신학도 완전한 진리라고 보지 않지만(완전한 신학이 어디 있겠는가?) 그렇다고 어느 것도 이단이라고 생각지 않기 때문이다.

이런 이유로 이 논쟁에 참여하지 않는 것이다. 2-3장에서 두 신학에 대해서 거리두기를 한 이유도 이 때문이다. 만일 두 신학 중 어느 쪽 편에 선다면 그 역시 함정에 빠져드는 셈이 된다. 따라서 대안은 아예 그 함정에서 빠져나오는 길밖에 없는 것이다.

또한 오늘날 한국 교회의 구원론이 이 함정 외에도 몇 개의 또 다른 함정에 빠져 있다는 사실을 지적하고 싶다. 한국 교회는 최소한 세 개의 커다란 함정에 빠져 있다. 칼뱅주의와 아르미니우스주의 논쟁이라는 함정은 이런 다른 함정들과 함께 다루어야 하며, 이러한 함정 모두에서 빠져 나오는 것이야말로 근본적인 대안이 될 것이다. 그리고 이를 위해서 성서의 가르침을 다시 붙잡는 것 외에 다른 길은 없다.

그렇다면 한국 교회를 붙잡고 있는 신학적 덫은 무엇일까? 사실 이러한 덫은 성서 안에서는 보이지 않는다. 이 덫은 성서를 철학적으로 일관성 있게 해석하려는 과정에서 생겨난 것으로 지난 2천 년 동안 신학이 발전해오면서 만들어진 신학적 함정이다. 이 덫을 '우물'이라고 표현하고 싶다. 우물은 이중성이 있다. 한편으로 우물은 생수를 제공하는 생명의 원천이다. 하지만 자칫 잘못해 우물에서 빠져 나오지 못하면 그 우물은 무덤이 된다. 칼뱅주의와 아르미니우스주의 논쟁을 포함해서 여타 개신교 구원론 체계가 붙잡혀 있는 함정도 바로 이 우물과 같은 것이다. 이 우물은 한때 신학적인 문제를 해결하는 해결사 노릇을 했고, 풍부한 신학적 상상력을 제공해주는 영감의 원천 노릇을 하기도 했다. 최소한 얼마간은 말이다. 한마디로 이 우물은 오랫동안 교회와 신자들에게 생수를 제공하는 근원이 되었다. 그러나 어느 순간 기독교 신학은 그 우물에 빠져서 헤어 나오지 못하게 되었다.

그렇다면 개신교 구원론이 빠져버린 우물에는 어떠한 것들이 있을까? 총세 개가 있는데 이 세 개의 우물은 각각 주인이 있다. 그리스 철학, 아우구스티누스, 루터가 바로 우물의 주인이다. 지난 2천 년 동안 기독교 신학이 발전해오면서 교회는 2-3세기에는 그리스 철학이, 5세기에는 아우구스티누스가, 그리고 16세기에는 루터가 파놓은 우물에 빠져버리고 말았다. 좀 더 성서적인 개신교 구원론의 정립을 위해서는 이 세 개의 우물의 정체를 살피고, 이 우물에서 빠져나오는 방법을 모색하지 않으면 안 된다.

1

그리스 철학의
우물

개신교 구원론이 빠져 있는 첫 번째 우물은 그리스 철학의 우물이다. 그리스 철학으로부터 영향을 받은 기독교의 변천 혹은 변질 과정은 일찍이 아돌프 폰 하르낙Adolf von Harnack의 중요한 신학적 주제였다. 하르낙은 최초의 기독교 복음(하나님나라, 하나님 아버지와 인간의 무한한 가치, 사랑의 계명 등)이 그리스 철학의 영향과 함께 점차 추상적인 교리로 변질되어버렸다고 주장했다.[2] 그의 신학 전체에 동의하지는 않지만 이러한 문제의식에는 크게 공감한다. 그의 말대로 기독교는 그리스 철학과 만나면서 한편으로 세계 종교로 발전할 가능성을 얻게 되었지만, 그러나 그와 함께 기독교 신앙의 핵심이 왜곡되거나 망각되었다. 그의 표현을 빌리면 이렇다. "교회의 역사는 이미 그 시작부터 '기독교'가 남아 있도록 '원시 기독교'가 소멸해야만 한다는 것을 보여주고 있으며, 이후에도 그와 마찬가지로 하나의 형태가 다른 것의 뒤를 이었던 것이다."[3]

비슷하게 자크 엘륄도 기독교가 철학을 얻고, 대신에 계시를 잃어버렸다고 했다. 그리고 그는 이를 '계시의 철학화'라고 불렀던 것이다. 그에게 있어서 계시가 철학화되었다는 말은 역사가 체계로 변모했다는 뜻이기도 하다.[4]

바로 이러한 의미에서 그리스 철학을 우물에 비유하고 싶은 것이다. 즉 한편으로 기독교는 그리스 철학으로부터 엄청난 유익을 얻어 세계종교로 발전할 수 있는 가능성을 얻게 되었다. 그러나 다른 한편으로, 기독교는 그리스 철학이라는 우물에 퐁당 빠져서 거기서 지난 2천 년 동안 그 우물에서 빠져나오지 못한 채 아직까지 버둥거리고 있는 형국이다.

그렇다면 언제 어떻게 기독교는 그리스 철학의 우물에 빠지게 된 걸까? 유대인들은 이미 신구약 중간시대부터 그리스 철학의 영향을 광범위하게 받고 있었다. 우리는 신약성서 속에서도 헬레니즘 혹은 그리스 철학의 영향을 찾아낼 수 있다. 하지만 본격적으로 기독교가 그리스 철학을 신학의 방법론으로 수용하게 된 시기는 2세기부터인데, 하르낙은 그 시기를 주후 130년경이라고 좀 더 분명하게 적시하고 있다.[5] 잘 알려진 사실이지만 이 시대 그리스 철학의 수용은 교부로 불리는 교회 지도자들, 특히 기독교 변증가들에 의해서 이루어졌다.

당시 로마인들은 기독교를 오해하거나 의도적으로 왜곡했다. 일부 이교도 지식인들은 기독교라는 종교가 무지한 민중들을 홀리거나 지적으로 열등한 여성들을 현혹하고 있다고 비난하기도 했다. 이러한 공격에 대해서 기독교는 스스로 해명하고 변증하지 않으면 안 되었다. 엎친 데 덮친 격으로 기독교 내부에서 상당히 세련되고 지적인 분위기를 풍기는 기이한 이단분파가 출현했다. 영지주의가 그것인데, 이 영지주의는 성서와 이교신화, 그리스 철학을 극단적으로 뒤섞어서 희한한 괴설을 만들어내는 것이 특징이었다. 그리스 철학으로 옷을 입은 영지주의는 상당히 그럴듯해서 교회 내부에 많은 혼란을 초래했으며, 적지 않은 신자들이 영지주의를 따라 교회를 나가는 일이 발생한다.

그 때문에 교회지도자들은 먼저 기독교를 오해하고 있는 이교도에게 기독교의 가르침을 분명하게 보여주어야 했고, 교회 신자에게는 정통 기독교가 영지주의나 기타 이단 종파와는 다른 종교라는 사실을 보여주어야 했다. 그러다 보니 교회는 자연스럽게 그리스 철학의 개념과 범주를 능수능란하게 활용하는 사람을 필요로 하게 되었다. 이들이 바로 기독교 변증가들이다. 이들은 그리스 철학에 조예가 깊은 사람들이었는데, 이들에 의해서 성서의 내용은 그리스 철학의 개념이나 범주로 뒤바뀌고 번역되었다. 그러면서 기독교는 점점 그리스 철학의 옷을 입게 된다. 물론 그 덕에 기독교는 세계 종교로서의 면모를 서서히 갖추게 되었다.

이를테면 2세기 교부요, 순교자인 유스티누스Justinus Martyr는 스토아학파, 견유학파, 피타고라스학파, 플라톤 철학 등을 거쳐 기독교 진리를 만난 사람이다. 그는 유대인에게는 토라(구약성서)를 통해 하나님의 계시가 나타났듯이, 이교도에게는 소크라테스나 플라톤 같은 그리스 철학자들을 통해 하나님의 계시가 나타났다고 주장했다.[6] 그리스 철학을 구약성서와 나란히 놓은 것이다.

그리스 철학의 도입은 특히 지금의 그리스 지역인 동유럽 지역에서 더 심하게 나타났다. 알렉산드리아의 클레멘트Clement와 오리게네스Origenes와 같은 신학자들은 훨씬 급진적으로 기독교에 그리스 철학의 옷을 입혔다. 이들은 기독교를 그리스 철학보다 훨씬 더 탁월한 '진정한 철학'이라고 말하고 싶어 했다. 반면에 서유럽 지역의 신학자들, 테르툴리아누스Tertulianus나 이레네우스Irenaeus 같은 라틴 교부들은 그리스 철학에 대해서 대체로 부정적인 편이었다. 하지만 정도의 차이는 있어도 그리스 철학의 개념, 범주, 방법론에서 완전히 자유로운 사람은 한 명도 없었다.

당시 기독교가 그리스 철학을 받아들인 것을 굳이 부정적으로만 볼 필요는 없다. 한편으로는 당시 세계 문화가 헬레니즘 문화로 통일되어 있었기 때문에 불가피한 측면이 있었다. 아울러 또 다른 한편으로는 기독교를 거짓된 신화라고 격하시키는 이교도 지식인에 대해서나 세련된 기독교를 표방하는 영지주의와 맞서 싸우는 과정에서 그리스 철학의 개념과 범주, 방법론은 불가피한 것이기도 했다. 그러나 문제는 그 덕분에 기독교가 철학화되었고, 아울러 기독교 신앙의 핵심이 망실되는 결과도 아울러 일어나게 되었다는 사실을 함께 기억해야 한다. 그래서 나는 이를 '그리스 철학의 우물'이라고 부른다.

그리스 철학의 우물은 세 개의 우물 중에서도 가장 광범위한 영향력을 미치고 있는 우물이다. 그 때문에 이 장에서 가장 많은 지면을 할애하여 그리스 철학의 우물에 대해 다루지 않을 수 없다. 그러기 위해서는 다시 중요한 세 가지를 지적하지 않을 수 없다. 그 첫 번째는 그리스 철학에서 가장 중요하다고 여기는 실체론이 범람해서 기독교 신앙을 명사 중심의 존재론적 패러다임으로 서술하게 된 점이다. 두 번째는 그리스 철학에서 수입한 추론법, 즉 논리적 추론 자동화 장치 덕분에 신자들의 관심이 점차 원초적인 기독교 신앙에서 다른 곳으로 옮겨가게 된 점이다. 세 번째는 명제 중심적 그리스 철학의 진리관 때문에 기독교의 인격적 진리관이 점차 변질된 점이다. 자, 하나씩 살펴보자.

실체론의 범람

그리스 철학의 명사 우대 정책

첫 번째로 다룰 내용은 그리스 철학의 영향을 받아 생겨난 명사 중심의 존재론적 전통이다. 그리스 철학의 특징 중 하나는 명사에 대한 각별한 우대라고 할 수 있다. 그리고 그 덕에 성서 계시가 철학적으로 '개념화'되어버렸다. 본래 성서는 하나의 역사고, 이야기다. 그러나 그리스 철학의 영향으로 성서 계시는 명사라는 개념 속에 갇혀 하나의 명사로 표현되기를 강요당했다.

그리스 철학자들은 이상하게 형용사나 동사보다 명사를 편애했다. 만물의 근원인 '아르케 arche'를 찾고자 했던 자연철학자의 모습에서도 볼 수 있듯이 그리스인들은 처음부터 모든 부수적인 것들을 제거하고 난 뒤의 가장 핵심이 되는 본질만을 찾고자 노력했으며, 그 본질을 명사로 표현하고자 했다. 철학의 아버지 탈레스는 만물의 근원을 '물'이라고 했고, 피타고라스는 '수'라고 했고, 데모크리토스는 '원자'라고 했다. 그리스인들은 모든 부수적인 것을 제거하면 그 속에는 반드시 제거될 수 없는 항구불변의 본질적인 뭔가가 반드시 존재한다고 보았으며, 그것은 명사로밖에 달리 표현될 수 없으리라 생각한 것이다. 예컨대 '빨간 사과'라는 표현에서 그리스인들은 '빨간'이라는 형용사는 생략 가능하지만 '사과'라는 명사는 생략 불가능한 것이라고 생각했던 것이다.

이러한 그리스인들의 본질에 대한 집요한 추구는 고정적이고, 항구적이고, 불변하는 존재를 탐구하는 학문을 만들어냈다. 존재에는 두 종류의 존재가 있다. 하나는 눈에 보이는 존재고, 다른 하나는 보이지 않는 존재다. 아리스토텔레스적 범주론의 관점에서 보자면 보이는 존재를 탐구하는 학문을 자연과학physics이라고 했고, 보이지 않는 본질을 탐구하면서 형이상학metaphysics 혹은 존재론이라고 했다. 보이는 존재든 보이지 않는 존재든 그리스인들은 존재를 탐구하는 데 유달리 관심이 많았지만 형이상학에 대한 탐구가 더 중요한 것으로 여겨졌다. 그리스 철학은 존재론 우위의 철학이었다.

그리스인들의 존재에 대한 추구가 얼마나 각별했는지는 파르메니데스Parmenides의 '존재론'이 잘 알려준다. 파르메니데스의 존재론은 무엇인가? 우리는 통상 "사과가 쟁반에 있다", "담장에 장미가 피었다", "돌이 저기 없다", "이 집에 철수가 산다"… 이런 말을 한다. 자연과학자라면 사과, 장미, 돌, 인간 등을 연구했을 것이다. 하지만 파르메니데스는 그런 것들 모두의 공통된 특성, 즉 우리가 사과, 장미, 돌, 인간이 '-있다' 혹은 '-없다'라고 말할 때 그 '있음(존재)'은 무엇이며 '없음(무)'의 본질이 무엇인지에 대해서 연구했던 것이다. 이러한 파르메니데스의 존재론은 플라톤의 이데아론과 아리스토텔레스의 존재론에 결정적으로 영향을 미친다. 그리고 이러한 존재론의 전통은 지난 2천 년간의 서구 철학에서 지속적으로 나타났다.

존재론 우위의 전통 때문에 그리스 철학자들은 형용사나 동사를 명사로 바꾸기를 좋아했다. 그리스인들은 마치 닿기만 하면 황금이 되어버린다는 미다스의 손처럼 닥치는 대로 모든 품사를 명사로 바꾸었다. 이들의 강박적 명사화 작업은 그리스 철학의 중요한 방법론인데, 이 역시도 그리스의 실체철학 혹은 존재론 우위의 철학과 관련이 있다.

그리스인들은 형용사나 동사를 어떻게 명사로 바꿀 수 있었을까? 이것은 그리스어(헬라어)의 독특성과 관련이 있는데, 형용사나 동사 앞에 정관사를 붙이거나 동사 뒤에 '-sis'를 붙이면 명사가 만들어졌다. 예를 들어 '희다*leukon*'는 형용사가 있다고 해보자. 여기에 정관사 to를 붙이면 '흼*to leukon*'이 되고 이것을 더 밀고 나아가면 '흼 자체' 즉 '흼의 본질'이 된다.[7] 그러니까 그리스인들은 이런 식의 명사화 작업을 통해서 진, 선, 미, 덕, 이데아, 신… 과 같은 추상명사를 만들어냈던 것이다. 그 덕에 그리스인들의 언어사전에는 명사 목록이 엄청나게 많이 추가될 수 있었다. 그리고 이러한 방대한 명사 목록은 자연과학이나 형이상학을 하기에 좋은 자산이 되었다.

기독교 신학의 명사 우대 정책

기독교가 그리스 철학에서 영향을 받으면서 그들의 강박적 명사화 성향도 본받게 되었다. 그리고 그 때문에 초대교회 변증가들부터 시작해서 오늘날에 이르기까지 많은 신학자들은 성서를 존재론적 패러다임으로 보고 해석해왔다. 예컨대 신론을 한번 보자. 구약성서에서 하나님은 말씀하고 행동하는 역동적 인격신이다. 그리고 구약의 야훼 하나님은 언어로 규정될 수 없으며, 명제화될 수 없는 분이다. 언어로 하나님에 대해서 묘사할 수 있는 최선은 "살아 계시고 참되신 하나 님"이라고 할 수 있다. 하나님은 살아 계시며, 행동하고, 역사하는 하 나님이다. 하나님께서 당신의 이름을 '야훼'라고 말씀하셨을 때, 야 훼의 뜻은 "나는 나다." 즉 "나는 규정할 수 없는 신이다"라는 뜻이 었다. 구약성서 기자들은 하나님을 그분의 행동과 역사하심 속에서만 희미하게 그분의 살아 계심을 가늠할 수 있다고 생각했다.

하지만 그리스 철학의 영향을 받은 기독교 신학은 하나님을 명사화, 개념화, 실체화, 존재화하려고 노력한다. 그래서 신학자들은 하나님을 이데아Idea로 혹은 부동의 동자unmoved mover로 혹은 일자the One로 번역 했다. 신학자들은 여기서 한 단계 더 나아간다. 그들은 데모크리토스 가 우주를 더 이상 쪼갤 수 없는 가장 단순한 입자로 구성되었다고 말 한 것과 비슷하게, 하나님은 하나의 실체로서 '가장 순수하고 단순한 존재'라고 규정하기에 이른다. 조직신학자들에게 있어서 하나님은 하 나의 단자, 즉 모나드monad라는 것이다.

하나님이 하나의 단자로 고정되자 이제 신학자들은 그 하나님의 속 성을 연구하기 시작한다. 이것이 신의 속성론이다. 하나님을 사유의 실험실 속에 개념으로 가둔 후 이제 감히 신학자들은 하나님의 내부를 관찰하기 시작한다. 신의 속성 중에 인간과 공유하지 않는 속성을 비 공유적 속성이라 하고, 인간과 공유하는 속성을 공유적 속성이라 제 안한다. 비공유적 속성에는 단일, 영원, 무한, 불변 등이 있고, 공유적 속성에는 생명, 덕, 능력 등이 있다는 이론이 만들어졌다. 하나님을 전지omniscience, 전능omnipotence, 전선omnibenevolence, 편재omnipresence하는 분으로 알고 있는 것도 사실은 조직신학의 신의 속성론 덕분이다. 우리는 신의 속성론 덕분에 하나님을 엑스레이로 투시해서 볼 수 있게 되었다.

이런 방식으로 신학자들은 하나님의 말씀도 개념화한다. 구약성서에서 말씀은 하나님 자신이거나 하나님의 행동 자체를 의미하는 것이었다. 그러나 철학자들은 말씀을 '로고스'로 번역했다. '로고스'는 인간의 이성적 기능function에 가깝다.[8] 아리우스와 아타나시우스 사이에서 벌어졌던 저 유명한 신학 논쟁(유사본질 vs 동일본질), 삼위일체 공식, 그리스도의 인성과 신성의 결합 방식 등 숱하게 많은 신학 논쟁도 자세히 살펴보면 그리스의 존재론 우위의 철학의 영향 때문에 생겨난 신학 논쟁들이다.

이 시점에서 물어야 할 것은 과연 이렇게 그리스 철학의 영향을 받은 신학이 성서의 계시와 얼마나 일치하느냐 하는 것이다. 독일의 신학자 몰트만Jürgen Moltmann은 거의 2천 년 동안 기독교는 하나님을 절대실체로 혹은 절대주체로 이해해왔다고 비판한다. 그에 따르면 이러한 철학적 신 이해는 하나님을 감정이 없는 존재로 만들어버렸다는 점에서 비성서적이라고 비판했다. 그는, "희랍 사상에 의하면 신적 실체는 고난을 당할 수 없다. 만일 그렇지 않다면 그것은 신적인 존재가 아닐 것이다"라고 말한다.[9]

하지만 성서 계시의 정중앙에는 예수 그리스도의 수난이 자리 잡고 있지 않은가! 십자가의 수난 없는 그리스도는 상상할 수 없다. 그런데 아들이 그토록 끔찍한 수난을 당하고 있을 때 아버지는 아무런 고통도 느끼지 않았다고 말하는 것이 과연 타당한가? 아들의 수난 앞에서도 태평무사한 하나님을 성서의 하나님이라고 할 수 있을까? 성서를 보자. 성서의 하나님이 그렇게 무감정한 분이신가? 아니다. 성서 속의 하나님은 사랑 때문에 고난당하는 분이며, 열정 가운데서 자기 백성과 만나고, 고뇌하는 분이다.[10] 그러나 철학적 사변과 함께 점차 역사는 주변으로 밀려나고 형이상학적 사변이 중심으로 들어오게 된다.

전적 타락설의 재해석

자, 이제 칼뱅주의와 아르미니우스주의 논쟁으로 돌아가보자. 앞서 언급했던 것처럼 두 신학이 갈라지는 최초의 지점은 타락설이다. 인간의 전적인 타락과 전적인 무능력을 신학적 출발로 삼은 칼뱅주의는 불가피하게 전체 튤립 교리를 자동적으로 추론해낼 수밖에 없었다. 이것은 아우구스티누스가 자신의 원죄설로 말미암아 예정론을 자동적으로 추론하지 않으면 안 되는 상황과 비슷하다. 이러한 칼뱅주의를 수정하기 원했던 아르미니우스는 타락설을 교정하지 않으면 안 되었다. 그리고 그렇게 수정된 타락설에 기초해서 아르미니우스주의자들 역시 나머지 교리들을 하나씩 추론해냈다. 그러니까 두 신학을 가르는 지점은 최초의 출발점인 타락설이다. 칼뱅주의와 아르미니우스주의의 오래된 논쟁은 결국 전적 타락설에 대한 서로 다른 입장에서 발생된 자연스러운 논리게임이다.

그런데 문제는 칼뱅주의와 아르미니우스주의 모두가 인간의 전적 타락에 대한 교리를 수립할 때 그리스 철학적 관점으로 작업했다는 것이다. 즉 두 교리 모두 인간의 전적 타락 상태를 존재론적 패러다임으로 본 것이다. 오랫동안 많은 신학자들은 칼뱅주의와 아르미니우스주의의 논쟁이 성서에 대한 해석의 차이인 것처럼 보았으나, 두 교리는 모두 동일하게 그리스 철학적 방법론으로 서로 다른 논리를 추론해낸 것이다. 그렇다면 그리스 철학의 영향을 받은 두 교리는 어떤 식으로 전적 타락설을 수립했을까?

존재론적 패러다임으로 전적 타락설을 수립할 때, 타락은 인간 실존의 비극적인 상태(형용사)로 설명되기보다는 존재자(명사)의 훼손으로 설명된다. 즉 두 교리 모두 인간 안에 영혼의 존재를 가정한다. 인간 영혼을 S라고 하자. 칼뱅주의와 아르미니우스주의 논쟁의 핵심은 S의 '훼손 정도의 차이'이다. 칼뱅주의는 영혼의 훼손 상태를 좀 더 심하게 보는 편이고, 아르미니우스주의는 그에 비해 조금 덜 심하게 보는 편이다. 즉 훼손 상태를 어느 정도로 보느냐에서 약간의 차이가 있을 뿐, 인간의 타락 상황을 설명할 때 S라는 존재자를 가정하고, 그 존재자의 훼손에 초점을 맞춘다는 점은 두 교리의 공통점이다. 그렇다면 두 교리가 설명하는 영혼의 훼손 상태는 구체적으로 어떤 것인가?

이 지점에서 문제는 조금 복잡해진다. 일단 칼뱅주의나 아르미니우스주의 모두 영혼의 완전한 부패를 주장하지는 않는다는 점을 기억해야 한다. 만일 죄를 지은 후 인간 영혼이 완전히 부패해버렸다면 그 인간을 더 이상 인간이라고 할 수 있을까? 아마도 없을 것이다. 타락했어도 여전히 인간은 인간으로 남는다. 그래서 전적 타락을 주장하는 칼뱅주의조차도 인간 영혼의 완전한 부패를 가정하지는 않는다. 대신에 칼뱅주의의 가정은 이런 것이다. 인간의 영혼이 완전히 부패하지는 않았다. 그래서 인간은 죄인이지만 여전히 개나 돼지와 같은 짐승이 아니라 인간으로 남는다. 하지만 (여기서 조건문이 결정적으로 중요하다!) '구원에 관한 한' 인간의 영혼은 완전히 부패했다. 우리는 이 '구원에 관한 한'이라는 조건에 집중해야 한다.

아우구스티누스-칼뱅주의의 전통은 인간을 자연인의 상태와 구원받은 상태로 구분한다. 칼뱅주의가 말하는 전적 타락은 구원의 상실을 말하는 것이지 자연인의 완전한 죽음을 말하는 것은 아니다. 인간은 구원에서 떨어졌지만 여전히 자연인(즉 생물학적 인간)의 상태로 먹고 자고 생활한다. 또 자연인의 상태에서는 본인이 원하는 것을 하거나 하지 않을 수 있는 자유의지도 있다. 자연인의 영혼은 심하게 손상되었으나 완전히 파괴되지는 않았다. 그러나 '구원에 관한 한' 인간 영혼은 전적으로 부패했다. 이것이 논점의 핵심이다. 그리고 이에 대해 아르미니우스주의는 '구원에 관해서도' 영혼이 완전히 부패했다고 말할 수 없다고 주장한다.

하나님의 형상 imago Dei 논쟁

다소 복잡한 이러한 인간학적 논쟁은 '하나님의 형상'에 대한 오래된 논쟁을 거슬러 올라가야 비로소 그 대강의 내용을 이해할 수 있다. 최초로 이 논쟁을 불러일으킨 사람은 2-3세기 교부 이레네우스를 꼽을 수 있다. 그는 인간이 철저하게 타락했으나 여전히 인간이 개나 돼지가 아닌 인간이라는 점을 설명하기 위해서 하나님의 형상

*imago*과 하나님의 모양*similitudo*을 구분했다. 이 구분은 오늘날까지 대부분의 신학자들이 받아들이고 있다. 거칠게 말해서 자연인의 상태는 '하나님의 형상'에, 구원받은 인간의 상태는 '하나님의 모양'으로 귀속시키는 논리다. 이레네우스는 타락으로 하나님의 모양은 손상되었으나, 하나님의 형상은 남아 있다고 본 것이다. 그렇다면 남아 있는 하나님의 형상은 무엇이고, 잃어버린 하나님의 모양은 무엇인가? 전통적으로 자연인에게 남아 있는 하나님의 형상의 가장 중요한 특성은 이성능력이라고 보고, 하나님의 모양의 특성은 하나님의 계명에 순종하는 능력이라고 보고 있다.[11]

한편 아우구스티누스는 하나님의 형상과 모양을 구분하기를 거부했다. 대신 그는 플라톤의 영혼불멸을 그대로 받아들인다. 하나님이 세상을 다스리듯 인간 영혼이 인간 육체를 다스린다는 것이 그의 관점이다.[12] 그는 불멸하는 인간 영혼이라는 존재자를 상정한다. 그런 뒤 자연인의 영혼상태와 구원받은 인간의 영혼상태를 구분한다. 아담의 범죄 후 인간의 영혼이 부패하였으나 영혼을 아주 잃어버린 것은 아니다. 구원의 상태에서 떨어졌을 뿐 인간은 자연인의 수준에서 영혼을 여전히 가지고 있다. 자연인도 영혼을 가지고 있다는 바로 그 점에서 인간은 개나 돼지와 같은 짐승이 아니다.

자연인도 영혼을 가지고 있으며, 자연인이 생물학적으로 죽지 않고 살아 있다는 점에서 인간에게는 지성이나 자유의지나 도덕성이 존재한다. 그러나 '구원에 관한 한' 자연인은 죽은 것이다. 즉 하나님을 알고, 하나님과 사귀고, 하나님의 명령에 순종하며, 거룩한 하나님의 자녀로 살아가는 구원받은 인간이라는 관점에서 보자면 인간의 영혼은 철저하고, 완전하게 부패했다는 것이 아우구스티누스의 생각이다. 그리고 이것이 칼뱅주의의 전통으로 이어져 내려왔다.

아르미니우스주의는 이 전통에 수정을 가하고자 하는 것이다. 즉 '구원에 관해서도' 인간 영혼이 부패하기는 했으나 하나님께서 선행 은총으로 인간 영혼의 기능 중 일부가 회복되었다는 것이다. 그래서 인간은 복음을 깨닫고, 자발적으로 복음을 받아들일 수 있다는 것이다. 자유의지가 하나님의 은총으로 일정 부분 회복되었다는 것이다.

정리하면 이렇다. 칼뱅주의와 아르미니우스주의 모두 인간에게는 불멸하는 영혼이라는 존재자가 있다고 상정한다. 불멸하는 영혼이라는 가정은 플라톤의 영혼불멸설로부터 나온 것이다. 이때의 불멸하는 영혼은 일종의 유사물질로 크기나 면적에 대해서 논할 수 있다. 두 교리는 인간의 영혼을 둘로 구분한다. 하나는 자연인의 영혼이라는 부분이고, 다른 하나는 구원받은 인간의 영혼이라는 부분이다. 전적 타락설은 구원받은 인간의 영혼이라는 부분에 관한 문제인데, '구원에 관한 한' 인간 영혼이 전적으로 부패했느냐, 그렇지 않느냐가 관건이다.

이러한 논쟁과 관련해서 신학자들이 타락the fall이라는 용어보다 부패depravity라는 용어를 선호한다는 사실에 주목할 필요가 있다. 부패란 과일이나 생선이 썩는다고 할 때 쓰는 말이다. 썩기 쉬운 '어떤 것something'이 썩을 때 부패라는 말을 쓴다. 즉 칼뱅주의나 아르미니우스주의는 모두 '구원에 관한 한' 인간 영혼을 썩을 수 있는 어떤 존재자로 가정하고 있다는 사실을 '부패'라는 신학적 용어가 보여주고 있는 것이다. 그러니까 두 교리 모두 객관적으로 존재하는 영혼, 곧 S라는 어떤 실체를 가정하고 그 실체의 부패가 어느 정도인지를 두고 논쟁하고 있는 것이다.

칼뱅주의는 타락의 면적이 '구원에 관한 한'(이하 생략) 인간 영혼 전체의 면적을 뒤덮는다고 가정하고, 아르미니우스주의는 타락의 면적이 인간 영혼 전체의 면적을 거의 다 덮기는 했으나 일부 회복된 부분이 있다고 가정한다. 두 신학의 논쟁은 결국 부패의 면적이 인간 존재를 덮고도 남는 여분의 면적이 존재하느냐, 존재하지 않느냐, 만일 여분의 면적이 존재한다면 이 여분의 면적은 무엇이냐라고 정리할 수 있다. 여분의 면적은 인간이 믿음으로 반응할 수 있는 능력 혹은 자유의지라고 압축해서 말할 수 있을 것이다.

우리는 칼뱅주의-아르미니우스주의의 전적 타락설 논쟁을 다음과 같은 수학식으로 표현해볼 수 있다. 인간 영혼human soul을 S, 부패를 D, 자유의지free will를 F라고 표시한다고 할 때, 칼뱅주의와 아르미니우스주의의 논쟁은 인간 영혼(S)에서 부패값(D)을 뺀 여분의 값(자유의지, F)이 0보다 크냐, 작냐의 논쟁이다.

칼뱅주의는 이렇게 주장한다.

$S - D = F$라고 할 때,

$S = D$,

$\therefore F = 0$

반면에 아르미니우스주의는 이렇게 주장한다.

$$S - D = F \text{라고 할 때,}$$
$$S \ \rangle \ D,$$
$$\therefore F \ \rangle \ 0$$

이러한 수학식이 말해주는 것은 무엇인가? 이러한 전적 타락에 관한 이해가 성서적이기보다는 철학적이라는 것이다. 성서는 인간의 타락에 대해서 설명할 때 위와 같은 방식으로, 즉 존재자의 훼손이나 부패라는 방식으로 계시하고 있지 않다. 칼뱅주의나 아르미니우스주의는 모두 그리스 철학의 영향을 받아 존재론적 패러다임에 기초해서 성서를 해석하고 있다. 그 때문에 그들은 성서를 명사화시키고, 실체화시켜서 존재론적으로 이해하고 있다. 그러나 이러한 실체는 개념적 허상이다. 이러한 오류를 화이트헤드Alfred N. Whitehead는 '잘못 놓여진 구체성의 오류fallacy of misplaced concreteness'라고 불렀다.[13] 그는 이러한 오류를 주로 근대철학에서 찾았지만 내가 보기에 그러한 오류는 그리스 철학의 시원으로까지 거슬러 올라가야 할 것이다. 어쨌든 '잘못 놓여진 구체성의 오류'란 무엇인가? 간단히 말해서 이것은 추상적 관념이 마치 실제로 존재하는 대상인 양 착각하는 것을 말한다. 그러니까 오랫동안 서양철학자들이 저질러왔던 오류를 두 신학에 속한 신학자들도 동일하게 저지르고 있다는 것이 나의 판단이다. 타락설에 대한 두 교리의 접근이 모두 철학적이기 때문에 논쟁이 발생했으며, 논쟁의 종식을 위해서는 그러한 접근법에서 벗어나야 하는 것이다. 왜냐하면 이것은 성서적 접근법이 아니기 때문이다.

전적 타락설에 대한 새로운 접근법 제안

칼뱅주의와 아르미니우스주의의 교리 모두 그것이 철학적 논쟁일
수는 있어도 성서 해석에 관한 논쟁이라고 보기 어렵다. 그리고 만
일 우리가 올바른 성서 해석을 한다면 이 논쟁도 자연스럽게 해소
될 수 있으리라고 믿는다. 이 논쟁을 해소할 수 있기 위해서는 전적
타락에 대해서 철학적이 아닌 성서적 해석법을 창안해야 한다고 믿
는다. 그리고 전적 타락에 대한 성서적 해석법으로 실존의 추락이
라는 관점으로 접근할 것을 제안하고자 한다. 그리고 용어와 관련
해서는 '부패'보다는 '타락' 혹은 '추락'이라는 용어를 제안한
다. 이러한 방식으로 성서를 새로이 해석해보자면 '전적 타락'이
란 영혼의 훼손 정도에 대한 가르침이 아니라 인간의 실존적 지위
의 '극적이고도 극단적인 추락the dramatic and extreme fall'으로 해석
할 수 있다.

영어로 타락은 the fall이다. 이것은 위에서 아래로 떨어졌다는 뜻
이다. 대체 뭐가 떨어졌다는 말인가? 이는 인간 실존의 '가치'의 대
추락을 의미한다. 다른 말로 영광스러운 지위에서 비천한 지위로 추
락했다고 할 수 있을 것이다. 선악과를 따 먹은 그 최초의 범죄로 말
미암아 인간 실존은 영광의 자리에서 바닥으로 추락했다는 뜻을 담
고 있다는 것이다.

구약성서는 이러한 대추락에 관련된 이야기를 상당히 많이 담고

있다. 이사야 11장에는 "아침의 아들 계명성"이라 불리는 바벨론의 왕이 그의 교만 때문에 영광의 자리에서 스올로 떨어지리라고 예언하고 있으며(사 14:11-12) 두로 왕도 교만 때문에 하나님의 산에서 땅바닥으로 내던져지리라고 예언하고 있다(겔 28:16-17). 이와 비슷하게 다니엘서에서는 바벨론왕 느부갓네살이 스스로 자신의 영광에 도취되었다가 황제의 자리에서 소처럼 풀을 먹는 들짐승의 위치로 전락했다는 얘기를 담고 있으며(단 4:32), 한나는 그의 노래에서 하나님을 "스올에 내리게도 하시고 거기에서 올리기도 하시는도다"라고 찬양하고 있다. 또한 예수는 사탄이 번개처럼 하늘에서 땅으로 추락하는 것을 보셨다고 말씀했으며(눅 10:18), 요한계시록에서도 마귀가 하늘에서 땅으로 추락하는 이야기를 쓰고 있다(계 12:9). 이처럼 피조물의 교만과 범죄에 대한 하나님의 심판으로서의 '실존적 가치/지위의 추락'이라는 주제는 성서에서 매우 자주 등장한다.

　　아담의 타락도 이러한 '실존적 가치/지위의 추락'이라는 관점에서 볼 수 있다고 생각한다. 인간은 남자 여자 할 것 없이 본래 '하나님의 형상'으로 지어졌다. 폰 라드von Rad가 지적한 것처럼, 하나님의 형상이란 에덴에서 최고 통치자로 위임을 받고 왕적 지위와 권위, 영광을 지닌 것을 의미한다.[14]　이것은 시편 8편의 노래에서도 확인할 수 있다. "하나님보다 조금 못하게 하시고 영화와 존귀로 관을 씌우셨나이다"(시 8:5). '하나님보다 조금 못한 지위', '영화와 존귀로 관을 씌운 자리'가 바로 하나님의 형상인 것이다. 그리고 이때의 왕적 존귀와 지위라는 것은, 인간이 생득적으로 가지고 있는 것이 아니라 시편 8편의 기자가 말하듯 은혜로 인간에게 부여된 것이었다.

하지만 그가 야훼의 보좌를 탐하고 쿠데타를 일으켰을 때, 하나님은 그를 에덴에서 내쫓으며, 왕의 지위를 박탈하셨다. 그와 함께 그의 지위는 왕의 자리에서 비천한 자리로 추락했다. 그때 인간은 아침의 아들 계명성처럼 영광의 자리에서 스올로 추락했고, 느부갓네살왕처럼 짐승들 가운데 거하게 된다. 이러한 추락은 실로 비교할 수 없을 정도로 극적이고 또한 극단적이어서 지극히 높은 곳에서 지극히 낮은 곳으로 추락했던 것이다. 이러한 극단적 추락을 '전적 타락'이라고 볼 수 있다는 것이 나의 제안이다.

만일 이와 같은 방식으로 전적 타락설을 새로이 구성한다면 칼뱅주의와 아르미니우스주의의 해묵은 논쟁이 해소될 수 있지 않을까 기대해본다. 에덴에서 추방된 아담에게 왕의 위엄과 존엄은 전혀 찾아볼 수 없을 정도로 완전히 사라졌다. 죄 지은 인간에게서 하나님의 형상은 흔적도 찾아볼 수 없다. 인간 실존의 철저한 비천함을 칼뱅주의의 전적 부패는 잘 설명하고 있다. 그러나 이러한 대추락과 그로 말미암는 인간의 끔찍한 곤경의 상태에 대한 성서적 진단은 인간 영혼의 기능에 대해서 직접적으로 언급하지 않는다. 물론 인간 영혼의 기능에 대해서도 우리는 추론해볼 수 있을 것이다. 그러나 성서 본문은 여기에 대해서 직접 언급하지 않는다. 따라서 성서적 전적 타락설은 인간에게 자유의지가 남아 있느냐 남아 있지 않느냐 하는 문제를 자동적으로 발생시키지는 않는다. 왜냐하면 성서가 말하는 비천함의 문제는 실존적 가치의 문제이기 때문이다. 전적 타락설이 비록 인간의 존재론적 손상을 동반했을 것이라고 추론할 수 있더라도, 성서는 인간 영혼의 손상의 정도가 어느 정도인지에 대해서는 별로 많은 얘기를 하고 있지 않다. 그 때문에 우리는 자유의지의 유무에 대한 칼뱅주의와 아르미니우스주의의 지루한 논쟁에서 벗어날 수 있으리라고 생각한다.

논리적 추론 자동화 장치의 수용

그리스 철학과 논리적 추론 자동화 장치

신학이 두 번째로 그리스 철학에서 영향 받은 것은 논리학의 기본 법칙의 수용이다. 어느 나라, 어느 문화, 어느 언어나 논리가 없는 곳은 없다. 하지만 그리스의 논리적 법칙은 다른 그 어느 나라의 논리와도 다르게, 고도로 추상적이고 체계적이고 조직적이다. 역사 속에서 위대한 과학과 기술이 발명된 문명권은 많았으나 오늘날의 체계적인 이론 과학이 유럽의 전통에서 태어날 수 있었던 결정적 이유는 그리스인들의 논리적 법칙 때문이었다. 많은 그리스 철학자들은 그들 특유의 정밀하고, 정교한 논리로 자신들의 위대한 철학과 사상을 만들어냈다. 그중에서도 아리스토텔레스는 중요한 인물인데, 왜냐하면 그는 형식 논리학의 체계를 완성한 인물이기 때문이다. 한마디로 그는 게임의 룰을 만들어낸 사람이라고 할 수 있다.

아리스토텔레스는 《오르가논*Organon*》이라는 방대한 논리학 전집을 남겼는데, 여기에는 '범주론', '명제론', '분석론', '해석론' 등에 대한 세부적인 저술이 포함되어 있다. 그는 단어에 대한 통찰(개념에 대해서), 문장에 대한 통찰(명제에 대해서), 문장들의 조합에 대한 통찰(추론에 대해서) 등 여러 탁월한 통찰을 남겼다. 그가 정립한 논리학적 법칙은 고도의 완성도를 갖추고 있어서 오늘날까지 거의 그대로 활용되고 있을 정도다. 이러한 그의 논리학이 2천 년 동안의 신학방법론에 결정적인 영향을 미쳤으며, 소위 정통신학을 저술하는 데 대부분의 신학자들이 빚을 지고 있음은 당연하다.

아리스토텔레스의 논리학에 큰 영향을 받아 생겨난 신학방법론을 보통 스콜라주의라고 한다. 스콜라적 학문방법론은 중세 말기 거의 모든 신학자들이 활용했던 방법론이다. 흥미로운 사실은 스콜라주의적 중세 신학을 날카롭게 비판했던 마르틴 루터나 장 칼뱅 역시도 스콜라주의 방법론에 상당히 의존하고 있다는 사실이다. 중세 말과 종교개혁 시절, 스콜라주의 방법론에서 자유로운 신학자는 거의 없었다. 요지는 스콜라주의적 학문방법론이 무조건 나쁘다는 것이 아니라 기독교신학이 스콜라주의적 신학방법론에, 더 거슬러 올라가 아리스토텔레스에 얼마나 많은 영향을 받았는지 상기시키고 싶을 뿐이다.

아리스토텔레스는 논리학의 중요한 세 가지 원리로 동일률, 모순율, 배중률을 제시했다. 동일률이란 무엇인가? 텔레비전에 어떤 사람이 나와서 연설을 하고 있다고 하자. 이 방송을 본 철수가 "저 사람은 오바마야"라고 하면 그것은 동일률이다. 오바마를 오바마라고 하는 것이 동일률이다. 그런데 옆에 있던 영희가 "아니야, 저 사람은 오바마가 아니야. 누군지 확실히 기억은 나지 않지만 오바마가 아닌 건 확실해"라고 말했다고 해보자. "그는 오바마가 아니야"라고 주장하는 것을 모순율이라고 한다. 기호로 표시하면 A＝A는 동일률이라고 하고 A≠not A는 모순율이라고 한다.

이때, 아빠가 등장했다. 철수와 영희가 서로 자기가 맞다고 옥신각신 싸우는 것을 보고 싸움을 말려야겠다 싶어서 이렇게 말했다. "얘들아, 싸우지 마. 너희 둘 다 맞아." 그러자 철수와 영희가 동시에 아빠에게 따진다. "그게 말이 돼? 오바마이면 오바마이고, 오바마가 아니면 아닌 거지 어떻게 한 사람이 오바마이면서, 오바마가 아닐 수 있어?" 이렇게 따질 수 있는 근거가 되는 원칙을 배중률이라고 한다. 배중률이란 모순관계에 있는 두 명제 중 오직 하나만 참이고 나머지는 거짓이 된다는 법칙이다. 둘 다 맞거나, 둘 다 틀릴 수 없다. 이러한 배중률은 제3자 배제의 원리라고 하기도 한다. 이에 대해서는 앞서 설명한 바 있다.

이러한 논리적 법칙을 충실히 따르면 어떤 사안을 판단할 때 반립명제라는 관점으로 바라본다. 마치 동전의 앞뒷면처럼 '모 아니면 도'라는 흑백논리로 사물을 판단한다는 말이다. 이러한 원리를 받아들인 신학도 역시 같은 방식으로 성서를 바라본다. 그런데 여기서 중요한 것이 있다. 위의 논리 법칙은 반드시 명제에 대해서만 적용이 된다는 사실이다. 명제가 아닌 문장은 위의 논리 법칙을 적용할 수 없다. 그렇다면 명제는 무엇이고, 명제가 아닌 것은 무엇인가?

간단히 말해서 명제는 참과 거짓을 판단할 수 있는 문장을 말한다. 예를 들어 "대한민국의 수도는 서울이다"는 참인 명제고, "일본의 수도는 뉴욕이다"는 거짓인 명제다. 참이든 거짓이든 판단할 수 있으니 둘 다 명제다. 그러나 "꽃은 아름답다"는 명제가 아니다. 왜냐하면 참과 거짓을 판단할 수 없기 때문이다. 어떤 글이 논리적이라는 말은 두 가지 뜻이 함축되어 있는데, 첫째, 그 글은 대부분 명제로만 되어 있으며, 둘째, 그 명제는 대부분 참인 명제들이라는 것이다.

신학이 논리적이 되기 위해서는 위의 두 조건을 충족해야 한다. 그래서 그리스 철학의 영향을 받은 신학자들은 먼저, 성서의 계시를 명제로 바꾸었다. 그런 다음 명제의 진위를 판단해서 참인 명제만으로 항구불변의 신학 교리를 만들고자 했다. 먼저 명제화하고, 그 다음 진위 판단을 하고, 그 다음 논리적 추론을 하는 것이 전통적인 신학방법론이다.

이러한 명제화와 진위 판단, 논리적 추론 등은 특별히 중세 스콜라주의 신학자들이 즐겨 애용했던 신학방법론이다. 예컨대 페트루스 롬바르두스는 전통적인 기독교 가르침을 명제로만 정리해서 《명제집》을 발간했다. 중세 내내 신학생과 신학자들은 롬바르두스의 이 명제집을 교과서로 채택하여 수업시간에 토론하거나 강의하고, 자신들 나름의 명제집을 만들기도 했다. 이러한 신학방법론은 여러모로 유익이 있다. 사유를 체계적이고 논리적으로 할 수 있으며, 무엇보다도 뿌옇고 희미한 관념들을 마치 유리알처럼 투명하고 깔끔하게 이해되도록 만들어준다.

하지만 불가피하게 의문이 제기된다. 성서의 가르침을 오직 명제만으로 뽑아내는 것이 가능한가? 신학이란 참인 명제들만의 체계라고 한다면, 성서의 모든 내용을 명제로 만들어야 한다는 말인데, 성서 계시를 전부 명제화하는 것이 과연 타당한가 그 말이다. 계시란 역사다. 그리고 역사는 삶이다. 그런데 역사를, 그리고 삶을 전부 다 명제화하는 것이 어떻게 가능할까? 무엇보다도 하나님을 명제로 표현하는 것이 합당한가? 결국 명제화되지 않는 성서의 내용들은 제거해야 한다는 말인데 이것은 또 합당한가?

성서 계시로부터 참인 명제를 뽑아냈다고 치자. 그 다음은 뭘 하는가? 참인 명제들로부터 제2, 제3의 다른 명제들을 논리적으로 추론해낸다. 이때 필요한 것이 논리적 추론법이다. 중세 스콜라신학자들이 즐겨 사용했던 추론법 중 하나가 논리적 이분법dichotomy, 즉 디코토미이다. 디코토미는 쉽게 말하면, 전체라는 하나의 덩어리를 절반으로 계속 쪼개서 둘로 나누면서 추론해나가는 방식이다. 이때 나누어진 개념의 구분은 가급적 똑같이 반등분 되어야 하며, 나누어진 두 개의 개념은 서로 모순관계에 있어야 한다. 그렇게 개념을 구분한 후 거짓은 폐기하고, 참인 명제를 다시 둘로 나누어 진리를 추적하겠다는 것이다.

예를 들어 신神에 대해서 생각해보자. 아마도 다음과 같은 추론이 가능할 것이다.

a. 신은 존재하거나 존재하지 않거나 둘 중 하나다.

b-1. 신이 존재하지 않는다면 더 이상의 신학적 추론은 무의미하다.
　　→ 추론 중단

b-2. 신이 존재한다면 신은 물질이거나 물질이 아니거나 둘 중 하나다.

c-1. 신이 물질이라면 유한한 존재일 수밖에 없다. → 유한한 존재는 신이 아니다. → 추론 중단

c-2. 신이 물질이 아니라면 인격이거나 인격이 아니거나 둘 중 하나다.

d-1. 신이 인격이 아니라면…

d-2. 신이 인격이라면 … (계속)

　대충 이런 식으로 계속 어떤 문제를 자꾸 둘로 쪼개면서 가장 세부적인 하위범주까지 도달해가는 추론법이 바로 디코토미다.

　또 다른 추론법으로는 아리스토텔레스의 삼단논법도 유명하다. 아리스토텔레스가 제시한 여러 추론법 중에 가장 유명한 것이 바로 삼단논법이다. 삼단논법은 대전제에 소전제를 대입해서 제3의 진리를 추론해내는 방식이다. 신학자들은 디코토미나 삼단논법 혹은 그 밖의 여러 추론법을 통해서 참인 명제로 밝혀진 것에서부터 제2, 제3, 제4…등의 진리를 추론해내려고 노력했던 것이다.

　이상의 추론법들은 일종의 논리적 추론 자동화 장치라고 할 수 있다. 그것은 마치 완벽하게 자동화된 공장의 기계에 원재료를 넣기만 하면 재료가 컨베이어벨트를 따라 이리저리 옮겨 다닌 후 최종적으로 완제품이 되어 나오는 것과 똑같다. 올바른 추론 규칙을 제대로 지키기만 하면 참인 결론이 자동적으로 완벽하게 산출될 수 있다고 약속하는 것이다. 신학자들은 신학도 이러한 추론법들을 통해서 올바른 진리에 도달할 수 있다고 믿었다. 하지만 과연 이러한 추론법이 기독교 진리를 온전하게 드러낼 수 있을까?

논리적 추론 자동화 장치와 칼뱅주의 vs 아르미니우스주의 논쟁

　자, 그렇다면 칼뱅주의와 아르미니우스주의 논쟁으로 돌아가보자. 이 위대한 신학논쟁에도 동일한 원리가 적용된다. 앞에서 살펴봤던 것처럼 칼뱅주의와 아르미니우스주의 모두는 최초의 참인 명제로부터 제2, 제3의 참인 명제들을 추론하며 만들어낸 교리체계다. 두 교리는 모두 최초의 참인 명제를 '타락설'에서 찾았다. 두 교리는 모두 타락설에서 나머지 교리들을 자동 추론으로 만들어냈던 것이다. 이러한 추론이 어떤 식으로 이루어졌는지 살펴보자.

타락설

a. 인간은 타락하지 않았거나, 타락했거나 둘 중 하나다.

  a-1. 인간은 타락하지 않았다. → 펠라기우스주의 → 폐기

  a-2. 인간은 타락했다.

b. 인간이 타락했다면, 전적으로 타락했거나 전적으로 타락하지 않았거나 둘 중 하나다.

  b-1. 인간은 전적으로 타락했다. → 아우구스티누스–칼뱅주의

  b-2. 인간은 타락했으나, 전적으로 타락하지는 않았다.

  → 세미펠라기우스주의, 아르미니우스주의

선택설

타락설에서 선택설이 추론된다. 이것이 추론되는 방식은 다음과 같다. 칼뱅주의의 입장에서는 만일 인간이 전적으로 무능력하다면 왜 어떤 사람은 구원받고, 왜 어떤 사람은 구원받지 못하는지에 대한 설명이 필요할 것이다. 이러한 설명은 하나님의 예정으로 설명이 가능할 것이다. 인간이 구원에 관한 한 전적으로 무능하다면 남아 있는 유일한 가능성은 하나님께서 전적으로 구원의 주권을 갖는 것이다. 칼뱅주의는 이를

설명하기 위해 선택설을 추론해낸다. 한편 이에 대해 아르미니우스주의는 인간이 구원에 관한 한 전적으로 무능하다고 보지 않는다. 인간에게는 자유의지가 있다고 본다. 그렇다면 아르미니우스주의는 그 자유의지와 하나님의 예정 사이에 어떤 관계가 있는지 설명해야 할 것이다.

a. 하나님은 인간을 무조건적으로 선택하셨거나, 조건적으로 선택하셨거나 둘 중 하나다.

a-1. 하나님은 인간을 무조건적으로 선택하셨다. → 칼뱅주의

(인간은 전적으로 타락했기 때문에 하나님 앞에서 선을 행할 능력이 전혀 없다. 인간은 하나님의 선택을 이끌어낼 만한 조건을 만들어낼 수 있는 능력이 없다. 따라서 하나님은 조건 없이 구원하실 자를 선택하신다.)

a-2. 하나님은 인간을 조건적으로 선택하셨다. → 아르미니우스주의

(인간이 타락하기는 했으나 전적으로 타락하지 않았기 때문에 인간은 자신에게 남아 있는 자유의지를 활용하여 복음을 믿음으로 반응할 수 있다. 따라서 믿음의 반응이 하나님의 선택의 조건이 된다.)

속죄설

선택설은 다시 속죄설을 추론해낸다. 두 교리 모두 하나님의 예정이 예수 그리스도의 십자가의 구속의 사역에 어떠한 논리적 연관관계가 있는지에 대한 설명이 필요하다.

a. 예수는 모든 인간을 위해서 피를 흘리셨거나, 모든 인간을 위해서 피를 흘리지 않으셨거나 둘 중 하나다.

a-1. 예수는 모든 인간을 위해서 피를 흘리지 않으셨다. → 칼뱅주의의 '제한속죄설'

(하나님은 인간을 무조건적으로 영원 전에 선택하셨다. 그렇다면 하나님은 선택하지 않은 자를 위해 구속의 피를 흘리게 하실 이유가 없다. 따라서 하나님은 선택한 자들만을 위해서 구속의 피를 흘리게 하신다.)

a-2. 예수는 모든 인간을 위해서 피를 흘리셨다. → 아르미니우스주의의 '보편속죄설'

(하나님은 인간의 반응을 보고 인간을 선택하신다. 따라서 하나님은 모든 사람을 위해서 속죄의 피를 흘리게 하고 그들에게 반응할 기회를 주신다.)

은총설

이는 다시 은총설로 이어진다. 그리스도의 구속의 은총은 죄인의 반응과 어떤 관련이 있는지에 대한 설명이 필요하다.

a. 하나님의 은총은 거부할 수 있거나, 거부할 수 없거나 둘 중 하나다.

a-1. 하나님의 은총은 거부할 수 없다. → 칼뱅주의

(인간은 전적으로 타락했으며, 하나님은 영원 전에 구원하실 자를 택했고, 오직 그들만을 위해서 속죄의 피를 흘리게 하셨다. 이 모든 것은 하나님의 주권과 은총으로 준비되었다. 따라서 하나님께서 구원의 은총을 베풀기로 작정하셨을 때 인간은 거부할 수 없다.)

a-2. 하나님의 은총은 거부할 수 있다. → 아르미니우스주의

(인간에게는 자유의지가 남아 있으며, 하나님은 인간이 복음을 믿는 것을 보고 그를 선택하며, 모든 사람들을 위해 속죄의 피를 흘리게 함으로 인간에게 선택의 기회를 주신다. 따라서 하나님께서 은총을 베푸실 때 인간은 이를 받아들일 수도 있고, 거부할 수도 있다.)

견인설

은총설에서 견인설이 추론된다. 그리스도의 은총에 대한 죄인의 반응은 구원의 지속에 어떤 영향을 미치는지에 대한 설명이 요구된다.

a. 한 번 구원은 영원한 구원이거나, 영원한 구원이 아니거나 둘 중 하나다.

> **a-1.** 한 번 구원은 영원한 구원이다. → 칼뱅주의
>
> (구원은 전적으로 하나님의 주권과 은총으로 말미암는다. 따라서 그 구원의 유지도 하나님의 주권과 은총으로 말미암는다. 따라서 한 번 구원받은 자는 영원히 안전하다.)
>
> **a-2.** 한 번 구원은 영원한 구원이 아니다. → 아르미니우스주의
>
> (하나님은 인간을 위해 구원의 은총을 베푸시나 이를 받아들이는 것은 인간의 자유의지에 달려 있다. 따라서 인간은 복음을 믿고 구원을 얻을 자유도 있고, 그 복음을 버리고 구원에서 떨어질 자유도 있다. 따라서 한 번 구원은 영원한 구원이 아니다.)

대략 이런 식이다. 여기서 보이고자 한 것은 두 위대한 신학의 세부 내용이 아니라 두 신학이 형성되는 방식이다. 이를 보면 알 수 있듯이 두 신학은 사실상 그리스 철학의 논리적 추론법칙을 따라 구체화되고 있다. 언뜻 보면 이러한 추론법은 굉장히 공정하고 객관적인 것처럼 보이지만 이러한 식의 추론법은 얼마든지 자신의 주장을 이끌어내기 위해서 사용될 수 있다. 예컨대 "이 세상에 존재하는 인간은 나를 좋아하는 사람과 나를 좋아하지 않는 사람 둘 중 하나다." 물론 이러한 디코토미는 전체를 2등분하지 않았기 때문에 틀린 것이다. 하지만 이런 식으로 자기중심적 전제로부터 자기중심적인 논리 체계를 만들어내는

것이 충분히 가능하다.

이러한 이유로 칼뱅주의자이면서도 타락 전 선택설을 주장하는 벤저민 워필드의 추론이 불편하다. "인간은 자연주의자가 되든지 초자연주의자가 되든지 할 수밖에 없다. 초자연주의자는 사제주의자가 되든지 아니면 복음주의자가 될 수밖에 없고, 복음주의자는 보편구원론자가 되든지 아니면 제한구원론자가 될 수밖에 없다. 제한구원론자는 하나님의 구원활동의 일부에 관해서만 제한구원론자가 되든지 아니면 그 전체에 관해서 제한구원론자가 되든지 할 수밖에 없다. … 하나님은 인류 전체를 특히, 인류 전체의 운명을 다루셨는지, 아닌지 (둘 중 하나다.)"[15]

하지만 내가 보기에 이러한 식의 디코토미는 형식적으로 그럴듯해 보일지 몰라도 사실은 자신의 관점을 중심으로 우주를 설명하려는 맹목적 추론법처럼 보일 뿐이다.

하나님 구속복

사실 논리적 추론법에 대해서 좀 더 근본적인 불신이 있다. 왜냐하면 이러한 논리적 추론법은 뭔가를 명료하게 보고, 알아내기 위한 수단인데 이것이 하나님을 아는 지식에 적합한지 의문이다. 이러한 방법론은 마치 형사가 범인을 취조하여 감춰진 범행의 전모를 알아내듯 성서를 취조하여 감춰진 진리를 알아내려 한다. 그리고 종국에는 신학자들이 하나님을 관찰하고 분석하려 한다. 과학자가 실험실의 쥐를 해부하고 분석하는 방식과 비슷하게 하나님에 대한 해부학적 지식에 도달하려고 하는 듯한 인상을 준다.

하지만 구약성서를 보라. 하나님은 감히 바라볼 수 없는 분이다. 볼 수 없으니 관찰도 불가능하고, 분석도 불가능하다. 야훼의 궤를 들여다본 벳세메스 사람들은 "(오만) 칠십 명"이나 죽임을 당했다(삼상 6:19). 육안이 아니라 비록 논리적인 추론방식을 통해서라 할지라도 하나님을 보려고 하는 시도는 불온한 것이다.

논리적 추론법은 하나님을 관찰하고 분석하려고 할 뿐만 아니라 심지어 구속복을 입혀 꼼짝달싹 못하게 만들기도 한다. 이 때문에 나는 신학자들이 종종 사용하는 '가정법'에 기초한 신학적 추론법을 거부한다. 예컨대 앞서 몰트만은 하나님을 고난당하실 수 없는 분이라고 주장하는 전통적인 입장을 이렇게 요약했다. "신적 실체는 고난을 당할 수 없다. 만일 그렇지 않다면 그것은 신적인 존재가 아닐 것이다." 이 추론법은 요약하면 "만일 –이라면, 하나님이 아니다"와 같은 형식에 기초해 있다. 이러한 추론법을 '하나님 가정법'이라고 부른다고 해보자. 적지 않은 신학자들이 자신의 논리체계를 완성하기 위해서 이러한 추론법을 자주 사용한다.

그래서 어떤 칼뱅주의자들은 이러한 논법을 활용해서, "만일 인간이 자유의지를 가지고 있다면, (하나님이 인간에게 절대주권을 빼앗기셨으므로) 그러한 하나님은 참 하나님이 아니다"라고 주장한다. 또 반대로 아르미니우스주의자들도 비슷한 방식으로, "만일 하나님이 인간의 마음에 강권적으로 역사하여 인간으로 하여금 믿게끔 만드신다면, (하나님은 인격적인 하나님이 아니므로) 그는 하나님이 아니다"라고 추론한다. 여기서 이들의 추론의 내용이 맞는지 틀린지에 대해서 논증하고 싶지 않다. 불편한 것은 이러한 추론법의 형식 자체다. 위의 추론법에 따르면 칼뱅주의자는 하나님께 "당신은 반드시 절대주권자여야 합니다"라고 강요하는 셈이고, 아르미니우스주의자는 하나님께 "당신은 반드시 인격적인 분이어야 합니다"라고 요구하는 셈이다. 그러나 대체 어떻게 이런 주장이 가능한가!

만일 칼뱅주의자들이 하나님을 향해, "하나님은 반드시 절대주권이 있고 절대로 인간에게 당신의 주권을 양보하거나 빼앗겨서는 안 된다"고 요구한다면, 그 순간 그들은 하나님의 절대주권을 침해하는 것이다. 진정 하나님의 절대주권을 인정하는 행위는 침묵이다. "오직 여호와는 그 성전에 계시니 온 땅은 그 앞에서 잠잠할지니라"(합 2:20).

또 아르미니우스주의자들의 말대로 하나님이 인격적인 분이라고 할 때, 이는 전적으로 하나님의 은총에 따른 자발적인 자기비하의 결과이지 하나님은 반드시 인격적이지 않으면 안 된다고 항의할 수 있는 성질의 것이 아니다. 즉 논리적 추론법이 고려하지 않는 것은 하나님의 자유다. 하나님이 자유하다는 말은 하나님은 논리적 추론법칙을 초월하며, 자유롭게 넘어서 계시다는 말이다. 따라서 인간의 논리법칙 안에 하나님을 가두려는 시도는 불온하다.

하나님은 자유하시다. 그래서 인간의 어떠한 논리적 인과율에 구속되지 않는다. 이 같은 사실을 우리는 욥기나 하박국에서 확인할 수 있다. 이들 논쟁가들은 하나님의 계시인 토라의 원리를 가지고 하나님께 따져 물었다. "하나님, 당신의 신명기적 원리에 따르면 악한 자는 징벌을 받고 의로운 자는 복을 받아야 합니다. 그런데 어찌하여 현실에서는 악한 자가 평안하고 도리어 의로운 자가 고난을 당합니까?" 이들의 질문의 핵심은 하나님의 통치를 인과율로 만들어 그것이 모순이라고 따져 묻는 것이었다. 그런데 그에 대한 하나님의 답변은 무엇인가?

"나는 나다!"였다. 즉 "네가 나를 어찌 안다고 하느냐?"였던 것이다. 즉 하나님의 답변은 하나님의 자유에 대한 장엄한 선언일 뿐이었다. "내가 땅의 기초를 놓을 때에 네가 어디 있었느냐? 네가 깨달아 알았거든 말할지니라"(욥 38:4).

하나님의 얼굴은 볼 수 없다. 주님께서 다시 오실 때까지 하나님의 얼굴을 배알할 수 있는 인간은 아무도 없다. 모세마저도 하나님의 등만 보지 않았던가. 우리는 하나님을 관찰할 수 없으며, 따라서 하나님을 (육안으로든, 논리적 추론을 통한 철학적 관조든) 봄으로 하나님에 대한 지식을 얻으려 해서는 안 된다. 우리가 하나님을 아는 유일한 방법은 하나님의 명령에 순종하는 것이다. 하나님의 명령을 순종할 때 우리는 하나님이 원하시는 사람이 된다. 그리고 하나님이 원하시는 사람이 될 때, 우리 안에서 하나님의 형상이 회복되어 밖으로 드러난다. 그리고 우리는 우리의 얼굴에서, 우리의 존재에서 희미하게 비치는 하나님의 형상을 눈으로 볼 수 있다. 마치 큰 바위 얼굴을 닮아가는 어니스트처럼 말이다. 순종하는 자에게 드러나는 신적 성품과 그 권위, 그 존엄, 이것을 통해 우리는 하나님을 볼 수 있다.

맹목적인 추론의 종착지

칼뱅주의와 아르미니우스주의가 의존하고 있는 논리적 추론법은 진리에 이른다고 하기에는 불완전한 점이 너무 많다. 특히 그러한 추론법은 그 자체로 맹목적이고 무차별적이어서 예상치 못한 전혀 엉뚱한 결론으로 우리를 인도하기도 한다. 하나만 예를 들어보자. 초대교회 때 최초의 신학은 예배 속에 존재했다. 이 그리스도인들이 모여 드린 예배는 예수가 부활하고 승천하신 후 며칠이 못 되어 예루살렘의 작은 다락방에서 처음 시작되었다. 이들은 본래 구약을 철저하게 믿고 따르던 유대인들이었다. 그리고 그들은 유대교와 분리된 다른 종파나 종교를 창시할 의도가 전혀 없었다. 하지만 그들은 일반 유대인들과는 다른 신앙의 도리를 하나 알게 되었다. 그건 바로 "예수는 주요, 그리스도"라는 신앙고백이었다.

예수가 주±요, 그리스도라는 이 원시적 신앙고백에는 예수가 경배 받으시기에 합당한 존재라는 내용도 포함되어 있었다. 이들은 가정집에 모여 식사를 나누고, 예수가 잡히시기 전날 밤 그들에게 시연해보인 방식대로 기념식사를 하고, 그 예수가 하늘과 땅의 참 주라는 사실을 고백했다. 이것이 최초의 기독교 예배 모임이었다. 즉 그리스도인들의 최초의 예배는 예수 그리스도에 대한 예배였다.

그런데 머지않아 이러한 초대교회의 그리스도 예배에 논리적 문제가 생겨났다. 그건 바로 구약의 토라와의 충돌이었다. 구약의 십계명은 분명 하나님 한 분께만 예배하라고 명시되어 있었기 때문이다. 이런 상황에서 과연 예수를 예배하는 것은 정당한가? 토라는 천사든, 인간이든, 그 어떤 피조물이든 하나님 이외에 예배를 받을 수 있는 대상은 존재하지 않는다고 선언하고 있다. 그런데도 초기 유대인들이 예수를 그리스도로 모시고 예배한다면, 이것은 정당한가? 이 문제에서 본격적으로 신학적 문제가 발생했다.

1세기 사도들도 이러한 신학적 문제가 존재한다는 사실을 금세 알아차렸을 것이다. 그리고 이 문제가 간단치 않은 문제인 줄 알았을 것이다. 그러나 무슨 이유에선지 그들은 철학적으로나 신학적으로 이를 심각하게 탐구하지 않았다. 신약성서는 이 문제에 대해서 별 말이 없다. 하지만 그리스 철학을 받아들이면서 신학자들은 이 문제를 본격적으로 탐구하기 시작했다. 그러면서 다음과 같은 방식으로 이 문제를 규정하였다.

> **a.** 예수 그리스도는 예배 받기 합당하지 않거나, 합당하거나 둘 중 하나다.
>
> **b-1.** 예수 그리스도가 예배 받기에 합당하지 않다면, 예수는 신이 아니다.
>
> **b-2.** 예수 그리스도가 예배 받기에 합당하다면, 예수는 신이다.

초기 300년 동안 가장 치열했던 신학 논쟁은 예수가 신이고, 그래서 경배 받기에 합당한가, 아니면 신이 아니고, 경배 받기에 합당하지 않은가, 하는 문제를 두고 일어났다. 오랫동안 수많은 논쟁이 진행되다가 결국 4세기 초 두 주장은 아리우스와 아타나시우스라는 걸출한 두 신학자들의 맞대결로 나타난다. (b-1)이 아리우스의 주장이고, (b-2)가 아타나시우스의 주장이었다.

아리우스는 예수가 지극히 존귀하기 때문에 예수의 본성은 하나님의 본성과 심히 비슷*homoiousios*할 수는 있다. 하지만 신은 아니라고 주장했다. 반대로 아타나시우스는 예수의 본성은 하나님의 본성과 완전히 동일*homoousios*하다고 주장했다. 아리우스의 주장을 '유사본질론'이라고 하고, 아타나시우스의 주장을 '동일본질론'이라고 한다. 자세히 보면 알겠지만 두 주장의 차이는 'i(이오타)' 하나의 차이밖에 없다. 여기서 아리우스가 예수의 본성을 신과 얼마나 비슷하다고 주장했느냐는 별로 중요하지 않다. 즉 예수의 본성이 하나님의 본성과 99.9999999…퍼센트 비슷하다고 주장하더라도 100퍼센트가 아니라면 그건 동일본질론이 아닌 것이다. 즉 동일본질론과 유사본질론은 배중률이 적용되는 엄격한 모순관계에 있는 것이다. 따라서 진리는 둘 중 하나일 수밖에 없다. 그리고 두 사람은 자신의 논리를 총동원한 것뿐만 아니라 자신의 정치적 역량까지 총동원해서 니케아 공의회(AD 325년) 때 한판 승부를 벌였다. 그리고 승리는 아타나시우스에게 돌아갔다. 이로써 아타나시우스의 주장은 정통orthodoxy이 되었고, 아리우스의 주장은 이단heresy이 되었다.

하지만 논리적 추론은 여기서 그치지 않는다.

> **b-2.** 예수 그리스도가 예배 받으시기에 합당하면 예수는 신이다.
> **c.** 마리아는 인간인 예수를 낳았거나, 신인 예수를 낳았거나 둘 중 하나다.
> **c-1.** 마리아가 인간인 예수를 낳았다면 예수와 하나님은 동일본질이 아니다. → 아리우스설로 회귀하므로 폐기
> **c-2.** 마리아는 신인 예수를 낳았으며 예수와 하나님은 동일본질이다.
> **d.** 마리아가 신인 예수를 낳았다면 마리아는 신의 어머니theotokos이다.
> **e.** 마리아가 신의 어머니라면 그녀는 경배 받기에 합당하다.

결국 이러한 논리적 자동 추론법은 성모 숭배 교리에 이른다. 가톨릭교회의 성모 숭배 사상은 이러한 논리적 추론의 자연스러운 결과

다. 가톨릭 교인들은 예수의 친모 마리아를 사실상 경배하며, 숭모한다. 그리고 그녀는 동정녀로 예수를 수태했을 뿐만 아니라, 원죄가 없고, 평생 동정으로 살았고, 몽소승천했다는 내용의 교리가 추론되고 만들어졌다. 이러한 교리는 성서에서 벗어난 교리다. 원시 기독교 신앙을 가진 신자들이 모여 최초의 기독교 예배를 시작했고, 이 예배에서 신학이 발전했으며, 그 발전된 신학적 추론에 의거해서 성모 숭배설에까지 이르렀다. 나는 성모 숭배를 거부한다. 더불어 이러한 일련의 신학적 추론방법도 신용하지 않는다. 그것은 맹목적이고 무차별적인 논리적 추론 자동화 장치 때문에 생겨난 희극적 결론이라고 믿는다.

이렇게 논리적 추론 방법을 길게 비판하는 이유는 그것이 칼뱅주의와 아르미니우스주의 체계를 완성한 수단이기 때문이다. 칼뱅주의와 아르미니우스주의는 모두 타락설이라는 최초의 신학적 전제에서 출발하여 나머지 교리체계를, 위의 논리적 추론 방식을 통해 정교하게 축조해나간 논리적 건축물이다. 나의 의도는 두 신학의 최초의 신학적 전제가 처음부터 잘못되었을 뿐만 아니라 두 신학이 맹목적이고 무차별적인 논리적 추론법을 차용하여 나머지 신학체계를 완성했기 때문에 그러한 내용들도 신용하기 어렵다는 것이다.

명제집으로 대체

서구의 진리관

　그리스 철학의 우물에 대해서 논하면서 한 가지 추가할 것이 있다. 그것은 기독교적 진리관이 철학적 진리관으로 변질되었으며, 그 결과 성서 계시가 명제집으로 대체되었다는 점이다. 진리란 무엇인가? 서구 철학의 전통은 진리란 외부의 사물과 인간의 인식이 일치하는 것을 말한다. 컵을 보고 컵이라고 말하면 이는 진리이고, 컵을 닭이라고 말하면 이는 거짓이다. 이를 대응론이라 한다. '인식과 대상의 일치'라는 대응적 진리관은 플라톤에서 시작되어 아리스토텔레스를 거쳐 토마스 아퀴나스에 이르러 서구적 진리관으로 확고하게 자리매김한다. 서구의 대응적 진리관에서 말하는 진리는 한마디로 '인식과 대상의 일치'다.[16] 이러한 진리관은 오늘날까지 수천 년에 걸쳐 효력을 발휘하고 있는 진리관이다.

　대응론에 대한 대안으로 19세기 헤겔과 그의 후예들이 정합론을 제시했다. 정합론은 간단히 말하면 진리란 대상과의 일대일 관계라기보다는 인식과 또 다른 인식과의 올바른 관계 속에 있다는 것이다. 예컨대 하나의 명제가 참이라면 그 명제와 모순되지 않은 또 다른 명제도 참이 된다는 것이다. 이외에도 최근에는 실용주의적 진리관이 있는데, 실용주의적 진리관은 영원한 진리관을 거부한다. 어떤 지식이 거짓으로 밝혀지지 않는 한, 그리고 그것이 유용한 한 그것은 통용될 수 있다는 진리관이다. 대응적 진리관, 정합적 진리관, 실용주의적 진리관 등이 서구의 진리에 대한 대표적인 생각들이다. 그렇지만 이들 중 가장 영향력 있는 진리관은 단연 대응론이며, 당연한 얘기지만 신학에 가장 많은 영향을 미친 진리관 역시 대응론이다.

여기서는 성서적 진리관과 대응적 진리관을 비교해보고자 한다. 먼저 서구의 '대응적' 진리관의 특징을 간단히 정리해보면 다음과 같다. 우선 대응론은 인식 밖에 존재하는 대상을 전제한다. 진리란 저 밖에 존재하는 대상과 인식의 적절한 관계다. 즉 존재하는 것을 존재한다고 하거나, 존재하지 않는 것을 존재하지 않는다고 하면 이것은 진리다. 그러나 존재하는 것을 존재하지 않는다고 하고, 존재하지 않는 것을 존재한다고 하면 이는 거짓이다. 중요한 것은 인식 밖에 객관적으로 존재하는 대상이다. 그 대상이 사물이 될 수도 있고, 추상적인 관념이 될 수도 있으나 어쨌든 진리는 저 밖에 존재하는 대상에 어떻게 대응하느냐의 문제다.

두 번째, 진리는 대상에 인간의 인식을 일치시키는 것이다. 먼저 대상이 존재한다. 그리고 인식을 그 대상에 맞추어야 한다. 인식이 대상을 정확히 추적하면 진리에 이르지만 그렇지 못하면 진리에 이르지 못한다. 따라서 진리를 알기 위해서는 올바른 추적이 필요하다. 마치 탐정이 범인을 추적하듯 올바른 방식으로 추리해서 진리에 도달할 수 있다. 그래서 그리스 철학자들은 적극적으로 사유하고, 명상하고 혹은 관조함으로써 진리에 도달할 수 있다고 믿는다. 이러한 주도면밀한 사유 끝에 진리를 깨달으면 구도자는 '유레카!'를 외치며 기뻐한다.

세 번째, 서구의 진리관은 객관적이다. 진리는 어쨌거나 저 밖에 존재하는 어떤 것과 관련이 있기 때문이다. 말이나 진술이 '저기 있는' 대상과 일치하지 않는다면 그건 진리라고 할 수 없다. 이런 점에서 서구의 진리관은 인간의 인식과는 무관하게 혹은 인간의 태도와는 무관하게 객관적이고 대상적인 것이다. 진리가 객관적이라는 말은 진리는 자명自明하다는 뜻이다. 진리는 그것을 인식하는 주체의 반응에 좌우되지 않는다. 진리는 그저 그렇게 저 밖에 존재한다. 뉴턴이 만유인력의 법칙을 '발견'했지만, 그 법칙은 뉴턴이 발견하기 훨씬 전부터 본래 그런 식으로 자명하게 존재해왔던 것이다. 진리가 객관적이라는 말은 진리는 보편적이라는 뜻이기도 하다. 1＋1＝2라는 진리는 철수에게도 진리고, 영희에게도 진리다. 지구에서도 진리고 화성에서도 진리고, 석기시대에도 진리고 조선시대에도 진리다. 언제 어디서나 온 우주에서 진리다. 그래서 진리는 객관적이며, 자명하고, 보편적인 것이다.

네 번째, 서구의 진리관은 말 혹은 명제로 표현될 수 있다. 명제라 함은 진리와 거짓을 판단할 수 있는 문장을 말한다. "장미는 아름답다"는 명제가 아니다. 진위 판명이 불가능하기 때문이다. 하지만 "장미는 붉다"는 명제다. 진위 판명이 가능하기 때문이다. 진리는 기본적으로 명제에 국한된 문제다. 명제는 무엇인가? 단순하게 명제는 "A는 B이다." 혹은 "A는 B가 아니다"로 표현할 수 있을 것이다. 그리고 이러한 명제는 A＝B 혹은 A≠B와 같이 좀 더 단순하게 기호나 단어로 표현할 수도 있을 것이다. 진리가 되기 위해서는 무엇보다 먼저 명제여야 한다.

다섯 번째, 서구적 진리관은 기본적으로 진리와 거짓에 대한 판단의 문제다. 일단 명제로 진술된다면 그 명제의 진위를 판단하게 되고, 참으로 판명된 명제가 바로 진리다. 이때 진리와 거짓은 배중률이 적용되는 모순관계에 있다. 어떤 명제든 그것이 명제라면 T이거나 아니면 F이거나 해야 한다는 뜻이다. T이면서도 F이거나 T도 아니고 F도 아닌 명제는 없다. 명제의 진위 문제에 관해서 가능성은 둘 밖에 없다. 진리이거나 거짓이거나… 그래서 진리탐구는 철저하게 흑백논리가 될 수밖에 없으며, 양자택일의 문제가 되고 만다.

성서의 진리관

성서적 진리관은 어떠한가? 성서가 말하는 진리는 늘 언제나 '하나님의 말씀'이다. 시편기자가 "주의 진리로 나를 지도하시고 교훈하소서"(시 25:5)라고 했을 때 진리는 야훼의 '토라'를 말한다. 이때 토라는 하나님께서 시내 산에서 계시해주신 말씀이다. 그것의 기록을 토라라고 부르지만, 토라는 단순히 돌판이나 두루마기에 기록된 글자가 아니다. 그건 그저 문자다. 문자는 영으로 살아나기 전까지 그저 기호며 흔적이다. 문자는 하나님의 생생한 음성이 되어야 한다. 즉 살아 계신 하나님의 음성이 진리다. 예언자들은 문자를 자신의 전 존재로 살아나게 해서 하나님의 음성을 선포했다. 즉 토라는 하나님의 음성이며, 진리는 하나님의 마음이고, 본뜻이다. 따라서 진리는 하나님 자신이다!

신약도 마찬가지다. 예수는 자신에 대해서 이렇게 말씀하셨다. "나는 진리다." 예수가 자기 자신을 진리라고 말씀하신 것은 그리스 철학자들이 말하는 진리와는 완전히 다르다. 예수는 지금 예언자적 전통에서서 구약의 진리관을 계승하고 있음을 보여주고 있다. 즉 예수는 당신 자신의 전 존재와 전 인격을 통해 하나님의 마음과 본뜻을 가장 잘 드러내주는 존재라는 의미로 자신을 진리라고 선포하신 것이다. 하지만 여기서 요한은 한 단계 더 나아간다. 그는 예수를 두고 "말씀이 육신이 되어 우리 가운데 거하시매 … 은혜와 진리truth가 충만하더라"(요 1:14). 요한의 이 말에는 더욱 깊은 차원이 있다. 요한에 따르면 예수는 하나님 자신이다! 그래서 예수가 진리인 것이다.

이러한 성서적 진리관을 뭐라고 표현하면 좋겠는가? '인격적 진리관' 혹은 '실존적 진리관'이라고 할 수 있을 것이다. 왜냐하면 서구의 진리관이 '대상'에 대한 문제라면 성서의 진리관은 '인격과의 만남'에 대한 문제이기 때문이다. 대응적 진리관은 인식 주관 밖에 존재하는 어떤 대상을 전제로 한다. 그래서 그리스 철학자들은 "진리는 무엇인가?What is the truth?"라고 물었다. 그러나 성서의 진리관은 하나님의 인격과의 만남과 관계를 진리라고 본다. 이런 점에서 성서는 "진리는 누구인가?Who is the truth?"라고 묻는다. 이것이 성서적 진리관의 첫 번째 특징이다. 성서의 진리관은 사물이나 원리에 대한 '논리적 지식'이 아니라 인격체에 대한 '관계적 지식', 즉 '야다yada'이다.

두 번째, 서구의 진리관이 철학적 사유와 관조를 통해서 진리를 추리해나갈 수 있다고 가정하지만 성서는 인간의 능력으로 진리(하나님)에 도달할 수 있는 가능성이 없다고 주장한다. 진리가 스스로 계시하시기 전까지 인간은 결코 진리에 접근할 수 없다. 서구적 진리관은 사유와 명상을 통해 진리에 도달할 수 있으며, 진리를 깨달을 때 '유레카'를 외친다. 그러나 성서적 진리관은 진리가 찾아오기 전까지 할 수 있는 것이 아무것도 없으며, 그러다가 불현듯 진리가 자신에게 계시되면 "말씀하옵소서. 주의 종이 듣겠나이다"(삼상 3:10)라고 답한다. 만일 진리가 계시하지 않으면 인간에게는 달리 방법이 없다. 말씀이 희귀해

지면 인간이 할 수 있는 일은 아무것도 없다. 그저 말씀이 들려지기를 기다릴 뿐이다. 진리는 하나님의 자기계시이며, 동시에 그것은 은총이요, 선물이다.

세 번째, 서구의 '대응적 진리관'이 객관적이고, 보편적인 진리를 추구한다면 성서의 진리관은 신과 나와의 관계를 어떻게 맺을 것이냐와 관련이 있다. 누가복음 5장을 보면, 갈릴리 바다에서 예수는 베드로에게 당신의 신성을 드러내신 적이 있다. 그때 베드로는 예수의 신성을 밝히 깨닫고 이렇게 고백한다. "주여, 나를 떠나소서. 나는 죄인이로소이다." 베드로가 예수의 진리되심을 깨닫자 그는 자기 자신을 본다. 그리고 자신이 죄인이라는 사실을 깨닫는다. 성서의 진리가 나타날 때 인간에게 이러한 일이 일어난다. 진리는 주관과 무관한 객관적인 어떤 대상에 대한 지식이 아니다. 진리는 나와의 관계를 요구한다. 즉 진리는 실존적일 수밖에 없다.

네 번째, 이러한 진리관은 관계적이며 윤리적이다. 진리는 저 밖에 나와 무관하게 존재하는 것이 아니다. 진리는 침노하며 나에게로 돌진해 들어온다. 나를 찾아와 나와 충돌한다. 내가 그 진리와 대면하기 전까지 나에게 진리는 자명한 것이 아니다. 즉 진리는 자명하거나 보편적이지 않다. 진리는 나를 향해 돌진해 들어와 나와의 특별한 관계를 요구한다. 진리가 다른 사람에게 무엇을 요구하든 중요한 건 나와 진리와의 관계다. "내가 올 때까지 그를 머물게 하고자 할지라도 네게 무슨 상관이냐? 너는 나를 따르라"(요 21:22). 이것이 진리의 요청이다. 이러한 요청은 윤리적 요청이다. 구약의 이스라엘 백성이 토라 앞에서 할 수 있는 유일한 일은 토라를 비평하거나 분석하는 것이 아니라 토라에 맞게 자신의 삶을 재조정Halakba하는 것이다. 마찬가지로 다메섹 도상에서 예수를 만난 바울은 이렇게 묻는다. "주님, 누구시니이까?"(행 22:8) 예수는 답한다. "나는 나사렛 예수다." 이때 바울은 이렇게 다시 묻는다. "주님, 무엇을 하리이까"(행 22:10). 여기서도 볼 수 있듯이 진리를 만나는 순간 진리의 요구대로 자신의 삶을 재조정하는 일이 일어난다. 이런 점에서 진리는 실천적이고 윤리적이다.

다섯 번째, 서구적 진리관이 T or F의 문제라면 성서의 진리관은 "이것이냐, 저것이냐"의 문제다. 이것은 키르케고르의 책제목이기도 하다. 이것은 기독교 진리가 양자택일의 문제라는 말이다. 양자택일이라는 점에서 서구적 진리관과 성서의 진리관은 비슷해 보인다. 그러나 그 내용은 완전히 다르다. 서구적 진리관이 대상과 인식의 일치(T)와 불일치(F) 사이에서의 판단이라면, 성서의 진리는 진리이신 '그분'께 복종할 것이냐, 말 것이냐를 결단하는 것이다. 성서적 진리관은 명제의 진위의 문제가 아니라 목숨을 건 실존적 결단의 문제다. 이것은 일종의 충성선언으로 삶을 거는 일생일대의 결단의 문제다. 예수가 제자들에게 "나를 따라오라"(마 4:19)고 한 것은 왕이 백성들을 모집한다는 의미로 볼 수 있다. 왕의 소환 명령에 어떤 태도를 취할지 나는 '지금여기서' 결정해야 한다. 이러한 결정은 본성상 실존적이며 정치적이다. 이때 가능성은 둘뿐이다. 그분을 따를 것이냐, 말 것이냐? 이도 저도 아닐 수는 없다.

명제가 되어버린 기독교 진리

이처럼 그리스 철학적 진리관은 성서적 진리관과 큰 차이가 있다.

그런데 문제는 기독교가 그리스 철학을 도입하면서 점점 성서적 진리관이 왜곡되고 말았다는 것이다. 앞서 언급했던 것처럼 흥미롭게도 플라톤과 아리스토텔레스로부터 시작된 서구의 '대응적 진리관'이 완성을 이룬 건 중세 스콜라 신학자 토마스 아퀴나스에 의해서다.[17] 아퀴나스는 성서의 진리관을 그리스 철학적 진리관으로 완벽하게 대체했을 뿐만 아니라 서구의 대응적 진리관의 완성을 이룬 학자이기도 하다.

그렇다면 이러한 진리관의 변화는 어떤 결과를 가져왔을까? 최초의 교회는 교리집이나 소요리문답을 공부하는 아카데미아(학교)가 아니었다. 대신 그들은 예배를 드리는 예배 공동체였다. 물론 예배 속에는 분명한 신앙고백이 있었고 교리도 있었다. 그건 바로 "예수는 주, 예수는 그리스도"라는 것이었다. "예수는 주Kyrios시다"라는 원시적 신앙고백은 명제일까, 아닐까? 형식논리적으로 보면 그건 명제가 될 수도 있다. 그러나 초대교인들에게 "예수는 주"라는 선언은 명제도 아니고, 형식논리의 문제는 더더욱 아니었다. 이 원시적 신앙고백의 핵심은 예수가 자신의 전 존재를 내어드릴 만한 분이냐, 아니냐라는 것이었다. 더불어 이것은 예수가 경배받기에 합당한 분이라는 뜻이며, 그분이 따라오라고 명하신 십자가의 길을 따라야 한다는 뜻이었다.

하지만 철학의 도입과 함께 "예수는 주"라는 원시적 신앙고백은 점점 명제화되기 시작했다. 2세기 무렵 교회는 "예수는 주"라는 신앙고백을 "예수는 신이냐, 피조물이냐?"라는 문제로 바꾸어놓았다. 오랫동안 이 논쟁이 거듭되었는데, 이것이 소위 기독론 논쟁이다. 문제는 이러한 논쟁이 점점 사변적이고 철학적인 논쟁이 되어갔다는 데 있다.

4세기 아타나시우스와 아리우스의 기독론 논쟁은 그러한 논쟁의 연장선상에 존재한다. 아타나시우스는 예수의 본성과 신의 본성은 동일하다고 주장했고, 아리우스는 동일하지 않다고 주장했던 것이다. 두 사람은 자신의 기독론을 각각 동일본질론과 유사본질론이라는 하나의 공식formula으로 혹은 명제proposition로 요약하고 정리했다. 원시적 신앙고백은 이제 순수한 개념이나, 명제, 혹은 공식으로 완벽하게 변모되었다. 나는 개인적으로 아리우스보다는 아타나시우스가 승리한 것은 퍽 다행이라고 생각한다. 그러나 누가 이겼냐보다 더 중요한 것은 이러한 논쟁의 과정 속에서 성서적 진리관이 철학적 진리관으로 변화되었다는 사실이다.

조지 린드벡George Lindbeck에 따르면 이렇게 명제나 공식으로 정리되는 기독교 교리를 인식적 명제론적cognitively propositional 교리라고 했다.[18] 그리스 철학의 진리관의 영향을 받아 기독교는 교리란 영원하고, 불변하며, 객관적이고, 자명하고, 보편적인 진리라고 믿기 시작했다. 이제 "예수는 주"라는 원초적 신앙고백은 예수를 주로 믿고 따를 것이냐, 말 것이냐의 문제가 아니라, 예수 그리스도의 신성, 인성, 양성의 결합 관계, 삼위일체 등에 대한 정통교리를 정확히 아느냐, 모르느냐의 문제가 되었다.

기독교 교리의 명제화는 점점 참이라고 판명된 진리와 거짓이라고 판명된 거짓 진리를 구분하게 만들었다. 교회는 참인 명제들을 정통이라고 부르고, 거짓인 명제들을 이단이라고 불렀다. 물론 정통과 이단 사이에는 일절 겹치는 부분이 없었다. 둘 사이에는 배중률이 적용되는 모순 관계이기 때문이다. 정통과 이단 사이가 아무리 가까워도, '이오

타(i)' 하나가 있고 없음같이 아무리 사소한 차이라도 정통은 영원한 정통이 되어 진리의 전당에 헌납되고, 이단은 영원한 이단으로 낙인이 찍혔다. 우리는 여기서 진리라는 이름의 폭력과 인식론적 제국주의를 마주하게 된다.

폭력과 진리

"예수는 주"라는 기독교 진리는 본성상 권력과 결합할 수 없다. 예수가 주라는 말은 주되신 예수가 가장 먼저 십자가의 길을 걸어가셨다는 뜻이며, 그를 따르는 우리는 그 십자가의 길을 뒤따라야 한다는 뜻이기 때문이다. 십자가의 길은 권력의 길이 아니라 탈권력의 길이며, 폭력의 길이 아니라 비폭력의 길이며, 억압과 지배의 길이 아니라 섬김과 희생의 길이기 때문이다. 예수를 주로 믿고 따른다는 얘기는 권력, 폭력, 억압, 지배의 길을 떠나 탈권력, 비폭력, 섬김, 희생의 십자가의 도를 걷겠다는 뜻이다. 기독교 진리가 형식논리가 아닌 내용적 진리로 남아 있는 한, 기독교 진리는 영원히 권력과 불화할 수밖에 없다.

이것은 역사를 통해서도 어느 정도 입증이 된다. 교회는 일찍부터 정통과 이단을 구분하는 데 심혈을 기울여왔다. 신약성서에도 다양한 이단이 존재했으며, 교회는 이러한 이단들과 싸워야 했다. 그러나 교회는 세계 모든 기독교인의 의식과 양심을 획일적으로 통제하는 교리적 표준을 만들어내려는 노력은 별로 하지 않았다. 알리스터 맥그라스 Alister McGrath가 잘 지적했던 것처럼 초기에만 해도 교회 내에는 다양한 형태의 신앙고백과 교리는 큰 충돌 없이 공존했으며, 후대 정통주의자들의 관점에서 봤을 때 이단처럼 보이는 많은 교리도 교회 내에서 상당히 자유스럽게 유통되고 있었다. 당시 초대교회가 취한 전략은 교리적 표준을 들이대서 이단을 일일이 색출하고 제거해내는 것이 아니라 모든 기독교인이 마땅히 동의해야 하는 기독교 신앙의 핵심을 더욱 강조하는 쪽을 택했던 것이다. 그 신앙의 핵심은 바로 "예수는 주, 예수는 그리스도"라는 것이었다. 교회는 이 하나의 핵심 진리를 무한히 강조한 대신 최외곽 경계선은 정해주지 않았다.[19]

하지만 역사 속에서 기독교 진리는 순식간에 권력의 길을 뒤쫓고 만다. 그리고 이것은 기독교 진리가 성서적 진리관에서 서구적 진리관으로 변모했음을 의미한다. 그리스 철학의 영향을 받은 기독교 진리는 실존적 진리에서 명제적 진리로 점차 형식화되고 변질되었다. 그리고 이렇게 진리가 바뀌자 교회는 "예수는 주"라는 명제를 수호하기 위해서 칼을 들기 시작한다. 그리고 이때 교회가 수호하고자 했던 진리는 더 이상 성서의 진리가 아니었다. 그것은 미셸 푸코가 말하는 진리라는 이름의 폭력이었을 뿐이다.

푸코가 잘 지적했듯이 지식이란 언제나 하나의 분류체계며, 그것은 늘 권력과 결합한다. 진리와 권력은 불가분의 관계에 있다. 그래서 진리의 본성은 "권력의 특수한 효과들의 총체"다.[20] 사실 권력은 언제나 자신을 정당화해줄 논리 곧 이데올로기를 찾으며, 이를 '진리'라고 이름 붙인다. 그리고 자신의 지배를 비판하는 여타의 모든 지식은 '비진리'로 규정하고 탄압한다. '진리'와 '비진리'를 나누고, 그것들을 서로 반립하는 대립항으로 설정하는 것은 역사 속에서 권력과 진리가 공모할 때 일어난다.

우리는 콘스탄티누스의 밀라노 칙령 이후로 이러한 변화가 본격화되었음을 감지할 수 있다. 밀라노 칙령 이후로 교회는 점점 권력기구로 변모한다. 그러면서 교회는 하나의 표준화된 정통교리로 교회를 통일하고자 했다. 진리는 가톨릭catholic적이어야 했다. 기독교 진리는 "언제 어디서나 누구에 의해서도 믿어지는quod ubique, quod semper, quod ab omnibus credum est" 진리여야 했다. 그러면서 이제 전략은 하나의 핵심진리를 강조하는 것이 아니라 교리 전체를 규격화되고 표준화된 진리 체계로 만들어내는 것이 되었다. 모든 오류들(F)을 제거한 순수한 정통교리들(T)만의 대전summa을 집대성하기 원했던 것이다.

진리수호를 위한 교회의 전략은 바뀌었다. 상당한 수준의 사상의 자유를 인정하는 동시에 핵심진리를 강조했던 것이 최초 교회의 전략이었다. 그러나 이제 교회는 A부터 Z까지 극히 세부적인 수준까지 진리의 표준을 정하고 그 표준을 무조건 받아들이며 신앙할 것을 요구하게 되었다. 행여나 이러한 진리의 표준에 맞지 않는 이단 교리가 발생하면 교회는 그 교리의 그릇된 부분만이 아니라 그 주장 전체를 폐기했다. 그 교리가 진짜 말하려고 하는 의도가 무엇이든, 또 그 속에 아무리 보석과 같은 통찰이 있어도, 심지어 주류교회보다 훨씬 더 순수한 복음을 지니고 있어도 이단으로 낙인찍히면 그 가르침 전부가 찍혀 나갔다. 교회는 점점 더 뚜렷하게 최외곽 경계선을 긋는 재미를 붙이게 된다.

예를 들면 리처드 후커Richard Hooker는 정통과 이단을 판가름하는 기준으로 "그분(예수)의 신성, 그분의 인성, 이 양자의 결합, 그리고 하나로 연합된 양자 간의 구별"을 제시했다.[21] 후커는 이 네 가지 중 하나라도 어긋나면 기독교 진리로부터 일탈한 이단이라고 판정해야 한다고 했다. 그래서 그는 아리우스파는 그리스도의 신성을 부인했기 때문에 찍혀 나가야 하고, 아폴리나리우스파는 그리스도의 인성을 잘못 해석했기 때문에, 네스토리우스파는 그리스도의 신성과 인성을 지나치게 분리했기 때문에, 에우티게스파는 신성과 인성의 구분을 지나치게 약화시켰기 때문에 제거되어야 한다고 했다.[22]

이러한 일련의 작업을 통해서 가톨릭교회는 오류 한 점 없는 순수한 정통진리라는 벽돌로 하나의 거대한 진리의 전당을 건축하려고 했다. 그리고 교회는 이러한 진리의 대전당을 건축하기 위해서 권력과 폭력을 적극 활용했다. 하지만 폭력과 권력으로 세워진 기독교 진리는 그 자체로 자기모순이고 아이러니다.

이러한 기독교 진리의 변천과정에서 주후 325년 콘스탄티누스 황제의 소집으로 열린 니케아 공의회는 결정적인 계기가 되었다. 앞에서도 말했듯이 이 회의 때 아타나시우스파와 아리우스파 사이의 치열한 신학논쟁이 있었다. 결과는 아타나시우스의 승리로 끝났다. 그러자 아리우스파 주교들은 교회에서 파문당하고 추방당했다. 여기서 중요한 것은 이러한 조치가 최초로 제국의 공권력에 의해 이루어졌다는 사실이다. 이후 교회는 항상 정통이라는 이름으로 공권력을 빌려 이단을 색출하고, 파문하고, 추방하고, 고문하고, 살해하는 일들을 자행하게 된다. 특히 12세기 이후 교회가 이단을 감별하기 위해 세운 종교재판소는 오늘날까지 그 폭력성과 잔인성으로 악명이 높다. 이것은 참으로 놀라운 아이러니다. 예수 그리스도를 따르는 자들이 정통 혹은 진리의 이름으로 예수를 향해 가해졌던 폭력과 고문, 살해를 자행했으니 말이다. 가톨릭교회는 바른 명제를 소유하려고 노력했을지는 모르나 진리를 따르는 것에는 관심이 없었던 것이다.

이 원리는 개신교회에도 마찬가지로 적용된다. 정통이라는 이름으로 공권력을 빌려 자행한 이단에 대한 박해와 폭력, 살인은 중세 가톨릭교회에서만 일어난 일이 아니다. 동일한 일이 개신교회 안에서도 일어났다. 특히 개신교회가 저지른 마녀사냥은 대단히 악명높다. 루터는 제후들에게 칼을 들어 농민들을 살상하라고 부추겼고, 츠빙글리는 재침례교도들을 취리히 시 정부의 힘을 빌려 처형하거나 추방했으며, 칼뱅은 세르베투스 등 이단자들을 처형하고 고문하는 일을 주도했다.

칼뱅주의와 아르미니우스주의 논쟁이 불붙었던 도르트 종교회의는 니케아 공의회 못지않은 폭력적인 회의였는데, 당시 칼뱅주의자들은 자유롭게 의제를 토론할 수 있었으나 아르미니우스주의자들은 쇠사슬에 매인 채 회의장에 끌려나왔고 그들은 자신의 견해를 말하는 것도 허용되지 않았다. 그렇게 발표된 것이 칼뱅주의 5대 신조다. 이 회의의 결과 아르미니우스는 이미 죽고 없었지만 이단으로 정죄를 받았으며, 그의 가르침을 따르는 여러 아르미니우스주의 목회자들은 강단에 서는 것이 금지되었다. 아르미니우스주의 지도자 후고 그로티우스는 종신형을 살았고, 바른펠트는 참수되었다.[23] 이 모든 폭력의 역사들이 '진리'라는 이름으로 자행되었다. 그러나 이러한 진리는 예수 그리스도가 말했던 그 진리는 아니다.

국가와 교회가 서서히 분리되면서 기독교회는 공권력을 상실하게 되고, 그러면서 정통이라는 이름으로 빚어지는 폭력과 살상 행위는 줄어들었다. 하지만 여전히 자신의 교리와 다른 교리를 이단이라 낙인찍고, 언어로 그들을 참수하려는 시도는 줄어들지 않고 있다. 특히 나 근본주의자들에 의해 이루어지는 교리적·신학적·언어적 폭력은 여전하다. 여기서 카를 바르트가 프란시스 쉐퍼의 그러한 폭력적 근 본주의를 비판하는 서신을 잠깐 인용해본다.

친애하는 쉐퍼 씨, 8월 28일에 보내주신 편지와 발표문(신현대주의)을 잘 읽었습니다. … 내가 알게 된 것은, 당신이 나에 대해서 생각하는 방 식이 대체로, 내가 동일 주제에 대한 반틸의 책에서 발견한 것과 동류 라는 것. 또 알게 된 것은 당신과 당신의 친구들은 일종의 범죄학과 같 은 신학 유형을 개발하기로 정했다는 것. 당신네는 지금 당신들의 견해 및 진술과 전적으로(수적으로!) 똑같은 개념을 갖고 있지 않은 동료 피 조물을 모조리 반박하고 차별하는 재미로 살고 있다는 것. 당신네는 실 로 '든든한 진리의 반석 위에 걷고' 있습니다. 우리와 같은 불쌍한 죄 인들은 그렇지 않습니다. 나도 그렇지 않습니다. 내 입장은 절망적인 것으로 밝혀졌습니다. 배심원이 이미 발표했고, 선고는 내려졌으며, 피 고는 바로 오늘 아침에 죽을 때까지 목이 매달렸습니다.

글쎄요, 글쎄요! 당신이 좋을 대로 하십시오. 그것은 당신의 일이니 까요.

… 당신이 미국, 네덜란드, 핀란드 그리고 어느 곳에서든 당신의 '형 사' 업무를 계속하고, 나를 가장 위험한 이단으로 비난해도 좋습니다. 그러지 말란 법이 있나요? 어쩌면 주님께서 당신에게 그렇게 하라고 말씀했을지도 모르니까요.

그런데 당신은 왜 그리고 무슨 목적으로 더 대화를 하고 싶어 하십니까? … 그런데 당신의 '변증'이 얼마나 효과적인지를 알기 위해, 연습삼아 그 '옛 현대주의자들'이나 로마 가톨릭교인들에게 써먹어 보시지 그래요? 양자 모두 여기 스위스도 그렇고 어느 곳에 가든 상당히 많이 있을 테니까요. 당신이 그토록 훌륭하게 그리고 그토록 완벽하게 끝장내버린, 바젤에 있는 그 사람에 대해서는 더 이상 신경 쓸 필요가 있나요?

기뻐하십시오. 친애하는 쉐퍼 씨(그리고 스스로 '근본주의자'라고 부르는 세계 전역에 있는 여러분!) 기뻐하시고, 계속 당신네 '논리'(당신네 신조 제4항에 나와 있듯이)와 유일하게 참된 '성경을 믿는' 자들로서 당신들 자신을 믿으십시오! 당신네 목청을 다해 큰 소리로 외치십시오! 그러나 제발 나를 홀로 있게 내버려두십시오. '대화'라는 것은 열린 마음이 있는 사람들 사이에서나 가능합니다. 당신의 발표문과 당신의 친구 버스웰의 비평은 당신들이 창문 셔터를 닫기로 결정했다는 사실을 폭로하고 있습니다. 나로서는, 형사와 조사관의 속성을 가진 사람 또는 이교도를 개종시키려는 선교자의 자세로 나에게 와서 말하는 사람을 어떻게 대해야 할지 잘 모르겠습니다. 한마디로 거절합니다! 그럼, 안녕히 계십시오.[24]

여기서 한 가지 추가할 것은 프란시스 쉐퍼가 명제적 진리에 철저하게 헌신한 사람이었다는 사실이다. 그는 기독교 교리가 명제로 진술되는 것이 마땅할 뿐 아니라 반립명제는 진리를 표현하는 거의 유일한 길이라고 확신했다. 그는 아리스토텔레스의 논리적 법칙, 즉 동일률, 모순율, 배중률을 하나님과 창조세계를 합리적으로 설명할 수 있는 유일하게 신뢰할 수 있는 사유법칙이라고까지 확신했다.[25] 나는 그의 이러한 명제주의가 그의 (바르트식으로 말하자면) 폭력적 근본주의에 상당한 영향을 미쳤다고 믿는다.

자, 이제 여기서 칼뱅주의와 아르미니우스주의 논쟁에 대해서 다시 생각해보자. 대체 왜 이 두 교리는 여지껏 평행선을 달리고 있는 걸까? 두 교리는 모두 성서적 근거와 훌륭한 교사, 복음적 영향력 등 하나님께서 섭리하신 역사적 증거들을 가지고 있다. 그런데 형식적으로 이 두 교리는 배중률이 적용되는 모순관계에 있다. 대체 왜 우리는 이 두 교리 중 하나만 선택해야 한다는 압력을 받고 있는 것일까? 나는 이러한 압력이 심히 부당하다고 느낀다. 이러한 압력은 상식적이지도 않고, 성서적이지도 않다. 평행선을 달리는 두 교리의 논쟁은 성서 때문에 빚어진 일이 아니라고 확신한다. 논쟁의 원인은 두 교리가 성서적 진리관이 아니라 명제적 진리관을 따르고 있기 때문이다.

칼뱅주의와 아르미니우스주의는 린드벡이 말하는 인식적 명제론적 교리의 전형적인 예다. 각각의 교리는 비록 그것이 성서로부터 추출되기는 했으나 고도로 정제된 명제로 표현되었으며, 튤립 교리처럼 극히 간단한 공식으로 요약되었다. 명제라면 당연히 진위를 가릴 수 있으며 또 가려야 한다. 여기서 문제가 발생한다. 두 교리의 오랜 논쟁의 본질은 성서적 진리를 추구하려는 노력이라기보다는 명제의 진위에 대한 판정 논란이다. 두 교리가 논쟁하고 있는 자리는 "나를 따르라"는 명령을 받은 해변이 아니라, 명제의 진위를 가려야 하는 법정이다. 이 법정에는 규칙이 있는데, 그건 "하나가 진리면 다른 하나는 필연적으로 거짓이 되어야 한다"는 것이다. 그리고 이 규칙은 명제적 진리가 갖는 내적 본성이다. 우리가 느끼는 이 부당한 압력은 바로 이 명제의 본성이 우리에게 가하는 압력인 것이다.

두 교리가 화해를 이룰 수 있는 유일한 길은 명제적 진리관을 포기하는 것이며, 그리스 철학의 우물에서 빠져나오는 길이다. 이것은 그리스 철학적 진리관에서 성서적 진리관으로 돌아서야 한다는 말이기도 하다. 이것은 두 교리의 신학적 성과를 폐기해야 한다는 뜻은 아니다. 교리적 설명이 주는 유익은 분명 크며, 교리를 폐기할 때의 위험성은 아르뱅주의에서 보았다. 그러나 우리는 그것이 핵심이 아니라는 사실을 기억하는 것이 더욱 중요하다.

성서적 진리관에 따르면 기독교 신앙의 핵심은 "예수는 주"라는 것이다. 즉 바울이 물었던 두 가지 질문, "주여, 뉘시옵니까?" "주여, 무엇을 하리이까?"를 던짐으로써 우리는 기독교 신앙의 본질에 이를 수 있으며, 기독교 진리에 도달할 수 있다. 이것은 정통교리의 승인이나 동의 혹은 암송하는 문제를 뛰어넘는다. "예수가 주"라는 원시적 신앙 고백은 우리를 명제집이 아니라 제자의 길로 인도하며, 진리의 전당이 아니라 예수 따름의 도를 걷게 한다. 초대교회는 이러한 전략으로 전 세계에 흩어져 있는 수없이 다양한 작은 교회들을 하나의 공교회로 유지할 수 있었다. 오늘날 우리가 이러한 초대교회의 전략을 다시 적용하기 시작할 때 비로소 두 적대적 교리가 화해할 수 있는 길이 열린다.

2

아우구스티누스의 우물

    개신교 구원론이 빠져 있는 두 번째 우물은 아우구스티누스의 우물이다. 아우구스티누스의 우물이란 무엇인가? 아우구스티누스는 평생 수많은 이단들과 싸우며 기독교의 진리를 수호하기 위해서 노력한 위대한 교부이자 신학자다. 구원론과 관련해서 우리가 주목할 부분은 그가 펠라기우스와 논쟁했다는 사실이다. 논쟁에서 승자는 아우구스티누스였고 펠라기우스는 이단으로 정죄를 받았다. 개인적으로 아우구스티누스의 승리를 퍽 다행이라고 생각한다. 역사적 가정이기는 하지만 만일 펠라기우스가 승리했더라면 기독교는 큰 곤경에 빠졌을 것이다. 이런 점에서 아우구스티누스는 펠라기우스와의 논쟁에서 승리함으로 위기에 처한 기독교 구원론을 건져낸 구원자라고 할 수 있다.

    하지만 동시에 아우구스티누스와 펠라기우스의 논쟁은 승부에 관계없이 논쟁 그 자체만으로 교회에 재난을 가져다주고 말았다. 그건 기독교가 이 두 사람의 논쟁이 만들어놓은 틀에 완전히 갇히고 만 것이다. 이런 점에서 기독교는 5세기부터 지금까지 아우구스티누스의 우물에 빠져 헤어나오지 못하고 있다. 그렇다면 두 사람의 논쟁이 만들어낸 틀이란 무엇인가? 그건 바로 은총과 행위 사이의 대립이다. 우리는 이 대립을 아우구스티누스와 펠라기우스의 논쟁에서 볼 수 있을 뿐만 아니라 1천 년 뒤 루터와 에라스무스의 논쟁, 칼뱅주의와 아르미니우스주의 논쟁에서도 볼 수 있으며 얼마 전 복음주의권 내에서 한창 뜨거웠던 은혜구원grace salvation과 주되심구원lordship salvation의 논쟁에서도 볼 수 있다.

성서에서의 은총과 행위

은총과 행위 사이의 긴장은 이미 성서에서도 나타난다. 잘 알려진 사실이지만 로마서와 갈라디아서는 행위보다는 은총을 좀 더 강조하는 것처럼 보이고, 야고보서와 공관복음서는 행위를 더 강조하는 것처럼 보인다. 바울은 갈라디아서에서 행위를 지나치게 강조하는 율법주의자들을 비난했고, 야고보는 야고보서에서 행위가 없는 믿음은 죽은 믿음이라고 성토했다. 이처럼 신약성서 안에서조차 은총과 행위 사이에는 긴장이 있는 것처럼 보인다.

그러나 우리가 성서를 주의 깊게 살펴보면 성서 속에서 은총과 행위 사이에는 긴장은 있을지언정 대립은 없었다. 성서에서 발견할 수 있는 대립은 은총과 공로의 대립이다. 다시 말하면 행위를 앞세우는 것이 문제가 아니라 인간의 공로를 앞세우는 것이 문제다. 할례 문제에 대한 바울의 관점을 생각해보자. 당시 유대계 그리스도인 중에는 예수를 주로 믿고 따르는 것도 중요하지만 할례 행위도 중요하다고 주장한 이들이 있었다. 심지어 그들은 할례를 받지 않으면 참된 하나님의 백성이 될 수 없다고 주장했다. 즉 손할례당들은 할례 행위를 마치 구원의 조건인 양 주장했다. 그들에게 있어서 할례는 그 자체로 가치 있는 공로였다.

하지만 바울에게 할례는 그럴 만한 가치가 있는 것이 아니었다. 그에게 있어서 할례는 반드시 받아야 하는 것도 아니고, 반대로 반드시 받지 말아야 하는 것도 아니었다. 아무래도 상관없는 것이었다. 그래서 그는 디도에게는 할례를 받지 않게 했고, 디모데에게는 받게 했다. 즉 할례 행위 자체는 무가치한 것이었다. 그가 손할례당을 강하게 비판한 것은 그들이 할례라는 행위를 해서가 아니라 그 할례를 마치 구원의 조건이라도 되는 양 공로로 여겼기 때문이다.

금식이든, 제사든, 채식이든, 초등학문이든, 선행이든 뭐든 관건은 그것에 부여된 가치였다! 성서가 지속적으로 제기했던 문제는, 그것이 구원을 가져다줄 만한 가치가 있느냐 없느냐였다. 만일 그것이 구원을 가져다줄 만한 가치가 있다면 그 순간 하나님의 은총을 부식시키는 공로가 되어버리기 때문이다. 특히나 예수와 바울은 유대인으로 태어난 유전학적 사실이 마치 구원의 자격이라도 되는 양 으스댔던 유대주의자들을 신랄하게 비난했다. 이때에도 비난의 주대상은 그들이 유대인의 혈통을 가졌다는 사실 자체에 있는 것이 아니라 유대인이라는 것이 마치 구원에 특별한 공로를 보탤 수 있는 양 여겼던 태도에 있었다. 이에 대한 로마서 1-3장에서의 바울의 주장은 단순하고 명료하다. 유대인의 혈통이나 이방인의 혈통이나 그 어느 것도 구원에 특별한 공로가 되지도 않고 반대로 장애도 되지 않는다는 것이다. 구원의 은총 앞에서 그런 것들은 무가치한 것이다. 이처럼 성서는 은총과 행위 사이의 대립이 아니라 은총과 공로 사이의 대립을 강조했다.

이런 이유로 성서는 은총과 행위 사이에 긴장이 있음에도 둘을 상호 대립의 관계로 보지 않았다. 도리어 은총과 행위는 서로 함께하는 것이었다. 행위 없는 구원은 상상할 수 없었으니 야고보는 행위가 없는 믿음은 죽은 믿음(약 2:17, 26)이라고 했다. 신약시대로부터 초기 300-400년의 기간 동안 교회는 지속적으로 은총-믿음-행위를 서로 분리하지 않았다. 그래서 교회사가 앨런 크라이더Alan Kreider에 따르면 3세기까지의 초대교회는 회심에 다음 세 가지가 포함된다고 믿었다고 한다. 첫째는 믿음belief, 둘째는 소속belonging, 셋째는 행위behavior다.[26] 즉 3세기까지 그리스도인은 회심에 믿음과 행위가 분리되지 않고 동반된다고 믿었던 것이다.

은총-믿음-행위의 역동적 일치는 그 시절 신자들의 회심 체험의 간증에서도 발견할 수 있다. 예컨대 3세기의 신자 키프리아누스Thascius Caecilius Cyprianus는 침례식과 함께 경험한 자신의 회심 체험에 대해서 이렇게 기록하고 있다.

내가 천상 성령의 물을 흠뻑 받고 난 다음 제2의 탄생이 나를 바꾸어놓았으니, 모든 의심들이 묘하게도 밝혀지고, 닫혔던 것들이 열리고, 어둡던 것들이 빛나고, 전에는 어렵게 보이던 것들이 쉬워지고, 불가능한 것처럼 생각되던 것들이 행할 수 있게 된 거야. 이렇게 되자 나는, 죄악에 젖어 있던 이전의 육적인 삶은 땅에 속한 것인 반면 성령께서 생기를 주신 삶은 하나님께로부터 시작되는 것임을 깨닫게 되었지. … 이것은 자만할 수 있는 것이 아니라 하나의 은총일세.[27]

키프리아누스의 고백에서 알 수 있듯이 회심은 삶의 뚜렷한 변화를 동반하며, 과거에는 할 수 없던 선한 행위들을 할 수 있는 능력을 수여받는 은총의 시간이다. 하지만 회심자가 행하는 선한 행위는 자만이나 자랑거리, 즉 공로가 아니라는 것이다. 선행은 도리어 은총의 결과다. 은총은 행위를 부정하지 않고 공로를 부정한다. 즉 은총-믿음-행위는 긴장이 존재하기는 했으나 하나의 회심 사건 안에 역동적으로 균형을 이루며 통일을 이룰 수 있다. 그것이 성서의 본래 가르침이다.

균형의 붕괴

이 균형이 깨지게 된 결정적인 계기가 바로 아우구스티누스와 펠라기우스의 논쟁이었다. 두 사람은 논쟁하면서 은총과 공로의 대립을 은총과 행위 사이의 대립으로 돌려놓게 된다. 그 경위를 살펴보면 대략 이렇다. 당시 교회는 오늘날 한국 교회만큼이나 심각하게 윤리적으로 실패하고 있었다. 이때 영국 출신의 경건한 수도사 펠라기우스는 윤리를 강조하지 않으면 안 된다고 생각했다. 그는 아주 단순하고 분명하게 '행위'를 강조하기 시작했다. 그는 말로만 그렇게 한 것이 아니라 자신의 삶의 모범을 통해서 그렇게 했다. 그는 참으로 존경할 만한 사

람이었다. 그 때문에 아우구스티누스는 논적 펠라기우스에 대해서 늘 존경하는 마음을 가졌다.[28]

만일 그가 여기에서 그쳤다면, 그래서 그가 단순하게 행위를 강조하기만 했더라면 아마도 그는 아우구스티누스와 크게 다툴 일이 없었을 것이고, 그는 구약의 예언자적 전통을 잇는 5세기의 예언자로 기록되었을 것이다. 하지만 펠라기우스는 자신의 주장에 확실성을 부여하고 싶었고, 좀 더 분명한 논리적 근거를 제시하고 싶었다. 특히 그는 당시 신자들이 형편없는 삶을 살면서도 뻔뻔스럽게 해대는 변명에 신물이 났다. 당시 사람들은 이렇게 변명했다. "인간은 어쩔 수 없는 죄인이야." "나는 연약해." "나는 선을 행할 능력이 없어." "언젠가 하나님께서 나에게 힘을 주시면 나도 선을 행할 수 있을 거야."… 그는 이러한 변명을 물리치고 사람들을 복음의 요구 앞에 세우고 싶었다. 그래서 그는 "변명하지 마라! 인간은 선하게 살 수 있다"라고 말하기 시작했다. 여기서부터 그는 어긋나기 시작한다.

그의 전략은 자신은 연약해서 선을 행할 수 없다고 꽁무니를 빼는 신자들을 향해 "그대는 선을 행할 수 있으니 선을 행하라"고 설교한 것이었다. 그렇다면 그가 인간이 선을 행할 수 있다고 주장한 근거는 무엇인가? 그는 그 근거를 신구약성서 모두 복음적 실천을 명령하고 있다는 사실에서 찾았다. 펠라기우스는 이렇게 반문했다. "하나님이 할 수도 없는 사람에게 하라고 명하셨겠는가? 할 수 있으니 하라고 명하신 것이 아닌가?"

여기서 그는 한 걸음 더 나아간다. 인간이 선을 행할 수 있다는 그의 주장은 원죄의 부정으로 진행되었다. 그가 보기에 원죄는 결국 신자들의 중요한 책임회피의 수단이요, 견고한 도피성이니, 그리로 들어가 숨지 못하도록 퇴로를 차단하고 싶었던 것이다. 그래서 그는 원죄란 없으며, 아담의 죄는 그 개인에게만 영향을 미쳤다고 주장했다. "인간은 원죄가 없다. 고로 원죄 때문이라고 변명하지 마라. 그대는 선을 행할 수 있다."

여기서 다시 한 단계 더 나아간다. 구원이란 율법을 혹은 복음을 실천함으로 얻을 수 있다고 말하기 시작했다. 바로 이 순간 선행은 구원의 조건(논리적 원인)이 되며, 복음적 실천은 구원을 얻는 데 필수적인 공로가 되고 만다. 비록 그가 이 모든 과정에 은총이라고 이름을 붙였을지라도 말이다. 그건 허울뿐인 은총이었다. 그의 구원론으로 말미암아 은총-믿음-행위의 균형이 심각하게 깨지고 만다.

아우구스티누스가 볼 때 펠라기우스의 주장은 경험적으로도 옳지 않으며, 성서적으로는 더욱 위험한 것이었다. 만일 교회가 그의 주장을 따라간다면 결국 기독교는 율법주의적 도덕종교가 될 것이 뻔했다. 그는 펠라기우스가 바울의 은총교리를 심각하게 왜곡하고 있다고 믿었다. 그래서 펠라기우스의 고매한 인품에도 불구하고 그의 교리는 파괴되어야 한다고 생각했다. 그는 무엇보다도 펠라기우스의 행위가 구원의 조건이라는 주장을 깨뜨리지 않으면 안 되었다. 즉 펠라기우스의 행위구원론을 반대해야만 했다.

아우구스티누스의 초기 사상은 예정론과는 다소 거리가 멀었다. 그리고 그는 은총과 행위의 관계에 대해서도 키프리아누스와 유사한 관점을 가지고 있었다. 아우구스티누스의 '정원에서의 회심' 체험은 사실상 키프리아누스의 체험과 그렇게 크게 다르지 않았다. 아우구스티

누스도 초기 사상은 전통적인 가르침과 크게 다르지 않았다.[29]

하지만 펠라기우스와의 논쟁이 격화되면서 그는 새로운 해법을 고안해낸다. 펠라기우스가 행위를 통해서 구원에 이른다고 주장함으로써 행위를 구원의 논리적 원인이라고 주장한 것을, 아우구스티누스는 뒤집기 원했다. 아마도 아우구스티누스는 그렇게 하는 것이 펠라기우스의 주장을 거부하는 길이라고 생각했던 모양이다. 그는 구원의 원인이 될 만한 행위는 전혀 존재하지 않는다고 주장했다. 더 나아가 그는 아예 행위의 원천을 근본적으로 봉쇄해버리고자 했다.

이러한 두 사람의 논쟁은 결국 인간의 본성론에 대한 논쟁으로 이어진다. 펠라기우스는 인간의 상태를 선한 행위를 할 수 있다고 보았던 반면, 아우구스티누스는 인간이 선한 행위를 전혀 할 수 없는 상태에 있다고 보았다. 이 두 주장이 충돌한 지점이 바로 원죄론 논쟁이다. 즉 펠라기우스는 원죄를 부정했다. 그래서 그는 아담의 죄가 그 개인에게만 영향을 미쳤다고 주장했다. 그가 이렇게 말한 이유는 인간에게 선한 행위를 할 수 있는 능력이 존재한다고 말하고 싶었기 때문이다. 반대로 아우구스티누스는 구원받기 전에는 선한 행위를 전혀 할 수 없다고 말했다. 인간의 전적 무능력을 주장하여 인간이 선한 행위를 할 수 있는 가능성을 원천 봉쇄하려고 한 것이다.

여기서 믿음의 주체에 관한 논쟁은 매우 중요하다. 초기 아우구스티누스의 사상에서 믿음의 주체는 명료하지는 않지만 인간의 일로 간주되었다.

나는 비슷한 오류에 빠졌는데, 즉 우리가 하나님을 믿는 신앙은 하나님의 선물이 아니라 우리 안에서 우리 자신으로부터 오는 것이고, 그 믿음으로써 하나님의 선물을 얻는데, 그것으로 말미암아 우리는 절제 있고 의롭고 경건하게 이 세상에서 살 수 있다고 생각했다.**30**

그러다가 그는 펠라기우스와 논쟁하게 되고, 여기에서 그는 인간의 전적 무능력을 주장하게 된다. 이 논쟁은 당시 신학자들에게 열띤 논쟁을 촉발시켰다. 그들 중 일단의 무리가 제3의 대안을 제시한다. 그들은 아우구스티누스의 원죄론을 수용하면서도, 최소한 인간이 하나님의 은총에 반응할 수 있는 여지는 있어야 한다. 그 때문에 믿음은 인간의 것이어야 한다고 주장한다. 이때 아우구스티누스는 선택의 기로에 서게 된다. 만일 믿음이 인간의 일이라면 결국 인간의 전적 무능력설을 폐기해야 하고, 믿음이 하나님의 선물이라면 자신의 초기 사상을 폐기해야 한다. 그는 후자의 길을 택한다. 인간은 믿음조차 자발적으로 가질 수 없다. 모든 것은 하나님의 주권이다. 그리고 여기서 예정론은 필연적으로 추론될 수밖에 없다. 이에 대해 공성철은 이렇게 말했다. "곧 그의 은총론이란 예정론이며, 예정론 논쟁이란 그의 은총론의 핵심인 '자유의지 폐기'를 문제시하는 것이다."**31**

이러한 아우구스티누스의 '원죄론'은 상당히 새로운 것이었다. 과거에도 원죄에 대한 관념이 있었으나 인간의 전적 무능력을 극단적으로 강조한 원죄론은 아우구스티누스에 의해서 처음 만들어졌다.**32** 그가 원죄론을 통해 강조하고 싶었던 것은, 구원이란 전적으로 하나님의 주권에 달렸으며, 어떤 이유에서도 하나님의 은총을 조금이라도 삭감할 수 없다는 것이었다. 아우구스티누스에게 있어서 믿음은 자유의지며, 자유의지는 곧 공로였다. 아우구스티누스에게 있어서 자유의지를 통한 선택 행위 자체만으로, 나아가 영혼의 기능만으로 그것은 하나님의 은총을 삭감하는 공로로 간주된 것이다.

그의 원죄론과 함께 은총과 공로 사이의 고전적 대립이 은총과 행위 사이의 대립으로 점차 옮겨오게 된다. 은총과 공로의 대결이 은총과 행위의 대결로 이동했다는 것은 무슨 뜻인가? 공로는 기본적으로 가치론적 용어다. 공로는 행위의 유무가 문제가 아니다. 그 행위에 부여되는 가치가 어느 정도냐가 문제다. 어떤 행위에 높은 가치가 부가되면 이를 공로라고 할 수 있다. 하지만 행위는 가치평가의 문제가 아니라 사실의 문제다. 행위는 가치평가와 무관하게 엄연한 사실로 존재하는 인간 행동을 말한다.

성서는 인간 행위(할례, 인종, 금식, 채식, 초등학문, 제사, 안식일 등) 자체를 부정하는 것이 아니라 그 행위에 부여된 높은 가치평가를 부정한다. 하지만 원죄론은 인간의 행위 자체를, 더 나아가 인간의 행위 가능성 자체를 부정한다. 그래서 대립의 축은 행위와 은총 사이에 놓이게 된다. 따라서 은총은 인간의 행위 없음, 곧 인간의 무능력과 동의어가 된다. 반대로 인간의 행위 혹은 능력은 은총의 파괴요, 주권의 침해가 된다. 이것은 인간 행위에 부여된 가치평가의 문제에서 인간의 행위 자체에 대한 문제로 옮겨오면서 생겨난 현상이다. 논점이 가치에서 사실로, 가치론에서 존재론으로 옮겨온 것이다. 이것을 '은총론의 존재론적 전회'라고 부를 수 있지 않을까 싶다.

인간의 모든 행위 자체를 제거해버리자 인간 실존의 절반이 쪼개져버리고 만다. 우선 당장 인간의 자유와 하나님의 주권과 충돌을 일으키게 된다. 인간이 자유로우면 하나님의 주권은 상실되는 것 같고, 하나님의 주권을 인정하면 인간은 필연적으로 자유가 전혀 없는 존재가 되어야 한다. 인간의 지성에 있어서도 마찬가지다. 복음을 깨달을 수 있는 지성은 곧 은총의 파괴를 의미하는 것이며, 은총은 지성의 제거를 의미하는 것이다. 은총이 보존되기 위해서 인간은 자유도 없고 지성도 없는 존재가 되어야 했다.

하지만 성서를 보자. 파라오가 히브리 노예들을 놓아주지 않은 이유는 파라오의 마음이 완고해서인가, 하나님께서 그를 완고하게 만들어서인가? 출애굽기 기자는 아무렇지도 않게 둘 다라고 얘기한다. 파라오는 자신의 의지대로 히브리 노예들을 붙잡았으나(출 7:13; 8:19; 9:35; 13:15, 삼상 6:6) 동시에 하나님은 당신의 주권으로 파라오로 하여금 그렇게 하도록 시켰다(출 4:21; 7:3; 9:12; 10:27; 11:10; 14:4, 8, 17). 성서 속에서 인간은 자유롭다. 그리고 동시에 하나님은 인간의 자유를 초월하는 주권자다. 성서 속에서 인간의 자유와 하나님의 주권은 충돌하지 않는다. 그러나 아우구스티누스의 원죄론 이후로 인간의 자유와 하나님의 은총은 마치 서로 대립하는 듯이 여겨지게 되었다.

믿음에 대한 관점도 변화된다. 신약성서에서 믿음이란 하나님과 인간 혹은 예수 그리스도와 인간 사이의 상호관계를 전제하는 것이었다. 성서에 따르면 전적으로 하나님의 자유 안에서 하나님의 주도에 의해 유한한 인간과 영원한 하나님은 상호적이고 인격적인 관계를 맺을 수 있다고 가르치고 있다. 그런데 아우구스티누스는 하나님과 인간이 맺는 관계에서 인간 편의 모든 반응 가능성을 제거해버렸다. 따라서 인간은 하나님 앞에서 철저하게 수동적이고 기계적인 존재가 된다. 아우구스티누스에 의하면 인간은 전적으로 타락했기 때문에 믿음을 가질 수 있는 능력도 갖지 못한다. 인간이 믿을 수 있는 유일한 가능성은 먼저 하나님께서 그에게 믿음을 주시는 것이다.[33] 그러니까 신자가 믿는 것이 아니라 하나님께서 신자로 하여금 믿게 만드신다는 것이다. 하나님과 인간 사이의 상호관계는 파괴되고, 믿음도 일방적인 것이 되고야 만다.

성서적 대안

믿음에 대한 성서적 이해

아우구스티누스의 이러한 주장이 과연 성서적인가? 믿음을 공로로 보는 아우구스티누스의 관점을 한번 살펴보도록 하자. 초기의 아우구스티누스는 믿음이 인간의 일이라 할지라도 그것이 은총을 파괴한다고 보지 않았다. 그러나 그의 원죄론이 완성되자 그의 견해는 불가피하게 수정되어야 했다. 믿음은 점차 인간의 공로로 간주된다. 따라서 인간에게서 믿음을 제거해야 했다. 이는 그가 원죄론을 통해 인간의 모든 행위 가능성을 일절 제거해버린 탓에 빚어진 자연스러운 결과다.

그러나 성서가 이러한 관점을 지지하는가? 수로보니게 여인의 경우를 생각해보자. 이 여인은 이방여인이었다. 그 여인의 딸은 귀신들려 고생하고 있었다. 어느 날 그녀는 예수를 찾아가 발밑에 엎드려 딸의 치유를 간구한다. 그러자 예수는 그 여인을 멸시한다. "자녀의 떡을 취하여 개들에게 던짐이 마땅치 아니하니라"(막 7:27). 그러자 그 여인은 이렇게 답한다. "주여, 옳소이다마는 상 아래 개들도 아이들이 먹던 부스러기를 먹나이다"(막 7:28). 이 믿음의 간청을 들으신 예수는 그녀의 딸을 고쳐준다. 이 일화는 믿음으로 은총을 입는 대표적인 예다. 우리는 이 본문에서 수로보니게 여인의 놀라운 믿음을 볼 수 있다. 그리고 동시에 그리스도께서 베푸신 자비로운 은총도 볼 수 있다.

아우구스티누스적 관점으로 보면 이 여인의 믿음의 간청은 그리스도의 은총을 파괴해야 맞다. 그녀의 믿음은 그녀 자신의 것이 되어서는 안 된다. 만일 그녀에게 믿음이 있었다면 그 믿음은 하나님께서 부어주신 것이지 그 여인의 것이 아니다. 그러나 본문 어디에도 그러한 관점을 지지하는 구절을 찾아볼 수 없다. 그녀는 하나님께서 그녀의 마음속에 넣어준 말이 아니라 자신의 입을 통해서 믿음의 간청을 올렸을 뿐이다.

더불어 본문을 보면 수로보니게 여인의 탁월한 믿음이 예수 그리스도의 은총을 파괴하는 것 같지도 않다. 도리어 한 이방여인의 탁월한 믿음이 예수 그리스도의 은총을 더욱 은총답게 하는 것처럼 보인다. 어째서 그런가? 앞에서 말했듯이 성서는 은총과 행위를 대립시키지 않는다. 다만 성서는 은총과 공로를 대립시킨다. 우리는 동일한 관점으로 본문을 해석할 수 있다. 만일 수로보니게 여인의 탁월한 믿음이 공로가 된다면 그건 분명 은총을 위협하는 요인이 될 것이다. 믿음의 관점에서 보자면 그녀의 믿음은 훌륭한 가치평가를 받을 수 있다. 그러나 그 행위 자체만으로 보면 그 행위는 결코 높은 가치를 지닌 행위라고 할 수 없다.

로마서 4장에서 바울이 임금(삯)의 비유를 들었던 것을 생각해보자.

노동자의 노동은 주인의 임금을 필연적으로 요구한다. 이때 노동은 공로가 된다. 그리고 이 경우 주인이 노동자에게 주는 임금은 은총이 아니다. 주인은 노동자의 노동에 대한 정당한 대가를 지불하는 것이지 자발적으로 은총을 베푸는 것이 아니기 때문이다. 공로는 은총을 파괴한다. 문제는 과연 수로보니게 여인의 믿음이 노동자의 노동과 같은 종류의 것이냐는 말이다. 그리고 그의 믿음이 그리스도의 은총을 필연적으로 이끌어내는 공로가 되는가?

분명히 수로보니게 여인은 예수 앞에서 모종의 행위를 했다. 그건 믿음의 고백이었다. 그 행위는 주님 보시기에 상당히 놀라운 것이었으며, 어쨌든 그 행위가 한 원인이 되어 그 여인은 예수로부터 은총을 입었다. 분명 믿음의 행위가 있었고, 그것이 주님의 은총을 이끌어냈다. 그러나 이때 주님이 베푼 은총은 고용주가 노동자에게 주는 임금처럼 주님이 여인의 믿음에 대한 정당한 대가를 지불한 것이 아니었다. 수로보니게 여인의 믿음의 요구에 주님은 여인에게 자비를 베풀어야 할 의무가 생긴 것도 아니고, 거절할 권리를 상실하지도 않으셨다. 여인의 믿음이 주님에게 어떠한 의무도 부여하지 않는다. 비록 여인 편에서의 믿음의 행위가 있었다고는 하나 이것은 노동자의 노동과 같은 성격의 것이 아니었다. 그 여인의 간청을 들은 주님은 지불의무 때문이 아니라 전적으로 자발적인 자비로 여인에게 은총을 베푸셨다. 따라서 그 여인에게 은총이 주어진 참된 원인은 오로지 예수의 자비에 돌려야 한다.

다음과 같은 예를 들어보자. 황산벌 전투에서 화랑 관창은 두 번이나 혈혈단신으로 적진에 뛰어들어 포로로 잡혔다. 그는 적장 계백에게 자신을 죽이라고 호령했다. 계백은 처음에는 그 기백이 가상해서 살려보냈으나 관창은 다시 돌아왔고, 또 포로로 잡혔다. 그러자 계백은 관창의 말대로 그의 목을 베어 신라군에 돌려보냈다. 관창의 죽음은 신라군의 사기를 북돋우는 데 결정적인 기여를 했으며 결국 신라군은 황산벌에서 승리할 수 있었다. 신라의 후예들은 관창의 용기에 감동하며, 그 전투의 승리가 관창의 공로 때문이었다고 칭찬했다. 관창의 진격, 용맹, 죽음을 불사한 담대함 등은 분명 공로라고 할 만하다. 설령계백이 목 베인 관창의 시신을 신라군에 돌려보내 장사지내게 해주는자비를 베풀었다 하더라도 더욱 빛을 발하는 것은 관창의 용기였다.이것이 공로라 할 만하다.

자, 그런데 이런 상상을 한번 해보자. 관창이 포로로 잡혀 계백 앞에끌려나왔다. 그런데 관창이 겁에 질려 살려달라고 손이 발이 되도록비는 것이다. 계백의 군화에 입을 맞추며, 자기는 이제 겨우 10대의 소년에 불과하니 자비를 베풀어달라고 빈다. 하지만 계백은 단호하다."네가 하룻강아지라면 모를까, 사리분별을 할 수 있는 적진의 장수가아니더냐? 그런데 내 어찌 너를 풀어줄 수 있겠느냐?"라고 엄포를 놓는다.

그때 관창은 이렇게 애원한다. "나의 주인이시여, 저는 정말로 범무서운 줄 몰랐던 하룻강아지요, 똥만 쫓아다니는 길거리의 똥개이옵니다."

이렇게 애걸하는 그 처지가 하도 측은하기도 하고 역겹고 비루하기도 해서 계백이 관창을 풀어주었다고 해보자. 그렇게 애걸복걸을 해서목숨을 부지하고 살아 돌아왔을 경우, 우리는 그러한 비루하고 누추한 애걸 행위를 그의 공로라고 평가할 수 있을까? 그의 비겁함을 그의 생존에 도움이 되었으니 공로라고 말할 수 있겠는가? 만일 그렇게 살아왔다면 그건 대대로 그 가문의 수치일 것이다!

　수로보니게 여인의 행위는 바로 이와 유사한 행위였다. 그녀는 예수 그리스도께 자신을 '개만도 못한 처지'로 낮추었다. 그리고 예수는 그렇게 한없이 자기를 낮추는 그 여인네를 불쌍히 여겨 은총을 베푸셨다. 우리는 여기서 두 가지 사실을 분명히 기억해야 한다. 첫째, 그녀의 믿음의 행위는 수치스러운 행위였다는 것이다. 그녀는 예수께 자신은 은총을 마땅히 받아야 할 만한 자격이 있는 양 거드름을 피우지 않았다. 그저 자신을 개라고 비천하게 낮추며 자비를 구했다. 아마 그녀의 조국 사람들이 봤다면 외국 남자에게 그렇게 비천하게 간청하는 그녀의 모습을 보고 비난을 퍼부었을 것이다. 즉 그녀의 행위는 그 자체로 보자면 비천하고 비루하고 역겹고 수치스러운 행위였다. 따라서 그것을 공로라고 표현하는 것은 어불성설이다.

　둘째, 그녀의 믿음의 행위는 예수 그리스도의 은총을 끌어내는 필연적 원인이 될 수 없다. 예수께서 측은한 마음이 들어 은총을 베푸셨다고 하더라도 그녀의 자기비하가 그리스도의 은총을 산출해내는 필연적인 원인은 아니라는 것이다. 노동자의 노동은 주인의 품삯을 필연적으로 요구한다. 하지만 그 여인의 믿음은 주님의 은총을 필연적으로 요구하지 않는다. 이것은 마치 거지가 행인의 적선을 요구하는 구걸행위와 비슷하다. 거지의 구걸은 행인의 자유를 조금도 구속하지 못한다. 행인은 전적으로 자유로운 상태에서 거지에게 적선을 할지 말지를 결정할 수 있다. 행인이 적선을 하지 않는다 해서 누구도 그에게 적선하라고 명령할 수 없다. 마찬가지로 여인의 믿음의 행위는 예수 그리스도의 주권이나 자유, 은총을 조금도 침해하지 않는다. 예수는 전적으로 자유로운 상태에서 당신의 침해받을 수 없는 주권으로 그 여인에게 은총을 베풀지 말지 결정하실 수 있었다.

믿음에 대한 신약성서의 일관된 증언은 이것이다. 먼저 인간 편에서의 행위가 있었다. 그러나 그 행위 자체는 가치론적으로 높은 평가를 받을 만한 것이 아니다. 도리어 무가치하고 비천하고 비굴한 행위다. 또한 인간의 믿음의 행위는 예수 그리스도에게 어떠한 의무를 부과하거나 은총을 강제하지 않는다. '그럼에도 불구하고' 자비로운 예수 그리스도는 가련한 인간에게 은총을 베푸신다. 설령 믿음이 인간에게 속한 것이고, 그것이 인간 자신의 자발적인 행위라고 할지라도, 또 예수께서 그 믿음을 보고 인간에게 은총을 베푸셨다고 할지라도 그 믿음은 공로가 될 수 없다. 인간의 믿음 행위는 그 자체로 아무런 가치도 담겨 있지 않기 때문이다. 따라서 믿음의 행위는 그리스도의 은총을 파괴하지 않는다.

선행에 대한 성서적 이해

우리는 이러한 관점으로 인간의 선행에 대해서도 비슷하게 이해할 수 있다. 누가복음 17장을 보면 신실한 종 이야기가 나온다. 주인이 노는 동안 그 종은 하루 종일 밭을 갈고 혹은 양을 치고, 집에 와서는 주인의 식사를 준비하고, 주인이 먹는 중에는 옆에 서서 시중을 든다. 이렇게 종이 수고했다고 해서 어느 주인이 그 종에게 "와서 같이 식사하자"라고 할 사람이 있겠는가? 그 종이 주인의 명령을 신실하게 다 수

행하는 착하고 충성된 모습을 보였다고 해서 주인이 종에게 "고맙다"는 말로 사례를 하겠는가? 또 만일 주인이 그렇게 수고한 종에게 고맙다는 말을 하지 않는다고 해서 화를 낼 수 있는 종이 또 어디에 있겠는가? 도리어 그 종이 제대로 된 종이라면 "우리는 무익한 종이라. 우리가 하여야 할 일을 한 것뿐이라"(눅 17:10)고 하지 않겠는가.

여기서도 동일한 원리를 발견할 수 있다. 예수의 가르침은 분명하다. 종이 어떤 행위를 했다고 해서, 설령 그 행위가 그 종의 자발적 행위이고, 일정 부분 도덕적으로 선하고 신실한 행위라고 해서 그것이 곧바로 평가를 받을 만한 혹은 자랑할 만한 가치가 있는 공로가 될 수는 없다는 것이다. 종이 마땅히 해야 할 행위였기 때문이다. 이 본문에서 우리가 주목해야 하는 것은 종이 행한 행위의 성격이 아니라 그 행위를 한 자의 신분이다. 주인과 종이라는 신분의 차이를 간과하면 우리는 본문의 의미를 제대로 이해할 수 없다.

만일 동일한 행위를 자유민이 다른 자유민에게 자발적으로 했다면 그 행위는 공로가 될 수 있을 것이다. 반드시 해야 할 일이 아니었음에도 자유민이 자발적으로 했다면 분명 그것은 고마운 일이며 칭찬받아 마땅한 일이다. 그러나 동일한 행위를 자유민이 아니라 종이 주인에게 했다. 본문에 따르면 그건 그냥 "하여야 할 일"일 뿐이다. 따라서 종의 선행은 공로가 되지 않는다. 인간의 선행은 공로가 되지 않으므로 은총을 파괴하지 못하며, 하나님의 주권을 침해하지도 않는다. 오직 자유민의 선행만이 공로가 된다.

펠라기우스는 인간의 선행은 필연적으로 은총을 획득할 수 있다고 보았고, 아우구스티누스는 인간의 선행이 하나님의 은총을 파괴한다고 보았다. 그러나 두 사람 모두 선행을 하는 인간을 자유민으로 가정했다. 자유민의 선행이기 때문에 은총을 획득할 수 있다. 또 자유민의 선행이기 때문에 은총을 파괴할 수 있다. 그러니까 결국 펠라기우스나 아우구스티누스는 모두 자연인의 상태를, 하나님과 동등한 수준의 자유민으로 본 것이다. 하지만 성서는 인간과 하나님의 근본적인 신분 차이 때문에 인간의 선행이 하나님의 은총을 파괴하지 않는다고 말한다.

이러한 도식을 잘 설명해주는 또 다른 본문이 마태복음 18장에 나오는 '일만 달란트 빚진 자의 비유'이다. 자그마치 일만 달란트나 빚을 진 종이 주인에게 끌려나온다. 주인은 종에게 "네 몸과 마누라와 자식들과 전 재산을 다 팔아 내 빚을 갚으라"라고 엄히 명한다. 종은 주인에게 "조금만 기다려 주십시오. 다 갚겠습니다"라고 간청한다. 종은 시간을 달라고 했지 감히 탕감해달라는 요구를 하지도 못했다! 하지만 주인은 시간을 준다 해서 종이 그 빚을 절대로 갚을 수 없다는 사실을 잘 알았다. 주인은 그 종이 하도 비루하고 불쌍해서 그 빚을 전부 탕감해준다. 빚의 탕감은 전적으로 주인의 자유로운 판단에 의해 조건 없이 이루어졌다. 그런데 그렇게 탕감 받은 종은 자기에게 백 데나리온 빚진 자를 불쌍히 여기지 않고 붙들어다가 목을 조르며 "당장 빚을 갚으라"라고 독촉한다. 이 사실을 알게 된 주인은 그 못된 종을 다시 불러 빚 탕감을 취소한다.

이 비유의 교훈은 분명하다. 탕감의 은총은 순전히 주인의 자유로운 의사에 따라 조건 없이 이루어졌다. 그리고 이렇게 종에게 주어진 탕감의 은총은 종을 '탕감 받은 존재'로, 곧 은총을 입은 자로 규정한다.

이러한 존재 규정은 종에게 모종의 행위를 요구한다. 설령 주인이 아무 조건을 달지 않았다고 하더라도 은총을 입은 자로 규정된 종은 자유민이 될 수 없다. 탕감 받기 전부터 그는 이미 주인의 종이었다. 그런데 이제 일만 달란트의 빚을 탕감 받음으로써 그는 탕감 받은 존재로, 은총을 입은 존재로 더욱 종이 된다. 그는 신분상 종이면서 동시에 은총의 종이기도 하다. 그러한 이중의 신분 규정은 그로 하여금 '하여야 할 일'을 요구한다.

　은총은 은총을 요구한다. 설령 종이 백 데나리온 빚진 자의 채무를 탕감해주었다고 하더라도 그의 자비로운 행위가 그의 공로가 되지 않는다. 그 종은 은총이 요구하는 "하여야 할 일"을 했기 때문이다. 은총은 인간을 자유민이 아닌 은총의 종으로 규정한다. 이러한 신분규정에서 윤리가 파생된다. 이것이 은총의 윤리학적 기초다. 그리고 은총의 윤리학에서 인간의 윤리는 공로로 치환되지 않는다. 그것은 그저 "하여야 할 일"일 뿐이다. 이것이 마태복음 18장이 보여주는 신약성서의 윤리학의 독특성이다.

　이것은 구약성서의 윤리학의 특징과 상통한다. 토라는 자유민에게 주어진 것이 아니다. 토라는 펠라기우스가 말하듯 인간의 자기실현이나 최고 행복을 얻는 수단도 아니다. 토라는 이집트에서 종노릇하던 히브리 노예들에게 주어졌으며, 해방의 은총을 입은 자들에게 주어졌다. 토라는 종으로서 그리고 은총을 입은 자로서의 이중의 신분규정을 받은 자에게 주어진 야훼의 명령이었다. 히브리인들이 토라를 지켜야 하는 이유는 구원받기 위해서가 아니라 이미 구원의 은총을 받았기 때문이다. 구원의 은총을 입었기에 토라는 그들이 마땅히 "하여야 할

일"이 되는 것이다. 본래 그들은 노예이자, 나그네였다. 그것이 그들의 실상이다. 그런 그들에게 야훼는 발붙일 땅을 주셨다. 그들이 땅을 얻은 건 자신들의 노력이 아니라 하나님의 은총으로 말미암았다. 그들은 정착했으나 실상 그들은 여전히 야훼의 땅에 빌붙어 사는 '나그네(게르)'다. 이러한 그들의 실존이 윤리적 실천을 요구한다. 그래서 토라는 그들에게 고아와 과부, 가난한 자, 나그네를 선대하라고 명령하는 것이다.[34]

그리고 이 점은 성서의 윤리학적 원리가 아리스토텔레스의 윤리학적 원리와 근본적으로 다른 이유를 보여준다. 아리스토텔레스의 윤리학은 기본적으로 노동에서 해방된 자유민의 윤리학이다. 즉 윤리학은 노예들을 포함한 보편적 윤리학이 아니라 대등한 권리를 소유한 시민 계급의 윤리학이다.[35] 자유민은 선과 악 중 어느 것을 선택할지를 결정할 수 있는 자유권을 가지고 있다. 그는 자신의 자유로 선이나 악을 선택할 수 있다. 그리고 그가 선을 선택할 때 그는 자신의 행위로 말미암아 행복에 이르게 된다. 최고의 선은 자족의 상태며, 이를 행복이라 한다. 행복한 인간은 자기 충족적인 상태에 도달한 인간으로서 인간이 도달할 수 있는 최선의 상태다. 인간은 윤리를 통해 최고 선에 도달한다.[36]

이상의 아리스토텔레스의 윤리학은 놀라울 정도로 펠라기우스적 구원론과 닮았다. 펠라기우스에 의하면 인간은 선도 아니고 악도 아닌 중립적 상태에 있다. 그리고 인간에게는 선을 선택하거나 악을 선택할 수 있는 자유의지가 있다. 즉 그는 인간을 자유민의 상태로 본 것이다. 자유민으로서의 인간이 율법을 따르면, 즉 선을 선택하면 신적 상태

곧 구원에 이른다고 했다. 다른 말로 행복한 상태에 이르게 된다. 구원은 곧 자족의 상태며 최고 행복의 상태라고 할 수도 있다. 이처럼 용어나 개념들이 좀 다를 뿐 원리상 둘은 동일하다. 즉 펠라기우스의 구원론은 신학적 언어로 각색된 아리스토텔레스의 윤리학일 뿐이다.

성서는 곳곳마다 선행을 요구한다. 하지만 성서가 요구하는 선행은 공로가 아니다. 그건 종이 마땅히 하여야 할 의무다. 선행은 공로가 아니니 하등의 칭찬을 들을 만한 가치 있는 행위가 아니다. 그러나 여기 또 하나의 복음이 주어진다. 선하신 주인은 종이 마땅히 "하여야 할 일"을 했음에도 종을 칭찬한다는 것이다. 마태복음 25장에서는 맡겨진 달란트로 장사를 잘해서 남긴 종에게 주인이 "착하고 충성된 종아"라고 칭찬하는 장면이 나온다. 만일 종의 근면과 성실이 무가치하다면 왜 주인은 종을 칭찬했을까? 모른다. 그것은 오로지 주님의 마음이다.

이것은 수로보니게 여인의 무가치한 애걸행위를 큰 믿음으로 보고 은총을 베푸신 예수 그리스도의 예와 비슷하다. 주인은 종을 칭찬해야 할 하등의 의무가 없다. 종이 달란트를 많이 남겼다고 해서 그의 충성되고 신실한 행위가 그 자체로 주인의 칭찬과 감사를 요구하는 공로가 되지 않는다. 설령 인간이 하나님을 위해서 어떤 선행을 행하거나 열매를 맺었다 하더라도 그건 상급을 요구할 만한 그 어떠한 가치도 없다. 그건 전적으로 무익하며, 무용하다. 한 푼어치의 가치도 되지 않는다. 그건 그저 종이 주인에게 "하여야 할 일"일 뿐이다. 그런데도 주인은 그 종을 칭찬한다. 주인의 선하심 때문이다. 주인은 종에게 마땅히 받을 것을 받았으나 착한 주인은 그 종을 칭찬한다. 그 칭찬은 종의 공로 때문이 아니라 순전히 주인의 자발적 판단에 의해, 전적으로 주인의 자비에 의해 주어진 칭찬이다. 주인은 아무런 가치도 없는 인간의 행위를 전적으로 당신의 자유 안에서 가치 있는 것으로 바꾸신다. 당연한 얘기지만 주인은 그렇게 하지 않을 수도 있다! 그래서 그것은 전적으로 주님의 주권이며, 그것은 전적으로 은총인 것이다.[37]

　신약성서의 가르침은 분명하고 단호하다. "그러므로 누구든지 이 계명 중의 지극히 작은 것 하나라도 버리고 또 그같이 사람을 가르치는 자는 천국에서 지극히 작다 일컬음을 받을 것이요 누구든지 이를 행하며 가르치는 자는 천국에서 크다 일컬음을 받으리라"(마 5:19)고 하셨으며 "아버지의 뜻대로 행하는 자라야 〔천국에〕 들어가리라"(마 7:21)고 천국 들어가는 법에 대해서 말씀하셨고, 그리스도의 말씀을 "듣고 행하는 자는 그 집을 반석 위에 지은 지혜로운 사람 같으리니"(마 7:24)라고 하셨다. 성서 66권은 곳곳마다 선행에 대한 요구로 가득하다. 그러나 성서는 인간 편의 믿음과 행위와 하나님 편의 주권과 은총이 아무런 충돌 없이 동시에 강조되고 있음을 기억해야 한다.

아우구스티누스의 우물

　불행히도 오랫동안 기독교는 은총과 행위의 대립의 틀로 성서를 읽어왔다. 그 덕에 은총이란 '행위 없음'을 의미하는 것이 되었고 행위는 '은총 없음'이 되었다. 이러한 도식은 루터와 에라스무스의 논쟁과 칼뱅주의와 아르미니우스주의 논쟁을 거쳐 오늘날까지 지속되고 있다. 그러다 보니 누가 어떤 의도로나 어떤 방식으로든 (이 책을 포함해서)

'행위'를 강조하는 순간 그는 은총의 파괴자(펠라기우스, 세미펠라기우스 혹은 행위구원론자)라는 낙인이 찍히게 된다.

특히 개신교회는 마르틴 루터의 '이신칭의' 교리를 금과옥조처럼 여기고 있다. 이 교리는 성서의 중요한 가르침을 잘 요약한 것이지만, 이 교리가 행위와 은총의 틀로 해석되면 행위 없는 구원에 대한 가르침으로 오해되기 십상이다. 그리고 일정 부분 이러한 오해는 루터 자신이 초래한 측면이 있다. 그가 행위를 강조하는 야고보서를 지푸라기 서신이라고 폄훼한 것은 잘 알려진 사실이다. 전통 기독교가 아우구스티누스의 우물에 빠져 있는 상황에서 루터의 이신칭의 교리까지 받아들이자 행위와 은총의 대립은 더욱 심화되었다.

여기서 전통적인 기독교의 딜레마가 심화된다. 그 딜레마란 인간의 행위를 강조할 수도 없고, 안 할 수도 없다는 것이었다. 행위를 강조하면 행위구원론에 빠지고, 강조하지 않으면 무율법주의에 빠진다. 그러니 이러지도 저러지도 못하는 것이다. 가톨릭교회의 일부 전통은 은총과 행위 사이에 50대50의 타협안을 모색하여 그 곤경에서 빠져나가려고 했다. 종교개혁자들은 이러한 타협안이 결국 펠라기우스주의와 본질적으로 같다고 주장하며 그 타협안을 거부했다. 하지만 정작 개신교회는 이에 대한 새로운 대안을 제대로 제시하지 못한 것처럼 보인다. 그래서 개신교회의 구원론은 종종 순환논법으로 전개된다. 그 순환논법은 "오직 믿음으로 구원받지만 참으로 구원받은 사람은 선한 행위를 한다"는 것이다.

그나마 모순처럼 보이는 이러한 순환논법을 통해서 전통적인 개신교 구원론은 나름대로 행위와 믿음 사이의 균형을 잡아왔다. 그러나 아르뱅주의에 점령당한 오늘날 한국 교회는 이러한 순환논법이 파괴되었고 균형은 꺼져버렸다. 오늘날 한국 교회는 어떤 식으로든 행위를 강조하면 그것을 행위구원이라고 보는 경향이 농후하다. 하나님의 한량없는 은총을 강조하기만 하면 어떤 죄악된 행위라도 용서받는다고 주장한다. 행위는 필요 없다. 오직 은총만이 중요하다. 그러는 사이 행위 없는 값싼 은총이 한국 교회의 강단에서 매일 선포되고 있는 것이다.

분명 오늘날 한국 교회의 모습은 주님의 명령과는 거리가 먼 모습이다. "열매를 보고 나무를 안다"고 했다. 주님의 말씀의 기준에 따르면 한국의 개신교회는 형편 없는 나무임이 틀림없다. 온갖 저주스러운 열매만 주렁주렁 달려 있는 나무가 바로 오늘날 한국 교회다. 오늘날 신자들은 어떤 식으로든 행위를 강조되지 않을 수 없다는 사실을 잘 안다. 그런데도 행위를 강조할 수 없다. 조금이라도 행위를 강조하는 순간 곧바로 하나님의 은총의 파괴자요, '이신칭의'의 원리를 거부하는 자로 낙인 찍히고 말기 때문이다. 이것은 한국 교회가 아우구스티누스의 우물에 빠져 있기 때문에 벌어진 일이며, 이신칭의라는 교리에 자승자박되어 있기에 발생하는 문제다. 오늘날 한국 교회는 과거 초대교회가 그랬던 것처럼 믿음 – 행위 – 은총을 균형 있게 강조해야 하는 시점에 와 있다. 그리고 이를 위해서 한국 교회는 아우구스티누스의 우물에서 빠져나와야 한다.

3

루터의 우물

탑의 체험

이제 개신교 구원론이 빠져 있는 세 번째 우물을 살펴보자. 그건 바로 다름 아닌 위대한 종교개혁자 마르틴 루터에 의해서 생겨난 우물이다. 루터의 우물은 무엇인가? 그건 바로 그가 자신의 종교 체험을 구원과 결정적으로 연결시킨 데서 생겨난 우물이다. 모든 우물이 다 그렇듯이 루터의 우물도 양면성이 있다. 루터가 구원을 개인의 실존적 체험과 연결시킨 것은 그의 중요한 성과 중 하나다. 이를 통해 그는 당시 가톨릭교회의 성례전주의에 중대한 도전을 했던 것이다. 가톨릭교회 지도자들은 거의 1천 년 이상 성례전의 객관적 효력을 개인의 체험보다 중요한 것이라고 가르쳤다. 성례전은 하나님의 구원의 은총을 전달하는 외적 매개체다. 성례전의 실시를 통해서 개인의 내적인 체험이 없이도 기계적이고 객관적으로 하나님의 은총을 입을 수 있다는 것이 중세 가톨릭교회의 성례전주의였다.

이러한 성례전주의가 만들어낸 폐해는 이루 말할 수가 없었다. 중세 신자들은 성례전이 무슨 마법인 줄 알아서, 그것 자체가 인간의 영혼 속에 희한한 치유와 구원의 효력을 발생시키는 줄로 믿었다. 개인의 믿음이나 내적인 체험은 그리 중요하지 않았다. 물론 내적 체험을 추구하는 이들이 전혀 없었던 것은 아니지만 대부분의 신자들은 엄숙하고 장엄하게 또 복잡하게 진행되는 성례전에 참여하기만 하면 은총이 기계적으로 차곡차곡 쌓이고, 연옥의 기간은 절로 단축되고, 천당에 들어가는 날이 자동적으로 빨라질 줄로 믿었다. 이러한 성례전주의를 정면으로 반박하고 나선 이가 바로 루터였다.

루터가 개인의 실존적 체험을 강조하게 된 계기는 그 자신의 체험 때문이었다. 그는 소위 '탑의 체험'이라고 불리는 개인적 경험을 한 뒤로 위대한 종교개혁자가 되었다. 잘 알려진 대로 그는 오랫동안 자기 자신의 구원 문제를 두고 고민해왔다. 루터의 구원관에 있어서 결정적인 문제는 '로마서 1장 17절'에 있었다. 이 본문은 하나님의 의가 믿음을 가진 죄인을 의인으로 간주한다고 기록하고 있다. 루터의 고민은 다음과 같이 요약될 수 있을 것이다. 하나님은 의로우시고 인간은 죄인이다. 하나님이 죄인을 정죄하는 것이 의다. 그런데 하나님의 의가 나타나서 죄인을 정죄하지 않고 용서하셨다면, 이것을 의라고 할 수 있는가?

이 문제를 두고 깊이 번민하던 중에 갑자기 그에게 놀라운 '깨달음'이 찾아왔다. 그것은 '유레카'의 순간이다. 그가 깨달은 것은 하나님의 의가 죄를 벌하는 것이 아니라 자신의 의를 죄인에게 전가해주는 의라는 사실이다. 자, 이런 그림을 상상해보자. 천상의 법정에 죄인이 끌려나왔다. 그는 뿌리부터 부패한 죄인 중의 괴수다. 재판장은 완전히 의로우신 하나님이다. 의로우신 하나님 앞에서 서니 죄인의 죄는 더욱 선명히 부각된다. 그런데 그 재판장은 죄인을 향해 '무죄!'라며 재판봉을 내리치신다. '땅, 땅, 땅!' 죄인에게 무죄를 선고하다니, 이건 일종의 사법적 기만이 아닌가? 아니다! 하나님이 죄인을 무죄하다고 선언하시는 건 죄인의 죄가 없어져서가 아니다. 죄인의 죄는 여전히 그대로 있다. 다만 하나님은 예수 그리스도께서 이루신 의를 죄인에게 덮어씌움으로써 무죄를 선고하신 것이다. 이로써 재판관의 무죄선언은 정당하다. 그리고 죄인을 의롭다 인정하는 하나님은 더욱 의로우신 분으로 드러난다. 이것이 루터가 깨달은 것이다.

그런데 여기서 중요한 것은 그가 깨달은 내용이 아니다. 루터와 그의 후예들은 루터가 바로 그 깨달음의 순간을 회심의 순간이요, 믿음의 순간이며, 더 나아가 구원의 순간이라고 말하기 시작했다는 것이다. 루터는 자신의 그 '탑의 체험' 순간을 감동적인 언어로 묘사하고 있다.

> 이로 인해 나는 즉시 마치 새로 태어난 것처럼, 마치 열려진 문을 통해 천국 자체로 들어간 것처럼 느끼게 되었다. 그 순간부터 성서 전체가 나에게 다른 빛으로 나타나게 되었다.[38]

루터가 경험한 체험은 너무도 강렬한 것이어서, 바로 그 자리에서 새로 태어나는 듯한 느낌을 주었으며, 심지어 지금 막 천국에 들어가는 듯한 느낌을 주었다는 것이다.

루터에게 일어난 이 깨달음의 체험은 그의 불안한 영혼을 완전히 바꾸어놓았다. 그의 영혼은 평안해졌으며 확신에 차고 담대해졌다. 자신의 구원을 확신하지 못해서 수도원을 유령처럼 서성이던 루터는 자신의 구원을 확신하게 되었다. 그리고 그는 보름스 회의장에서의 위협에도 굴하지 않는 위대한 신앙의 투사로 바뀌었다. 이 체험은 마치 밤이 낮으로 바뀌고, 검은 것이 흰 것으로, 흑백이 컬러로 바뀐 것과 동일한 것이었다. 이 결정적인 변화의 순간은 루터에게 찾아온 깨달음 때문이고, 루터는 그 깨달음을 믿음이라고 여기게 된다. 이러한 체험은 참으로 값진 백만 불짜리 체험이다. 루터 이후 500년간 개신교 구원론을 살펴보면 사실상 '탑의 체험'에 대한 각주脚註가 되었다.

우리는 루터 이외에도 수많은 사람들의 회심 이야기를 알고 있다. 사도 바울의 '다메섹 도상에서의 회심 이야기'를 비롯해서, 앞서 언급했던 키프리아누스의 회심 체험, 최초의 수도사라 불리는 안토니우스의 회심 체험, 아우구스티누스의 회심 체험, 프란체스코의 회심 체험 등 수많은 사람들이 자신이 그리스도께 돌아온 결정적인 순간에 대한 이야기를 간증으로 남기고 있다. 루터의 회심 이야기도 따지고 보면 그들의 이야기와 크게 다르지 않다. 그러나 루터의 '탑의 체험'에 부여된 의미는 그러한 회심 이야기들과는 결정적으로 다른 측면이 있다. 그건 바로 루터가 그의 '탑의 체험'을 믿음과 동일시하고 있으며, 믿음을 구원과 동일시하고 있다는 것이다. 루터는 그 날 그 탑에서 구원받았다는 것이다.

우물에 빠진 루터

이것은 그저 단순하게 루터가 자신의 체험을 지나치게 과장했다는 말이 아니다. 루터의 회심 체험이 그의 구원과 직접적으로 연결되는 이유는 그의 '칭의주의' 신학과 뗄 수 없는 관계에 있다. 칭의주의란 칭의를 그의 신학의 중심의 위치에 놓는 것을 말한다. 루터에게 있어서 칭의는 성서 계시와 기독교 신학에 있어서 기초요, 중심이다.[39] 그렇다면 다른 사람들은 그렇지 않았다는 말인가? 당연하다. 당장에 칼뱅만 하더라도 루터와 같은 방식으로 칭의를 모든 신학의 중심에 두지 않았다. 칼뱅은 도리어 칭의가 성화에 부속된다고 보았다.

초대교회는 회심을 어떻게 보았을까? 2세기부터 5세기까지의 회심의 역사에 대해서 추적한 앨런 크라이더는 초대교회는 회심을 특정한 순간의 체험과 결코 동일시하지 않았다고 말한다. 앞에서 언급했듯이 초대교회는 최소한 3B 즉 믿음, 소속, 행동, 이 세 가지의 뚜렷한 변화가 없이는 회심했다고 보지 않았다고 말한다.[40] 그의 탁월한 통찰에 사족을 하나 덧붙인다면, 초대교회 300년 동안 믿음, 소속, 행동, 이 세 가지 회심의 요소가 침례의식 속에서 하나로 결합된다고 보았다는 것이다. 침례는 단순한 의식이 아니라 새로운 믿음 체계, 새로운 소속, 새로운 행동의 계기를 만들어내는 은총의 사건이라고 보았던 것이다. 그것은 믿음, 소속, 행동의 변화가 종합되어 절정을 찍는 순간이다. 교회가 입교자의 믿음을 공인하는 의식이며, 기꺼이 교회의 일원으로 맞아들이겠다는 교회의 환영이며, 신자의 행동의 변화가 뚜렷해서 중생한 자임이 확실하다는 교회의 보증이었다. 침례는 개인적인 체험이라기보다는 공적인 사건이었으며, 주관적인 것이라기보다는 객관적인 것이었다. 이것이 초대교회의 구원관이었다.

이러한 관점은 아우구스티누스의 구원관에서도 나타난다. 아우구스티누스는 마르틴 루터 못지않은 비범한 종교체험을 했다. 구원의 여정에서 '정원의 체험'은 분명 결정적인 계기가 되었지만 자신이 그날 정원에서 구원받았다고 주장하지 않았다. 우선 그의 구원관은 일차적으로 교회론적이었기 때문이다. 즉 그는 키프리아누스가 주장했던 구원의 원칙, "교회 밖에는 구원이 없다"를 고수했다. 즉 구원이란 하나님께 돌아오는 것이며, 나아가 교회 안으로 들어오는 것이다. 그래서 침례를 받음으로 비로소 구원의 문 안으로 들어올 수 있는 것이었다.

두 번째로, 아우구스티누스의 구원관은 점진적이었다. 그는 앞 장에서도 언급했다시피 진정한 의미에서의 연옥의 창조자다. 그래서 설령 교회 안에 들어왔다고 하더라도 곧바로 천국으로 직행할 수 없다고 주장했다. 침례를 통해서 그가 얻은 것은 원죄의 속함이었다. 이를 통해 그는 지옥의 저주에 떨어지는 운명은 면할지라도 아직 천국으로 직행하기에는 부족했다고 보았다. 침례 받은 신자는 천국의 시민이기보다는 연옥의 시민이었다. 연옥의 시민에게는 성화의 과정이 필요하다. 성화되기 위해서는 지속적인 하나님의 은총이 필요한데, 이를 위해 성례전을 시행해야 한다고 보았다. 만일 온전한 분량에 이르지 못한 채 죽게 된다면 신자의 영혼은 연옥에서 나머지 채우지 못한 분량만큼 연단과 훈련의 과정을 거쳐야 한다고 보았던 것이다. 그래서 모종의 종교체험이나 침례만으로도 단번의 구원은 불가능했다.

우리는 여기서 아우구스티누스와 루터의 중요한 차이점을 발견하게 된다. 아우구스티누스는 그리스도의 의가 인간의 영혼 속에 들어와 차곡차곡 쌓이는 것이라고 보았던 반면에 루터는 그리스도의 의가 죄인 위에 뒤집어 씌워진다고 본 것이다. 아우구스티누스에게 있어서 그리스도의 의는 인간의 영혼 속에 들어와 인간의 의로 온전히 바뀐다. 이를 '분여'라고 부른다. 때문에 아우구스티누스는 실제적인 의미로 인간이 성화된다고 보았다. 반면에 루터는 그리스도의 의는 결코 인간의 것이 될 수 없다고 보았다. 죄인은 여전히 죄인이다. 다만 그리스도의 의가 그의 위에 덧씌워질 뿐이다. 이를 '전가'라고 한다. 그래서 그는 그리스도인을 "의인이면서 동시에 죄인"이라고 했던 것이다.

이것이 왜 중요한가? 만일 아우구스티누스의 관점을 따르면 구원은 그리스도의 장성한 분량에 이르도록 은총의 분량을 채워야 한다. 즉 과정이 중요하다. 그리고 바로 이러한 과정에 대한 강조가 아이러니컬하게도 중세 가톨릭교회의 공덕사상을 향해 문을 열게 만든 것이다. 그러나 루터의 관점을 따르면 구원은 '단번에' 이루어지는 순간적인 사건이 된다. 하나님께서 그리스도의 의를 죄인에게 덧씌울 때 조금씩 덧씌워줄 리 만무하다. 그리스도는 십자가에서 자신의 의를 넘치도록 이루셨다. 그래서 그 의가 죄인에게 단번에 쏟아지는 것이다. 그래서 법정적인 의는 칭의의 순간에 행위 없이 은총으로 받게 된다.

어떻게 칭의를 받는가? 오직 믿음으로 받는다. 칭의를 받기 위해서는 딱 한 가지 조건이 필요할 뿐이다. 그건 바로 '믿음'이다. 오직 믿음! 오직 믿음을 가질 때 그리스도의 의가 단번에 죄인에게 덧씌워진다. 따라서 믿음의 순간에 곧장 천국으로 직행한다.

그렇게 되면 당연한 얘기지만 침례는 칭의와 상관없는 것이 되고 만다. 세례는 중요한 것이지만 칭의와는 무관하다. 교회에 소속되는 것도 중요하지만 칭의와 무관하다. 행위의 변화는 더욱 말할 것도 없다. 행위도 칭의와 무관하다. 오직 믿음으로만 칭의를 얻는다. 단지 믿기만 하면 그리스도의 의가 죄인에게 무상으로 그리고 온전히 전가된다. 이러한 이유로 루터의 신학체계에서 믿음의 순간은 칭의의 순간이요, 칭의의 순간은 구원의 순간과 사실상 동일한 것이 된다. 바로 이러한 칭의주의 때문에 탑의 체험은 구원체험과 동일한 것이 될 수 있었다. 탑의 체험의 핵심은 깨달음이었으며, 깨달음은 믿음의 형식이었기 때문이다. 이러한 그의 주장이 비록 가톨릭 구원론과 대결하기 위해서 다소 과장법적 수사를 사용할 수밖에 없었다고 하더라도, 그의 칭의론은 분명 바울의 칭의론을 벗어나 있다.[41]

칭의와 성화

루터의 칭의주의는 그의 후계자 멜랑히톤에 이르러 약간 수정되었다. 멜랑히톤은 루터의 칭의 개념이 자칫 윤리를 폐기할 우려가 있다 해서 윤리적 실천을 구원론 속에 포함시키기 원했다. 즉 칭의와 함께 성화에 대한 강조도 하고 싶었던 것이다. 하지만 루터의 칭의주의 체계 내에서 이러한 시도를 하기란 쉽지 않았다. 루터의 칭의주의에서는 칭의를 단회적인 사건으로 간주하는 경향이 있기 때문이다. 또한 비록 아직 죄인이 여전히 죄인인 채일지라도 칭의의 순간 그리스도의 의가 그에게 조건 없이 전가됨으로써 그는 여전히 죄인이지만 동시에 의인이 된다. 그렇다면 성화는 불필요한 것이 되지 않는가?

이 문제를 해결하기 위해서 멜랑히톤은 성화라는 개념을 칭의에서 떼어냈다. 그리고 성화를 인간의 윤리적 책임이 들어설 수 있는 자리로 삼고자 했다. 즉 그는 칭의와 성화를 분리하고, 칭의는 하나님에 의해서 전적으로 사법적인 '무죄' 선고를 받는 사건이고, 성화는 그렇게 칭의를 받은 신자가 윤리적 책임을 다해야 하는 의무로 보게 된다.[42] 통상 우리에게 알려져 있는 칭의-성화-영화의 단계는 이렇게 해서 만들어지게 되었다.

하지만 멜랑히톤의 이러한 시도는 또 다른 문제를 만들어냈다. "성화는 칭의만큼 필수인가, 아닌가?" 하는 것이다. 성화 없이 칭의만으로 구원받을 수 있을까? 만일 칭의만으로 구원받을 수 있다면 성화는 무의미한 것이 되고 말 것이고 이것은 율법폐기론으로 빠져들어간다. 반대로 성화 없이 구원받을 수 없다면 칭의가 무의미해지고, 자연스럽게 펠라기우스주의로 빠져버릴 것이다. 멜랑히톤이 칭의와 성화 사이의 변증법적 긴장을 깔끔한 도식으로 설명하려다 더욱 곤경에 빠지게 된 셈이다.

이 두 가지 극단적 결론에 빠지지 않으면서 칭의와 성화를 모두 강조하려고 한 사람이 바로 칼뱅이고, 그의 튤립 교리는 바로 그 결과다. 칼뱅은 루터만큼 칭의주의를 극단적으로 강조하지 않았다. 튤립 교리의 핵심은 삶의 열매를 통해 역으로 칭의를 검증할 수 있다는 것이다. 덕분에 칼뱅주의의 윤리적 추진력이 루터주의의 것보다 우세한 것으로 드러나기도 했던 것이다. 칼뱅주의의 광범위한 영향력에도 루터의 칭의에 대한 과도한 강조와 멜랑히톤의 칭의-성화의 도식적 분리는 그 뒤 500년 동안 개신교회 구원론의 중요한 전제로 자리 잡게 된다. 특별히 대중적 수준에서 이 원칙은 거의 신성불가침의 구원의 원리인 양 여겨지고 만다. 그리고 여전히 개신교 구원론의 곤경은 해소되지 않은 채로 유지되고 있다.

의롭게 하는 믿음

개신교 구원론의 제1공리는 '이신칭의'다. 믿음으로 의롭다 함을 얻는다는 뜻이다. 그리고 이것은 예수와 바울의 가르침을 잘 압축한 것이다. 그렇다. 신구약성서는 일관되게 "의인은 오직 믿음으로 살리라"고 가르친다. 하지만 의인을 살게 하는 그 믿음이라는 게 대체 뭘까? 개신교회가 금과옥조처럼 붙들고 있는 이신칭의 교리에서 정말로 중요한 것은 죄인을 의롭게 하는 믿음의 본질이 뭐냐는 문제일 것이다. 이신칭의의 원리에 대해서는 개신교회가 대체로 일치를 보이고 있다. 하지만 믿음의 구체적인 내용에 대해서는 개신교회 내에서도 상당한 다양성이 존재하고 있다.

첫째는 믿음의 인식적 차원, 즉 지적인 측면을 강조하는 입장이다. 이러한 입장에 서 있는 사람들은 루터의 탑의 체험에서 가장 중요한 것은 그가 결국 "말씀을 깨달았다"는 것이라고 본다. 그렇다. 그는 탑에서 로마서 1장 17절의 말씀을 깨달았다. 전에는 그토록 읽어도 이해되지 않던 말씀이 갑자기 이해가 된 것이다. 그러니까 결국 믿음이란 말씀에 대한 깨달음이며, 나아가 이는 성서에 대한 바른 이해라는 것이다. 이러한 믿음관은 루터파 정통주의로 이어져 내려오고, 다시 개신교 정통주의와 근본주의까지 광범위하게 영향을 미친다.

정통주의자들의 기본입장은 성서말씀에 대한 올바른 지식과 순수한 교리적 지식이 바른 믿음을 가져다준다고 본다. 그 때문에 자연히 정통주의자들은 설교, 성서공부, 교리학습, 소요리문답, 암송 등을 강조한다. 개신교회가 그토록 열심히 교리논쟁을 한 이유도 여기에 있다. 만일 교리가 잘못되면 믿음이 잘못되고, 믿음이 잘못되면 구원 얻을 수 있는 길이 막히기 때문이다. 그러니 정통주의자들은 올바르고 순수한 교리를 만들어내고 이를 고수하기 위해서 생명을 바치는 것이다. 구원을 얻을 수 있는 믿음은 바로 올바른 성서적·교리적 지식이다.

믿음에 대한 두 번째 입장은 '초월적이고 신비한 체험'을 강조하는 것이다. 이들 입장에 서 있는 이들은 루터의 탑의 체험이 성령의 강력한 역사로 말미암아 루터에게 임했다고 본다. 이러한 입장은 루터의 탑의 체험에 밑줄을 긋고 "하나님이 그때 그곳에 루터에게 임재하셨다"고 주석을 단다. 그리고 이러한 입장은 개신교회의 신비주의적 전통이 만들어지는 데 영향을 끼친다. 사실 루터 자신이 신비주의적 성향이 강했고, 그러한 성향이 그로 하여금 신비한 탑의 체험을 가능케 했을 것이다.

루터의 신비주의적 측면은 이후 루터의 또 다른 후예라고 할 수 있는 경건주의자에 의해서 강조된다. 독일 경건주의는 루터파의 직접적인 후예인 개신교 정통주의자의 메마른 교리주의를 비판하면서 생겨난 또 하나의 루터주의적 흐름이라고 할 수 있는데, 이들은 무엇보다도 개인에게 임하는 하나님의 임재와 성령 체험을 강조한다. 이들은 루터의 회심 체험이 갖는 주관적이고 내면적이며 실존적인 차원을 강조했는데, 이러한 경건주의 전통은 이후에 18세기 웨슬리파와 19세기 성결운동, 20세기 오순절 운동으로 이어져 내려오게 된다. 즉 이들에게 있어서 구원을 얻을 수 있는 믿음은 모종의 초월적 체험이다.

믿음에 대한 세 번째 입장은 자발적으로 예수 그리스도를 '영접하는 결단'이라고 보는 입장이다. 만일 우리가 펠라기우스와 아우구스티누스의 도식으로 보자면 루터는 자유의지를 철저하게 부정한 아우구스티누스의 입장에 선다. 그는 동시대의 인문주의자 에라스무스와 자유의지에 대해서 논쟁하면서 인간에게는 자유의지가 없다고 소리 높여 강조했다. 그런데 이상하게도 그는 믿음에 대해서는 철저하게 인간의 일이라고 강조했다. 논리적으로 보자면 자유의지가 없다면 인간이 믿음을 고백할 수 있는 자유도 없어야 하는 데 말이다. (이러한 논리적 귀결이 아우구스티누스-칼뱅주의 전통의 흐름이다.) 아마도 이것은 루터가 '칭의주의'를 양보할 수 없다고 믿었기 때문에 생겨난 논리적 모순이 아닌가 싶다. 어쨌든 그는 인간이 스스로 믿음을 고백해야 한다는 점을 무척이나 강조했다. 루터는 복음 앞에서 인간 자신이 반응을 보여야 한다고 본 것이다.[43]

이러한 루터의 믿음에 대한 강조는 복음 앞에 선 죄인들의 반응을 중요하게 여긴다. 은총이 아무리 압도하는 것이라 할지라도 죄인의 반응이 없이는 말짱 도루묵이다. "주여, 제가 여기에 서 있습니다"라고 기도했던 루터처럼 죄인도 하나님 앞에 서서 실존적 결단을 내려야 한다. 복음을 받아들일 것이냐, 말 것이냐를 말이다. 이러한 결단에 대한 강조는 아르미니우스주의자들에 의해서 적극적으로 강조되는데, 그들은 믿음을 결신, 즉 믿기로 결단하는 것으로 보았다. 결신에 대한 강조는 후에 웨슬리안-아르미니우스주의자들에 의해서 '제단초청'이라는 형식으로, 나아가 '영접-회심'의 원리로 발전하게 된다.

위의 세 가지 믿음에 대한 입장은 구원을 얻을 만한 믿음의 서로 다른 측면을 강조했다. 그리고 교회사적으로 서로 다른 교회의 전통을 발전시키는 데 일조한다. 그러나 중요한 것이 있다. 그것은 이들 입장 모두가 루터의 탑의 체험에 대한 주석적 설명이라는 것이다. 이들은 모두 루터의 탑의 체험의 본질이 무엇인지를 규명하고자 한다. 하나는 그것을 말씀에 대한 바른 이해라고 보고, 다른 하나는 초월적 체험이라고 보고, 다른 하나는 실존적 결단이라고 보는 것이다.

이것이 의미하는 것은 무엇인가? 그렇다. 결국 이들 모두 루터의 탑의 체험을 궁극의 구원체험이라고 규정하고 있는 것이다. 루터는 바로 그 탑의 현장에서 구원을 얻었다는 것이다. 그 때문에 이들 입장 모두는 루터가 빠졌던 우물에 함께 빠져 있는 것이다. 비록 이들은 믿음의 내용을 서로 다르게 보고 있기는 하지만 죄인이 믿음을 갖는 순간에 그리스도의 의가 그에게 즉각적으로 전가되며, 구원이 즉각적으로 그에게 주어진다고 보는 것이다. 특정한 시간과 공간에 즉각적 구원을 받을 수 있다는 믿음, 이것은 루터의 위대한 공헌이면서 동시에 커다란 한계다.

루터의 우물에 빠진 개신교 구원론

루터의 칭의주의는 두고두고 개신교회의 구원론에 영향을 미친다. 특히 18-19세기 대각성 운동의 주역들은 한결같이 루터의 칭의주의 신학을 붙들었다. 우리는 존 웨슬리가 '올더스게이트의 체험'을 통해 회심했고 칭의를 얻었으며 참 구원에 이르렀다는 일화를 전설처럼 들어왔다. 그리고 같은 방식으로 찰스 피니, 찰스 스펄전, D. L. 무디 등의 회심 체험 이야기도 들어왔다. 이들의 회심 체험은 사실상 루터의 탑의 체험의 재현이라고 할 수 있다.

그러한 회심 체험을 한 복음주의자들은 위대한 설교가가 되어 나타났다. 그들은 자신의 체험을 바탕으로 복음을 증거했다. 아울러 그들은 자신의 설교를 듣는 청중도 자신이 체험한 것과 비슷한 체험을 할 수 있도록 만들기 위해 노력했다. 이를 위해서 그들은 죄에 대한 신랄한 고발과 지옥불에 대한 무시무시한 협박도 마다하지 않았다. 실제로 많은 사람들이 18-19세기 복음주의자들의 설교를 듣고 루터의 탑의 체험과 비슷한 회심 체험을 했다. 그러한 체험을 한 많은 사람들은 자신이 구원을 획득했다는 사실에 감격했다.

이렇게 회심을 유달리 강조하는 개신교회의 전통을 '복음주의'라고 부른다. 이러한 복음주의 전통은 18-19세기 때 흥왕했다가, 20세기 중반 미국에서 생겨난 신복음주의라는 흐름으로 다시 르네상스 시기를 맞는다. 그리고 그것이 1970년대를 전후로 하는 한국의 복음주의 운동의 불씨가 된다. 그리고 앞 장에서 보았듯이 그러한 복음주의 전통이 1980년대를 지나면서 메가처치 현상과 연결되고, 이것이 다시 아르뱅주의가 횡행하는 배경이 된다.

우리나라에 구원파라는 이단이 생겨난 때는 대략 1960년대 초다. 그런데 참으로 흥미로운 사실은 구원파가 만들어진 것 역시 루터의 탑의 체험의 재현에 의해서라는 사실이다. 통상 구원파의 창시자라고 알려져 있는 권신찬은 1961년 네덜란드의 선교사 길기수로부터 "여러분, 거듭났습니까?"라는 말을 듣고 충격을 받는다. 평생 장로교인으로 자라고 신학을 해온 그가 '거듭남'이라는 말에 대해서 처음 들었기 때문이다. 그때부터 그에게 번민이 시작된다. 그리고 1961년 11월 18일 토요일 아침, 그는 번민에서 해방된다. 바로 그 시점에서 권신찬이 자신만의 탑의 체험을 하게 되었기 때문이다. 공교롭게도 그가 그 때 깨달은 말씀도 루터와 같은 로마서 1장 17절이었다.**44**

구원파의 가장 큰 문제는 구원의 즉각성을 극단적으로 강조함으로써 구원의 즉각성과 점진성 사이의 균형을 파괴한 것이다. 다른 말로 칭의를 극단적으로 강조함으로써 성화를 폐기한 것이라고 할 수 있다. 그런데 칭의, 곧 구원의 즉각성에 대한 극단적 강조는 다름 아닌 강렬한 회심 체험 때문에 벌어진 일이다. 그리고 이것은 결국 그들이 루터의 우물에 빠져서 허우적거리다가 발생한 비극이다. 이 비극이 바로 아르뱅주의에 의해서 반복되고 있다는 것이 나의 주장이다.

구원파와 아르뱅주의는 분명 다르다. 하지만 정도의 차이는 있을지 몰라도 본질은 크게 다르지 않다. 구원파와 아르뱅주의는 결국 다 같이 루터의 우물에 빠져 있는 것이다. 그래서 오늘날 얼마나 많은 신자들이 자신도 탑의 체험과 비슷한 체험을 했노라고 고백하고 다니는지 모른다. 어떤 사람은 수련회 집회에서, 어떤 사람은 예배 때, 어떤 사람은 어떤 책을 읽다가, 어떤 사람은 라디오 방송을 듣다가, 어떤 사람은 누군가의 구원간증을 들으면서, 어떤 사람은 새신자반을 혹은 제자훈련을 받던 중에 회심하게 되었노라고 말한다. "저는 갑자기 눈물을 쏟았어요." "제 속에서 뭔가 뜨거운 것을 느낄 수 있었어요." "제 죄가 주마등처럼 지나갔어요." "주님께서 저를 꼭 안아주셨어요." "갑자기 말씀이 깨달아지고, 믿어졌어요." 그러면서 바로 그때 자신은 회심했으며 죄 사함을 받고 구원받았다는 식으로 간증한다. 그런데 이 모든 간증은 대동소이하게 루터의 우물에서 들려오는 소리다.

그러한 식의 회심체험이 다 가짜며, 그러한 체험자들이 모두 구원받지 못했다고 주장하고 싶지는 않다. 그건 하나님께서 판단하실 일이지 주제넘게 내가 판단할 문제가 아니기 때문이다. 나의 주된 관심은 오늘날 아르뱅주의에 사로잡힌 개신교회가 루터의 우물에 빠져있다는 사실이다. 이런 점에서 김세윤 박사의 지적처럼 오늘날 개신교회의 구원론은 구원파의 구원론과 대동소이하다. 어찌 보면 구원파란 루터식 칭의주의 전통이 낳은 사생아가 아닌가 싶다. 그들은 구원을 순수하게 단번의 회심 체험 속에서만 찾으려고 노력하는 이들이다. 그리고 이 책에서 공격의 대상으로 삼고 있는 아르뱅주의도 사실은 단회적인 체험 속에서 구원의 자격증을 찾으려는 시도다. 구원파나 아르뱅주의는 결국 루터의 우물 속에 빠진 개신교회의 병리적 징후다.

한국 교회는 단회적인 회심체험과 구원을 동일시하는 루터의 우물에서 벗어나야 한다. 그렇다고 회심체험을 폐기하라는 말이 아니다. 신약성서와 역사 속에서 수많은 위대한 신앙의 선조들은 놀라운 회심체험을 간증하고 있으며, 그러한 회심체험은 구원을 위한 매우 중요한 계기가 되었다. 따라서 회심체험을 폐기한다는 것은 있을 수 없는 일이다. 하지만 반대로 그러한 체험을 구원의 전부로 보는 것 역시 지나친 극단이다. 회심체험은 믿음과 소속, 행위의 변화를 모두 동반하는, 참 존재로의 변화와 연결될 때 비로소 온전한 의미를 찾을 수 있다.

이상에서 보듯이 개신교 구원론은 세 가지 큼직큼직한 우물에 빠져 있다. 다시 말하거니와 우물은 양면성이 있다. 생수의 원천이지만 자칫 잘못해서 우물에 빠지면 우물은 무덤이 된다. 따라서 우물은 무조건 거부할 수도 없지만 거기에 빠져서도 안 된다. 우리는 믿음의 선진들이 우물을 팔 수밖에 없었던 이유와 그들의 선한 의도를 이해할 필요가 있다. 하지만 그들의 선한 의도에도 불구하고 초래된 비극적인 결과를 정직하고 용기 있게 직시해야 한다. 그리고 이를 인정하고 그에 대한 대안을 모색해야 한다. 그것만이 성서의 복음을 다시 회복하는 길이며, 구원에 이르는 길이며, 우리가 사는 길이다.

새로운
구원론을
위한 제언

오늘날 한국 교회에게 주어진 가장 큰 과제 중 하나는 '복음을 회복하는 것'이다. 다소 진부하고 흔해 빠진 슬로건이라서 고민되긴 했지만 달리 표현할 방법이 없다. 지금 한국 교회가 처한 상황은 참된 복음이 다시 들려져야 하는 상황이다. 거짓 복음이 난무하고 있기 때문이다. 복음을 회복한다는 말을 신학적으로 바꿔 말하면 "구원론을 재정립하자"는 것이다. 거짓된 구원론이 한국 교회를 유린하고 있다. 거짓 구원론에서 해방되어 참 구원의 도를 전하고 배우지 않으면 안 된다.

김세윤 박사의 말처럼 오늘날 한국 교회의 구원론은 '사실상' 구원파의 구원론과 다르지 않다. 이러한 구원론을 아르뱅주의라고 이름 붙였다. 이 아르뱅주의는 아르미니우스주의식 예수 영접과 칼뱅주의의 견인교리를 적당히 버무려 만든 최악의 구원론이다. 쉽게 조화될 수 없는 두 신학체계를 순전히 편의적인 목적으로 대중들의 입맛에 맞도록 제멋대로 만들어낸 거짓 복음이요, 사이비 구원론이다. 문제는 이러한 거짓 복음이 탈신학적이고, 실용주의적인 세태의 흐름과 맞물려 소리 소문 없이 교회 내로 유입되었으며, 그것이 다시 성장주의라는 악마적 유혹과 결합되어 한국 교회 성도들에게 광범위하게 유포되고 말았다는 것이다. 이러한 나쁜 신학이 한국 교회의 윤리적 패배의 중요한 원인을 제공하고 있다. 따라서 한국 교회의 개혁을 위해서는 나쁜 신학을 좋은 신학으로 바꾸지 않으면 안 된다.

그렇다면 이제부터 좋은 신학, 좀 더 세부적으로 좋은 구원론을 정립해야 할 것이다. 그렇다면 올바른 구원론이란 무엇일까? 칼뱅주의와 아르미니우스주의는 모두 아르뱅주의에 대한 훌륭한 대안이다. 각각의 신학에 내재된 한계에도 두 신학은 모두 훌륭한 신학이라고 생각한다. 그러나 두 신학이 갖고 있는 한계를 무시할 수는 없다. 두 신학 모두 성서적이고, 건전한 정통신학이며, 윤리를 추동할 수 있는 능력을 갖추고 있지만 두 신학은 모두 4-500년 전에 만들어진 오래된 신학으로, 21세기적 상황에 적합한지를 따져 물어야 한다.

신학은 성서가 아니다. 그래서 신학은 영원하지 않다. 명제주의 신학자들은 이를 부정하겠지만 말이다. 오직 하나님의 말씀만이 영원하다. 그리고 이것이 '오직 성서'라는 종교개혁의 구호의 바른 의미다. 우리는 모든 신학자가 그 시대의 아들이며, 모든 신학은 당시대의 상황 속에서 성서의 메시지를 해석하고, 적용한 결과물임을 겸허히 인정해야 한다. 그래서 우리는 차제에 칼뱅주의와 아르미니우스주의가 갖는 한계를 정직하게 살펴보자고 제안하는 것이다.

지금 당장은 아르뱅주의를 극복해야 할 과제를 안고 있다. 그 다음으로는 칼뱅주의와 아르미니우스주의의 한계를 넘어설 수 있는 대안적 구원론을 모색해야 할 과제 또한 안고 있다. 나에게 "새로운 구원론이 무엇인가?"라고 묻는다면 아직 답을 내어놓을 준비가 되어 있지 못하다고 인정할 수밖에 없다. 이 책의 목적은 새로운 구원론을 쓰는 것이 아니라 그것을 써야 한다고 제안하는 것이다. 새로운 구원론이 반드시 고려해야 할 사항 몇 가지를 제시할 수는 있을 것 같다. 21세기의 새로운 구원론이 정립되는 데 꼭 반영되어야 할 만한 것이라고 생각되어 이를 제안해보고자 한다.

1

성서적 구원관의 도식

from A to B

내가 어렸을 때 전도한답시고 친구들에게 "구원받으라"고 하면 친구들은 이렇게 놀려대곤 했다. "하나님에게 쩨쩨하게 9원이 뭐냐? 10원 달라고 해라." 어릴 적 그 말을 들었을 때 왠지 낯이 화끈거리고 창피했다. 창피했던 이유는 그네들의 조롱 때문이기도 했지만 친구들에게 '구원'에 대해서 무슨 얘기를 해줘야 할지 아는 것이 없다는 사실 때문이기도 했다. "구원이라는 게 그런 게 아니라, 이렇고 저렇고 하는 거야"라고 조리 있게 말해주고 싶은데, 나부터가 당최 구원이 뭔지 알수 없었다. 그나마 어린이 찬송가를 통해 희미하게 알고 있는 것이 "구원열차 타고 하늘나라 가는 것"인데, 어린 나이였지만 그게 그 친구들에게 별로 반가운 얘기처럼 들릴 것 같지 않았다.

대체 구원이 뭘까? 나이가 들고서도 이 질문은 뇌리를 떠나지 않았다. 성서 속의 인물들은 구원이 무엇인지 고민했던 것 같지 않다. 그들에게 있어서 구원은 분명한 것이었다. 성서 속에서 기독교 구원의 소식은 듣는 사람들에게 대단히 실제적인 기쁨에 찬 소식이었으며, 그들의 삶 전부를 내어 바칠 수 있을 정도로 값지고 능력이 있었던 것이 분명하다. 새롭게 정립될 구원론은 바로 이러한 성서 속의 복음의 실제성과 능력을 회복하는 것이 되어야 할 것이다.

성서의 구원 이야기가 그렇게 들려지고, 수용되기 위해서 제안하고 싶은 것이 하나 있다. 기독교 구원을 'from A to B'라는 도식으로 이해해보면 어떨까? 잘 알다시피 'from A to B'는 시간상으로나 공간상의 이동을 함축하는 영어 표현이다. 이 표현은 통상 'A에서 B로…'라고 해석된다. 예를 들어 'from 북한 to 남한' 하면 '북한에서 남한으로'의 이동을 의미하는 말이 된다.

구원 : from A to B

구원이란 A에서 B로의 이동이다. 이때 A는 '구원받기 전의 상태'이고, B는 '구원받은 상태'가 될 것이다. 예를 들어보자. 물에 빠진 사람에게 구원이란 아마도 'from 물 속 to 물 밖'이 될 것이다. 물 속에 빠진 사람에게 구원이란 그냥 사변적인 논리나 추상적인 신학이 아니다. 구원은 생사가 달린 긴급하고 절박한 문제다. 즉 물에 빠진 사람에게 구원은 'from 죽음의 위기 to 생명'의 구출인 것이다.

출애굽

해방

신구약성서 66권 중에서 가장 극적인 구원 이야기 중 하나는 바로 엑소더스*Exodus*, 즉 출애굽 이야기다. 신약의 구원론도 사실은 출애굽 이야기를 바탕으로 하고 있다. 이런 점에서 성서적 구원론을 정립하기 위해서 꼼꼼히 살펴봐야 할 본문은 출애굽 이야기다. 이스라엘의 출애굽의 경험을 위의 도식으로 이해한다면, 히브리 노예들에게 구원은 아마도 다음과 같은 것이었으리라.

장소적 측면 : from 이집트 to 가나안

신분의 측면 : from 노예 to 자유민

즉 이집트의 히브리 노예들에게 있어서 구원이란 끔찍한 저주의 땅 이집트를 탈출해서 젖과 꿀이 흐르는 낙토 가나안 땅으로 이동하는 것이다. 신분상으로 보자면 노예의 신분에서 해방되어 자유민의 신분을 보장받는 것이라고 할 수 있다.

에덴의 회복

그러나 출애굽 이야기에 나타난 구원은 좀 더 근본적이고 신학적인 메시지가 숨어 있다. 이것은 시내 산 언약에서 나타난다. 하나님께서 히브리 노예들을 해방시킨 후 곧장 가나안 땅으로 들여보낸 것이 아니라 시내 광야 한복판에 우뚝 서 있는 시내 산으로 인도하신다. 그리고 그곳에서 이스라엘 백성과 계약을 맺으신다. 이 계약이 바로 시내 산 언약이다. 따라서 시내 산 언약에서 하나님께서 가지고 계신 구원 계획을 볼 수 있다. 시내 산 언약의 서문에 해당하는 출애굽기 19장 4절에서 하나님은 이렇게 말씀하신다. "내가 애굽 사람에게 어떻게 행하였음과 내가 어떻게 독수리 날개로 너희를 업어 내게로 인도하였음을 너희가 보았느니라."

여기서 중요한 것은 "내게로 인도"라는 표현이다. 하나님은 출애굽의 핵심을 하나님 자신에게로 인도하신 것이라고 말씀하고 계신다. 즉 출애굽 이야기에서 구원이란 단순히 지리학적 장소의 이동이나 신분상의 변화가 아니라 영적인 상태의 이동임을 말해준다. 이를 위의 도식으로 표현하면 다음과 같다.

from 하나님을 멀리 떠난 상태 to 하나님의 품

이것은 예수께서 말씀하신 '돌아온 탕자' 비유를 연상시킨다. 이 비유에서 구원이란 아버지를 멀리 떠나 타국에서 헤매던 아들이 다시 아버지의 품으로 돌아오는 것을 말한다. 이 비유는 시내 산 언약에서 하나님이 말씀하신 것과 놀라운 연관성이 있다. 이스라엘 민족은 하나님을 멀리 떠나 있던 집 나간 아들이나 다름없었다. 그렇게 아버지를 멀리 떠나서 온갖 고생을 다 겪던 아들을 (돌아온 탕자와는 다르게) 하나님께서 독수리처럼 발톱으로 낚아채가지고 날개에 엎어서 자기 앞으로 데리고 오셨다. 이것이 시내 산 언약에 나타난 구원의 내용이다.

여기서 우리는 출애굽 이야기 속에 나타난 구원 이야기가 생각보다도 훨씬 더 광범위한 맥락을 배경으로 하고 있음을 알 수 있다. 이 배경은 창세기까지 거슬러 올라간다. 성서의 구원 이야기는 먼저 하나님 품에 있다가 하나님을 떠난 이야기에서 시작한다. 인간은 본래 하나님과 동거했었다. 그런데 어느 순간 인간이 하나님을 떠나게 되었다는 것이 창세기의 요지다. 창세기부터 출애굽기까지를 요약하면 다음과 같다.

(A) 하나님 품 → (B) 하나님을 멀리 떠난 상태 → (C) 하나님 품

여기서 (A)하나님의 품은 에덴에서의 상태를 말한다. (B)하나님을 멀리 떠난 상태는 에덴에서 추방당한 것을 말한다. 그리고 (C)하나님 품은 다시 에덴으로 회복되는 것을 말한다. 그렇다. 출애굽 이야기에 나타난 하나님의 구원은 단순히 노예들의 해방 사건이 아니다. 그 궁극적인 방향은 에덴에서 추방당했던 인간을 이끌고 다시 에덴으로 들어가게 하시려는 하나님의 구원 계획인 것이다.

이것은 성막의 공간구조를 통해 구체화되고 있다. 성막은 시내 산에서 맺은 계약사항에 포함되어 있던 것인데 이 성막은 하나님의 구원 계획을 더 시각적으로 잘 보여주고 있다. 성막은 반드시 동편, 해 뜨는 곳을 향해 세워져야 했다. 따라서 제사장이 성막에 들어가는 방향은 동쪽에서 서쪽이 된다. 동편의 문으로 들어와 제단을 지나, 대야에서 몸을 씻은 후, 성소 휘장을 열고 성소에 들어간다. 이러한 진행 방향은 서향이다. 성소에 들어간 대제사장이 하나님을 만나려면 휘장을 열고 지성소로 들어가야 한다. 그런데 그 휘장에는 그룹들이 수놓아져 있었

다(출 26:31). 대제사장은 그룹들의 호위를 지나서 하나님 앞으로 나아 갈 수 있다.

이것이 무엇을 의미하는가? 이것은 에덴에서 추방당했던 모습을 반대로 되돌리는 것이다. 아담과 하와가 추방당한 쪽은 에덴의 동쪽이다. 이것은 에덴의 동쪽 입구에 화염검을 든 그룹들을 배치해서 인간이 에덴으로 들어오지 못하도록 막는 장면을 통해 알 수 있다(창 3:24). 가인이 동생을 죽인 후 하나님은 가인을 더욱 동쪽으로 추방시킨다(창 4:16). 그러니까 인간이 범죄할수록 점점 에덴에서 동쪽으로 멀어져 간 것이다. 그들이 에덴으로 돌아가려면 서쪽으로 가야 한다. 그러나 에덴 입구는 화염검을 든 그룹이 막아서고 있어서 들어갈 수 없다. 그 그룹을 통과해야 비로소 에덴에 들어갈 수 있다. 그러니까 결국 제사장이 지성소에 들어가 하나님을 알현하기 위해 걸어간 그 걸음은 에덴으로 되돌아가는 걸음이었던 것이다. 결국 출애굽 이야기 속에 드러난 하나님의 궁극적인 구원 계획은 우리를 다시 에덴으로 들어가게 하시려는 것이다.

야훼의 통치

에덴으로 돌아간다는 것은 무엇을 뜻하는가? 여기서 에덴의 의미가 중요해질 것이다. 에덴은 어떤 곳인가? 그냥 먹을 것도 많고, 일도 하지 않고, 마음껏 놀 수 있는 낙원인가? 창세기 2장을 살펴보면 에덴 이야기가 아쉬울 정도로 매우 짧게 나온다. 특히 에덴에 대한 묘사는 신기할 정도로 생략되어 있다. 먹기 좋은 과실이 많다는 것과 4개의 강 이야기를 빼면 에덴에 대한 지리학적 묘사는 거의 없다. 그나마 4개의 강에 대한 지리학적 묘사도 성서에서 일관되게 나타나는 강의 이미지와 연결해보면 실제 강이라기보다는 계시를 위한 상징적 표현으로 보인다.

예컨대 에스겔 47장과 요한계시록 22장에는 둘 다 강의 이미지가 등장하는데, 이 강의 이미지가 에덴의 이미지와 겹친다. 특히 요한계시록 22장은 회복된 에덴에 대한 묘사라는 점에서 두 강의 이미지는 강한 연관성이 있어 보인다. 이들 강은 모두 성전, 그중에서도 지성소로부터 발원하여 온 땅을 적시는 공통점이 있다. 또 강 좌우편에 각종 실과와 약재료가 될 만한 잎사귀가 풍부한 나무들이 자라고 있다는 것도 공통점이다. 이 강이 성전의 지성소, 그것도 하나님과 그리스도의 보좌로부터 발원했다는 말은 무슨 뜻일까?(계 22:3) 이것은 하나님과 그리스도의 통치를 의미한다. 에스겔 47장에서 성전에서 발원한 강이 사해 바다를 살리는 장면은 야훼의 통치가 반역으로 죽어버린 이 땅을 다시 회복한다는 의미를 갖는다. 결국 창세기, 에스겔, 요한계시록을 관통하며 지나는 강의 이미지는 온 땅에 충만한 야훼의 통치를 의미한다고 볼 수 있다. 네 강이 동산을 적시는 에덴은 야훼가 온전히 통치하시는 땅이다. 그리고 그 에덴을 떠났다 함은 하나님의 통치를 떠났다는 뜻이다.

시내 산에서 하나님께서 "내게로 인도하였다"고 말씀하셨을 때, 이는 아담의 반역 이후 하나님의 통치를 떠난 인간을 다시 하나님의 통치 안으로 인도하셨음을 의미한다. 공간적으로 보면 에덴 밖으로 추방당한 인간을 다시 에덴으로 이끌어 오신다는 의미다. 그렇다면 에덴 밖은 어떤 곳일까? 출애굽기 맥락에서 보자면 그곳은 이집트 제국이다. 에덴이 하나님의 통치가 충만한 곳이라면 이집트 제국은 파라오의 통치가 충만한 곳이다. 이렇게 봤을 때 출애굽기의 맥락에서 하나님의 구원은 다음과 같이 표현될 수 있다.

from 파라오의 통치 to 야훼의 통치

이스라엘 백성은 그 동안 이집트에서 파라오의 폭압적 통치 아래 있었다. 그리고 이제는 파라오의 손아귀에서 벗어나 야훼의 통치 아래로 들어왔다. 파라오의 통치는 폭력과 무자비와 오만과 독선과 관료적 지배와 살인과 노동력 강탈이 특징이었다. 그렇다면 야훼의 통치의 특징은 무엇인가? 야훼의 통치는 토라(율법) 속에 들어 있는데, 그건 바로 인애*hesed*와 공의*tsedeq*다. 하나님은 토라를 통해 이스라엘을 통치하기 원하셨는데, 이는 오늘날로 치면 일종의 입헌통치와 비슷한 것이었다. 이스라엘 백성은 토라라는 헌법을 통해 계시된 하나님의 통치 이념을 이해하고, 그 헌법을 자발적으로 충실히 지켜야 했다. 이것이 야훼의 통치방식이었다.

토라를 통해 드러난 하나님의 통치의 특징은 하나님을 경외하는 것과 사람을 사랑하는 것으로 요약된다. 이것은 십계명에 나타난 이중구조를 통해서도 알 수 있다. 십계명의 1-4계명은 하나님을 경외하라는 계명이고, 5-10계명은 사람을 사랑하라는 계명이다. 그러니까 사랑의 이중계명이 토라의 대요다. 이것은 예언자들의 선포를 통해서도 계속 반복되었으며, 예수 그리스도의 가르침과 사도들의 가르침에서 더욱 선명하게 부각된다. 결국 구원이란 파라오의 통치를 벗어나 토라를 통해 드러난 사랑의 이중적 통치 안으로 들어오는 것이었다.

하나님나라의 복음

예수 그리스도께서 전한 복음은 "하나님의 나라가 가까이 왔으니 회개하고 복음을 믿으라"는 것이었다(막 1:15). 그리고 이 복음은 신약적 구원론의 요약이다. 예수께서 선포하신 이 복음을 from A to B라는 도식으로 보자면 B는 명확해 보인다. 출애굽 사건과 마찬가지로 B는 하나님의 통치다. 그리고 하나님의 통치에 대한 신약적 표현은 '하나님의 나라'다. 그렇다면 A는 무엇일까? 어디에서 하나님나라로 이동하는 것일까?

사실 오랫동안 기독교 전통은 A를 올바르게 이해하지 못했다. 그리고 그 덕에 B에 해당하는 하나님나라도 제대로 이해하지 못했다. 뒤에서 다루겠지만 일부 기독교 전통은 A를 지상으로 이해했다. 그래서 구원을 from 지상 to 천상(하나님나라)의 이동으로 이해했다. 그런가 하면 또 다른 전통은 A를 지옥으로 이해했다. 그들은 구원을 from 지옥 to 천당(하나님나라)의 이동으로 이해했다. 그러나 이 두 가지는 모두 성서를 올바르게 이해하지 못한 해석이다. 그렇다면 예수께서 전하신 하나님나라의 복음을 어떻게 이해해야 올바른 기독교 구원에 대해 알 수 있을까?

본문이 위치한 마가복음 1장을 보자. 예수께서 하나님나라가 임박했다고 선포하고 있다. 나라가 임한다는 말은 무슨 뜻인가? 이것은 기존의 나라가 뒤집어진다는 뜻이다. 그리고 이것은 지금의 왕 대신 새로운 왕이 출현할 것이라는 예고이기도 하다. 예수의 이 말씀에는 지금 존재하는 나라는 이제 곧 뒤집어질 것이며, 지금의 나라를 통치하는 왕은 불법적인 왕이니 추방당할 것이고, 정통성을 지닌 새 왕이 곧 출현할 것이라는 말씀이다. 그러면서 예수는 사람들에게 회개하며 복음을 믿으라고 하셨다. 이때의 회개는 왕을 교체하라는 요구다. 지금 그대들이 섬기는 왕은 정통성이 없는 불법적인 왕이니 더 이상 그 왕을 섬기지 말고 새 왕에게로 돌아오라는 백성들에 대한 새 왕의 소환 명령이다.

우리는 구약성서에서 이와 유사한 장면을 볼 수 있다. 남유다의 왕 아하시야는 북왕국왕 요람을 문병갔다가 예후의 반란으로 뜻하지 않는 죽음을 맞게 된다. 해외 순방 중이던 남유다의 국왕이 불의의 사고로 서거하는 초유의 사태가 벌어진 것이다. 갑자기 왕좌가 비어버렸다. 이 비어버린 왕좌를 죽은 아하시야 왕의 어머니, 즉 대비였던 아달랴가 훔친다. 이로써 아달랴는 남북왕조를 통틀어 유일한 여왕이 된다. 그녀는 불법적으로 왕위를 찬탈한 역도다. 그녀는 왕위를 차지하기 위해서 왕손들을 모조리 죽였다. 그런데 이제 갓 태어난 아하시야 왕의 아들이자 아달랴의 손자 요아스가 다행히 살아남았다. 요아스는 성전 골방에 숨어 6년간이나 몰래 길러졌다. 그리고 대제사장 여호야다의 치밀하고도 대범한 계획에 의해 요아스는 왕위를 다시 찾는다. 6년간 왕노릇을 해왔던 아달랴는 순식간에 허를 찔려 어쩔 줄 몰라 한다. 그녀의 외마디 비명이 들려왔다. "반역이로다, 반역이로다." 이때 혁명부대들은 7살 된 임금 요아스를 앞세우며 "주군께 나아와 명을 받들라!"라고 호령했을 것이다.

예수께서 하나님나라의 복음을 선포하신 것은 바로 이 사건과 매우 흡사하다. 예수는 불법적으로 왕위를 찬탈하고 있는 거짓 왕에게서 왕위를 박탈하고 새 왕이 되어 그 자리를 찾으러 오셨다. 예수는 새 왕이었으며, 그가 바로 나라였다. 예수는 "반역의 무리들이여, 이제 내게로 돌아와 왕의 명령을 받들라!"라고 말씀하셨다. 이것이 "회개하라. 천국이 가까이 왔느니라"는 말씀의 의미다. 이러한 왕의 출현이 가짜 왕을 섬기던 자들을 얼마나 당황시켰을지 충분히 상상할 수 있다. 마가복음은 예수가 진짜 왕이라는 사실을 알아본 자들을 귀신들이라고 말하고 있다. 귀신들은 예수가 진짜 왕인 줄 알아보고 사시나무 떨 듯이 떨며 예수께 애원했다. "나사렛 예수여, 우리가 당신과 무슨 상관이 있나이까? 우리를 멸하러 왔나이까? 나는 당신이 누구인줄 아노니 하나님의 거룩한 자니이다"(막 1:24).

그렇다면 가짜 왕은 누구인가? 누가복음 4장에는 마귀가 천하만국을 예수께 보여주며 자신에게 통치권이 있다고 선언하고 있다. 그렇다. 가짜 왕은 마귀다. 이제 우리는 from A to B를 완성할 수 있게 되었다. 예수께서 선포한 하나님나라의 복음에 나타난 구원은 'from 사탄의 왕국 to 하나님나라'의 이동인 것이다. 예수의 출현은 공중권세 잡은 자 사탄의 왕위에 대한 근본적인 위협이었으며, 예수가 선포한 복음은 사탄의 통치를 받는 가련한 인간들을 더 이상 사탄의 통치 아래 있지 말고 하나님의 통치 아래로 돌아오라는 복음이었다.

사탄의 통치의 특징은 무엇이며, 하나님의 통치는 무엇인가? 복음서에서 사탄의 통치는 질병과 억눌림, 정죄, 죽음으로 나타났다. 그리고 하나님나라의 통치는 그 질병의 치유와 귀신 축출, 죄 용서, 부활로 나타났다. 사탄의 통치는 인간을 병들고, 억눌리고, 고통스럽고, 죄책감에 사로잡혀, 스스로를 죽이도록 만드는 죽음의 통치다. 그러나 하나님의 통치는 병든 자를 고치고, 억눌린 자를 해방하며, 죽은 자를 살리는 생명의 통치다.

이러한 식의 설명은 하나님나라의 신학을 통해서 잘 설명되고 있다. 하나님나라의 신학은 18-19세기경, 성서학의 발달과 함께 발전하기 시작한 신학인데, 오늘날 가장 커다란 성과를 거두고 있는 신학 중 하나다. 하나님나라 신학의 가장 위대한 공헌 중 하나는 하나님나라를 '장소'가 아니라 '통치'의 관점으로 보도록 한 점이다.[1] 이러한 관점으로 하나님나라에 들어간다는 것을 설명하면, 그것은 꽃이 피고 나비가 날아다니는 아름다운 파라다이스에 들어가는 것이 아니라 하나님의 통치를 받게 된다는 말이다. 구원이란 부당하게 창조세계에 대한 하나님의 통치권을 찬탈한 공중 권세 잡은 자의 통치를 벗어나, 하나님의 통치 아래로 다시 들어가는 것을 뜻한다. 그리고 이것이 정확히 예수께서 가르치신 기도의 의미다.

아버지의 나라가 오게 하시며,
아버지의 뜻이 하늘에서와 같이 땅에서도 이루어지게 하소서.

2
새로운 구원론 정립을 위한 네 가지 지침

오늘날 한국 교회에 유통되고 있는 대중적인 기독교 구원론은 지금 말한 성서의 가르침과는 상당히 거리가 멀다. 이것은 단순히 아르뱅주의의 문제만이 아니다. 이것은 어제오늘의 문제가 아니라 꽤 오래 전부터 누적된 전통 속에 내재하고 있는 오류에 대한 문제다. 오늘날 우리는 이러한 오류를 갖고 있는 전통의 축적물을 성서의 가르침에 비추어 다시 살펴보아야 한다. 여기에 이러한 작업을 위해 꼭 필요한 네 가지 방향성을 제시해보고자 한다.

영지주의 구원관을 극복하라

from 지상 to 천상
가장 먼저 고쳐야 할 것은 구원을 'from 지상 to 천상'으로 생각하는 경향이다. 전통적으로 많은 기독교인들은 구원을, 죽음 이후의 내세 구원이라고 생각해왔다. 그리고 이 내세 구원을 받기 위해서 영혼이 육신을 떠나 천상으로 이동한다고 믿어왔다. 이러한 식의 구원관은 찬송가나 복음성가 등에서도 심심치 않게 볼 수 있다. 예를 들어, "나는 구원열차(방주) 올라타고서 하늘나라 가지요"라든지 "저 높은 곳을 향하여 날마다 나아갑니다"라든지 "이 세상, 이 세상, 나의 집은 아니요, 우리 구주 머지않아 다시 오실 때, 천사들은 하늘에서 날 오라고 부르니 나는요, 이 땅에 있을 맘 없도다." 이러한 노래들은 구원이란 살아생전에 맛볼 수 있는 것이 아니라는 전제를 가지고 있다. 구원은 시간적으로 죽은 뒤에 맛볼 수 있는 것이라는 뜻이다. 그래서 내세적 구원관이다.

죽은 뒤에 맛본다는 것은 육체를 떠난 영혼이 맛볼 수 있는 것이라는 뜻이기도 하다. 그러니까 구원은 육체의 문제가 아니라 영혼의 문제가 된다. 우리는 여기서 죽은 뒤에도 영혼은 육체를 떠나 어딘가 존재한다는 신념과 마주하게 된다. 통상 이러한 신념을 영혼불멸 사상이라고 한다. 오랫동안 기독교인들은 영혼불멸 사상이 성서적인 사상이라고 생각해왔다. 예컨대 아우구스티누스는 영혼불멸을 외친 대표적인 크리스천이며, 칼뱅도 영혼불멸에 대해서 적극 동의하고 있다.[2] 하지만 영혼불멸 사상은 성서적인 사상이 아니다. 성서적인 사상은 부활 신앙이다. 이에 대해서는 톰 라이트Tom Wright가 《마침내 드러난 하나님 나라》에서 감동적으로 잘 설명하고 있다.[3]

영혼불멸 사상과 부활신앙

간단히 말하면 영혼불멸은 육체는 소멸하고 영혼은 영원히 남는다는 사상이다. 나아가 영혼이 육체로부터 해방되는 것이야말로 참된 구원의 조건이라고 본다. 반대로 부활사상은 영혼만 불멸하는 것이 아니라 육체도 불멸한다는 사상이다. 좀 더 정확히 말하자면 예수를 믿는 자들이 예수 그리스도와 동일한 부활의 몸을 받게 된다는 가르침이다. 신자들이 받을 부활의 몸은 본질상 예수 그리스도의 부활의 몸과 다르지 않다. 이 부활체는 영원히 죽지 않고 썩지 않는 몸이다.

따라서 기독교는 죽을 때 영혼이 육체를 떠나 혼령들의 고향으로 들어가는 것이 아니라 죽은 뒤 부활체로 변형될 때까지 잠시 기다림의 시간을 갖는다고 가르친다. 그리고 예수 그리스도의 재림의 때에 예수를 믿는 이들이 부활체로 변형되어 영원히 죽지 않는 영생에 들어가리라는 것이 부활신앙이다. 이 부활신앙은 고린도전서 15장에 장엄하게 묘사되어 있으며, 가장 오래된 〈사도신경〉에 "몸이 다시 사는 것…을 믿사옵니다"라는 요약된 고백 속에도 들어 있다. 즉 부활이라는 관점에서 구원은 'from 죽음의 몸 to 부활의 몸'의 변형이다.

앞서 열거한 노래들이 보여주는 또 한 가지 전제는 장소적으로 구원은 지구가 아닌 다른 곳으로 이동한다는 전제다. 즉 타계적 구원관이다. 그곳이 어디인지 확실치는 않다. 중요한 것은 우리가 두 발을 딛고 사는 이 땅은 구원의 장소가 아닌 것은 확실하다는 것이다. 이러한 전제가 위의 영혼불멸 사상과 결합하면, 구원이란 죽은 뒤 영혼이 지구를 떠나 어디론가로 여행을 하는 여정이라고 할 수 있다. 어디로 가는 여행일까? 아마도 그곳은 혼령들의 고향이라고 할 수 있을 것이다. 실제로 기독교인들은 구원의 장소를 자주 '본향' 혹은 '고향'이라고 불러왔다. 요약하면 위의 노래들은 구원을 시간적으로 죽음 이후, 공간적으로 지구가 아닌 혼령들의 고향으로 들어가는 것이라는 전제를 가지고 있다고 할 수 있다. 그러나 과연 이것이 성서적인가?

영지주의 구원관

영지주의gnosticism란 무엇인가? 영지주의는 다양한 철학과 온갖 종류의 신화들을 뒤범벅해서 만든 어마어마하게 다양하고 통일성 없는 거대한 신화들의 모음이다. 영지주의는 워낙 다양한 신화와 상징, 철학적 관념들이 뒤얽혀 있어서 단일한 사상체계로 추려내기 어렵지만 물질세계에 대해서 그리고 인간에 대해서 몇 가지 공통된 관점을 가지고 있다. 그것은 물질세계는 악하며, 정신세계만이 선하다는 것이다. 같은 이유로 인간의 육체는 부정하지만 영혼은 선하다는 것이다. 이러한 관점에서 보자면 인간은 영혼이 부정한 신체에 갇혀 있는 상태라고 할 수 있다. 마치 고향을 떠나 낯선 땅으로 유배온 것처럼 말이다. 그래서 폴 리쾨르Paul Ricoeur는 이러한 영지주의 사상을 '유배된 영혼의 신화'라고 불렀다.[4]

영지주의는 죽음을 선한 영혼이 부정한 육체에서 해방되는 해탈의 과정으로 본다. 육체는 부패하지만 영혼은 순수하기 때문에 썩지 않는다는 영혼불멸은 영지주의의 중요한 사상이다. 사실 이러한 영지주의의 영혼불멸과 유배된 영혼이라는 개념은 그리스적 이원론dual-ism에서부터 영향을 받은 것이다. 이원론이란 우주를 서로 대립하고 분리되는 두 가지 근본 원리로 설명하는 태도를 말한다. 이러한 세계관은 대다수 그리스인들이 가지고 있었던 것인데, 소크라테스와 플라톤에 의해 완전한 형식을 갖추게 된다. 특히 플라톤은 우주를 이데아계와 현상계로 구분하고, 인간을 정신과 육체로 구분하기 좋아했던 것이다.[5]

플라톤은《파이돈 *Phaidon*》에서 죽음을 앞둔 소크라테스의 입을 통해서 죽음에 대한 이론을 전개했다. 소크라테스에 따르면 인간은 "영혼이 좋지 못한 것(육체)과 섞여 있는" 상태라고 한다. 영혼이 부정한 육체에 갇혀 있으니 숱한 고난과 번민을 겪는다는 것이다. 죽음은 더러운 육체로부터 영혼이 해방되는 것이니 순화요, 정화며, 해탈이다.[6] 이 땅에서 자신의 영혼을 더러운 육신으로부터 정결하게 지키고, 철학으로 늘 지혜를 추구했던 영혼은 죽음 이후 신들이 거하는 영들의 고향으로 향하지만, 그렇지 못한 영혼은 저주와 고통의 장소, 타르타로스tartaros를 거쳐 지상의 또 다른 생명체로 환생하게 된다. 이것이 소크라테스의 입을 빌려 말하는 플라톤의 내세관이다.[7]

여기서 (소크라테스의 입을 빌린) 플라톤이 모든 인간이 죽음과 함께 신들의 세계로 들려 올라가지 않는다고 말하는 것에 주의해야 한다. 영혼의 본질은 순수하지만 육체 속에 감금되어 있는 동안 육체에 종노릇한 영혼은 무거워져서 자유롭게 날아오르지 못하고 땅으로 떨어지고 만다는 것이다. 그렇다면 어떻게 해야 영혼이 자유롭게 승천해서 신들의 세계에 이를까? 영적인 활동 혹은 지성적인 활동에 전념해야 한다.

감각적이고 육체적인 활동을 지양하고, 이성적이고 지성적인 활동, 곧 철학과 명상을 통해 영혼을 맑고 순수하게 해야 본향까지 안전하게 이동할 수 있다는 것이다. 지성을 강조하는 영지주의자들은 영혼이 구원에 이르기 위해서는 '영적 지식 spiritual knowledge'이 있어야 한다고 믿었다. 이 영적 지식을 '영지 gnosis'라고 한다. 한마디로 영지주의 구원론은 영지라고 하는 올바른 지식으로 영혼의 구원에 이른다는 것이라고 할 수 있다.

영지주의자들은 그리스적 구원관을 수용하여 구원의 여정을 영혼이 육체에서 해방되어, 자신의 본향을 찾아가는 과정으로 본다. 영지주의자 사토르닐루스 Satornilus에 의하면, 죽은 영혼이 육체를 빠져나와 본향에 들어가기 위해서는 지상에서 상승하여 7개의 행성의 관문을 통과해야 한다고 말했다. 7개의 행성이란 달, 수성, 금성, 태양, 화성, 목성, 토성 등을 말하는데 천상의 우주적 권세자들이 이들 행성을 지키며 영혼의 구원의 여정을 가로막는다고 한다. 인간 영혼이 이들 관문을 무사히 통과하기 위해서는 문지기가 요구하는 암호를 정확히 말할 수 있어야 한다.

영지주의 문서인 《야고보계시록 1서》에 따르면 영혼이 문지기에게 다음과 같이 답을 해야 관문을 통과할 수 있다고 한다.

문지기 : 그대는 누구며, 어디서 오는가?

죽은 영혼 : 저는 아들이며, 아버지께로부터 옵니다.

문지기 : 그대는 어떤 아들이며, 어떤 아버지께 속해 있는가?

죽은 영혼 : 저는 선재하시는 아버지께로부터 옵니다. 저는 선재하시는

그분 안에서 아들입니다. 저는 제게 속해 있을 뿐만 아니라 다른 이들에게도 속해 있는 모든 만물을 보기 위해서 왔습니다. … 이제 저는 제가 왔던 곳, 그곳으로 돌아가야 합니다.[8]

죽은 영혼이 위와 같이 정답을 제시하면, 그는 바른 영혼을 가진 자로 간주되어 관문을 통과할 수 있다. 이런 식으로 7개의 관문을 모두 통과하면 마침내 혼령들의 본향에 들어갈 수 있게 된다는 것이다. 그러나 관문을 통과하지 못하면 그 영혼은 다시 저주의 땅인 지상으로 추락하여 저주스러운 삶으로 환생하게 될 것이다.

영지주의의 영향을 받은 기독교 구원관

영지주의 구원관은 여러 방식으로 기독교에 상당한 영향을 끼쳤다. 그래서 그리스도인들은 구원을 죽은 뒤의 내세 구원으로, 지상을 떠나 하늘로 올라가는 것으로 보게 된 것이다. 구원열차든 구원방주든 휴거든 어떤 방식으로든 말이다. 그러다보니 기독교 구원관과 영지주의 구원관은 꽤 유사하다.

그중 하나가 바로 올바른 지식으로 구원에 들어갈 수 있다는 지성주의적 구원관이다. 예를 들어보자. 캠퍼스 벤치에 앉아 있으면 전도인이 다가와 이렇게 묻는다. "형제님, 오늘 죽으면 천국에 들어가실 수 있습니까?"

눈치챘겠지만 이 짤막한 질문에는 영지주의자들과 상통하는 두 가지 중요한 전제가 엿보인다. 첫째, 구원은 죽음 이후의 문제라는 내세적 구원관이고 둘째, 구원은 (지상이 아닌) 다른 세계로 들어간다는 타계적 구원관이다. 전도대상자가 만일 "저는 천국에 갈 수 있습니다"라고 답하면 어김없이 전도인은 다음과 같이 물어본다. "만일 형제님이 천국문 앞에 도착했는데 천국의 문지기가 '내가 왜 당신을 천국에 들여보내주어야 하는가'라고 물으면 뭐라고 답하시겠습니까?" 이러한 전도인의 질문의 내용을 발전시켜보면 죽은 후 영혼에게는 대충 다음과 같은 일들이 발생한다.

죽은 영혼이 천국문 앞에 이르렀다. 천국문은 굳게 닫혀 있고 문지기가 지키고 있다.

죽은 영혼 : 문지기여, 천국문을 열어서 들어가게 해주옵소서.

문지기 : 내가 그대를 천국에 들어가게 해주어야 할 이유가 무엇인가?

죽은 영혼 : 제게는 '구원의 확신'이 있습니다.

문지기 : 그대가 가지고 있는 구원의 확신이란 무엇인가?

죽은 영혼 : 저는 예수님을 저의 주와 구주로 믿습니다.

문지기 : 하지만 그대는 살면서 많은 죄를 짓지 않았는가?

죽은 영혼 : 예, 저는 죄인입니다. 하지만 하나님께서 십자가에서 저의 모든 죄악을 예수 그리스도께 담당시키셨음을 믿습니다.

문지기 : 그대의 믿음이 그대의 구원을 보장한다는 근거는 무엇인가?

죽은 영혼 : 말씀이 보증합니다. 요한복음 1장 1절, 사도행전 16장 31절, 요한일서 5장 11절 등 숱하게 많은 말씀이 믿는 자의 구원을 보증해주고 있습니다. 저는 이 하나님의 말씀을 믿으며, 믿음으로 저는 구원받았음을 확신합니다. 그러니 저를 천국에 들여보내주십시오.

문지기 : 으음… 그대는 구원을 받을 만한 믿음(지식)을 가지고 있군. 들어가게.

위의 대화는 앞서 설명한 영지주의자들이 말하는 구원관과 상당 부분 흡사하다. 위의 두 가지 구원의 여정을 비교해보면 두 구원론은 몇 가지 공통점이 있다. 첫째, 둘은 모두 구원을 죽음 이후의 문제로 본다. 둘째, 구원은 신체가 아니라 죽은 영혼이 지상을 떠나 본향으로 돌아가는 여정이다. 셋째, 구원을 받기 위해서는 죽은 영혼이 천당의 관문을 무사히 통과해야 한다. 넷째, 죽은 영혼이 관문을 통과하기 위해서는 올바른 '영적인 지식'이 있어야 한다. 이렇듯 기독교 구원관이 영지주의적 구원관과 닮은 이유는 무엇인가? 이유는 기독교가 그리스적 이원론을 받아들였기 때문이다.

기독교가 언제 이원론을 받아들였는가? 그리스적 이원론의 영향은 매우 일찍부터 유대-기독교 전통과 결합되었다. 그래서 에세네파의 사상에서도 영혼불멸과 사후 영혼의 여행이라는 그리스적·영지주의적 특성이 발견된다.[9] 하지만 더욱 본격적으로 영향을 받은 때는 기독교가 그리스 철학을 받아들이게 된 2세기 무렵부터다. 예컨대 동방의 신학자 알렉산드리아의 클레멘트와 오리게네스는 지상의 보이는 교회와 천상의 보이지 않는 교회를 구분했는데 이는 플라톤의 이데아계와 현상계를 연상시킨다.[10] 그 전까지의 초대교회는 교회를 거룩한 교회와 세상적인 교회로 구분했다. 그러나 동방의 철학적 신학자 두 사람은 천상에 있는 교회와 지상에 있는 교회로 교회를 구분한다. 이들의 교회론에 기초해서 구원을 생각해보면 구원이란

'from 지상의 교회 to 천상의 교회'의 이동으로 이해할 수 있다. 이들은 구원의 방향을 'from 지상 to 천상'으로 설정한 거의 최초의 인물일 것이다.

아우구스티누스에 이르면 'from 지상의 교회 to 천상의 교회'의 구도는 'from 지상의 도성 *civitas terrena* to 천상의 도성 *civitas Dei*'으로 바뀐다. 미세한 차이가 있으나 결국 방향은 똑같이 'from 지상 to 천상'으로의 이동이다. 그리고 이러한 도식은 대단히 플라톤적 도식이다. 그리고 이러한 방향성은 그의 영혼불멸 사상과 결합하였다. 그는 플라톤의 영혼불멸 사상을 기독교에 거의 그대로 도입한 인물인데 그에게 있어서 구원이란 영혼의 고양이었다. 그는 회심 후 어머니와 함께 영혼이 하늘로 고양되는 신비체험을 한다. 그는 그 경험을 이렇게 쓰고 있다.

> 이러한 결론에 도달한 우리는 마음이 한층 더 뜨거워져, 항상 동일하신 당신께로 향해 나아가는 중에, 모든 삼라만상을 단계적으로 뚫고 지나간 다음, 해와 달과 별들이 있어 지상으로 빛을 보내는 (저) 천상의 세계에까지 도달하였나이다. … 우리가 이렇게 지혜에 대하여 이야기하면서 지혜를 애타게 사모하는 중에, 우리는 온 심령을 집중시켜 순간적이나마 그것에 살짝 접촉하게 되었나이다.**11**

즉 아우구스티누스에게 있어서 구원이란 영혼이 육체는 물론이고 삼라만상을 지나 최고천까지 상승해서 그곳에 좌정하여 계시는 하나님을 만나는 것이다. 아우구스티누스에게 있어서 구원이란 영혼의 고양이며 상승이다. 이를 위해서는 물질적인 세계는 뒤로 하고 온 마음을 영혼에게만 집중시켜 '전율의 순간'에 도달해야 한다고 그는 말했다.[12]

구원은 육체를 떠난 영혼의 체험이라는 점에서 그는 내세적 구원관을 지지하고 있으며, 지상을 떠나 천상으로의 이동이라는 점에서 타계적 구원관을 지지하고 있다. 이러한 아우구스티누스의 도식으로 말미암아 그 이후 하나님나라는 근본적으로 피안적인 것이 되었으며, 기독교 구원도 개인적인 것으로 여겨지게 된다.[13]

더불어 지적할 것은, 그의 구원관은 올바른 인식(그노시스)을 통해서 구원에 이른다는 영지주의적 구원관과 놀라울 정도로 닮았다는 사실이다. 그가 하나님께 늘 기도드린 것은 '신 인식'이었다. 그는 오로지 하나님과 영혼에 대한 인식을 소망했다. 그리고 그는 인식 이외에는 다른 어느 것도 원하지 않았다.[14] 이러한 아우구스티누스의 구원관은 지난 1500년간 서구 기독교에 강력한 영향력을 미쳤으며 오늘날까지도 그 영향을 미치고 있다.

성서적 가르침

에덴

하지만 성서가 그러한 구원관을 지지하는가? 'from 지상 to 천상'의 모델이 성서가 말하는 구원관인가? 창세기를 보면, 인간이 타락하기 이전의 낙원의 상태를 '에덴'이라고 한다. 성서의 구원 이야기에서 에덴은 굉장히 중요하다. 왜냐하면 에덴은 인간과 세상의 본모습이며, 하나님나라의 원형이기 때문이다. 구원이란 결국 다시 에덴으로 돌아가는 것이다. 출애굽 사건을 비롯한 성서의 구원 이야기는 구원을 '에덴의 회복'이라고 반복적으로 말해주고 있다. 이러한 구원론적 전제는 성서 전체를 해석하는 중요한 열쇠를 제공한다.

자, 그렇다면 에덴은 어디에 있는 세계였을까? 태양계 내의 행성인가? 구름 위에 떠 있었는가? 최고천인가? 아니면 혼령들의 고향인가? 아니다. 지상이다! 창세기 기자는 에덴에 대한 신화적이고 낭만적 묘사를 거의 하지 않는다. 하지만 그는 단지 에덴이 이 땅에 존재하는 세계였음을 분명히 밝히고 있다. 하나님은 하늘과 땅을 창조한 후, 지상의 동방에 한 동산을 창설하고 그곳에 인간을 거하게 하셨다(창 2:8). 에덴은 천상이 아니라 지상에 있다.

인간은 무엇으로 만들어졌는가? 흙이다. 흙은 어디 흙인가? 이 땅에서 취한 흙이었다. 히브리어로 흙은 '아다마_adama_'라 한다. 즉 '아다마(흙)'에서 지음받았으니 '아담(사람)'이 된 것이다. 범죄하기 이전의 인간은 흙으로 지음받은 존재로서 그는 가스 같은 혼령이 아니라, 처음부터 인간은 물리적 신체를 지닌 완전한 인간이었다. 하나님은 창조역사를 마치고 보시기에 심히 좋아하셨다고 했을 때, 하나님이 보신 것은 바로 지상에 있는 에덴이며, 그 에덴에 거하는 몸을 가진 인간이었다. 하나님은 에덴이라는 동산에 흙으로 지음 받은 신체가 있는 인간을 초대하셔서 그곳에서 "〔땅을〕 경작하며"(창 2:15) 살게 하셨다. 바로 이 에덴이 인간이 돌아가야 할 최초의 낙원의 모습이다.

바벨탑

아담이 하나님을 반역한 후, 그들 부부는 하나님에 의해서 에덴의 동쪽으로 추방되었다. 에덴의 동쪽은 어디인가? 저주 받은 땅이다. 에덴에서 아담은 왕이었으나 이제 에덴의 동쪽에서 아담은 소나 돼지와 다를 바 없었다. 에덴 동편 땅은 저주의 상징으로 '가시덤불'과 '엉겅퀴'를 냈다. 더불어서 저주 받은 땅은 에덴과는 비교할 수 없을 정도로 소출이 적었다. 그래서 아담을 비롯한 모든 남자는 이마에 구슬땀을 흘리도록 부지런히 일을 해야 겨우 입에 풀칠할 수 있게 되었다. 인간의 삶에서 안식은 사라지고, 생계노동의 노예가 되지 않으면 안 되었다. 하지만 그렇다 해도 저주의 땅이 지구 밖에 있지는 않았다. 그 땅도 지상에 있는 땅이었다. 에덴도 지상에 있었고, 저주의 땅도 지상에 있었다. 지리학적으로 보자면 땅에서 땅으로 옮겨온 것뿐이다. 그러나 두 땅은 완전히 달랐다.

창세기 4장부터 11장까지는 이 땅이 인간의 범죄로 오염되는 과정을 보여준다. 그렇지 않아도 저주 받은 땅인데 인간의 범죄로 말미암아 땅은 더욱 저주의 땅이 되었다. 가인에게 죽임당한 아벨의 피가 땅에 쏟아졌을 때, 땅은 역겨움을 하나님께 토로했다. 노아 시절, 온 땅은 죄인들로 가득 찼고, 땅도 하나님도 더는 용납할 수 없는 지경에까지 이르렀다. 이것이 홍수 심판을 불러 일으켰다. 홍수 심판을 통해 하나님은 인간을 쓸어버리셨다. 그 사이 땅은 잠시 안식을 누렸다. 그러나 홍수가 끝나고 땅은 다시 죄악으로 물들기 시작했다. 온 땅은 대홍수 이전만큼이나 죄악으로 관영해졌다. 그리고 인간 문명은 끝내 바벨탑 건설이라는 프로젝트를 진행한다. 바벨탑은 죄와 타락의 극치며, 저주의 절정이며, 에덴의 동쪽 끝이다. 아담의 범죄가 씨앗(가능태)이라면 바벨탑은 그 씨앗의 열매(완성태)다. 그러나 바벨탑이 세워졌던 시날 땅도 바로 지상에 있는 땅의 일부였다. 순전히 지리학적 관점에서 봤을 때 에덴도 땅이고, 시날 땅도 땅이다.

그렇다면 에덴과 시날 땅은 무슨 차이가 있는가? 에덴은 하나님의 통치가 충만한 땅이었다. 그러나 시날 땅은 반역의 질서가 가득한 땅이었다. 에덴에서 모든 인간은 왕이었다. 그러나 시날 땅에서는 한 명의 승자를 제외한 나머지 모든 인간은 승자의 지배를 받는 노예로 전락하고 만다. 구원은 바로 이 시날 땅에서 에덴으로 돌아가는 길이 열리는 것을 말한다. 하나님은 바벨탑의 땅에 임하셔서 당신의 백성을 불러 다시금 에덴으로 돌아가도록 인도하신다. 이것이 하나님의 구원의 시작이다.

바벨탑이 의미하는 것은 무엇인가? 바벨탑은 한편으로는 신의 권위에 도전하는 인간의 '휘브리스*hybris*' 곧 교만이다(창 11:4). 동시에 바벨탑은 제국의 질서를 의미한다. 역사학자들에 따르면 바벨탑은 신바벨론 제국에 실제로 있었던 탑이라고도 하는데, 이 탑은 제국의 정신이자 제국의 질서를 함축해서 보여준다. 제국의 질서는 아담의 반역의 본질이다. 결국 아담이 선택한 것은 하나님의 통치가 아니라 제국의 질서였다. 다니엘서에 나타난 신상의 머리, 가슴과 팔, 배와 넓적다리, 종아리, 발은 모두 제국들을 가리키고 있다. 그 신상의 주요 부위들은 이집트, 아시리아, 바벨론, 페르시아, 마케도니아, 로마 등과 같은 제국들을 가리키는 것이었다(단 2:37-43). 흥미롭게도 다니엘서는 그 모든 제국들이 결국은 하나의 신상을 구성하는 부분들이라고 말하고 있다. 지상에 존재하는 모든 제국은 결국 하나의 신상을 구성하는 부분들이다. 그 신상은 누구의 신상일까? 아마도 그것은 공중 권세 잡은 자의 형상이리라. 그 신상은 반에덴적 질서의 인격화다.

제국의 질서의 특징에는 어떤 것들이 있는가? 제국의 질서는 한마디로 지배질서다. 강자가 약자를 지배하는 권력의 피라미드가 제국 질서의 특징이다. 그것은 또한 힘과 권력의 추구를 특징으로 한다. 제국의 지배질서는 필연적으로 강제적이고 폭력적일 수밖에 없다. 톨스토이의 짤막한 경구가 잘 말해주는 것처럼 국가는 본성상 폭력이다.[15] 또한 똑같은 인간인데도 한 인간이 다른 인간을 지배하는 것을 정당화한다는 점에서 제국은 하나님의 창조질서에 어긋난다. 그것은 불법적이고 부정의한 지배체제다. 그것은 사탄의 체제다.

다시 에덴으로…

바벨탑의 건설을 멈춘 하나님은 당신의 구원 역사를 시작하신다. 하나님의 구원계획에 의해 선택받은 이가 있었으니 그가 바로 아브라함이다. 하나님께서 아브라함을 불러내신다. 어디에서 어디로 부르셨는가? 'from 갈대아 우르 to 하나님이 지시하실 땅'다. 갈대아 우르는 니므롯의 제국의 중요 거점 도시 중 하나다(창 10:10). 한마디로 바벨탑의 땅이다. 그런데 목적지가 흥미롭다. 하나님은 아브라함에게 어디로 가야 할지 알려주지 않은 채 무조건 길을 나서라고 명하셨다. 왜 하나님은 목적지를 말씀해주지 않으셨을까? 이는 구원에서 중요한 점은 단순히 지리학적 이동이 아니라 삶의 방식의 변화임을 가르치는 것이었다. 구원은 새로운 형태의 삶의 방식이다. 아브라함에게 구원은 'from 자존적 삶 to 의존적 삶'의 변화를 의미하는 것이었다. 그리고 의존적 삶을 위해 요구되는 것이 하나님의 인도하심(통치)에 대한 무한한 신뢰, 곧 믿음이었다. 그러나 이러한 영적 의미가 있었음에도 하나님께서 아브라함이 인도하신 곳은 지상에 존재하는 한 땅이었음을 기억해야 한다(창 12:7).

'출애굽' 사건을 보자. 출애굽 사건이 중요한 것은 이 사건이 성서의 구원사건의 원형을 담고 있기 때문이다. 출애굽 사건에서 나타난 하나님의 구원은 'from 이집트 to 가나안'이다. 앞에서 언급한 대로 출애굽은 에덴으로의 회귀라는 방향과, 파라오의 통치에서 하나님의 통치로의 이동을 함축하고 있다. 하지만 순전히 지리학적인 관점에서 봤을 때 하나님의 구원은 이집트 땅에서 젖과 꿀이 흐르는 땅으로의 이동이다. 하나님의 구원은 지상을 탈출해서 천상으로 도약해 올라가는 것이 아니라 죄악된 삶에서 생명의 삶으로의 변화를 말하는 것인데, 이것은 결국 지상에서 이루어지는 변화를 말한다.

출애굽 구원 이야기의 핵심은 통치권의 이동이다. 출애굽기에는 두 종류의 통치가 나온다. 하나는 파라오의 통치로 대표되는 제국적 통치질서이고, 다른 하나는 토라를 통해 드러난 하나님나라의 통치질서다. 출애굽 이야기에 나타난 하나님의 구원은 'from 파라오의 통치 to 하나님의 통치'의 이동이었다. 흥미롭게도 브라이언 왈쉬Brian Walsh와 실비아 키이즈마트Sylvia Keesmaat가 공저한 《제국과 천국》은 이와 관련해서 훌륭한 통찰을 제공해준다. 구원이란 'from 제국의 질서 to 하나님나라의 질서'의 이동이다.[16] 그리고 이것이 구약과 신약을 망라하여 공통된 하나님의 구원 이야기의 원리다.

출애굽은 놀라운 구원 이야기이지만 그것은 하나의 모형일 뿐 하나님의 완전한 구원은 아니었다. 하나님의 완전한 구원의 비전은 예언자들에 의해서 선포되었다. 예언자들은 역사의 끝에 하나님께서 이 땅을 새롭게 창조하실 것이라는 종말론적 비전을 예언을 통해 보여주었다. 종말론적 새 창조로서의 하나님의 완전한 구원은 '끝날에' 이루어질 것이다. 여기서 다시 상기해야 할 중요한 원리가 있다. 예언자들이 말하는 종말론적 새 창조는 결국 이 땅을 회복하는 것이지 화성이나 금성으로 공간이동을 하는 것이 아니다. 하나님의 창조는 결코 취소되지 않을 것이다.

종말론적 새 창조의 모습은 어떤 모습인가? 이사야 2장과 미가 4장을 보면, 하나님의 종말론적 새 창조는 무기가 사라지고, 전쟁연습과 전쟁이 아주 사라질 것이라는 평화를 특징으로 하고 있다. 야훼의 샬롬은 예언자들이 선포한 종말론적 하나님의 새 창조의 가장 혁혁한 특징이다. 훨씬 더 낭만적으로 묘사되고 있는 이사야 11장의 비전은 이에 대해서 훨씬 더 선명하게 보여주고 있다. "그때에 이리가 어린 양과 함께 살며 표범이 어린 염소와 함께 누우며 송아지와 어린 사자와 살진 짐승이 함께 있어 어린 아이에게 끌리며 암소와 곰이 함께 먹으며 그것들의 새끼가 함께 엎드리며 사자가 소처럼 풀을 먹을 것이며 젖 먹는 아이가 독사의 구멍에서 장난하며 젖 뗀 어린 아기가 독사의 굴에 손을 넣을 것이라. 내 거룩한 산 모든 곳에서 해됨도 없고 상함도 없을 것이니 이는 물이 바다를 덮음같이 여호와를 아는 지식이 세상에 충만할 것임이니라"(사 11:6-9).

역사의 끝에 이 땅에서 모든 저주의 결과가 제거될 것이다. 가시덤불과 엉겅퀴도 제거될 것이다. 모든 해됨도, 상함도 더 이상 없을 것이다. 열방이 우상을 버리고 하나님께 나아와 하나님만을 예배할 것이다. 하나님의 종이 이 땅에 새로운 통치자가 되어 정의로 다스릴 것이다. 이 땅은 전쟁이 그치고 야훼의 샬롬이 임할 것이다. 이러한 예언자들의 비전 중 어느 것도 지상을 떠나 천상으로 도약하는 구원에 대해서 말하고 있지 않다. 하나님의 구원은 저주받은 이 땅을 다시 에덴으로 회복하는 것이다.

예수께서 선포한 하나님나라의 복음도 이러한 흐름에서 조금도 벗어나 있지 않다. 무엇보다도 예수의 성육신 사건이 이를 잘 보여준다. 하나님이 사람이 되셨다. 하늘에서 땅으로 내려오셨다. 그분은 근본 하나님의 본체지만 자기를 비워 종의 형체를 지니셨다(빌 2:7). 예수가 전한 복음은 "자, 이제 이 땅을 떠나서 천당에 갈 준비를 하라"가 아니라 "하나님의 나라가 이 땅으로 도래하고 있으니 맞을 준비를 하라"는 것이었다(막 1:15). 예수는 제자들을 위해서 기도하실 때, "내가 비옵는 것은 그들을 세상에서 데려가시기를 위함이 아니요 다만 악에 빠지지 않게 보전하시기를 위함이니이다"(요 17:15). 하나님의 구원은 인간을 지상에서 데리고 가시는 것이 아니라, 지상의 악으로부터 해방하는 것이었다.

오순절날 성령이 강림하여 교회가 세워졌을 때, 그 사건에 대한 베드로의 해석은 주목할 만하다. 베드로는 성령의 강림 사건을 요엘의 예언(욜 2:27-28)과 연결시켰다. 그리고 베드로가 인용한 요엘의 예언은 '종말론적 새 창조의 비전'에 대한 예언이었다. 하나님께서 역사의 끝에서 이루실 땅의 회복에 대한 비전이 요엘의 예언인데, 베드로가 바로 그 예언을 당시 교회의 설립을 설명하기 위해서 인용했다. 이것은 무슨 뜻인가? 놀랍게도 베드로는 성령의 강림과 함께 교회가 세워진 사건을 바로 요엘이 예언했던 그 종말론적 새 창조가 성취된 표지라고 말하고 있는 것이다. 이 땅에 교회가 세워짐으로써 하나님의 종말론적 새 창조가 드러나기 시작했다.

부활에 대한 바울의 가르침은 감동적이다. 바울은 인간이 죽으면 영혼이 육체를 떠나 혼령들의 고향으로 돌아가는 것이라고 말하지 않았다. 그는 그리스도인을 궁극적인 몸의 부활을 기다리는 존재라고 묘사했다. 지금 우리의 몸은 썩을 몸이다. 그러나 예수 그리스도의 부활과 함께 우리가 받은 약속은 언젠가 우리가 썩을 몸에서 벗어나 영원히 썩지 않을 부활의 몸을 입을 것이라고 말한다. 바울에게 있어서 구원이란 'from 썩을 몸 to 부활의 몸'의 변화다(고전 15:51).

여기에 더욱 중요한 것이 있다. 부활은 그리스도인만 기다리는 것이 아니라는 사실이다. 온 피조계가 다 같이 부활의 때를 대망하고 있다. 지금의 인간은 죽으면 썩을 몸뚱아리를 입고 있다. 그런데 이와 똑같이 피조계도 허무한 데 굴복하고 있으며 썩어짐의 종노릇을 하고 있다. 그러나 때가 되면 그리스도인들이 먼저 부활의 몸을 입을 것이며, 그 다음 온 피조계가 썩어짐의 종노릇에서 해방되어 하나님의 자녀들이 누릴 그 영광의 자유에 이르게 될 것이다. "피조물이 고대하는 바는 하나님의 아들들이 나타나는 것이니 피조물이 허무한 데 굴복하는 것은 자기 뜻이 아니요 오직 굴복하게 하시는 이로 말미암음이라. 그 바라는 것은 피조물도 썩어짐의 종 노릇 한 데서 해방되어 하나님의 자녀들의 영광의 자유에 이르는 것이니라. 피조물이 다 이제까지 함께 탄식하며 함께 고통을 겪고 있는 것을 우리가 아느니라. 그뿐 아니라 또한 우리 곧 성령의 처음 익은 열매를 받은 우리까지도 속으로 탄식하여 양자 될 것 곧 우리 몸의 속량을 기다리느니라"(롬 8:19-23).

이레네우스의 총괄갱신론

이 모든 것이 의미하는 바가 무엇인가? 구원은 곧 종말론적 새 창조다. 역사의 끝에 하나님께서 인간과 세계를 새롭게 창조하실 것이라는 약속 말이다. 지상을 떠나 천상에 이르는 것이 우리의 소망의 내용이 아니라 우리가 부활의 몸을 다시 입을 것과 모든 피조계가 새롭게 창조되어 에덴이 다시 회복될 것이 바로 성서적인 소망의 내용이다. 이것은 내세 구원이 아니라 종말론적 구원이다. 또한 이것은 타계적 구원이 아니라 새 창조로서의 구원이다.

구원을 이러한 종말론적 새 창조로 이해하는 내용은 초대교회에도 한동안 유지되었다. 특히 평생 영지주의와 싸웠던 리용의 감독, 이레네우스는 종말론적 새 창조라는 자신의 구원관을 시종일관 유지했다. 통상 그의 구원론을 '총괄갱신론'이라고 부르는데, 이는 그가 구원을 인간을 비롯한 만물의 갱신과 회복으로 보았기 때문이다. 구원에 대한 그의 가르침의 핵심은 두 가지인데 하나는 '영혼불멸사상'이 아닌 '부활신앙'이며, 두 번째로 구원의 장소는 천상의 유성이 아니라 바로 이 땅이라는 '천년왕국사상'이다. 그는 이렇게 말했다. "우리는 미래에 새로운 생명과 육체를 가지고 이상적인 새 땅에서 살게 된다. 그곳에서 인간의 육체는 강건해지며, 여자들은 많은 아이들을 출산하게 될 것이다. 자연은 인간의 도움 없이도 수많은 열매를 풍부하게 맺고, 이로 인해서 인간은 더 이상 경작하는 수고를 하지 않아도 된다. 주님은 의로운 자들을 위해 여러 가지 맛있는 음식으로 풍성한 식탁을 차릴 것이다. 물론 이런 세상에서 적이란 있을 수 없다. 심지어 야수들도 인간에게 복종하도록 되어 있기 때문에 더 이상 인간의

적이 아니다. 그리고 그곳에서는 그 어떤 사람도 늙거나 죽는 일이 없다."**17**

이레네우스의 구원론이 표준이라는 말이 아니다. 내가 하고 싶은 말은 최소한 초대교회 3세기 동안 교회와 신자는 구원을 'from 지상 to 천상'이 아니라, 'from 저주받은 세상 to 종말론적 새 창조'로 믿었다는 것이다. 그러나 앞에서 설명했듯이 3세기가 지나면서 교회는 점점 구원을 'from 지상 to 천상'의 이동으로 생각하게 되었으며, 아우구스티누스 이후로 교회는 내세적 구원론과 타계적 구원론을 성서의 가르침이라고 확신하게 된다. 그 때문에 만일 오늘날 교회가 새로운 구원론을 정립하려 한다면 무엇보다도 먼저 영지주의적 구원론을 재점검하지 않으면 안 된다.

정의와 평화를 노래하다

기독교 구원을 'from 지상 to 천상'에서 'from 세상 to 하나님나라'로 이해하는 것이 왜 중요한가? 만일 구원을 이 땅을 떠나는 것이라고 본다면 구원받은 신자들이 이 땅에 대해서 관심을 가져야 할 하등의 이유가 사라진다. 지상의 불의와 부정의, 착취, 지배, 전쟁, 파괴, 공해 등에 대해서 그리스도인이 신경을 써야 할 이유가 무엇이겠는가? 그 때문에 구원을 지구를 떠나는 것이라고 생각하는 일부 근본주의자들은 지구가 빨리 파괴되어야 주님의 재림의 때가 가까울 줄로 알고 도리어 지구를 파괴하는 일에 동참하기도 한다.**18** 그러나 만일 구원이 지구를 떠나는 것이 아니라 이 땅의 회복이라고 본다면 이제 이 땅에서 일어나는 문제는 중요해진다. 왜냐하면 그리스도인은 종말론적 새 창조의 주인공이다. 결국 성도는 이 땅의 주인이며, 왕과 함께 세세토록 이 땅을 다스릴 통치자들이다. 그런데 이 땅이 파괴된다면 이것은 성도들에게 대단히 심각한 문제가 된다.

물론 아직 그리스도께서 재림하지 않았기 때문에 공식적으로 이 땅이 성도들의 통치권 아래 들어오지는 않았다. 우리는 기다려야 한다. 그러나 기독교 신앙은 '소망'이다. 아직 오직 않은 약속을 지금 이 순간 받아 누리는 것이 믿음이다. 따라서 우리는 바로 지금 이 땅에서 이 땅의 통치자인 양 행동해야 한다. 물론 여기에는 변증법적 긴장이 필요하다. '아직' 우리는 이 땅의 통치자가 아니다. 그러나 우리는 믿음으로 '이미' 이 땅의 통치자다.

우리는 이사야 2장과 미가 4장을 읽으며, 이 땅이 평화의 땅이 될 것을 꿈꾼다. 더불어 이사야 11장과 로마서 8장을 읽으며, 온 피조계가 신음에서 해방될 때를 그려본다. 아울러 우리는 이 땅에 평화가 임하게 하기를 위해서 사역해야 한다. 평화의 사역은 이 땅의 통치자인 신앙인의 사명이다. 또한 우리는 이사야 9장을 읽으며 우리의 주 예수 그리스도가 영원히 정의와 공의로 그 나라를 굳게 세울 것(사 9:7)을 고대하며, 그가 오셔서 불의와 약탈에 대해서 보상하실 것(사 61:8)을 소망한다. 아울러 우리는 아모스와 같이 이 땅에 "오직 정의를 물 같이, 공의를 마르지 않는 강같이 흐르게 할지어다"(암 5:24)라고 외쳐야 한다.

정의와 평화는 복음전파와 함께 우리 그리스도인이 재림의 순간까지 이 땅에서 사역해야 할 중요한 사역의 주제다. 정의와 평화는 구원받은 자가 불러야 할 찬송의 제목이기도 하다. 이는 그리스도인이 정치인이 되어야 한다는 뜻이 아니다. 그리스도인이 이 땅에 두 발을 딛고 사는 한, 이 땅에 종말론적 새 창조의 모습에서 벗어나는 것을 허용하지 않는 것이 참 신앙인의 모습이라는 뜻이다. 더불어 최소한 교회공동체 안에서는 바로 지금 여기서 정의와 평화가 온전히 이루어지도록 해야 함을 뜻한다. 이를 통해 교회는 종말론적 새 창조가 미리 실현된 공동체가 되어야 한다. 이것이 교회의 의미다. 그리고 이것이 그리스도인이 이 땅에 사는 동안 주를 위해 섬겨야 할 사역의 주제다.

'예수천당 불신지옥' 구원관을 극복하라

영지주의적 구원관과 함께 오늘날 한국 교회가 하루속히 재점검해야 할 구원론은 '예수천당-불신지옥' 구원론이다. '천당-지옥 구원론'은 워낙 잘 알려져 있어서 새삼스럽게 설명할 필요는 없을 것이다. '천당-지옥 구원론'은 여러 면에서 영지주의적 구원론과 깊은 연관을 맺고 있다. 그런데 자세히 살펴보면 영지주의 구원관과 예수천당-불신지옥 구원관은 상당히 다른 구원관이다. 영지주의 구원관은 영혼의 여행, 곧 천상에서 지상으로의 장소 이동이 주된 초점이라면, 예수천당-불신지옥 구원관은 내세에 있으리라 가정되는 지옥의 형벌을 면피하고, 지극한 기쁨의 낙원으로 들어가는 것이 주초점이다. 즉 지상이냐 천상이냐는 장소의 문제보다 고통의 장소냐 기쁨의 장소냐가 더 중요한 것이다. 어쨌거나 오늘날 교회에서 유포되고 있는 구원론은 영지주의적 구원관과 예수천당−불신지옥 구원관(이하 천당−지옥 구원관)을 뒤섞어서 만든 교리적 혼합물임을 기억할 필요가 있다.

천당−지옥 구원관은 다음과 같은 몇 가지 가정을 하고 있다.

- 모든 인간은 죽는다.
- 죽은 후 인간의 영혼은 육체를 빠져나와 천당, 아니면 지옥으로 향한다.
- 천당은 죄 없는 의인이, 지옥은 죄 있는 죄인이 들어간다.
- 인간은 원죄와 자범죄로 온통 더러워져서 지옥에 갈 수밖에 없는 운명이다.
- 구원이란 죄 용서를 받고 천당에 가는 자격을 획득하는 것이다.
- 예수 그리스도의 십자가의 죽음이 우리의 죄를 용서해주신다.
- 누구라도 그리스도의 십자가의 대속의 죽음을 믿으면 죄 용서받고 천국 간다.

이러한 구원관을 앞의 도식으로 표현한다면 'from 지옥 to 천당'이다.

천당 이야기

그렇다면 천당과 지옥은 어떤 곳인가? 나는 이 장에서 흔히 천국이라고 부르는 것을 천당이라는 말로 표현하고자 한다. 하나님나라(천국)의 장소적인 측면을 강조하기 위해서 천당이라는 말을 사용할 것이다.

천당과 지옥의 이미지는 고대 그리스인들뿐만 아니라 거의 모든 문화권에서 존재한다. 예컨대 수메르인들의 '딜문Dilmun'이라는 섬, 그리스인들의 '헤스페리데스의 정원the Garden of the Hesperides', 플라톤의 '아틀란티스Atlantis', 켈트 전설의 '아발론Avalon', 중세의 '프레스터 존의 왕국the Prester John's Kingdom', 동양의 '무릉도원'이나 '곤륜산', '극락정토' 등 동서고금을 막론하고 낙원에 대한 설화는 널려 있다. 이러한 친숙성 때문에 그리스도인들은 천당과 지옥이 당연하게 존재하며, 성서도 여기에 대해 가르친다고 생각한다. 사실 기독교적 천당과 지옥의 이미지는 역사상 가장 잘 알려진 이미지라고 할 수 있다. 그러나 과연 그것이 성서적인 것일까?

펄시 콜레의 천당 목격담[19]

내가 학창 시절에 읽고 큰 감명을 받았던 펄시 콜레Percy Collett의 《내가 본 천국I Walked in Heaven with Jesus》은 비교적 최근 많은 사람들의 잠들어 있던 상상력을 자극시켜주었던 천당 이야기 중 하나다. 이 책에는 천당에 대한 낭만적인 묘사로 가득하다. 그는 1982년 3월, 영혼이 육신을 빠져나가 5일 반 동안 천당을 상세히 보고 왔다고 주장했다. 그에 따르면 영이 육체를 빠져나와 지구를 떠나 어둠의 권세가 지배하는 사탄의 제국을 지나, 달과 태양을 지나, 목성, 화성 등 무수한 별을 지나(놀라울 정도로 영지주의 구원관과 유사하다) 거대한 불덩이의 새로이 형성되는 유성에 이르렀다고 한다. 바로 그 유성이 천당이라는 것이다.

그 천당이라는 이름의 유성에는 여러 구역이 나뉘어 있었는데, 흥미로운 것은 그 구역 중에 정화의 공간이 있다는 것이다. 이것은 가톨릭교회가 말하는 정화의 공간, 즉 연옥을 연상시킨다. 다른 천당 이야기들처럼 콜레의 목격담에 나오는 천당도 온갖 보석으로 장식되어 있으며, 수 억의 천사와 영혼들이 날아다니고, 수십, 수백 만 금수레들이 떠다닌다. 그 내용 중에 천당에 갈 성도들을 위한 맨션 이야기가 단연 흥미롭다. 하나님의 보좌를 향해서 3열로 건축 중인 연립주택단지가 있다고 그는 주장한다. 그 주택단지 주변에는 수백만 종의 꽃들이 조경이 되어 있다고 한다. 또한 유성의 중앙에는 가로와 세로, 높이가 1,600킬로미터나 되는 거대한 성전이 있다고 그는 증언(?)하고 있다. 상상력을 자극시키는 이러한 천당 목격담은 하나의 문학 장르라고 해도 과언이 아닐 정도로 굉장히 많이 만들어져왔다.

역사 속에서 만들어졌던 천당 목격담은 놀라울 정도로 다양하고, 천당에 대해서 다른 이미지로 묘사하고 있다. 지옥 이야기가 대체로 공통된 이미지를 보여주는 반면에 천당 이야기는 공통점보다는 차이점이 훨씬 많다. 이렇게 다양한 천당 이미지들의 역사를 콜린 맥다넬 Colleen McDannell과 베른하르트 랑Bernhard Lang이 《천국의 역사 *Heaven : a history*》[20]에서 상세히 보여주고 있다. 우리는 그의 연구를 통해서 천당의 모습이 역사적으로 크게 변화 혹은 진화되어왔음을 알 수 있는데 아래에 그 내용을 간략하게 소개하고자 한다.

천당의 이미지에는 어떤 것들이 있을까? 앞의 이레네우스와 같은 초기의 교부들은 천당을 이 땅의 회복이라고 보았다. 그런가 하면 그리스적 이원론에 영향을 받으면서 기독교인들은 점차 지구 밖의 천상에, 특히 최고천empyrean으로 천당을 옮기기 시작했다. 그 최고천이라는 곳은 어떤 곳인가? 디테일을 생략하면 최고천은 오직 하나님의 영광만을 바라보는 '지복의 비전beatific vision'을 누리는 곳이다. 그곳에서 구원받은 성도는 오로지 하나님만을 명상한다. 이러한 천당관은 아우구스티누스의 짧막한 신비체험에서도 발견할 수 있다.

당연한 얘기지만 이러한 천당관은 놀라울 정도로 개인주의적이다. 하기야 하나님만을 바라보는데 옆에 누가 있든 무슨 상관이 있겠는가? 이러한 천당관은 중세 여성 신비주의자에게는 다소 기이한 형태로 변형되었다. 그래서 일부 여성 신비주의자는 천당을 그리스도와 밀애를 나누는 신방처럼 다소 에로틱하게 상상하기도 했다. 그런가 하면 천당을 전원풍의 시골 동산과 같은 곳이라고 생각하는 이도 있었고, 정반대로 천당을 중세풍의 도시라고 생각하는 이들도 있었다. 성서의 이미지로 묘사하자면 전자는 천당을 에덴동산의 이미지로 상상한 것이고, 후자는 요한계시록에 나오는 새 예루살렘성의 이미지로 상상한 것이다.[21]

천당관은 성당 건축에도 반영되었다. 요한계시록의 '천상의 예배'의 본문을 읽으며 천당을 상상했던 중세인들은 중세 고딕성당을 건축할 때 천당의 이미지를 구현하기 위해서 노력했다. 그래서 눈부실 정도의 햇살을 환상적인 색채로 투영해주는 장미의 창은 고딕 성당을 지상에 임한 천당의 모형으로 생각하게 만들어주었다. 동방교회의 성당은 이러한 효과를 더욱 극대화하였다. 한편 개신교인들은 장미의 창은 없었지만 영감에 찬 설교를 통해 천상에서 드리는 장엄하고 감격스러운 예배와 찬양을 상상하기도 했다. 오직 하나님의 영광만이 충만한 그곳이 바로 천당이라는 것이다.[22]

한편 18세기 신비주의자 에마누엘 스베덴보리Emanuel Swedenborg의 천당 목격담은 역사상 가장 유명하고 영향력 있는 천당 이야기일 것이다. 스베덴보리는 천당을 하나님의 영광만 충만한 곳으로 묘사하지 않고 그곳에 온갖 아름다운 사람들과 광경들을 채워 넣었다. 스베덴보리 이후로 천당은 개인적인 명상의 공간이나 예배의 공간이라기보다는 먼저 죽은 가족과 감격적으로 재회하는 곳이라든지, 남녀 간의 순수한 사랑이 이루어지는 곳, 신도의 공동체가 회합을 가지는 곳, 서로가 서로를 위해서 봉사하고 일하는 곳 등 사회적인 공간으로, 또한 영적인 즐거움뿐만 아니라 감각적으로도 매우 즐거운 곳으로 상상되었다.[23] 필시 콜레 류의 천당관, 즉 꽃이 가득 피어 있고 보석이 박힌 천상의 테마파크 같은 천당관도 사실은 스베덴보리의 천당관의 일종이라고 할 수 있다.

하지만 20세기에 들어서면서 천당관은 큰 위기를 맞이하게 되었는데 이는 합리주의적 정신이 천당은커녕 내세 자체를 인정하지 않는 풍조를 만들어냈기 때문이다. 옛날만큼은 아니어도 여전히 적지 않은 현대인들은 천당의 존재를 믿고 있다. 그러나 강도 면에서 봤을 때 현대인의 천당에 대한 믿음은 과거 사람들이 믿었던 것에 비하면 아무것도 아니다. 오늘날 가장 신실한 사람의 내세에 대한 믿음이 중세 시대의 가장 지독한 회의주의자의 믿음보다 더 낫다고 할 수 없을 정도로 말이다. 이는 오늘날 가장 신실하게 내세를 믿는 신자조차 그의 삶의 대부분을 천당이나 지옥과는 무관한 방식으로 살기 때문이다. 우리는 천당과 지옥을 평상시에 전혀 의식하지 않고도 사는 데 아무런 지장이 없는 회의주의의 시대를 살고 있다.

지옥 이야기

천당 이야기가 보편적인 만큼 지옥 이야기도 보편적이다. 거의 모든 문화권에서 지옥에 대한 이야기와 이미지가 발전되어왔음을 알 수 있다. 그런데 흥미로운 사실은 천당에 비해서 지옥은 훨씬 더 통일된 이미지가 유지되더라는 것이다. 이는 비단 기독교 내의 이야기가 아니다. 기독교의 지옥이나 힌두교 혹은 불교의 지옥은 사실상 큰 차이가 없다. 지옥 이야기는 전체적으로 통일된 이미지를 제공할 뿐만 아니라, 또한 생생한 느낌을 전달한다. 천당 이야기가 관념적이고 추상적인 데 비해 지옥 이야기는 놀라울 정도로 생생하고 감각적이다.[24] 그러니까 천당의 이미지는 바다 건너 신대륙만큼 아스라한 것이라면, 지옥은 길 건너편 슈퍼마켓 만큼이나 가까운 것이다.

앨리스 터너Alice Turner는 《지옥의 역사 The History of Hell》에서 고대부터 오늘날에 이르기까지 지옥 관념이 어떻게 변천해왔는지를 잘 추적하고 있는데 여기서 간략하게 소개하고자 한다. 우선 알아야 할 것은 지옥이라는 관념이 구약성서에서는 거의 존재하지 않는 개념이라는 것이다. 구약성서에 나오는 '음부sheol'는 단순히 무덤으로 영원한 휴식의 장소다. 한마디로 이스라엘 민족은 지옥 관념을 발명하는 데 기여한 바가 거의 없다. 수메르 지역의 '하계the great below 설화'와 이집트인들의 《사자의 서》, 페르시아의 조로아스터교의 지옥관, 베르길리우스의《아에네이스Aeneis》의 지옥 여행 등을 통해서 인류는 서서히 지옥 관념을 발전시켜 나갔다. 예수가 탄생하기 전에 인류는 죽은 자가 심판을 받아 천당 아니면 지옥으로 갈 운명이 정해진다는 이야기를 상당히 진전시킬 수 있었다.

신약성서는 구약성서보다는 지옥 발달사에 기여한 측면이 많다. 마태복음의 종말론적 심판의 개념이나 누가복음에 나타난 '부자와 나사로의 비유', 베드로전서에 나타난 그리스도의 음부에서의 복음전파설 등은 천당 및 지옥 발달에 상당한 기여를 했다. 그러나 신약성서의 '지옥'에 대한 가르침은 극히 제한적이고 묵시적이며 비유적이다. 단언컨대 신약성서를 통해 지옥을 지리학적으로 구성하기란 거의 불가능하다.[25]

지옥의 이미지가 정교하게 발전된 시기는 중세다. 중세인들은 앞에서 언급한 대로 지옥을 암시하는 성서 본문을 수메르, 페르시아, 이집트, 그리스 신화가 제공한 지옥 이미지와 버무려 그럴듯한 이미지를 만들어냈다. 그뿐만 아니라 여기에 켈트족, 게르만족, 노르만족 등의 신화도 훌륭한 영감의 원천을 제공했다. 예컨대 흔히 '지옥'이라고 번역되는 '헬hell'은 성서의 용어가 아니다. 성서에서 지옥은 '게헨나gebenna'인데 이는 단순히 쓰레기 하치장을 의미하는 것이었다. 반면 '헬'은 노르만족의 죽음의 여신의 이름이자, 그녀가 통치하는 장소다. 그러니까 우리는 지옥에 해당하는 용어조차 성서보다는 이교 신화에 의존하고 있음을 알 수 있다.[26]

중세의 환상문학과 연극으로 보여주는 성사극mystery plays, 성당의 벽화와 조각상, 사제의 지옥설교 등은 중세인들에게 지옥을 생생하게 살아 있는 공간으로 인식시켰다. 사람의 손으로 만들어진 이미지가 거의 없던 시절, 성당의 도상이나 조각상, 벽화는 거의 유일한 이미지였다. 그리고 그러한 이미지를 통해서 중세인들은 천당과 지옥에 대한 이미지를 구성했던 것이다. 중세인들은 지옥을 불, 유황, 악취, 역겨움, 벌레, 뱀, 고통 등이 영원히 지속되는 곳이라고 믿었다.[27] 더불어 중세인들은 천당과 지옥의 간격이 너무 크다는 사실을 깨닫고는 연옥이나 림보limbo 같은 것들을 채워 넣음으로써 내세를 굉장히 복잡하게 만들었다. 중세의 지옥 이미지는 특히 단테에 의해 완성되었다고 할 수 있다. 그의 《신곡》은 지옥을 가장 입체적이고도 시각적으로 만든 가장 영향력 있는 작품이라고 할 수 있다.

16세기 종교개혁자들은 연옥과 림보 등을 비성서적 이미지라며 없애버렸다. 그러나 천당과 지옥의 관념은 남겨놓았다. 성서주의자였던 종교개혁자들도 천당과 지옥의 이미지는 성서와 잘 부합한다고 믿었던 것이다. 개신교회의 종교개혁에 맞서 가톨릭교회도 반동종교개혁을 통해서 천당과 지옥에 관한 온갖 다양한 민담과 설화들을 제거했다. 예컨대 예수회는 깔끔하게 불과 벌레만 남겨놓고 지옥의 거추장스러운 장식들을 없애버렸다. 연옥이 남아 있지만 가톨릭교회와 개신교회는 지옥에 대해서 상당히 비슷하게 설교를 할 수 있었다.

지옥 설교는 17세기 청교도나 18-19세기 대부흥 운동가들이 가장 잘했던 설교주제 중 하나였다. 17세기 크리스토퍼 러브Christopher Love와 같은 청교도 설교가나 18세기 조나단 에드워즈와 같은 부흥운동가들은 지옥불의 섬광으로 무뎌진 죄인의 양심을 놀라게 하는 데 노력을 집중했다. 부흥운동가들의 능력 있는 설교에 청중들이 울고 부르짖고

기절하며 회심했다는 기록이 있는데, 이는 사실 부흥운동가들의 생동감 넘치는 지옥 묘사에 청중들이 화들짝 놀라 일으킨 반응이라고 할 수 있다.[28]

아놀 신부의 지옥 설교[29]

역사적으로 가장 유명한 지옥 설교 중 하나는 조나단 에드워즈의 "진노하시는 하나님의 손 안에 있는 죄인"과 "죄 지은 자들이 미래에 받는 피할 수 없고 견딜 수 없는 벌" 등이다. 그런데 이러한 류의 지옥 설교는 예수회 신부들의 지옥 설교와 비슷한 면이 많았다. 제임스 조이스의 《젊은 예술가의 초상》에서도 그 대강의 내용을 만날 수 있다. 소설의 3장을 보면 주인공 스티븐 디덜러스Steven Dedalus가 예수회 출신 아놀 신부의 지옥 설교를 듣고 두려워 벌벌 떠는 장면이 나온다. 그의 설교는 영혼 구원 이외의 다른 어떤 것도 무가치하다는 선언에서 시작해서 죽음, 심판, 지옥, 천국, 이 네 가지에 대한 상세한 묘사로 이어진다. 아놀 신부가 묘사하는 지옥의 모습은 대충 이러하다.

　지옥은 자기 눈을 파먹는 벌레를 뗄 수도 없을 정도로 비좁은 곳이며, 불꽃과 연기마저 빛을 잃은 암흑의 장소요, 끔찍한 악취가 진동하는 곳이다. 약한 촛불에 손끝만 데여도 견딜 수 없이 뜨거운 법이지만 지옥은 이글거리는 유황불꽃에 온몸이 불태워지는 곳이다. 그것도 사탄과 귀신들, 가장 저주스러운 인간들과 함께 말이다. 암흑으로 눈이, 악취로 코가, 아비규환으로 귀가, 오물로 혀가, 시뻘겋게

달군 꼬챙이와 못, 불꽃으로 온몸이 고통당한다. 지옥은 이러한 육체적 고통뿐만 아니라 아버지 하나님의 존전으로부터 추방당한 상실감, 자신의 지은 죄에 대한 양심의 가책 등 영혼도 아울러 고통당하는 곳이다. 이러한 지옥의 고통은 새의 깃털 수만큼, 물고기의 비늘 수만큼, 짐승의 털 수만큼 많은 날 계속되는 영원한 저주의 장소다.

아놀 신부의 지옥 설교는 감동적이고 부드러운 회개의 권면과 초청으로 끝난다. "두려워하지 마세요. 여러분이 저지른 죄가 아무리 많고 아무리 추잡한 것이라고 해도, 여러분이 회개만 한다면 용서받을 수 있습니다. … 하나님께선 여러분을 당신 앞으로 부르고 계십니다. 여러분은 그분의 것입니다. … 하나님 앞으로 오십시오. 지금은 그분의 품에 안길 때입니다. 지금이 그 시간입니다."

아놀 신부의 선창으로 청중은 통회기도를 따라서 읊조린다. "천주여, 나는 많은 죄를 지었나이다. 주의 지극한 사랑과 은혜를 배반하였사오니 그 죄를 진심으로 뉘우치고 사하심을 비나이다. 이제 마음을 잡아 속죄하며 주를 사랑하여 다시는 배반하지 않도록 굳게 결심하오니 주의 은총으로 도우소서."[30]

두려움과 양심의 가책에 사로잡힌 주인공 디딜러스는 결국 고해실을 찾아 창녀와 섹스하여 동정을 잃어버린 죄를 고해하게 된다.

옛부터 지옥 이야기가 천당 이야기보다 훨씬 더 인기가 있었던 것은 다음 몇 가지 이유 때문이다. 첫째는 지상에서의 피해의식에 대한 보상심리 때문이고, 둘째는 일종의 포르노그라피 같은 오락적 상상을 마음껏 펼칠 수 있기 때문이고, 셋째는 지옥에 대한 두려움이 종교

적·윤리적 교정을 쉽게 할 수 있기 때문이다.[31] 교회 편에서도 지옥 설교는 신도들을 통제하기가 훨씬 효과적인 수단이라는 점에서 애용했다. 중세교회는 지옥 설교와 함께 연옥 설교를 통해서도 원하는 것을 얻을 수 있었다. 특히 면죄부 판매 전문가 테첼이 신도들의 돈을 효과적으로 긁어모을 수 있었던 수단도 연옥 설교였음을 기억하는 것이 중요하다.

18-19세기 복음주의자들에게 지옥 설교는 청중에게 효과적으로 회심 시킬 수 있는 수단이라고 여겨졌다. 이들 복음주의자들의 설교의 단골 주제는 죄, 심판, 지옥 등이었는데 특별히 뛰어난 설교가일수록 지옥에 대한 묘사가 탁월했다. 많은 복음주의자들은 광대한 하나님의 영광에 대한 극적인 묘사만큼이나 빈번하게 섬뜩하고 실제적인 지옥불의 묘사로 청중을 두려워 떨게 만들고, 그들을 회개하도록 만들었다. 어찌 보면 지옥 설교는 일종의 공포 마케팅 수법이었다. 이러한 지옥 설교가 복음전도에 적지 않은 효과를 낳은 것은 사실이지만 불행히도 지옥 설교는 복음을 왜곡시킨 측면도 없지 않다.

왜냐하면 복음을 일차적으로는 지옥의 무서운 형벌을 면하는 것이라고 생각하게 만든 것이다. 지옥 면피에 비해서 천당에서의 보상은 상대적으로 적게 느껴졌다. 하지만 이러한 식의 구원론은 신약성서가 지지하는 구원론이 아니다. 마태복음 13장에 나오는 천국을 찾는 구도자들은 지옥에 들어가기가 무서워 지옥을 탈출하고자 했던 이들이 아니라 천국에 대한 매력 때문에 재산을 전부 팔아 천국에 들어가기를 힘쓰는 자들이다.

20세기에 들어서자 오늘날 현대인들은 천당과 함께 더 이상 지옥도 믿지 않게 되었다. 내세에 대한 믿음은 총체적인 위기를 맞고 있다. 과거에도 천당과 지옥 이야기를 멸시하는 회의주의자들이 없었던 것은 아니지만, 오늘날과 같이 이렇게 의심이 보편화된 적은 한 번도 없었다. 중세 때는 아무리 불한당이라 하더라도 자신의 영혼이 지옥에 떨어질지 모른다는 공포는 매우 실제적인 것이었다. 그러나 오늘날 아무리 신실한 그리스도인이라 하더라도 중세 시대 불한당만큼이라도 지옥불의 온도를 체감할 수 있는 사람은 드물다. 이러한 회의주의 덕에 공포 마케팅으로서의 지옥 설교가 제대로 작동하지 않게 되었다. 현대 복음주의의 위기 중 하나가 바로 천당과 지옥에 대한 믿음의 상실이라고 할 수 있다. 그리고 이러한 상황이 새로운 구원론의 정립이 시급하게 필요한 이유이기도 하다.

성서적 가르침

용어정리

1. 천당 天堂

'하늘에 있는 집'이라는 뜻이다. 하나님나라(천국)의 장소적 측면을 극단적으로 강조하고 있는 용어다. 하나님나라가 실제로 존재한다면 반드시 장소적인 측면도 있을 것이다. "내 아버지 집에 거할 곳이 많도다"(요 14:2)라는 주님의 말씀에서도 우리는 하나님나라의 장소적 측면을 생각해볼 수 있다. 그런데 이러한 천당이라는 용어는 성서적이기보다는 모든 문화권에서 존재하는 낙원의 이미지의 영향을 더 많이 받았다고 할 수 있다. 오늘날 적지 않은 그리스도인들은 천당을 하늘 위에 둥실 떠 있는 놀이동산처럼 생각한다. 많은 그리스도인이 천국과 천당이 사실상 동의어라고 생각한다. 하지만 성서에는 천당이라는 말이 단 한 번도 나오지 않는다. 천당은 비성서적 용어다. 천국이 맞는 말이다. 그리고 천국은 하나님나라와 동의어다.

2. 천국天國

'하늘나라'라는 뜻인데, 개역개정판 신약성서에서는 천국이 총 38회가 나온다. 전통적으로 천국은 천당과 동의어처럼 여겨졌으나 둘은 완전히 다른 개념이다. 천국을 천당과 동의어로 생각하는 사람은 신약성서에 나오는 천국을 잘못 해석한 것이다. 신약성서에는 천국이 'the kingdom of heaven'이다. 소유격 'of'에 주목하라. 그러나 천국을 천당으로 오해한 사람은 of를 in으로 바꾸어버린다. 그래서 천국을 '하늘에 있는 나라 the kingdom in heaven'로 이해한 것이다. 그러다보니 천국을 마치 저 하늘 위에 있는 나라인 것처럼 생각한다.

그러나 천국은 '하늘의 나라the kingdom of heaven'이다. 나라는 나라인데 누구의 나라냐면 하늘의 나라라는 것이다. 하늘이 소유한 나라다. 이것은 무슨 뜻인가? 여기서 하늘은 '하나님'을 대신 사용하는 대명사다. 그래서 천국(하늘나라)은 '하나님의 나라the kingdom of God'와 동의어다.

천국 = 하늘나라 = 하나님나라

오랫동안 천국을 천당과 동의어처럼 생각했으나 천국은 천당이 아니다. 혼동을 피하기 위해서 앞으로 천국이라는 말보다는 하나님 나라라는 말을 쓰도록 하겠다.

3. 하늘 heaven

여기서 하늘은 sky가 아니라 heaven, 즉 하나님의 보좌가 있는 곳을 뜻한다. 전통적으로 하늘은 천국 혹은 천당과 동의어로 사용되었다. 그리고 오랫동안 하늘은 'from 지상 to 천상'의 이동이라는 구원관과 잘 조화가 되는 용어로 인식되었다. 그리스인들이 최고천이라고 생각하는 곳과 성서가 말하는 하늘을 동의어인 양 여긴 것이다. 그러나 그리스인들이 생각한 천상과 성서의 하늘은 큰 차이가 있다. 그리스인들이 생각하는 천상은 영혼불멸과 관련이 깊다. 그것은 비물질적이고, 정신적인 이데아의 세계다. 그러나 성서가 하늘이라고 했을 때, 이는 무엇보다도 하나님의 보좌가 놓여 있는 곳을 말한다.

사실 성서의 하늘 개념을 이해하기란 쉽지 않다. 이에 대해서는 최근에 주목받는 신학자 톰 라이트의 개념을 따르고자 한다. 그에 따르면 하늘은 '땅의 통제소'다. 하늘은 하나님께서 땅을 통치하시는 곳을 말한다.[32]

그런데 주목할 것은 그가 하늘을 땅과 분리된 곳이라고 여기지 않는다는 것이다. 맨 처음 에덴에서 하늘과 땅은 완전히 결합되어 있었다. 그래서 에덴은 하나님의 통치가 하늘에서와 같이 땅에서도 온전히 이루어지고 있었다. 그러나 인간의 반역으로 하늘과 땅은 분리된다. 이것이 지금의 상황이다. 땅과 하늘은 견우와 직녀처럼 멀어졌다. 이로써 하나님의 통치가 하늘에서는 온전히 이루어지지만 땅에서는 잘 이루어지지 못하게 되었다. 그러나 이 분리는 본질적인 것이 아니라 임시적인 것이다. 타락한 상태일지라도 하늘과 땅은 수시로 교차하고 다시 만난다. 어느 때라도 하늘은 땅을 뚫고 내려올 수 있다. 예컨대 벧엘에서 야곱의 머리맡으로 사닥다리가 내려왔을 때 하늘은 땅과 만났다. 또 속죄소가 놓여 있었던 성막과 성전의 지성소는 땅 속에 들어온 하늘이다. 같은 이유로 동방교회는 성당 내 제단 주위를 하늘로, 나머지 영역을 땅으로 여긴다.[33] 그리스도인의 소망은 마지막 때가 되면 하늘이 내려와서(상징적인 의미로) 땅과 다시 결합하게 된다는 것인데, 그때가 되면 하나님의 통치가 땅에 효과적으로 이루어지게 될 것이며, 에덴이 회복될 것이다. 그래서 우리는 이 땅에 있으면서 "아버지의 뜻이 하늘에서와 같이 땅에서도 이루어지게 하소서"라고 기도해야 한다.

4. 낙원 樂園

낙원은 '파라다이스' 즉 이상적인 삶의 공간을 뜻한다. 신약성서에서 낙원은 3회 등장하는데 한번은 예수께서 십자가에 달린 회개한 강도에게 "오늘 네가 나와 함께 낙원에 있으리라"(눅 23:43)고 약속할 때 등장했고, 두 번째는 바울이 환상 중에 이끌려 올라갔다가 내려왔다고 간증하는 삼층천을 지칭할 때 썼던 말이며(고후 12:4), 세 번째는 예수 그리스도께서 에베소 교회 교인들에게 끝까지 승리하면 하나님의 낙원에 있는 생명나무 열매를 주시겠다는 약속에서 나타난다(계

2:7). 낙원이라는 표현은 참 많은 논쟁과 신학적 상상이 일어나는 원천인데, 이에 대해서는 뭐라고 단정적으로 설명하기가 쉽지 않다. 아마도 낙원은 하나님의 보좌가 좌정해 있는 하늘과 겹치는 개념이 아닌가 싶다. 그러나 낙원이 주로 지칭하는 것은 그리스도인이 죽은 뒤 부활의 때까지 기다리는 상태요, 그 기간 동안 누리는 '복된 안식'의 상태가 아닌가 싶다.[34]

5. 하나님나라

정말로 중요한 개념은 바로 하나님나라다. 하나님의 나라는 구약에는 희미하게만 나타나는 개념이지만 신약에서는 가장 빈번하게 나타나는 개념 중 하나다. 마태복음을 제외한 다른 공관복음서는 대체로 천국(하늘나라)보다는 하나님나라라는 말을 썼는데, 이는 마태가 '하나님'의 이름을 함부로 부르기 꺼려하는 유대인들을 위해서 자신의 복음서를 쓰면서 '하나님' 대신 '하늘'이라는 대명사를 썼다는 것이 일반적인 학자들의 의견이다.[35]

앞서 언급했듯이 '천국=하늘나라=하나님나라'라는 등식이 성립된다. 그렇다면 이 셋이 함께 가리키는 것은 무엇인가? 여기서는 하나님나라의 핵심만 언급하기로 한다. 오늘날 대부분의 하나님나라 신학자들은 하나님나라의 핵심을 장소가 아니라 '하나님의 통치(바실레이아)', 즉 통치권으로 보는 데 대체로 동의한다. 즉 하나님이 통치하시는 영역이 바로 하나님나라인 것이다. 하나님의 통치가 하나님의 나라인데, 예수가 그 통치권을 받아서 이 땅에 오셨다. 예수가 하나님의 통치권을 발휘하는 주체며, 그가 바로 나라다. 구원이란 예수에 의해 나타난 하나님의 통치 아래로 들어가는 것이다. 이것을 초대교회 성도들은 "예수는 주"라는 원초적 신앙고백 속에 표현해냈다.

6. 지옥 地獄

지옥은 '땅 속에 있는 감옥'이라는 뜻인데, 개인적으로나 보편적으로 심판을 받아 천국에 들어가지 못한 죄인들이 형벌을 받는 장소로 여겨진다. 그런데 이 지옥이라는 개념도 의외로 복잡하다. 일단 구약성서에는 지옥이라는 말이 없고, 대신 '음부'라는 말만 있다. 구약성서에서 음부는 단순히 무덤을 가리키는 말로, 죽은 후 몸과 영혼이 쉬는 곳이라는 뜻이다. 사멸과 멸절의 장소 혹은 상태를 나타내기 때문에 무가치와 허무의 장소를 의미한다.

신약성서에서 지옥에 해당하는 헬라어 원어는 거의 대부분 '게헨나'이다. 게헨나는 히브리어 게힌놈을 헬라어로 음차한 단어인데, 게힌놈은 '힌놈의 골짜기'라는 뜻으로 이곳은 예루살렘 인근에 있는 실제 쓰레기 소각장의 이름이다. 우리나라로 치면 예전 난지도 같은 곳이라고나 할까. 힌놈의 골짜기는 더럽고 혐오스러운 곳의 대명사로, 24시간 쓰레기 소각을 위해 불이 피워졌다고 한다. 예수께서 "지옥에 던진다"고 하셨을 때 이는 "쓰레기 소각장에 던진다"고 말씀하신 것이다.[36]

하지만 여기에는 상징적 의미가 추가되어 있었다. 힌놈의 골짜기는 히스기야의 아버지 아하스 왕과 히스기야의 아들 므낫세 왕이 이방 풍습을 본받아 자녀를 불태워 인신제사를 드린 곳(대하 28:3; 33:6)

이기도 하다. 이 때문에 하나님의 극도의 분노를 샀던 곳이 바로 힌놈의 골짜기다. 따라서 게헨나는 하나님의 진노를 사는 곳, 종말론적 심판의 장소, 저주의 장소라는 뜻이 덧붙여지게 되었다. 분명한 것은 복음서에 주로 나타난 지옥이라는 말은 고통의 장소라기보다는 심판의 장소라고 해야 한다. 그런데 이러한 게헨나에 타르타로스, 하데스*hades*, 헬과 같은 이교적 용어가 덧붙여지며 과도하게 신화적인 이미지가 더해졌다.

7. 무저갱無低坑

히브리어로는 아바돈*Abbadon*, 헬라어로는 아볼루온*Appollyon*이라고 한다(계 9:11). 바닥이 없는 심연의 갱도 혹은 계곡이라는 뜻으로 계시록에서는 무저갱을 사탄을 가두는 임시 감옥으로 나온다. 하나님께서 용, 곧 옛 뱀, 곧 사탄을 천 년 동안 가두어둘 때 사용한 감옥이 바로 무저갱이다. 무저갱은 하나님께서 마귀와 사탄을 능히 제어하며, 원할 때 그를 가두기도 하고, 또 풀어주기도 하시는 하나님의 경찰능력을 상징한다. 무저갱은 일종의 교도소나 구치소에 해당한다.

8. 불못

요한계시록에만 2-3번 나오는데, 불못은 하나님의 최후의 심판과 관련이 있는 용어다. 무저갱이 하나님께서 사탄과 마귀의 권세를 당신의 주권으로 제어하기 위해서 사용하시는 일종의 구치소 같은 곳인 반면에 불못은 완전한 제거와 분리, 소멸과 관련이 있다. 전통적으로 지옥(게헨나)과 불못은 동의어로 여겨지지만, 묵시적인 표현인지라 함부로 이를 특정하기란 어렵다. 중요한 것은 요한계시록에서 불못이 사용되는 맥락을 보면 이 땅을 불법적으로 통치하는 악한 정사와 권세가 이 땅에서 흔적도 없이 완전히 제거된다는 의미로 읽을 수 있다. 즉 불못은 일차적으로 사탄과 그 무리들을 하나님의 창조세계에서 완전히 제거해내시기 위한 장치다. 더불어 불못은 죽음을 비롯해서 모든 저주의 결과가 소멸되는 곳이다. 그리고 또 끝내 회개치 않고 사탄의 통치를 따르는 모든 추종자들도 함께 이 지상에서 분리되어 들어가게 될 곳이기도 하다. 일부 신학자는 이 불못이 '존재의 소멸의 장소'라고 말하기도 하고, 전통적인 의미로 '영벌을 받는 장소'라고 보기도 하지만, 신약성서는 그러한 주제넘은 추론을 하기에 부족한 정보를 제공하고 있는 듯하다.

성서 속에서 불못이 지니는 중요한 의미는 땅의 회복에 대한 약속이다. 이 땅을 불법적으로 점령하고 통치하는 모든 악한 권세와 정사, 악의 우두머리인 마귀(사탄)를 따르는 졸개와 추종자들, 저주의 징후들이 이 땅에서 완전히 제거됨으로써 땅이 에덴으로 다시 회복된다는 약속으로 읽어야 한다는 말이다. 즉 중요한 것은 이 땅에서 반역의 세력이 영원히 제거된다는 약속이며, 악이 제거된 "새 하늘과 새 땅"이 오리라는 약속이다(계 21:1). 그때가 되면 하늘이 땅으로 내려와 땅과 결혼한다(계 21:2). 그리고 이 땅은 하나님의 통치가 완전히 이루어지는 곳이 될 것이다.

하나님나라 신학에 기초한 복음의 재해석

앞서 정리한 용어에 유의하여 성서가 가르치는 하나님나라와 지옥에 대한 생각을 정리해보자. 예수를 믿고 천국에 들어간다는 것이 복음의 대요다. 그런데 전통적으로 영지주의의 영향을 받은 교회는 천국을 천당(공중, 구름, 천상 등)이라고 오해해왔다. 그래서 예수를 믿으면 죽은 뒤 영혼이 지구를 떠나 천상에 있는 신비한 곳으로 이동한다고 믿었던 것이다. 하지만 성서는 천국을 천당이 아니라 하나님나라라고 가르쳐준다. 그렇다면 복음은 예수를 믿어 하나님나라에 들어가는 것으로 이해하는 것이 옳다. 여기서 문제는 이것이다. 예수를 믿고 하나님나라에 들어간다는 것은 정확히 무엇을 말하는 것이며, 이것이 예수 믿고 천당에 들어간다는 전통적인 복음을 이해하는 것과 무슨 차이가 있을까?

앞서 언급했듯이 하나님나라는 장소보다는 통치의 개념이 훨씬 강하다. 통치라는 의미는 결국 정치적 용어다. 전통적인 복음이 탈정치적 복음이었다면, 하나님나라의 복음은 정치적 복음일 수밖에 없다. 그렇다고 오해하지 않았으면 좋겠다. 그리스도인이 정당정치를 해야 한다는 말은 아니다. 여기서 말하는 정치는 존 하워드 요더John Howard Yoder가 말하는 '예수의 정치학Jesus' Politics'과 비슷한 의미이다.[37] 하나님나라는 하나님이 이 땅을 통치하신다는 선언이다. 이러한 선언이 어떻게 탈정치적이거나 비정치적일 수 있겠는가!

이 세상을 창조하신 하나님은 당연히 온 땅의 왕(우리 식으로 얘기하면 대통령)[38]이다. 하나님은 에덴이라는 동산을 창설하고 그곳에 당신을 대신해서 통치할 왕을 세우셨다. 바로 인간이었다. 이제 인간은 에덴의 왕이 되었다. 그리고 에덴은 하나님께서 당신의 통치권을 주셔서 인간으로 하여금 대리청정하게 하신 신정국가였다. 하지만 아담은 대리청정에 만족하지 못했다. 그는 스스로 왕의 보좌에 앉기 원해서 쿠데타를 일으켰다. 이에 하나님은 인간을 에덴 밖으로 내치고 이 땅을 멋대로 다스리도록 잠시 허용하셨다.

아담의 반역으로 이 땅에는 새로운 통치질서가 생겨났다. 이 반역의 질서는 바벨탑을 통해 형상화된다. 반역의 정치 질서는 바로 제국의 질서였다. 제국의 질서는 왕이나 황제 1인을 위해 만인이 복종하는 지배 구조다. 그러나 알고 보면 왕이나 황제도 사실은 공중 권세 잡은 자로부터 권세를 받은 자일 뿐이다. 이 세상의 보이지 않는 진짜 왕은 공중 권세 잡은 자, 곧 사탄이다. 사탄은 불법적으로 하나님의 통치권을 빼앗고 이 세상의 왕 노릇을 해왔다.

그런데 이때 진짜 왕이 나타나셨다. 그는 하나님께로부터 통치권을 직접 받아 오신 왕손의 적통嫡統이다. 그가 이 땅에 오셔서 사탄에게서 통치권을 되찾고 다시 하나님의 나라를 이 땅에 세우려고 하신다. 그는 사탄의 백성 노릇을 하는 사람들을 자신이 세울 나라로 초대하셨다. "하나님의 나라가 가까이 왔으니 회개하고 복음을 믿으라"(막 1:15). 이것이 신약성서가 가르치는 복음이다.

예수는 새 왕이다. 그는 진짜 주군이다. 그는 하나님 아버지로부터 바실레이아(통치권)를 넘겨 받았다. 그리고 우리를, 이 세상을 통치하신다. "예수는 주"시다. 예수가 이 땅에 오셔서 가르치고, 치유 사역을 시작하셨을 때 하나님의 나라는 벌써 이 땅에 도래하기 시작했다. 예수께서 성령의 능력을 힘입어 메시아 사역을 행할 때, 즉 소경이 눈을 뜨고, 앉은뱅이가 걸으며, 죽은 자가 살아나고, 귀신이 축출당하고, 가난한 자들에게 하나님나라의 복음이 전해질 때, 구약에서 예언한 메시아가 임한 것이며, 하나님의 나라가 이 땅에 임하기 시작한 것이다(마 12:28; 눅 11:20). 이렇게 볼 때 구원은 'from 세상 to 하나님의 나라'의 이동이다. 이는 다시 'from 공중 권세 잡은 자의 통치 to 그리스도의 통치'의 이동이다. 구약적인 용어로는 'from 바벨탑 to 에덴'의 귀환이다.

이것이 예수가 선포한 '회개'다!

악의 정복

공중 권세 잡은 자, 사탄은 무엇을, 아니 누구를 말하는가? 그런 신화적인 용어가 현대인이 처한 상황을 설명하는 데 무슨 도움이 되겠는가? 그렇다. 도움이 된다! 공중 권세 잡은 자의 통치란 사탄적 통치질서를 말하는데, 그것은 바로 지금 이 순간 우리가 사는 세상에 실재하는 악惡을 말한다. 복음은 죽은 뒤 있을지 없을지도 확실히 모를 지옥을 면피할 수 있다는 소식이 아니라, 지금 이 세상을 왜곡시키고 일그러뜨리고 더럽히는 악의 정복에 대한 약속이다. 다시 말하거니와 내세의 지옥이 문제가 아니라 현세의 악이 문제다! 그래서 구원은 'from 내세의 지옥 to 내세의 천당'으로 이동하는 것이 아니라 'from 현세의 악한 이 땅 to 이 땅에 임한 하나님의 통치'의 이동이다. 지금 횡행하는 악! 이것으로부터의 엑소더스가 구원이다.

최근 악의 문제는 학문적 주제로 부상하고 있다. 모더니즘이 범람하면서 악이라는 용어는 지나치게 신화적이고 가치 편향적이라는 이유로 폐기되었다. 악이라는 말은 그 자체로 종교적이고 윤리적인 의미를 함축하고 있어서, 인간에 대해서나 사회에 대해서 과학적으로 설명하기에는 부적합한 것처럼 보였던 것이다. 그러나 아우슈비츠 이후 많은 사람들은 악의 실재에 대해서 진지하게 생각하기 시작했다. 신자유주의 체제 속의 무자비한 무한경쟁, 9.11 테러, 다국적 기업의 횡포, 아프리카에서의 인종청소 등 우리가 살아가는 현실 속에서 악은 생생하게 살아 있는 삶의 문제다.

스캇 펙이 쓴 《거짓의 사람들》의 부제는 '악의 심리학'이다. 이 책에서 그는 개인이나 전체 사회를 사로잡은 악의 힘과 세력이 실재하고 있다고 주장하며, 악은 심리학적·사회학적·과학적 차원에서 다루어야 할 문제라고 주장했다.[39] 이와 비슷하게 월터 윙크Walter Wink는 그의 사탄 시리즈를 통해서 현대 사회를 사탄의 체제라고 규정하고 이를 분석하고 있다.[40] 이처럼 사람들이 악의 문제에 관심을 가지고 있는 현상에 대해 톰 라이트는 "악은 서구 세계에 새로운 방식으로 돌아온 것" 같다고 말했다.[41]

복음은 바로 이 악의 정복에 대한 약속이며, 악으로부터의 해방에 대한 약속이다. 그리고 이것은 처음부터 성서의 주제였다. 창세기 3장부터 11장까지 나타나 있는 세 가지 중요한 사건들, 선악과를 따먹은 인간의 범죄, 노아 시절의 만연한 악, 바벨탑 건설을 통해 드러난 반역의 절정을 관통하며 지나가는 주제는 모두 악이다. 12장에 등장하는 아브라함의 소명 사건은 결국 악으로부터 자기 백성을 불러내시는 하나님의 구원의 역사인 것이다.[42] 출애굽 사건도 마찬가지다. 여기서 하나님의 구원은 파라오의 악한 통치로부터 히브리 노예들을 해방시키신 것이다. 또한 예수 그리스도는 질병, 정신착란, 억압, 장애, 소외, 죄책감과 같이 사탄의 악한 통치로부터 고통 받는 이들을 불러내어 고

치고 회복시킨 것이다.

그러니까 복음은 결국 악으로부터의 해방의 약속이다. 복음서는 예수 그리스도께서 십자가에서 악을 십자가에 못 박고 승리하셨다고 선포한다. 바야흐로 이 땅의 악을 정복하고 제거하실 하나님의 승리가 개시되었다고 선언한다. 그러한 악의 정복은 종말론적 새 창조인 교회 안에 나타났으며, 장차 역사의 끝에 악은 하나님에 의해서 완전히 정복될 것이라고 약속한다. 악은 불못에 던져질 것이다. 그리하여 새 하늘과 새 땅에는 '바다(반역의 질서)'가 없다고 말한다(계 21:1). 복음은 악이 제거된 세상이 올 것이라는 약속이며, 그 약속이 벌써 실현되고 있다는 것이다. 그 때문에 복음은 지옥면피가 아니라 악으로부터의 해방이다. 그리고 하나님의 구원하고, 치유하고, 회복하는 정의가 이 땅에 실현되리라는 약속이다.[43] 구원은 'from 악 to 정의'의 이동이다.

십자가

악으로부터의 회복이라는 관점으로 성서를 읽을 때, 예수 그리스도의 십자가 사건은 새로운 의미를 얻는다. 전통적으로 예수 그리스도의 십자가 사건은 인간이 지은 죗값을 대신 지불하신다는 대속설의 관점으로 이해되었다. 그러나 십자가 사건은 단일한 관점으로 해석하기에는 너무나 심오하고 광대한 의미를 가지고 있는 사건이다. 최근 주목받고 있는 프랑스의 지성, 르네 지라르Rene Girard는 예수 그리스도의 십자가 사건을 폭력에 대한 하나님의 승리라는 관점으로 보아야 한다고 제안했다. 인류 문명 속에서 폭력의 권세는 늘 희생양을 찾고, 그 희생양을 죽임으로써 자신의 폭력적 지배를 유지하고, 희생당한 희생양을 숭배함으로써 자신의 폭력을 은폐해왔다고 말했다. 그런데 예수 그리스도는 스스로 희생양이 되심으로써 폭력의 본질을 폭로했다고 말했다.[44] 즉 예수 그리스도의 십자가는 폭력이라는 악에 대한 하나님의 승리였다는 것이다.

이와 비슷하게 톰 라이트도 예수의 십자가 사건은 악을 정복하시는 하나님의 승리라는 관점으로 이해되어야 한다고 말한다. 십자가에 달리신 예수 그리스도는 모든 악이 집결된 곳이다. 바리새인과 사두개인의 연합(종교적 권세), 빌라도의 법정(카이사르와 로마제국, 곧 국가적·법적 권세), 유대군과 로마군(폭력의 권세), 은 30냥(경제적 권세), 무리의 함성(대중의 권세) 등이 예수 그리스도라는 한 지점으로 집결했다. 악의 권세는 결국 하나님의 아들을 못박아 죽임으로써 그 정체가 폭로된다. 그것은 이 땅의 정당한 통치권을 주장하지만 본질은 불법적이며, 악한 통치임이 만천하에 공포되었다.[45] 이러한 예수 그리스도의 승리에 대해서 바울은 이렇게 쓰고 있다. "하나님께서는 우리에게 불리한 조문들이 들어 있는 빚문서를 지워버리시고, 그것을 십자가에 못 박으셔서, 우리 가운데서 제거해버리셨습니다. 그리고 모든 통치자들과 권력자들의 무장을 해제시키시고, 그들을 그리스도의 개선 행진에 포로로 내세우셔서, 뭇 사람의 구경거리로 삼으셨습니다"(골 2:14-15, 새번역).

통치권자에게 있어서 통치의 수단보다 더 중요한 것이 있다. 그건 바로 정통성이다. 정통성이 없는 통치권은 결코 오래 갈 수 없다. 그동안 제국적 질서는 자신의 통치질서가 당연하고, 합당하다는 사회적·역사적·신학적 합의를 얻어왔다. 모든 왕정 이데올로기는 결국 제국적 질서를 정당화하는 장치다. 그러나 그러한 제국적 질서는 십자가

상에서 가장 불법적인 질서임이 만천하에 폭로되었다. 아무 죄도 없는 예수를 유죄로 몰아 사형시킨 사건은 그 자체로 사법 살인이다. 예수는 부활하심으로써 자신이 하나님의 아들이심을 드러내셨다. 제국의 질서가 사법 살인을 자행한 대상이 하나님의 아들이었다는 사실이 드러난 것이다. 이로써 제국적 질서의 정통성은 뿌리째 뽑히고 말았다. 더구나 예수의 부활은 제국적 질서가 가지고 있는 최고의 통치 수단인 생사여탈권을 무력화시킨 것이다. 이로써 예수는 이 땅의 모든 권세들을 이기셨다. 이것이 골로새서 2장에서 바울이 말하고자 했던 것이다.

지옥

복음은 악으로부터의 해방이며, 하나님의 정의의 실현에 대한 약속이다. 바로 이 지점에서 신약성서가 지옥을 말하는 이유를 알 수 있다. 지옥은 악의 정복에 대한 약속과 긴밀하게 연결되어 있다. 악은 본래 이 세상에 없던 것이다. 그것은 어느 순간 밖에서 안으로 들어왔다. 이 세상은 본래 하나님께서 창조하신 정의롭고 평화로운 하나님의 피조 세계였는데, 인간의 반역과 함께 악이 새롭게 생겨나게 된 것이다. 이후 하나님께서는 이 세상에 대한 악의 통치를 잠시 허용하셨다. 그래서 이 세상은 공중 권세 잡은 자가 통치하고 있다. 이 세상에 만연해 있는 악은 이 세상의 본질적인 모습이 아니라, 공중 권세 잡은 자의 통치로 말미암아 생겨난 것이다. 복음은 하나님께서 아들을 보내어 공중 권세 잡은 자의 손아귀에서 통치권을 다시 되찾아 오셨으며, 머지않아 공중 권세 잡은 자는 이 세상에서 완전히 추방될 것이라고 약속한다. 그리고 그와 함께 악도 완전히 제거될 것이라고 약속한다.

예수의 메시아적 사역과 가르침, 십자가의 죽음과 부활을 통해 하나님의 나라는 개시되었다. 하지만 아직 공중 권세 잡은 자의 위세는 대단하다. 그러나 조만간 공중 권세 잡은 자와 그의 악한 통치가 이 세상에서 영원히 추방될 것이며, 이 세상은 에덴으로 회복될 것이다. 그렇다면 공중 권세 잡은 자와 그의 악한 통치는 어디로 가는가? 바로 여기서 지옥의 역할이 등장한다.

지옥이 어떤 장소인지 성서의 본문만으로는 알 수 없다. 다만 성서는 하나님께서 역사의 끝에 이 세상을 심판하실 것인데, 이 심판의 궁극적인 목적은 이 세상에서 악을 제거하고 당신의 정의를 실현하시기 위함이다. 이 최후의 심판에 공중 권세 잡은 자와 악은 이 세상에서 분리되어 지옥에 던져질 것이다. 양과 염소의 분리에 대한 복음서의 가르침은 결국 이 땅에서 악을 분리해내시리라는 약속이다. 이때 끝내 공중 권세 잡은 자는 물론이고, 그를 추종한 인간들도 아울러 지옥에 던져질 것이라고 성서는 경고하고 있다. 악인들은 회복될 이 땅을 기업으로 받지 못하고, 바깥 어두운 곳으로 분리될 것이다.

여기서 초점은 바깥 어두운 곳이 어디에 있으며 그곳은 어떻게 생겼느냐가 아니다. 초점은 이 땅이 악과 악인들로부터 해방되고 회복되리라는 것이다. 이 땅의 회복을 위해서 불가불 심판, 곧 선과 악의 분리, 그리고 제거가 필요하다. 지옥은 그 제거된 악과 악인이 가게 될 장소다. 이것이 성서가 말하는 지옥의 의미다. 따라서 우리가 할 일은 지옥의 장소가 어디인지, 지리학적 묘사를 어떻게 할 것인지, 그 상태가 어떤지를 궁금해하는 것이 아니라, 회복될 이 땅, 곧 하나님나라를 상상하고 그 나라에 참여하기를 힘쓰는 것이다. 회복될 이 땅의 모습은 여러 언어로 묘사될 수 있을 것이지만 가장 대표적인 두 표현은 정의와 평화다. 우리는 이 땅이 정의와 평화로 다스려지게 될 것을 상상하며, 지금 정의와 평화가 이 땅에 임하기를 위해서 기도해야 한다. "아버지의 나라가 오게 하시며, 아버지의 뜻이 하늘에서와 같이 땅에서도 이루어지게 하소서."

구원론의 교회론적 차원을 회복하라

개신교회의 교회론적 후퇴

종교개혁은 신학적으로 무엇보다 구원론을 개혁하는 데 큰 기여를 했다. 그러나 상대적으로 교회론에 대해서는 약점이 많다. 그 때문에 가톨릭교회가 개신교회를 비판하는 중요한 근거가 바로 교회론이었다. 즉 가톨릭교회는 개신교회가 교회를 분열시키고, 파괴하는 교회의 적이라는 식으로 비난했다. 이러한 비난은 개신교인들에게는 뼈아픈 것이었다. 이에 개신교회의 교회론적 대응은 지상의 교회를 약화시키고 천상의 교회를 강화시키는 전략을 취하는 것이었다. 즉 지상의 교회의 불완전성을 더욱 부각시켜서 가톨릭교회의 비판을 차단하고, 교회에 대한 모든 고귀한 약속을 천상의 교회에 던져버림으로써 교회론적 딜레마를 해결하려고 했던 것이다.

또 한 가지는 이신칭의라는 구원론적 원리가 논리적으로 교회론과 잘 안 맞는 면이 있다는 것이다. 이유는 간단하다. 구원은 개인이 믿을 때 즉시 그에게 주어진다. 칭의는 침례나 성찬, 교회의 소속과 친교,

활동 등과는 무관하다. 교회는 믿음으로 이미 구원받는 개인이 사후에 모여 있는 모임일 뿐, 교회 자체는 개인의 구원과 무관하다. 교회론과 구원론이 서로 상관이 없는 것이 되고 만다.

이 때문에 개신교 교회론은 "교회 밖에는 구원은 없다*extra ecclesiam nulla salus*"는 키프리아누스의 교회론적 원리를 어떻게 대해야 할지 곤란해 한다. 엄격하게 이신칭의의 원리를 따르면 교회 밖에도 구원이 있어야 한다. 믿음으로 구원을 받은 개인이 아직(?) 교회에 들어오지 않는 상태라면, 그는 구원받은 것인가, 안 받은 것인가? 받았다고 말해야 한다. 그렇다면 교회 밖에도 구원이 있다고 말해야 한다. 그러나 교회 밖에 구원이 있다고 말하면 교회는 그 자체로 불필요한 것이 되고 만다. 극단적 칭의주의는 교회를 폐기한다. 그리고 우리는 그러한 전조를 가나안 교인(교회에 출석하지 않는 기독교인)의 출현을 통해서 보게 된다. 교회 밖에 신자가 존재할 수 있을까? 그리고 그 신자는 과연 구원받은 신자가 맞는가?

이러한 딜레마를 해결하기 위해서 개신교회는 몇 가지 대안을 제시한다. 첫 번째는 구원받은 개인은 반드시 교회에 소속되어야 한다고 말하는 것이다. 교회 밖에서 신앙생활을 해서는 안 된다는 것이다. 그러나 이렇게 되면 교회는 율법이 된다. 구원파는 바로 이 점을 공격했다. 두 번째는 교회에서 복음을 들을 수 있다고 주장하는 것이다. 즉 칭의는 복음에 대한 믿음으로만 가능한데, 교회는 바로 복음을 선포하는 곳이다. 그러니 교회는 구원과 무관하지 않다고 말하는 것이다. 그러나 복음은 교회 밖에서도 선포될 수 있으며, 또 그렇게 선포되고 있다는 엄연한 현실 때문에 이 주장은 유지되기 어렵다. 세 번째는 교회가 칭의의 구원이 아니라 성화의 구원에 기여한다는 것이다. 즉 교회가 개인의 믿음을 지키고 육성할 수 있게 해주는 기관이라는 것이다. 하지만 그렇게 되면 교회론은 칭의와 성화 간의 딜레마를 떠안게 된다. 또한 견인 교리에 따르면 신자의 믿음을 붙드는 것은 교회가 아니라 하나님의 주권이라고 말해야 하는데, 이렇게 되면 교회가 믿음을 지키고 육성하는 역할은 자연스럽게 축소될 수밖에 없다.

이상의 이유로 개신교회는 구원론과 교회론을 분리시켜 놓았다. 구원은 복음을 들은 개인이 믿음으로 얻는다. 그래서 구원은 개인적이다. 이러한 개신교 구원론에서 교회공동체의 존재는 큰 의미가 없다. 개신교 구원론이 극단적으로 개인주의적이 되면 될수록 교회와는 점점 더 무관한 구원론이 만들어지게 된다. 개인주의적 개신교 구원론은 결국 현대 가나안 교인의 존재론적 근거가 된다. 개인주의적 구원론과 공동체의 친교에 대한 교회론은 과연 어떻게 연관될 수 있을까? 이것은 현대 개신교회의 구원론이 고려해야 하는 중요한 신학적 과제다.

구원 공동체, 교회

하나님나라 신학의 관점으로 구원론과 교회론을 통합할 수 있으리라고 믿는다. 앞에서 설명한 대로 만일 구원을 세상의 회복이라는 관점에서 보자면 교회론은 새로운 구원론적 차원을 획득한다. 하나님나라 신학의 관점에서 구원은 'from 사탄의 통치 to 하나님의 통치'의 이동이다. 사탄의 통치도 이 땅에서 일어나는 일이고 하나님의 통치도 이 땅에서 일어나는 일이다. 지리학적으로 보자면 구원은 땅에서 땅으로의 이동이다. 그렇다면 자연스럽게 제기되는 질문은 이것이다. "대체 사탄의 통치는 어디에 있고, 하나님의 통치는 어디에 있느냐?"는 것이다. 사탄의 통치는 지금 이 세상에 만연해 있는 악을 통해서 확인할 수 있다. 그렇다면 이 악이 제거된 하나님의 통치는 대체 어디에서 찾아볼 수 있을까?

성서는 이 질문에 대해서 "교회 안에 하나님나라가 있다." 혹은 "교회 안에 하나님의 통치가 있다"고 답하고 있다. 그렇다면 교회가 하나님의 나라인가? 이에 대한 답은, 교회는 하나님의 나라가 맞기도 하고, 아니기도 하다. 교회는 하나님나라의 대사관이라는 점에서 하나님나라가 맞다. 그러나 교회는 하나님나라 본국은 아니다.

이해를 돕기 위해서 탈북자의 예를 들어보자. 한동안 많은 탈북자들이 중국 북경에 있는 한국 대사관을 통해 망명을 신청했다. 탈북자들이 한국 대사관 안에 진입하는 데 성공하면 특별한 경우를 제외하고 그들의 안전은 보장되며, 희망대로 한국이나 제3국에 망명할 수 있다. 자, 이때 탈북자들에게 한국대사관은 한국인가, 아닌가? 지리학적으로 보면 그곳은 한국이 아니라 중국이다. 그러나 정치적으로 보면 그곳은 한국이다. 교회도 이와 같다. 공중 권세 잡은 자가 통치하는 세상 한가운데 자리 잡고 있다는 점에서 교회는 하나님나라가 아니다. 그러나 하나님의 통치가 교회 안에 실재한다는 점에서 교회는 하나님나라가 맞다. 교회는 하나님나라를 담고 있는 담지자며, 하나님나라의 대사관이다.

관건은 교회가 하나님의 통치가 실재하는 공동체이냐, 아니냐 하는 것이다. 그리고 만일 교회가 하나님의 통치가 실재하는 공동체라면 교회는 반드시 그러한 표징을 가지고 있어야 할 것이다. 교회가 지녀야 할 표징은 하나님의 통치가 자기 안에 실재한다는 것인데, 이는 곧 악이 제거된 공동체라는 표징이다. 그리고 종말론적 새 창조의 중요한 두 가지 표지, 정의와 평화를 맛볼 수 있는 곳이어야 한다. 교회는 하나님의 회복하고 치유하고 구원하는 정의가 실현되는 곳이며, 동시에 교회는 야훼의 샬롬, 곧 평화가 임하는 곳이어야 한다. 정의와 평화라는 뚜렷한 표징을 가지고 있을 때 교회는 하나님나라 공동체로 스스로를 확증할 수 있을 것이다. 이때 교회는 하나님나라의 대사관이 된다.

교회가 하나님나라 대사관이 된다는 것은 교회가 단순히 구원론적 배경이 아니라는 말이다. 교회는 단지 구원받은 사람이 모이는 곳이 아니라 교회에 들어가는 것 자체가 구원받는 것이 될 수 있다. 탈북자가 북경의 한국 대사관에 들어가면 구원받듯이 불신자가 하나님나라의 대사관인 교회에 들어가면 구원받을 수 있기 때문이다. 그 때문에 구원이 'from 세상 to 하나님나라'의 이동이라는 도식은 'from 세상 to 교회'의 이동이라고 바꿔 말할 수도 있다. 이러한 이유로 초대교회는 오랫동안 소속을 중요한 구원의 조건으로 보았던 것이다.

대조 사회

구원 공동체라는 교회론적 이해는 성서의 지지를 받고 있다. 예수는 교회를 빛이고 소금이고 산 위의 동네라고 표현하셨다. 이 세 가지 유비가 보여주는 것은 교회와 세상이 얼마나 근본적으로 다른 곳인지를 전제로 하고 있다. 교회를 "세상의 빛"(마 5:14)이라고 했을 때, 세상은 어둠이고 교회는 어둠과 근본적으로 다른 존재로서의 빛이라는 뜻이다. 교회가 "세상의 소금"(마 5:13)이라는 말은 두 가지 점에서 교회와 세상이 구별된다는 의미를 담고 있다. 하나는 세상은 부패하기 쉬운 곳인 데 반해 교회는 부패를 막는 방부제라는 의미에서고, 다른 하나는 세상에는 도무지 맛이 나지 않지만 교회는 맛을 내는 조미료라는 의미에서 교회와 세상은 근본적으로 구별된다. 교회를 "산 위의 동네(혹은 도시)"(마 5:14)라고 할 때 세상은 산 아래 도시라는 뜻이 함축되어 있다. 세상이 다 산 아래 있으나 오직 교회만은 산 위에 있는 도시이기 때문에 도드라지게 구별되어 잘 보인다. 이 대조성은 곧 교회의 생명을 뜻하며, 그것은 교회가 구원공동체임을 실증한다.

초대교회는 스스로 이 세상 속에 존재하는 대조적 사회polis라고 생각했다. 교회는 심지어 로마 제국 한복판에 존재하고 있음에도 자신들의 주군은 카이사르가 아니라 그리스도라고 고백했다. 또한 그들 자신은 카이사르의 백성이 아니라 하나님의 백성이라고 생각했다. 즉 이들은 단순히 자기 모임을 종교적 취향을 공유하는 사적 모임이 아니라, 로마 제국에 대한 대조 사회라고 생각했다.[46] 감히 자신들을 역사상 가장 효율적이고 조직적인 제국 로마에 대해서 대안적 공동체라고 생각했던 것이다. "예수는 주"라는 원초적 신앙고백은 결국 자신들을 하나님나라의 공동체로 여기는 자의식과 연결되어 있었던 것이다.

이 점에서 오늘날 교회는 자신의 잊어버린 표지를 회복해야 한다. 전통적으로 개신교회는 교회의 표지로 말씀선포, 성례전, 권징, 이 셋을 꼽는다. 오늘날 한국 교회에서는 교회의 표지를 사실상 유일하게 말씀선포에만 의존하고 있다. 그러나 교회는 역사의 끝에 하나님께서 이 땅을 새롭게 회복하실 '종말론적 새 창조'다. 볼프에 따르면 '종말론적 새 창조'라는 교회의 정의는 "교회에 대한 합당한 이해를 위해서 필요한 모든 것을 포괄하는 틀"이라고 말한다.[47] 교회는 종말론적 새 창조이며, 또 그래서 교회는 종말론적 새 창조가 되어야 한다. 종말론적 새 창조로서 교회는 하나님나라를 담지할 수 있어야 하며, 그것을 시현할 수 있어야 한다. 이는 다른 말로 세상과의 구별됨, 곧 세상과 전혀 다른 종류의 사회라는 대조성 속에서 자신의 정체성을 드러낼 수 있어야 한다. 초대교회는 이러한 대조성을 유지하기 위해서 교회의 거룩성을 각별히 강조했다.

대조성을 교회의 표지라고 할 때 많은 문제가 발생할 수 있다. 자칫 율법주의로 흐를 수 있으며, 대조성의 정도를 계측하기 어렵다는 비현실성의 문제도 제기된다. 이러한 문제는 간단한 문제가 아니며 이 책의 범위를 벗어나는 거대한 주제다. 분명한 것은 이것이다. 교회가 세상과 똑같다면 교회는 맛을 잃은 소금이다. 그리고 짠 맛은 소금의 가장 중요한 특성이다. 대조성을 상실한 교회는 자신의 가장 중요한 특성을 상실한 것이라는 사실을 우리는 망각해서는 안 된다.

산상설교 공동체

교회의 대조성은 산상설교의 실천에서 나온다. 교회는 하나님나라를 담지한 공동체요, 종말론적 새 창조다. 교회는 세상과의 대조성을 자신의 생명으로 한다. 그 대조성은 곧 예수께서 제자들에게 내려주신 산상설교를 준수함을 통해 드러난다. 이것이 복음서의 가르침이다. 산상설교는 최소한 세 가지 점에서 세상과의 현저한 대조성을 요구한다. 첫째는 지배와 폭력을 특징으로 하는 세상과는 대조적으로 완전한 폭력의 단념을 요청한다(마 5:38-42). 두 번째는 응징과 보복, 분리와 소외를 특징으로 하는 세상과는 대조적으로 무조건적 화해를 요청한다(마 5:23-24). 세 번째는 불안과 염려로 재산을 축적하고, 보험을 들고, 뒷배 봐줄 사람들을 둘러치는 등 끊임없이 미래를 보장받으려는 수단을 추구하는 세상과는 대조적으로 하나님 아버지를 향한 서슴없는 신뢰를 요청한다(마 6:25-34).[48]

복음서는 확고하게 예수를 추종하는 자들에 의해서 만들어지는 새로운 공동체의 출현을 기정사실화했다. 이러한 새로운 공동체는 새 이스라엘 백성으로서, 혈연이 아닌 신앙, 곧 예수 추종이라는 공통분모로 맺어진 새로운 가족이었다. 초대교회공동체는 반anti세상의 뚜렷한 징후를 가지고 있는데, 폐쇄적 가족주의를 지양하고, 다양한 사회적 장벽들을 부수고, 형제애로 소외를 극복하며, 지배와 폭력과 전쟁을 단호히 거부하는 공동체였다. 이것이 예수가 원하셨던 종말론적 하나님의 백성 공동체며, 예수가 세우기 원하셨던 교회다.[49] 그리고 이것은 산상설교에 대한 철저한 준수를 통해서만 존재할 수 있다.

우리는 이 점에서 지난 1500년간 교회를 '혼합 사회'로 규정해왔던 교회론에 대해서 진지하게 의문을 제기하지 않을 수 없다. 혼합 사회라는 교회론적 규정은 이미 3세기 때부터 나타나기 시작하는데, 이러한 규정에 따르면 교회는 알곡과 가라지가 함께 뒤섞여 존재하는 혼합 사회일 수밖에 없다는 것이다. 이러한 교회론은 콘스탄티누스의 기독교 공인 이후로 현실화되었다. 중세교회는 영적으로나 도덕적으로 세상과 구별되는 표지들을 하나둘씩 잃어갔고, 대신 교회는 종교적·상징적·장식적 표식으로 교회의 표지를 만들어냈다. 종교개혁은 그러한 표식이 가짜임을 밝히는 데 성공했다. 하지만 종교개혁자들의 대다수는 교회를 '혼합 사회'라고 규정하는 교회론적 전통을 바꾸지 않았다. 종교개혁 시절, 일부 아나뱁티스트 그룹이 세상과 구별된 '보이는 교회'를 주장했으나 이러한 주장은 정통으로 받아들여지지 못했다.

오늘날 교회가 세상과 구별되지 않는다고 타박하는 목회자와 신자들이 더러 있다. 그러나 이는 참으로 우스꽝스러운 푸념이다. 교회는 세상과 별로 다르지 않다는 교회론을 가지고 있으면서 교회가 세상과 똑같다고 푸념을 하는 셈이니 말이다. 물론 교회는 하나님나라 자체가 아니며, 완벽한 공동체도 아니다. 교회는 끊임없이 갱신되어야 하는 오류투성이다. 하지만 교회는 세상과의 혼합을 당연하게 인정할 것이 아니라 그것이 잘못되었으며, 교정함으로써 세상과 대조되는 면모를 끊임없이 확인해야 하는 공동체라고 스스로 선언해야 한다. 즉 현상으로서 교회가 일정 부분 혼합 사회이겠으나 교회는 규정적으로 세상과는 대조되는 대조 사회라고 자기를 선언할 수 있어야 한다.

선교의 새로운 패러다임

교회의 대조성은 선교의 기초가 된다. 전통적인 복음주의자들은 전도와 선교에 뜨거운 열정을 가지고 있었다. 그러나 이들이 전했던 복음은 예수 그리스도의 십자가 죽음에 대한 대속적 해설을 전하는 것이었다. 이것은 교회의 대조성은 물론이거니와 교회 자체와도 무관한 선교였다. 그들은 심지어 타락한 교회의 모습이 버젓이 드러나 보이는데도, "사람을 보지 말고 하나님만 바라보라"며 전도를 한다. 이것은 복음전도와 교회론이 얼마나 분리되어 있는지를 잘 보여준다.

그러나 오늘날 선교는 새로운 패러다임을 요구하고 있다. 그것은 바로 교회가 '종말론적 새 창조'로서의 자기 정체성을 드러냄으로써 선교할 수 있다고 하는 것이다. 하나님나라 신학의 관점에서 다시 설명하자면 교회는 자신이 담지하고 있는 하나님나라를 직접 보여줌으로써 사람들을 하나님나라로 들어오도록 초대할 수 있으며, 교회 안으로 들어오라고 초대할 수 있는 것이다.

교회는 자신과 세상의 현저한 대조성을 통해 사람들에게 하나님나라의 매력을 보여줄 수 있다. 이 매력이 선교의 기초다. 밭에 감추인 보화를 발견하고 그 매력에 도취된 농부가 밭을 사기 위해 전 재산을 투자했던 비유(마 13:44)는 하나님나라의 비유였다. 이 비유가 보여주는 것은, 교회가 전해야 할 복음이 단순히 그리스도의 십자가 죽음에 대한 대속적 해설에 그치는 것이 아니라, 세상과 교회의 현저한 구별됨을 통해서 교회가 담지하고 있는 하나님나라를 잘 보여주는 것이라는 사실이다.[50] 결국 교회는 "우리 안에 하나님나라가 있으니 예수를 믿고 우리 안으로 들어오라"고 말할 수 있어야 하는 것이다.

교회가 하나님나라의 매력을 드러낸다는 말은 단순히 사회복지에 참여한다거나 구제 사업을 많이 하는 것을 의미하지 않는다. 교회는 하나님나라를 자신의 구조와 질서 속에 내재화할 수 있어야 한다. 하나님나라는 제국의 질서와 반대된다. 이런 점에서 교회는 반제국적 공동체라야 한다. 하나님나라는 부정의와 불의를 반대한다. 이런 점에서 교회는 정의로워야 한다. 하나님나라는 폭력의 질서와 반대된다. 이런 점에서 교회는 비폭력을 훈련해야 한다. 하나님나라는 지배를 단념한다. 이런 점에서 교회는 섬김의 문화를 창조해야 한다. 하나님나라는 분리와 배제를 반대한다. 이런 점에서 교회는 포용적 공동체를 창조해야 한다. 하나님나라는 부정의를 미워한다. 이런 점에서 교회는 치유적·회복적 정의를 실현해야 한다. 이처럼 교회는 단순히 구제만이 아니라 구조와 질서, 설교, 건축, 크기, 권력구조, 의사결정 구조, 갈등해결 방식, 예배 형식직분 등 모든 면을 통해서 하나님나라를 현시해야 한다.[51]

그리고 이것은 현대의 유대주의자들이 기독교에 던지는 질문에 대한 한 가지 답변을 제공해준다. 마틴 부버와 같은 유대인들은 예수가 메시아라고 주장하는 그리스도인을 향해 이런 식으로 묻는다. "세상 안에서 달라진 것이라고는 아무것도 없다면 어떻게 메시아가 오셨다고 할 수 있느냐?"[52] 만일 초대교회 교인들이 이러한 질문을 받았다면 그들은 이렇게 답했을 것이다. "와 보라!" 초대교회는 자신이 속한 공동체가 새로운 사회요, 새로운 도시라고 확신하고 있었다. 교회는 터툴리안 식으로 '아내를 제외한 모든 것을 공유하는 공동체'였다. 그곳은 스토아적 계급 질서가 무너진 만민평등 공동체였으며, 칼을 버린 평화의 공동체, 불의를 제거한 정의로운 공동체, 상호 섬김과 나눔과 사랑의 공동체였다. "메시아는 오셨고 세상은 과연 달라졌다."[53] 하나님나라를 품은 교회의 대조성은 이방인들뿐만 아니라 유대인들을 향해서도 강력한 선교를 할 수 있었다.

믿음과 행위의 조화를 회복하라

오늘날 면죄부를 발행하는 한국 교회가 복음을 살인면허로 바꾸어 놓고 있다. 지금의 상황에서는 어떤 식으로든 행위나 삶을 강조하면 곧바로 행위구원론자나 율법주의자로 정죄를 받고 만다. 이것은 한국 교회가 아우구스티누스의 우물에 빠져 있기 때문에 벌어지는 일이다. 이신칭의의 교리는 그 우물 속에 빠져 있는 우리로 하여금 더욱 오류에 빠지게 만들고 있다. 그래서 조금이라도 행위를 강조하면 믿음을 부정한다고 생각하게 되었다. 하지만 지금 한국 교회가 맺고 있는 윤리적 실패와 타락의 열매는 더 이상 행위 없는 천박한 복음을 계속 전하고 있어서는 안 된다는 사실을 잘 보여준다. 만일 한국 교회가 새로운 구원론을 정립해야 한다면 당연히 그 구원론은 믿음과 행위를 조화시킬 수 있는 구원론이 되어야 할 것이다. 물론 그러한 조화는 성서에 대한 올바른 해석에서 비롯되어야 할 것이다.

믿음이란 무엇인가?

새로운 구원론이 다루어야 할 중요한 주제 중 하나는 '믿음과 행위'의 대립이 과연 성서적이냐 하는 문제가 되어야 할 것이다. 앞 장에서 성서와 초대교회의 전통에서 믿음–은총–행위는 긴장관계에 있으나 역동적 통일성을 유지해왔다고 말한 바 있다. 그러한 연장선상에서 새로운 구원론은 믿음과 행위가 대립되는 것이 아니라 역동적으로 통일을 이룰 수 있는 가능성을 탐구해봐야 할 것이다. 앞에서 말한 대로 믿음과 행위의 대립은 성서에서 왔다기보다는 은총과 행위를 과도하게 대립시켜온 아우구스티누스의 은총과 행위의 도식에서 왔다. 이 도식이 개신교의 이신칭의 교리에 의해 믿음과 행위의 도식으로 이어지게 된 것이다.

성서의 본래 가르침을 따르면 믿음과 행위는 긴장관계에 있기는 할지라도 분리되지 않는다. 이 점에서 우리는 초대교회의 신앙이 무엇이었는지를 다시 살펴볼 필요가 있다. 통상 개신교회에서 믿음은 말씀에 대한 깨달음, 초월적인 하나님의 임재 체험 혹은 의지적 결단 등을 의미하는 것으로 이해되고 있다. 그중에서도 말씀이나 교리에 대한 바른 이해와 지식이 특별히 강조되고 있다. 그래서 사실상 믿음은 "예수께서 나를 위해 십자가에서 돌아가셨어"라는 그리스도의 대속적 교리에 대한 올바른 이해와 승인으로 간주되고 있다. 이러한 믿음관은 믿음의 인식적·지적 측면을 과도하게 강조한 것이다. 믿음의 인식적 차원에 대한 강조는 분명 필요할 것이지만, 그러나 믿음을 인식적인 것으로만 이해하는 것은 편협한 시각이다.

초대교회 교인들에게 있어서 믿음이란 대속적 교리에 대한 바른 이해와 승인이 아니라 "예수는 주, 예수는 그리스도"라는 원초적 신앙고백 안에 들어 있었다. 당연한 말이지만 이 신앙고백에도 인식적이고 지적인 차원이 들어 있다. 나사렛 출신의 유대인 남성 예수에 대한 기초적인 정보, 그의 삶과 죽음에 대한 전기적 지식, 그것이 갖는 의미에 대한 해석 등 인식적이고 지적인 차원이 초대교회의 원초적 신앙고백 속에도 분명 포함되어 있었다. 그러나 그 원초적 신앙고백은 인식적 차원을 넘어선다.

래리 허타도Larry W. Hurtado는 초대교회의 원초적 신앙을 "그리스도

섬김Christ-Devotion"이라는 말로 표현했다.⁵⁴ 초대교회 성도들은 이러한 자신의 신앙고백을 "주 예수 그리스도Kyrios Iesous Christos"라는 독특한 호칭으로 표현했다.[55] 이 호칭의 의미하는 것은 두 가지다. 하나는 예수는 예배 받기에 합당한 '신'이다. 다른 하나는 이 땅의 참된 통치자는 카이사르가 아니라 예수다. 다른 말로 예수는 신God이면서, 왕King이다. 예수는 하나님이면서 왕이다.[56]

초대교회 성도들의 신앙고백은 예수가 예배의 대상이면서, 동시에 정치적인 최고 통수권자라는 이중적 고백이었던 것이다. 이러한 신-왕 일치적 신앙고백은 유대교의 유일신사상과 큰 충돌을 일으켰다. 왜냐하면 유대교는 야훼 이외의 다른 누구에게도 예배하는 것을 허용하지 않았기 때문이다. 그러나 더욱 중요한 것은 이 신앙고백이 로마 제국의 정치질서와도 거대한 충돌을 일으켰다는 사실이다. 왜냐하면 당시 로마 제국은 카이사르를 신이면서, 왕이라는 신-왕 일치적 존재로 숭모하고 있었기 때문이다. 본래 로마인들은 황제를 신으로 보지 않았다. 그러나 1세기 중반이 지나면서 황제는 왕이면서 신이 되었다.[57] 그런데 초대교회 성도들은 신-왕 일치적 존재를 카이사르가 아니라 그리스도라고 선언했다.

로마 제국과 긴장관계를 일으키고 있었던 유대교인들은 기독교인들과는 약간 다른 전략을 취했는데, 그들의 전략은 한마디로 신-왕 분리 전략이라 할 수 있다. 즉 그들은 로마제국을 향해 왕이 카이사르임을 인정하겠으나, 신은 오직 야훼뿐이시다고 주장했다. 로마 제국의 입장에서는 이러한 유대교의 입장도 마뜩치 않았으나 그래도 참을 만했다. 하지만 예수를 신-왕 일치적 존재라고 주장하는 기독교에 대해서는 극도의 분노를 표했다. 왜냐하면 기독교인들은 카이사르를 신으로만이 아니라 왕으로서도 인정하려 들지 않았기 때문이다.[58] 왕이 예수라고 고백하는 것은, 한마디로 반역이었다! 그래서 로마 제국에서 "누가 주(퀴리오스)시냐?"라고 묻는 질문은 기독교인을 가려내는 질문으로 통했으며, 기독교인은 반역자로 처단되기도 했다. 더구나 기독교인들이 그리스도를 신-왕 일치적 존재로 숭모하는 신앙고백은 대단히 극단적이어서 그리스도 이외의 다른 모든 신들에 대해서도 거부할 뿐만 아니라, 다른 모든 통치권들에 대해서조차 일절 타협 없이 오직 그리스도만을 자신들의 신이자, 왕으로 경배했다.

초대교회는 로마 제국의 다양한 문화적·정치적 이벤트에 참여하기를 거부한 것으로 잘 알려져 있는데, 그 이면에 바로 이러한 그리스도-섬김이라는 신앙이 자리 잡고 있었던 것이다. 그래서 초대교회 성도들은 카이사르를 신이라고 선포하는 제국의 황제숭배 행사에 일절 참여하지 않았을 뿐만 아니라 그러한 이데올로기를 가르치는 교사나 공무원과 같은 직업도 가질 수가 없었다. 오늘날로 치면 국민의례라 할 수 있는 황제와 제국에 대한 공경을 표현하는 모든 의례에도 일절 참여를 거부했다.

따라서 바울이 로마서 10장 10절에서 "마음으로 믿어 의에 이르고 입으로 시인하여 구원에 이르느니라"고 했을 때, 이는 그저 "예수를 영접합니다"라는 고백만으로 구원을 얻을 수 있다고 가르치는 아르뱅주의의 안일한 믿음주의와는 전혀 상관이 없는 것이었다. 더불어 초대교회 성도들에게 있어서 믿음이란 행위로 표현될 수밖에 없는 것이었다. 입술로 "주 예수 그리스도"라고 부르면서, 동시에 "주 카이사르"

라고 고백하는 황제 숭배 행위나 기타 사회적 행사에 동참할 수 없었기 때문이다. 더불어 그들에게 있어서 신앙이란 카이사르를 신이자 왕으로 인정하는 모든 형태의 정치적·종교적 이데올로기를 거부하는 행동을 포함하는 것이었다. 한마디로 초대교회의 그리스도-섬김이라는 신앙은 로마 제국에 대한 근본적인 거리두기라는 실제 행위를 수반하는 것이었다.

한 단계 더 나아가 만일 예수를 주요, 그리스도라고 고백한다는 뜻은 예수를 예배하고, 예수의 통치를 받는다는 것을 뜻하는 것이었다. 카이사르가 왕이 아니라 예수를 왕이라고 인정했다는 얘기는 당연하게도 예수의 통치만을 받겠다는 일종의 충성맹세였다. 예수는 하나님 아버지로부터 통치권을 받은 분이다. 따라서 예수의 통치는 하나님의 통치며, 하나님나라다. 예수는 하나님나라를 몰고 오셨을 뿐만 아니라 하나님나라를 통치하신다.

우리는 이제 초대교인들이 예수를 믿어 하나님나라에 들어간다고 말하는 이유를 알 수 있다. 예수를 믿는다 함은 예수를 최고 통수권자로 인정한다는 뜻이며, 이는 예수의 통치를 받겠다는 뜻이다. 그리고 이는 결국 지상에 임한 하나님나라에 들어간다는 것을 뜻하는 것이다.

사망의 길과 생명의 길

자, 그렇다면 예수의 통치는 어떤 통치였는가? 그것은 산상설교라는 가르침을 통해 드러난 통치였으며, 예수 그리스도 자신이 직접 본을 보이신 십자가라는 모범의 통치였다. 산상설교와 십자가는 결국 예수의 통치 행위며, 동시에 하나님나라의 통치행위다. 그 통치를 받는 것이 구원이다. 즉 그리스도-섬김이라는 신앙은 카이사르의 통치를 버리고 그리스도의 산상설교와 십자가의 통치를 받든다는 것을 의미한다. 즉 구원이란 'from 카이사르의 통치 to 그리스도의 통치'며, 다시 이는 'from 로마 제국의 이데올로기 to 산상설교와 십자가의 통치'다. 초대교회 성도들에게 좀 더 익숙한 표현으로 말하자면 구원이란 'from 사망의 길 to 생명의 길'의 이동이다.

모세는 이스라엘 백성을 향해 두 가지 길에 대해서 설명했다. "보라, 내가 오늘 생명과 복과 사망과 화를 네 앞에 두었나니"(신 30:15)라고 했다. 하나는 생명의 길이자 복된 길이고, 다른 하나는 죽음의 길이자 저주의 길이다. 생명과 복은 토라의 준수를 통해 주어지고, 사망과 화는 불순종으로 말미암는다는 것이 모세의 유훈이었다. 이와 비슷하게 예레미야를 통해서 하나님은 "보라, 내가 너희 앞에 생명의 길과 사망의 길을 두었노라"(렘 21:8)라고 말씀하셨다. 후에 예수도 비슷하게 말씀하셨다. "멸망으로 인도하는 문은 크고 그 길이 넓어 그리로 들어가는 자가 많고 생명으로 인도하는 문은 좁고 길이 협착하여 찾는 자가 적음이라"(마 7:13-14).

1세기 말에서 2세기 초에 쓰인 문서로 추정되는 《디다케》도 이와 같은 방식으로 두 가지 길에 대해서 가르쳤다. 이 문서는 초대교회 때 가장 많이 읽히고 설교되었던 글 중 하나인데, 그 글은 이렇게 시작하고 있다. "두 가지 길이 있습니다. 하나는 생명의 길이고, 다른 하나는 죽음의 길인데, 두 길의 차이가 큽니다."[59] 생명의 길에 대해서는 이렇게 가르치고 있다.

생명의 길은 이렇습니다. 첫째로, 당신을 만드신 하나님을 사랑하고, 둘째로 당신 이웃을 당신 자신처럼 사랑하시오. 또 무슨 일이든지 당신에게 닥치기를 원하지 않는 일이거든 당신도 하지 마시오. 이 말씀들의 가르침은 이렇습니다. 여러분을 저주하는 이들을 축복하고, 여러분의 원수들을 위해 기도하며, 여러분을 박해하는 이들을 위해서는 단식하시오. 여러분을 사랑하는 이들을 사랑하는 것이 무슨 은혜를 베푼단 말입니까?[60]

사망의 길은 무엇인가?

죽음의 길은 이렇다. 무엇보다도 (이 길은) 악하고 저주로 가득 차 있다. 살인, 간음, 정욕, 음행, 도둑질, 우상 숭배, 마술, 요술, 강탈, 위증, 위선, 표리부동, 교활, 오만, 악행, 거만, 욕심, 음담패설, 질투, 불손, 교만, 자만, 두려워하지 않음이다.[61]

《디다케》가 가르치는 바는 단순하고 명료하다. 생명의 길은 산상설교의 가르침을 따르는 삶이고, 죽음의 길은 그 가르침을 따르지 않는 삶이다. 이것은 산상설교에서 예수가 반복적으로 강조했던 것, 즉 아름다운 열매를 맺지 아니하는 것(마 7:19), 입술로만 주여 주여 하는 것(마 7:21), 주님의 말을 듣고 행하지 아니하여 모래 위에 집을 짓는 것(마 7:26)과 똑같다. 그런 자에게 생명은 없다는 것이 주님의 가르침이다.

한국 교회가 시급하게 회복해야 하는 설교는 바로 이 두 가지 길에 대한 설교다. 이것은 신학이 아니라 주님의 말씀이고 명령이다. 좁은 문으로 들어가기를 힘쓰는 것은 주님께서 친히 말씀하신 구원의 도리다. 주님의 가르침을 준행하는 것이 생명으로 가는 지름길이다. 그동안 한국 교회는 이 두 가지 길에 대한 분명한 가르침을 증거하지 않았다. 주님은 말씀하셨다. "그러므로 누구든지 이 계명 중의 지극히 작은 것 하나라도 버리고 또 그같이 사람을 가르치는 자는 천국에서 지극히 작다 일컬음을 받을 것이요 누구든지 이를 행하며 가르치는 자는 천국에서 크다 일컬음을 받으리라"(마 5:19).

믿음이란 예수를 통치자로 인정한다는 뜻이며, 이는 예수의 통치를 받든다는 뜻이며, 예수의 통치란 결국 예수께서 말씀하신 생명의 길을 걷는다는 것을 뜻한다. 예수는 생명의 길을 명령했다. 만일 예수가 최고 통수권자라면 예수의 명령은 마땅히 받들고 추종해야 할 어명이다. 만일 우리가 예수를 추종하는 백성이라면 주군의 가르침을 온전히 실천하는 것은 당연한 백성된 도리다. 결국 그리스도-섬김이라는 기독교 신앙은 말씀에 대한 신실한 따름과 분리될 수 없으며, 예수-추종, 제자의 도, 십자가의 길 등과 분리될 수 없다. 신앙은 불가불 산상설교에 대한 충실한 순종으로 표현되는 것이 합당하다. 곧 믿음은 새로운 존재로의 삶이다. 이러한 초대교회의 믿음관에서 믿음과 행위는 분리되지 않는다. 이런 이유로 믿음을 행위와 대립시키는 지금의 통상적 개신교 구원관은 대수술이 필요하다.

제3의 길

우리는 여기서 문제가 생각보다 복잡하다는 사실을 다시 한 번 기억해야 한다. 행위에 대한 강조는 자칫 잘못하면 펠라기우스주의로 흐를 수가 있기 때문이다. 펠라기우스와 아우구스티누스가 대립했을 때 이는 행위와 은총의 관계가 얼마나 쉽게 1차원적으로 대립할 수 있는지를 잘 보여준다. 믿음과 행위와의 복잡한 관계는 이미 신약 시대부터 존재했다. 그래서 바울은 "믿음으로 말미암아 율법을 파기하느냐?"(롬 3:31)고 물었던 것이다. 이는 당시 신자들 중에서도 믿음을 강조하면 율법을 파기하는 것처럼 생각하는 이들이 있었던 것이다.

나는 아르뱅주의가 바울이나 야고보, 유다서의 저자가 경계했던 율법폐기론과 사실상 다르지 않다고 본다. 초대교인들 중에 믿음을 빙자해서 그리스도의 십자가를 색욕거리로 바꾸어버린 율법폐기론자들이 상당수 있었다. 아르뱅주의는 21세기에 부활한 율법폐기론이다. 이런 점에서 아르뱅주의는 현대판 면죄부다. 이는 분명 오류며, 타락이고, 복음의 왜곡이다. 이를 바로잡고 올바른 행위의 열매를 맺는 신학적·윤리적 개혁이 하루속히 한국 교회에서 시작되지 않으면 안 된다. 그러나 동시에 이러한 개혁이 단순히 펠라기우스주의로 옮겨가는 것이 되어서는 안 된다. 율법폐기론을 개혁하기 위해서 율법주의를 들여와서는 안 되는 것이다. 우리는 율법폐기론과 율법주의라는 두 가지 극단적 오류들을 모두 경계해야 한다. 그리고 이 둘 사이에 나 있는 아주 좁은 오솔길을 찾아야 한다. 이 제3의 성서적인 길을 찾는 것이야말로 진정한 교회개혁의 길이다.

나는 앞에서 이러한 제3의 길을 찾기 위한 기본적인 원리를 설명했다. 그러한 원리 중 하나는 행위를 구원의 조건으로 보아서는 안 된다는 것이다. 행위 없는 복음을 바로잡기 위해서 행위를 구원의 조건으로 두면 자칫 행위 구원론에 빠진다. 행위로 구원을 얻는다고 가르치면 이것은 행위를 노동자의 노동행위처럼 보는 것이다. 즉 노동자가 자신이 노동한 대가를 고용주에게 떳떳하게 요구하듯 인간이 자신의 행위를 근거로 하나님께 구원을 떳떳하게 요구하게 된다. 이는 은총을 파괴하는 행위구원론이다. 바울은 구원을 임금(삯)으로 보는 관점을 소리높여 반대했다(롬 4:4).

행위가 구원의 조건이 아니다. 우리는 행위와 관계없이 구원받는다. 그렇다면 왜 우리가 행위를 강조해야 하는가? 그건 우리에게 주어진 구원의 은총이 행위를 요청하기 때문이다. 일만 달란트의 빚을 탕감받은 자는 돈의 빚 말고 은총의 빚을 지게 된다. 그리고 은총의 빚을 진 자는 그 은총에 걸맞은 행위를 요청받는다. 행위가 구원보다 앞서는 것이 아니라 구원이 행위보다 앞선다. 먼저 구원의 은총이 주어진다. 그리고 그 은총이 죄인을 은총의 빚진 자로 규정한다. 빚진 자로 규정당한 자는 마땅히 그 은총에 걸맞는 행위를 요구받는다. 이는 예수 그리스도의 짤막한 경구, "너희가 거저 받았으니 거저 주어라"(마 10:8)에서도 잘 나타난다. 공짜로 받은 자는 공짜로 제공해야 할 도덕적 의무가 있다. 그런데 만일 공짜로 받은 것을 돈을 받고 팔면 이는 공짜로 제공한 자를 욕보이는 행태다.

은총은 공짜다. 하지만 은총은 또 다른 형태의 빚이다. 은총의 빚은 현금의 빚보다 훨씬 덜 구속적이다. 현금의 빚은 법적 구속을 받지만 은총의 빚은 법적 구속을 받지 않기 때문이다. 대신 은총의 빚은 관계의 구속이요, 염치에 의한 구속을 받는다. 이것은 법으로 정하지 않지만 마땅히 해야 할 사람의 도리다. 생각해보라. 막대한 현금 빚을 탕감받은 자가 탕감해준 자에게 말할 수 없는 감사를 표하지 않겠는가? 탕감 받은 자가 그 고마움에 은총을 베푼 자에게 고개를 숙이지 않겠는가? 그가 하루만 고개를 숙이고 말겠는가? 사는 날 동안 평생 그 은혜를 기억하며 고마워하지 않겠는가? 채무자가 빚을 조건 없이 탕감 받을 때, 그는 비록 현금의 빚은 탕감 받지만 은총의 빚에는 항구적으로 매이게 되는 것을 의미한다. 바로 이 은총의 빚에서 행위가 요청되는데, 자유로운 행위, 감사로 말미암는 자발적인 행위, 최선의 행위가 요청되는 것이다.

바울은 스스로를 "빚진 자"라고 밝혔다. 그는 로마에 있는 교회들에게 편지를 쓰면서 자신은 헬라인이나 야만인이나 지혜 있는 자나 어리석은 자에게 다 빚 진자라고 고백하고 있다(롬 1:14). 무슨 빚인가? 죄인 중의 괴수인 자신이 하나님께 가납받은 은총이다(딤전 1:15). "내가 나 된 것은 하나님의 은혜로 된 것이니 내게 주신 그의 은혜가 헛되지 아니하여 내가 모든 사도보다 더 많이 수고하였으나 내가 한 것이 아니요 오직 나와 함께 하신 하나님의 은혜로라"(고전 15:10).

바울은 자신의 전 존재가 은총의 빚을 졌다고 말한다. 그는 그 은총을 헛되지 않게 하기 위해서 누구보다 더욱 열심히 수고했다고 말한다. 은총이 그로 하여금 행위의 열매를 맺게 했다. 그러나 그 행위의 열매마저 또 다른 은총이다. 그는 완전히 은총에 사로잡혔다. 그래서 그는 "내가 이 일 때문에 매임을 당하였노라"(골 4:3)라 고백한다. 그는 은총에 빚진 자요, 복음에 빚진 자다. 그는 종이다! 그러나 그는 율법의 종이 아니라, 사랑의 종이며 은총의 종이다.

나아가 로마서 8장 12절을 보면 "그러므로 형제들아, 우리가 빚진 자!"라고 선언하고 있다. 그는 자신만이 아니라 모든 그리스도인을 다

채무자라고 선언하고 있는 것이다. 이러한 선언은 갈라디아서에서 우리가 자유를 얻게 되었다고 선언한 것(갈 5:1)과 모순된 것처럼 보인다. 그러나 이 둘은 모순이 아니다. 우리는 현금 빚을 탕감 받았다는 점에서 법적으로 자유롭다. 하지만 은총의 빚을 진 자라는 점에서 우리는 율법의 종이 아니라 은총의 종이 되었다. 이것은 구약성서에 나오는 자발적으로 종이 되기로 선택한 종을 연상시킨다(출 21:6; 신 15:17). 종은 해방된 뒤에도 주인을 사랑하여 자발적으로 평생 종이 되기로 선택할 수 있다. 이와 비슷하게 그리스도인은 자신의 주인을 사랑하여 자발적으로 그리스도의 종이 되기를 선택한 자다.

그리스도인의 선한 행위는 바로 그 종의 신분에서 비롯된다. 누가복음 17장에 나오는 종처럼 그리스도인의 선한 행위는 종이기 때문에 마땅히 하여야 할 것을 하는 데서 생겨난다. 그리고 그 행위는 결코 공로가 될 수 없다. 공로는 자유민에게만 해당되는 영예와 칭찬이다. 따라서 그리스도인의 선한 행위는 결코 은총을 파괴하지 않으며, 그리스도의 주권을 침해하지 않는다. 도리어 더욱 은총을 은총되게 하며, 주권을 더욱 드높인다. "우리는 무익한 종이라. 우리가 하여야 할 일을 한 것뿐이라"(눅 17:10). 이 고백 속에서 은총과 동시에 행위를 강조할 수 있는 제3의 길을 찾을 수 있을 것이다.

하나님의 참으심

이런 얘기가 전해오고 있다. 아나뱁티스트 교회 중 한 부류인 아미쉬 마을을 한 복음주의 전도자가 방문했다고 한다. 그는 아미쉬 공동체의 지도자격인 장로에게 찾아가 이렇게 물었다고 한다.

"장로님, 구원의 확신이 있으십니까?"

그가 이러한 맹랑한 질문을 한 것이 쉽게 발견할 수 있는 복음전도자의 무례함 때문인지, 아니면 자신이 알고 있는 복음을 나누고 싶은 복음전도자의 순수한 마음에서였는지 알 길은 없다. 그러나 그의 그러한 질문이 5백 년 가까이 아미쉬 공동체가 가르치고 배워온 것들에 비하면 상당히 낯선 것이 틀림없었다. 왜냐하면 아나뱁티스트 전통에서 신앙과 삶은 분리되지 않는다고 가르쳐왔기 때문이다. 그 얘기를 들은 아미쉬 장로가 그 복음주의 전도자에게 이렇게 말했다고 한다. "내가 구원받았는지 안 받았는지 나도 잘 모르겠소. 정 궁금하거든 저 아랫집 사람에게 가서 물어보시오."

장로의 구원 여부를 아랫집 사람에게 가서 물어보라고 한 이유는 무엇일까? 그건 그 장로의 삶이 구원받은 신자의 삶인지 아닌지를 이웃이 훨씬 더 객관적으로 판정할 수 있을 것이기 때문이다.

이 일화가 사실인지 잘 모르겠고, 또 여기서 이 아미쉬 장로의 말에 대해 신학적 주석을 달고 싶지도 않다. 다만 구원의 확신을 나 혼자만의 주관적 확신으로 간주하고 있는 현대의 많은 한국 교회 신자들이 한번쯤 생각해 봐야 할 얘기라고 생각해서 여기에 소개한다.

구원의 확신이라… 만일 우리가 새로운 구원론을 쓴다면 그 새 구원론은 우리에게 여전히 구원을 확신을 제공해줄 수 있을까? 구원의 보장과 관련된 성서의 가르침을 살펴보면 온통 혼란스럽다. 특히 예언서를 보면 도무지 종잡을 수 없다. 호세아의 하나님은 이스라엘 백성의 죄악을 보고 그들을 영원히 용서하지 않을 것처럼 말씀하신다. "내가 다시는 이스라엘 족속을 긍휼히 여겨서 용서하지 않을 것임이니라"(호 1:6).

그러나 금세 또 말을 바꾸신다. "에브라임이여 내가 어찌 너를 놓겠느냐? 이스라엘이여 내가 어찌 너를 버리겠느냐?"(호 11:8).

대체 하나님은 이스라엘을 끝까지 붙드시겠다는 것인가, 버리시겠다는 것인가? 어느 쪽이 하나님의 마음인가?

답은 간단하다. 둘 다 하나님의 마음이라는 것이다. 조직신학적 패러다임에서 하나님은 두 마음을 품으실 수 없다. 하나님은 단일한 의지를 갖고 계시기 때문이다. 그러나 나는 그리스 철학적 방법론에 기초하고 있는 조직신학으로 하나님을 이해하기보다는 차라리 자식 때문에 마음 아파하는 부모의 심정으로 하나님을 이해하는 편을 택하겠다.

말썽 부리는 자식 때문에 화가 잔뜩 난 부모의 마음을 생각해보자. 자식을 용서하는 것이 부모의 마음인가, 용서하지 않는 것이 부모의 마음인가? 참으로 어리석은 질문이 아닐 수 없다. 당연히 부모는 자식을 용서하고 싶다. 그러나 자식이 잘못을 뉘우치기 전에 먼저 자식을 용서하는 것은 자식을 망치는 지름길이다. 그러니 용서하고 싶어도 용서할 수가 없는 법이다. 그래서 말썽쟁이 자식에 대해서 부모는 두 마음을 다 갖고 있는 것이다. 그러나 그 두 마음의 이면에는 결국 자식이 훌륭하게 성장하기를 바라는 궁극적인 마음이 있는 것이다.

하나님도 마찬가지다. 당신의 자녀가 죄를 지을 때, 하나님의 마음에는 두 가지 마음이 다 있다. 한편으로는 자식을 징벌하고 싶어 하신다. 동시에 다른 한편으로는 용서하고 싶으시다. 징벌의 마음과 용서의 마음 두 가지가 다 있을지라도 결국 하나님이 원하시는 것은 당신의 자녀를 잃지 않는 것이다. 바로 이 하나님의 사랑의 마음에서 우리는 구원의 확신의 근거를 발견할 수 있다. 구원의 확신은 교리나 성서구절에 근거할 수 있는 것이 아니다. 참된 근거는 하나님의 자비와 사랑이다.

우리는 성서를 통해 우리의 죄악대로 우리를 처벌하지 않으시는 자비로운 하나님에 대해서 배웠다. 하나님의 자비와 사랑의 극치는 십자가다. 그리스도의 십자가는 우리의 죄악대로 우리를 처분하지 않으려는 하나님의 자비와 사랑과 용서의 절정이다. 만일 우리가 구원을 확신할 수 있는 근거가 있다면 이것뿐이다. 십자가를 통해 나타난 하나님의 자비가 바로 구원의 확신의 근거가 된다.

예레미야는 예루살렘의 심판의 현장에서 극한의 절망을 맛본다. 그 절망의 순간에 그가 상기한 것은 바로 하나님의 자비다. "여호와의 인자와 긍휼이 무궁하시므로 우리가 진멸되지 아니함이니이다. 이것들이 아침마다 새로우니 주의 성실하심이 크시도소이다. 내 심령에 이르기를 여호와는 나의 기업이시니 그러므로 내가 그를 바라리라"(애 3:22-24).

이것은 예레미야의 구원의 확신이다. 바벨론 제국군에 의해 나라는 망하고, 왕은 폐위되고, 백성들은 끌려가고, 도성은 훼파되고, 성전은 불타버렸다. 그 절망의 순간에 그는 마음속 깊은 곳에서 소망 하나를 끄집어낸다. 그것은 바로 하나님의 자비와 긍휼이 무궁하시다는 것이다. 구원의 확신이란 내가 무슨 짓을 해도 하나님이 결코 나를 지옥에 보내지 않는다는, 아니 하나님이라도 나를 지옥에 보낼 수 없다는 철밥통 맹신이 아니다. 성서가 가르치는 구원의 확신이란 하나님께서 설령 우리를 징벌했을지라도 결국에는 우리를 다시 싸매주시리라는 것, 그래서 하나님의 자비와 긍휼 밖에는 기댈 데가 없음을 고백하는 의존과 신뢰의 고백이다. 그것은 아버지의 은총을 구하는 낮은 마음이다.

그래서 구원의 확신을 공식화하면 안 된다. 그러는 순간 구원의 확신은 하나님의 자비가 아닌 다른 곳에 근거를 찾게 되고, 그러는 순간 긴장이 제거되고, 종국에는 새로운 면죄부가 만들어질 것이다. 구원의 확신의 근거는 하나님의 사랑과 자비의 마음에 근거해야지 신학적 공식에 근거할 수 없다. 물론 하나님의 마음을 이해하는 데 도움이 될 만한 여러 수단이 있을 것이다. 교리나 성서, 주관적 확신, 변화된 삶의 열매, 신앙체험, 교회의 소속, 성찬의 참여, 공동체의 권면 등. 하지만 결국 구원의 확신은 하나님과의 인격적 관계 속에서 이해되어야지 그것을 교리적으로나 신학적으로 접근하면 자칫 새로운 면죄부를 만들수 있다. '자비의 하나님을 바라볼 때' 우리는 하나님의 견인을 확신할 수 있다.

성서의 예를 보자. 토라를 주시면서 하나님과 이스라엘 백성은 언약을 맺었다. 그러나 이스라엘 백성이 얼마나 자주 언약을 깨뜨렸는가? 하나님은 이스라엘 백성의 불순종을 결코 산술적으로 계산해서 불순종에 합당한 징벌을 가하지 않으셨다. 불순종에도 하나님은 계속 당신의 백성을 붙드셨다. 또 징벌을 가했을 때에도 다시 회복시켜주셨다. 이러한 하나님의 인내, 그리고 회복에서 견인을 확신할 수 있다. 로마서 9-11장에서 바울은 예수를 십자가에 못박아 죽인 유대인을 하나님이 버리신 듯하지만 결코 버리지 않았다고 말한다. 바로 이 붙드심 속에서 우리는 하나님의 견인을 볼 수 있다. 견인이란 결국 다른 말로 하나님의 참으심이다.

그러나 이스라엘 백성이 하나님의 견인의 인내를 빙자해서 하나님을 시험하고, 하나님께 제멋대로 행동했을 때 하나님의 인내는 다하고, 견인의 은총은 거두어졌다. 유대인들을 향해서도 이렇게 하셨는데 하물며 원가지(유대인)에 접붙여진 우리 이방인이라고 하나님께서 은총을 거두지 말라는 법이 있을까? 하나님의 인내 덕에 우리는 숱한 범죄와 실수에도 오늘도 진멸되지 않고 살아 있다. 그러나 하나님께서 언제 어느 때에 당신의 인내를 거두실지 알 수 없다. 만일 우리가 회개하고 돌이킨다면 하나님은 거두어가려던 은총을 다시 베푸실 것이다.

하나님께서 언제 어느 때에 당신의 인내를 거두시는 법칙 같은 것이 있을까? 그런 건 없다. 있다면 오로지 하나님의 주권만이 존재한다. 당신의 견인의 은총을 베풀기로 결정하는 분도 하나님이고, 그것을 거두기로 결정하는 분도 하나님이다. 모든 것이 하나님의 뜻이다. 바로 여기서 긴장이 발생한다. 그리고 이 긴장이 우리로 하나님을 경외하게 한다.

그러니 함부로 하나님의 견인이 있느니, 없느니 주장하지 말자. "이 사람아, 네가 누구이기에 감히 하나님께 반문하느냐. 지음을 받은 물건이 지은 자에게 어찌 나를 이같이 만들었느냐 말하겠느냐"(롬 9:20).

결국 구원의 확신의 근거는 하나님 자신뿐이다. 하나님 이외의 다른 것에 구원의 확신의 근거를 찾으려고 할 때 결국 그것은 면죄부가 되고 만다. 구원의 확신을 찾는 자가 해야 할 일은 '자비로운 하나님을 바라보는 것'뿐이다. 우리의 죄악대로 갚지 않는 하나님을 의지하는 것 이외의 다른 곳에 구원의 확신이란 존재하지 않는다. 그래서 사도 바울도 "항상 복종하여 두렵고 떨림으로 너희 구원을 이루라"(빌 2:12)고 말했던 것이다.

그 옛날 로마 가톨릭교회가 면죄부를 찍어 팔듯이 오늘날 한국 교회는 거짓된 구원의 확신을 유포하고 있다. 이를 통해 신자들과 모종의 거래를 하고 있는 한국의 교회들은 하루 속히 면죄부 판매 행위를 중단해야 할 것이다. 그리고 더 이상 거짓된 확신을 유포하지 말고 하나님께 돌아가야 할 것이다. 하나님은 오래 참지만 영원히 참으시는 분은 아니니 하나님의 인내를 더는 시험치 말아야 할 것이다. 아직 하나님은 한국 교회가 행한 악을 행위대로 갚지 않으셨다. 이는 한국 교회를 향한 하나님의 자비와 긍휼 때문이다.

그러나 하나님의 인내는 이제 끝을 향해 내달리고 있다. 더 이상 한국 교회는 하나님의 인내를 시험하지 말고 서둘러 자비로운 주님께 나아가 회개해야 하지 않겠는가. "내가 은혜 베풀 때에 너에게 듣고 구원의 날에 너를 도왔다 하셨으니 보라 지금은 은혜 받을 만한 때요. 보라 지금은 구원의 날이로다"(고후 6:2).

2012년 늦은 봄으로 기억한다. 페이스북에서 뜬금없이 칼뱅주의 논쟁이 일어났다. 자세한 내막은 알 길이 없으나 김동호 목사가 칼뱅주의를 빙자한 그릇된 신학적 확신을 경계하면서 칼뱅주의의 위험 요소를 지적한 것이 발단이 되었던 것 같다. 김동호 목사의 언급은 J목사의 부적절한 처신과 새로운 교회 개척에 대한 비판의 취지로 이루어졌는데, 논쟁이 글의 취지와는 맞지 않게 갑자기 칼뱅주의 예정론에 대한 논쟁으로 바뀌어버렸다.

그 상황은 무척 당황스러웠다. 칼뱅주의는 일부만 받아들이고 일부를 수정하기가 그리 용이한 신학체계가 아니다. 그래서 김동호 목사의 주장에는 좀 더 추가적인 논의가 필요한 부분이 있어 보이기는 했다. 하지만 그의 취지는 도덕적 실패에 대한 비판이 주목적이 아니었던가. 설령 그의 주장에 논의가 필요한 부분이 있다 치더라도 논쟁이 어찌 칼뱅주의 예정론 쪽으로 흘러갈 수 있단 말인가. 문제가 되는 부분은 한국 교회 전체의 명예도 관련이 있는 J목사의 처신과 교회개척이 명백한데 말이다. 그런데 어찌 신학을 공부했다 하는 이들이 그 취지를 간과한 채 지엽적인 문제에 천착할 수 있단 말인가?

물론 그중에는 그 문제가 결코 지엽적인 문제가 아니라고 항변하는 이들이 있을 것이다. 하지만 그렇다면 더 큰 문제다. 신학이 삶의 문제로부터 유리되어 있다는 얘기나 다름없으니 말이다. 한국 교회의 윤리적 패배라는 당면한 과제보다도 신학적 논쟁이 훨씬 더 중요하다면 그거야말로 본말이 뒤집힌 일이 아니겠는가. 물론 신학은 논리logic를 다루고 있으니 그것이 삶life과 완전히 합치되기란 쉽지 않을 테지만 결국 신학의 본분은 삶에서 고귀한 열매를 맺도록 돕는 역할을 해야 하는 것 아니겠는가. 하지만 역사 속에서 이러한 신학의 본분을 외면한 채 신학자와 목회자들이 지엽적인 논리에 천착하는 일들은 자주 일어났다. 그러나 그럴 때마다 교회는 재앙을 맞았음을 기억해야 할 것이다.

이러한 논쟁을 보면서 답답한 마음에 페이스북에 칼뱅주의와 아르미니우스주의의 문제를 생각나는 대로 간략하게 정리해 올렸다. 그런데 페친 중 한 분인 〈뉴스앤조이〉 김종희 대표로부터 내용을 정리해서 기고해달라는 부탁을 받았다. 이 책은 당시 기고했던 글의 논지를 뼈대로 내용을 확대시킨 것이다. 앞서 출간한 《메가처치 논박》과 마찬가지로 〈뉴스앤조이〉에 기고한 기사를 바탕으로 쓰여진 것이라 가장 먼저 김종희 대표와 〈뉴스앤조이〉에 감사 인사를 드리고 싶다.

그로부터 몇 달 뒤 권오철 형제로부터 메시지를 받게 되었다. 〈뉴스앤조이〉에 기고한 글을 혹시 책으로 출판할 의향이 없냐는 것이었다. 나역시도 내용을 확대해서 책으로 내면 어떨까 하고 생각한 적이 있었다. 하지만 나를 아끼는 몇몇 분들의 충고 때문에 출판을 미루어두고 있었다. '구원론'이라는 주제가 지나치게 민감한 주제고, 더구나 한국 교회에서 '칼뱅주의'나 '아르미니우스주의'를 건드리는 것이 자칫 본래 뜻과는 다르게 (김동호 목사의 예에서 보듯이) 오해를 살 여지가 있으니 시간이 좀 지난 뒤 출판해도 늦지 않을 것 같다는 조언이었다. 그러나 권오철 형제는 '바로 지금' 한국 교회가 이 책을 필요로 할 것 같다며 강력한 제안과 격려를 해주었다. 그의 제안과 격려가 이 책을 쓰게 된 결정적인 계기가 되었다.

그가 백방으로 수소문해서 연락이 닿은 곳이 포이에마 출판사였다. 포이에마의 김도완 대표는 다소 민감할 수 있는 내용의 책이지만 선뜻 출판하겠다는 뜻을 보여주었다. 그렇게 포이에마와 연을 맺게 되었다.

본격적으로 글을 쓰게 된 것은 2013년 4-5월부터지만 사실 이 책은 내가 예전부터 가지고 있었던 문제의식을 정리한 것이다. 내가 침례신학대학교 신학대학원을 다니던 시절부터 '칼뱅주의'와 '아르미니우스주의'에 대한 논쟁을 자주 접했다. 침례교회는 칼뱅주의 성향의 장로교회나 아르미니우스주의 성향의 감리교에 비해서 신학적 특성이 덜 분명한 성향이 있다. 그래서인지 학창시절부터 나는 "침례교회는 신학이 있는가?"라는 질문을 종종 받곤 했다. 내가 생각하기에 신학적 특성이 덜 분명한 것이 침례교회의 단점이자 장점이 아닐까 싶다.

역사적으로 보면 침례교단은 칼뱅주의를 지지하는 '특수 침례교회'와 아르미니우스주의를 지지하는 '일반 침례교회' 모두를 아우르고 있다. 이런 이유로 침례교단이 특별하게 한쪽 입장을 주된 신학적 입장이라고 지지하지 않으면서 양쪽 입장에 대해서 모두 공정하게 살펴볼 수 있는 것이다. 신학적 전통에서 비교적 객관적이고 자유로울 수 있다는 것은 신학하는 내 입장에서는 이 책을 쓰는 데 큰 도움이 되었다. 여기서 교단주의라는 다소 낡은 전통을 새삼스럽게 옹호하거나 주장하겠다는 의도는 아니다. 만일 그런 의도라면 책의 주장과 도리어 배치되는 것이리라. 다만 나는 교단의 전통 덕에 어느 한쪽에 기울지 않고 양쪽 구원론에 대해서 제3의 입장에서 사고할 수 있었고, 그것이 이 책을 쓰는 데 중요한 신학적 배경이 되었다.

M.Div., Th.M., 그리고 Ph.D. 과정을 거치면서 칼뱅주의와 아르미니우스주의 논쟁에 대한 수업과 세미나를 여러 차례 들었다. 그중에서도 가장 기억에 남는 것은 Ph.D. 과정 중에 들었던 '은혜와 자유' 세미나였다. 이 세미나는 침례신학대학교에서 조직신학을 가르치는 김용복 교수님이 인도했는데, 양측의 입장에 대해 비교적 객관적이고 비판적으로 접근할 수 있는 기회를 얻을 수 있었다. 책에서 인용한 상당수의 자료는 당시 세미나에서 소개받은 자료들을 참고했음을 이 자리에서 밝힌다. 더불어 김용복 교수님과 당시 수업에 함께 참여해서 활발한 논의를 진행해준 학우들에게 감사의 인사를 전하고 싶다.

물론 이 내용의 대부분은 내 개인 관점을 정리한 것이다. 그러나 이 역시도 순수한 개인의 창작이라기보다는 식당과 도서관, 기숙사, 강의실에서 학우들과 함께 많은 시간 토론하면서 발전시킬 수 있었다. 함께했던 학우들과 선후배들에게도 고마움을 전한다.

그리고 무엇보다 아내의 협조와 격려가 컸다. 하루 빨리 졸업논문을 제출해야 하는 시급한 상황이었지만 아내는 이 책 역시 논문만큼이나 중요한 것이라며 나를 격려하고 도와주었다. 딸의 기도와 격려도 큰 힘이 되었다. 또한 열음터교회 식구들은 매 기도모임 때마다 이 책이 한국 교회에 선하게 기여할 수 있게 해주십사 하고 기도해주었다. 장관수 형제, 홍현욱 형제, 현우네 식구들(송진환 형제, 전수영 자매, 송현우 그리고 새싹이), 소은네 식구들(배주한 형제, 곽남이 자매, 배소은)은 목양하는 교인들이라기보다는 나의 가족이고, 동역자고, 친구고, 도리어 나를 목양하는 목회자들이다. 열음터 식구들에게 감사와 사랑의 마음을 전하고 싶다.

열음터 식구들은 물론이고 객원멤버들과 여러 후원자들에게도 감사의 인사를 드리고 싶다. 열음터교회는 기도와 후원을 해주시는 많은 분들 덕에 지금까지 행복하게 지내고 있는데 얼마나 감사한지 모른다. 그중에서도 심정환 형제, 고미연 자매 부부에게 감사의 인사를 드린다. 더불어 아침과 저녁으로 나와 열음터교회를 위해서, 그리고 한국 교회를 위해서 늘 기도해주시는 어머니 오평자 권사님께도 감사드리고 싶다.

장관수 형제와 홍현욱 형제 그리고 아내는 초고를 꼼꼼히 읽어주고 수정할 곳을 지적해주며, 훌륭한 피드백을 해주었다. 그중에서도 홍현욱 형제는 최종 주석 작업을 끝까지 성실하게 도와주었다. 다시 한 번 깊은 감사의 인사를 전하고 싶다.

초고를 완성한 후 가장 먼저 보여드린 분은 박철수 목사님이다. 박철수 목사님은 몇 년 전 《메가처치 논박》을 썼을 때에도 초고를 꼼꼼히 읽어주고, 큰 격려를 해주셨던 나의 멘토다. 최근 지병으로 거동이 불편한 상황에도 나의 방문을 기꺼이 맞아주고, 깊은 병중에도 귀한 조언을 많이 해주셨다. 특히 종교개혁 주일을 맞이하여 〈뉴스앤조이〉에 기고했던 글을 조건 없이 사용할 수 있도록 허락해주었다. 그를 보면 "겉 사람은 후패하나 우리의 속은 날로 새롭도다"고 했던 사도 바울의 고백이 생각난다. 하나님의 뜻을 추구하는 선배의 푸르고 푸른 열망과 기상은 후배인 나에게 큰 도전을 준다. 병중에도 온 힘을 내서 피를 토하듯 한 자 한 자 추천의 글까지 써주신 목사님께 진심으로 감사드린다.

지면에 일일이 인사를 드리지 못한 많은 분들께 죄송함과 고마움의 인사를 드리고 싶다.

독자 여러분께도 감사와 양해의 말씀을 드리고 싶다. 조언을 해준 분들의 말씀대로 아직 충분히 무르익지 못한 글일지도 모르겠다. 글의 완성도와 관계없이 어떤 분들에게는 거북한 내용이 포함되어 있을지도 모르겠다. 그럼에도 책을 읽고 내 작은 목소리에 귀 기울여준 분들께 감사한다.

그리고 마지막으로 또 하나의 졸저를 내는 게 아닌가 하는 두려움에도 여러 상황과 사정을 섭리하셔서 당신의 교회를 위해 책을 쓰게 하신 하나님 아버지와 주 예수 그리스도께 감사드린다. 모쪼록 이 책이 한국 교회가 조금이라도 개혁되는 데 작게나마 쓰이길 간절히 바란다.

프롤로그 _ 한국 교회의 윤리적 실패는 신학의 실패다!

1. 안성모, "한국 교회, 개신교 역사상 가장 타락했다." 〈시사저널〉, 2011년 2월 23일, http://www.sisapress.com/news/articleView.html?idxno =54446.

2. 함태경, "10년 후 한국 교회를 이끌어갈 목회자는?," 〈국민일보〉, 2009년 6월 25일, http://news.kukinews.com/article/view.asp?page=1&gCode= kmi&arcid=0921333832&cp=nv.

3. 이 글은 박철수 목사가 2013년 10월 17일에 인터넷 뉴스 매체인 〈뉴스앤조이〉에 기고한 글을 필자의 허락을 받아, 일부 수정 보완하여 게재한 글임을 밝힌다. 박철수, "종교개혁이 개혁되어야 한다." 〈뉴스앤조이〉, 2013년 10월 17일, http://www.newsnjoy.or.kr/news/articleView.html?idxno =195396.

4. 쉐인 클레어본, 《믿음은 행동이 증명한다》, 배응준 역 (아바서원, 2007).

5. 같은 책.

6. 자크 엘륄은 3-4세기경 로마제국 곳곳에 광범위한 노예 해방 운동이 있었으며, 그러한 노예 해방 운동은 기독교 신앙에 대한 표현으로 가능했다고 말했다. 자크 엘륄, 《세상 속의 그리스도인》, 이문장 역 (대장간, 1998), 86-87.

1부 _ 종교개혁의 폭풍 전야

1. 제임스 M. 키텔슨, 《개혁자 말틴 루터》, 김승철 역 (컨콜디아사, 1995), 120.

2. 토마스 M. 린제이, 《종교개혁사 I》, 이형기, 차종순 역 (대한예수교장로회출판부, 1990), 241.

3. 시오노 나나미, 《또 하나의 로마인 이야기》, 한성례 역 (부엔리브로, 2007), 290.

4. 익명의 저자, 《열두 사도들의 가르침: 디다케》, 정양모 역 (분도출판사, 1993), XIV.

5. 디트리히 본회퍼, 《신도의 공동생활》, 문익환 역 (대한기독교서회, 1964), 157.

6. 알리스터 맥그라스, 《신학의 역사》, 소기천 외 3인 역 (지와사랑, 2001), 222.

7. J. N. D. 켈리, 《고대기독교교리사》, 김광식 역 (맥밀란, 1985), 243.

8. 김문기, "사면부의 역사와 루터의 95개조 논제에 관한 소고,"《역사신학 논총》, 2집 (2000): 24-41.

9. 자크 르 고프, 《연옥의 탄생》, 최애리 역 (문학과지성사, 1995), 417.

10. 김문기, "사면부의 역사와 루터의 95개조 논제에 관한 소고," 24-41.

11. 헤르마스, 《목자》, 하성수 역 (분도출판사, 2002), 계명 IV-1-8; IV-3-6.

12. 에릭 G. 제이, 《교회론의 역사》, 주재용 역 (대한기독교서회, 1978), 108.

13. 자크 르 고프, 《연옥의 탄생》, 154.

14. 같은 책, 309.

15. 제임스 M. 키텔슨, 《개혁자 말틴 루터》, 115.

16. 마이크 피어론, 《불굴의 종교개혁자, 마틴 루터》, 김경열 역 (기독신문사, 2000), 91.

17. 알렌 크라이더, 《회심의 변질》, 박삼종 외 3인 역 (대장간, 2012), 22.

18. 히폴리투스, 《사도 전승》, 이형우 역 (분도출판사, 2005), XVII.

19. 같은 책, XV.

20. 같은 책, XVI.

21. 같은 책, XVII.

22. 같은 책, XX.

23. 알렌 크라이더,《초대교회의 예배와 전도》, 허현 역 (KAC, 2004), 27-30.

24. 히폴리투스,《사도 전승》, XX.

25. 김문기, "사면부의 역사와 루터의 95개조 논제에 관한 소고," 24-41.

26. 마르틴 루터,《95개조 반박문》, I.

27. 디트리히 본회퍼,《신도의 공동생활》, 157.

28. 마르틴 루터,《95개조 반박문》, III.

29. 같은 책, XXXX.

30. 같은 책, XXXXIII.

31. 신광은,《메가처치 논박》, (정연, 2009)을 참고하라.

2부 _ 칼뱅주의 개요

1. R. H. 바인타인, "에라스무스와 루터,"《기독교사상》, 11권 9호 (1967): 49-
   55.

2. 제임스 M. 키텔슨,《개혁자 말틴 루터》, 128.

3. 헨리 미터,《칼빈주의 기본 사상》, 박윤선, 김진홍 역 (개혁주의신행협회,
   2000), 21.

4. 데일 M. 요컴,《기독교 신조 대조》, 손택구 역 (예수교대한성결교회출판부,
   1988), 33.

5. 같은 책, 175.

6. 자크 엘륄,《뒤틀려진 기독교》, 쟈크엘룰번역위원회 역 (대장간, 1990), 42.

7. 에드윈 팔머,《칼빈주의 5대교리》, 박일민 역 (성광출판사, 1982), 42.

8. 장 칼뱅,《기독교 강요》, 고영민 역, (기독교문사, 2008), III-3.

9. 같은 책, III-xxiv-9.

10. 같은 책, III-xxiv-4.

11. 같은 책, I-v-14.

12. 에밀 브루너, 카를 바르트,《자연계시》, 김동건 역 (한국장로교출판사, 1997), 89-106.

13. 같은 책, 29-41.

14. 장 칼뱅,《기독교 강요》, III-xxiii-1.

15. 같은 책, III-xxiii-2.

16. 이성주,《알미니우스 신학》, (성지원, 1998), 195-196.

17. 장 칼뱅,《기독교 강요》, III-xxiii-8.

18. 같은 책, III-xxiii-9.

19. '대안가능성의 원칙'은 해리 프랑크푸르트가 아우구스티누스를 비판하기 위해서 택한 것으로, "X라는 사람이 A라는 행동을 하지 않고 다른 행동을 할 수 있었음에도 A라는 행동을 했다면 자유의지에 따라 행동한 것이다"라고 말한다. 이 원리에 따른다면 만약 아담이 다른 대안을 가질 수 없었다면 대안 가능성의 원칙에 비추어볼 때 아담은 자유의지로 행동한 것이 아니라는 결론이 나오게 된다. Harry Frankfurt, "Alternate Possibilities and Moral Responsibility," *The Journal of Philosophy 55* (1966), 829-39; 배국원, "예지와 자유의지에 관한 철학적 논쟁들," 24에서 재인용.

20. 로레인 뵈트너,《칼빈주의 예정론》, 홍의표 역 (백합, 1972), 240.

21. 에드윈 팔머,《칼빈주의 5대교리》, 141-160.

22. 로레인 뵈트너,《칼빈주의 예정론》, 240.

23. Jacques Ellul, *What I Believe*, Trans Geoffrey W. Bromiley (Grand Rapids: William B. Eerdmans Publishing Company, 1989), 35-42.

24. 신광은, 《자끄 엘륄 입문》, (대장간, 2010), 20-42.

25. 데일 M. 요컴, 《기독교 신조 대조》, 44-45

26. 김기호. 《칼빈주의 5대교리란 무엇인가?》, (그리심, 2009), 243.

27. 장 칼뱅, 《기독교 강요》, III-xxiv-17.

28. 김기호, 《칼빈주의 5대교리란 무엇인가?》, 133-139.

29. 에드윈 팔머, 《칼빈주의 5대교리》, 98.

30. 같은 책, 98-99.

31. Dale Moody, *Apostasy* (South Carolina: Smyth & Helwys Publishing, 1991)를 보라.

32. 김기호, 《칼빈주의 5대교리란 무엇인가?》, 183; 찰스 스펄전, 《칼빈주의 5대교리 설교》, 김군섭 역 (크리스챤다이제스트, 1991), 34.

33. Dale Moody, *Apostasy*, 10.

34. 로레인 뵈트너, 《칼빈주의 예정론》, 226.

35. 장 칼뱅, 《기독교 강요》, III-xxiv-6.

36. 조셉 얼라인, 《천국에의 초대》, 이태웅 역 (생명의말씀사, 1992), 33.

37. 막스 베버, 《프로테스탄티즘의 윤리와 자본주의 정신》, 박성수 역 (문예, 2000), 100.

38. 같은 책, 73-122.

3부 _ 아르미니우스주의 개요

1. 권진호, 《성아우구스티누스의 은총론 연구》, (기독교문서선교회, 2011), 183.

2. 같은 책, 151.

3. 같은 책 213.

4. 같은 책, 210.

5. 같은 책, 221-224.

6. 같은 책, 215-219.

7. 같은 책, 219-224.

8. 공성철, "어거스틴의 은총론과 예정론 관계 연구,"《조직신학논집》, 3권 1호 (1998): 275-357.

9. 같은 글, 275-357.

10. 권진호,《성아우구스티누스의 은총론 연구》, 233.

11. 같은 책, 151-152.

12. 같은 책, 224-226.

13. 공성철, "어거스틴의 은총론과 예정론 관계 연구," 275-357.

14. 같은 글, 275-357.

15. 권진호,《성아우구스티누스의 은총론 연구》, 228-230.

16. 공성철, "어거스틴의 은총론과 예정론 관계 연구," 275-357.

17. 같은 글, 275-357.

18. 이성주,《알미니우스 신학》, 94.

19. 데일 M. 요컴,《기독교 신조 대조》, 88.

20. 에드윈 팔머,《칼빈주의 5대교리》, 55-56.

21. 배국원, "예지와 자유의지에 관한 철학적 논쟁들,"《하나님의 주권과 인간의 자유》(침례신학대학교, 2003), 38.

22. 같은 글, 40-41.

23. 데일 M. 요컴,《기독교 신조 대조》, 259-260.

24. 스캇 펙,《거짓의 사람들》, 윤종석 역 (두란노, 1991), 265-273.

25. 유호인,《알코올 중독 치료의 길잡이》, (은혜병원 알코올 치료센터, 2000), 72-73.

26. 라인홀트 니부어,《도덕적 인간과 비도덕적 사회》, 이병섭 역 (대한기독교서회, 2002), 297-319를 참고하라.

27. 월터 윙크,《사탄의 체제와 예수의 비폭력》, 한성수 역 (한국기독교연구소, 2004), 27-38.

28. 한나 아렌트,《예루살렘의 아이히만》, 김언호 역 (한길사, 2006), 397.

29. 데일 M. 요컴,《기독교 신조 대조》, 106-10.

30. 같은 책, 143.

31. 같은 책, 58.

32. 같은 책, 63.

33. 같은 책, 143.

34. 에드윈 팔머,《칼빈주의 5대교리》, 27.

35. Dale Moody, *Apostasy* (South Carolina: Smyth & Helwys Publishing, 1991), 53-58.

36. 존 웨슬리,《그리스도의 완전》, 정행덕 역 (전망사, 1979), 7-13.

37. 박창훈, "존 웨슬리의 사회적 성결에 대한 재고찰,"《한국교회사학회지》, 30집 (2011): 121-149.

4부 _ 한국 교회의 면죄부, 아르뱅주의

1. 마이클 호튼,《미국제 복음주의를 경계하라》, 김재영 역 (나침반, 1996), 113.

2. 박창훈, "존 웨슬리, 그 성화의 걸음 따라가기,"《활천》, 624집 (2005), 58-61.

3. Craig Blomberg, *Why I'm a 'Calminian*,' http ://www.koinoniablog. net/2009/07/why-i-am-a-calminian-by-craig-blomberg.html.

4. 월터 브루그만,《예언자적 상상력》, 김쾌상 역 (대한기독교출판사, 1981), 37-62.

5. 김세윤, "한국 교회 문제의 근원, 신학적 빈곤,"《한국 교회, 개혁의 길을 묻다》(새물결플러스, 2013), 21.

6. 데일 M. 요컴,《기독교 신조 대조》, 손택구 역 (예수교대한성결교회출판부,

1988), 124.

7. 김명혁, "복음주의 운동과 한국 교회,"《선교와 신학》, 5집 (2000): 87-142.

8. 이에 대해서는 정정일,《신학과 교회성장》(생명의양식, 2007), 147-208을 보라.

9. 김명혁, "복음주의 운동과 한국 교회," 87-142.

10. 정정일,《신학과 교회성장》, 186-187.

11. 극동방송 웹진 블로그 Weekly FEBC, "지상 최대의 성령 콘서트, 아직 끝나지 않은 역사" http://blog.daum.net/ febcpr/410.

12. 백종구, "한국 복음주의 학생 선교운동,"《변화하는 한국 교회와 복음주의 운동》(두란노아카데미, 2011), 26.

13. 같은 글, 33.

14. 로버트 웨버,《젊은 복음주의자를 말한다》, 이윤복 역 (죠이선교회, 2010), 59-60.

15. 같은 책, 55.

16. 마이클 호튼,《미국제 복음주의를 경계하라》, 77-115.

17. 신광은,《메가처치 논박》.

18. 영락교회,《영락교회 50년사》(영락교회, 1998), 520.

19. "교회 거대화로 친교 깨지고 사랑의 공동체 퇴색."〈경향신문〉, 1976년 11월 18일, 5면.

20. 로버트 웨버,《젊은 복음주의자를 말한다》(죠이선교회, 2010), 30.

21. 김은실, "홍정길 목사, '나의 목회는 실패'"〈뉴스앤조이〉, 2013년 9월 16일, http://www.newsnjoy.or.kr/news/articleView.html?idxno=195142.

22. 옥한흠,《다시 쓰는 평신도를 깨운다》(두란노, 1989), 179-181.

23. 옥한흠,《옥한흠 목사가 목사에게》(은보, 2013), 44-45, 167-168.

24. 같은 책, 79-81, 96-97, 110-114, 300-303, 308-310.

25. 같은 책, 301.

26. 이에 대해서는 김성회, "건강한 메가처치는 존재하지 않는다,"〈미주 뉴스앤
조이〉, 2009년 11월 25일. http://www.newsnjoy.us/news/article
View.html?idxno=1621를 참조하라.

27. 박영돈,《일그러진 한국 교회의 얼굴》(IVP, 2013), 23-25를 보라.

28. 김혜석, "네비게이토 선교회의 교육프로그램의 특성연구"(이화여자대학교
대학원, 1981), 18.

29. 뉴스앤조이, "정정보도-방언 기사에 대한 여의도순복음교회 입장,"〈뉴스앤
조이〉, 2008년 12월 4일. http://www.newsnjoy.or.kr/news/article
View.html?idxno=26186.

30. 김백형, "오순절 신학의 등장,"〈뉴스앤조이〉, 2010년 7월 14일, http://
www.newsnjoy.or.kr/news/articleView. html?idxno=31692.

5부 _ 제3의 길을 찾아서

1. 본 장의 주요 논지는 필자가〈뉴스앤조이〉에 기고했던 글, "세 개의 우물에 빠
진 개신교 구원론"을 골자로 했음을 밝힌다. 신광은, "세 개의 우물에 바진 개
신교 구원론,"〈뉴스앤조이〉, 2008년 11월 12일, http://www.newsnjoy.or.
kr/news/articleView.htm l?idxno=26294

2. 아돌프 폰 하르낙,《기독교의 본질》, 오흥명 역 (한들, 2007), 61-82.

3. 같은 책, 30.

4. 자크 엘뢸,《뒤틀려진 기독교》, 자크엘룰번역위원회 역 (대장간, 1990), 47.

5. 아돌프 폰 하르낙,《기독교의 본질》, 183.

6. H. R. 드롭너,《교부학》, 하성수 역 (분도출판사, 2001), 151-156.

7. 김재홍,《그리스 사유의 기원》(살림, 2003), 30-31.

8. 토를라이프 보만,《히브리적 사유와 그리스적 사유의 비교》, 허혁 역 (분도출

판사, 1975): 70-83.

9. 위르겐 몰트만, 《삼위일체와 하나님의 나라》, 김균진 역 (대한기독교출판사, 1982), 34.

10. 같은 책, 37-60.

11. 이병섭, "인간의 본질에 대한 신학적 해석 고찰," 《한국문화연구원 논총》, 18 집 (1971): 173-192.

12. 위르겐 몰트만, 《창조 안에 계신 하나님》, 김균진 역 (한국신학연구소, 1991), 280-281.

13. 알프레드 노스 화이트 헤드, 《과학과 근대세계》, 오영환 역 (서광사, 1989), 67-91.

14. 게르하르트 폰 라트, 《구약성서신학 I》, 허혁 역 (분도출판사, 1976), 151.

15. 벤자민 워필드, "구원의 계획," 《칼빈주의와 아르미니우스주의》, 피영민 역 (검과 흙손, 2004), 32-33.

16. 권대중, "전통적 진리대응론의 전개 및 문제점들," 《철학논집》, 33집 (2003): 39-68.

17. 권대중, 같은 글, 39-68.

18. George Lindbeck, *The Nature of Doctrine*, (Philadelphia: Westminster Press, 1984), 16, 112.

19. 알리스터 맥그라스, 《그들은 어떻게 이단이 되었는가》 (포이에마, 2011), 142에서 재인용.

20. 김부용, "진리이론의 틀에서 본 푸코의 진리," 《철학논집》, 20집 (2012): 87-118.

21. 알리스터 맥그라스, 《그들은 어떻게 이단이 되었는가》, 146에서 재인용.

22. 같은 책, 147에서 재인용.

23. 데일 M. 요컴, 《기독교 신조 대조》, 33.

24. 콜린 듀리에즈,《프랜시스 쉐퍼》, 홍병룡 역 (복있는사람, 2009), 182-184.

25. 프란시스 쉐퍼,《거기 계시며 말씀하시는 하나님》, 허긴 역 (생명의말씀사, 1973), 50, 63.

26. 알렌 크라이더,《회심의 변질》, 박삼종 외 2인 역 (대장간, 2012), 29.

27. 치프리아누스,《도나뚜스에게》, 이형우 역 (분도출판사, 1987), 35.

28. 권진호,《성어거스틴의 은총론 연구》 (기독교문서선교회, 2011), 181.

29. 같은 책, 254.

30. 같은 책, 256.

31. 공성철, "어거스틴의 은총론과 예정론 관계 연구,"《조직신학논집》, 3권 1호 (1998): 275-357.

32. J. N. D. 켈리,《고대기독교교리사》, 김광식 역 (맥밀란, 1985), 199-203.

33. 권진호,《성 아우구스티누스의 은총론 연구》 (CLC, 2011), 137.

34. 이병렬,《에레쯔 이스라엘》 (요단, 1987), 57-78.

35. 강원돈, "서양 실천철학의 노동 개념에 대한 기독교 노동윤리의 평가,"《신학연구》, 47집 (2005): 147-172.

36. 아리스토텔레스,《니코마코스 윤리학》, 조대웅 역 (돋을새김, 2008), 16-44.

37. 자크 엘륄,《하나님의 정치 사람의 정치》, 김희건 역 (두란노, 1987), 191-199.

38. 박일영, "루터의 칭의의 정의와 중심성,"《루터 연구》, 17집 (2003): 89-135에서 재인용.

39. 같은 글.

40. 알렌 크라이더,《회심의 변질》.

41. 임태수, "믿음/행함/구원,"《연세대학교 연신원 목회자 하기 신학세미나 강의집》, 20집 (2000): 23-33.

42. 박일영, "루터의 칭의의 정의와 중심성," 89-135에서 재인용.

43. 같은 글.

44. 익명, "권신찬, Born Again하다," http://blog.daum.net/angelwin33/
10216064

6부 _ 새로운 구원론을 위한 제언

1. 조지 래드, 《하나님나라》, 원광연 역 (크리스챤다이제스트, 2000), 24.

2. 장 칼뱅, 《기독교 강요》, I-xv-1-8.

3. 톰 라이트, 《마침내 드러난 하나님나라》, 양혜원 역 (IVP, 2009).

4. 폴 리쾨르, 《악의 상징》, 양명수 역 (문학과지성사, 2004), 262-284.

5. 리차드 미들턴, 브라이언 월쉬, 《그리스도인의 비전》, 황영철 역 (IVP, 1987),
114-28.

6. 플라톤, 아리스토텔레스, 《향연, 파이돈, 니코마코스 윤리학》, 최명관 역 (을
유문화사, 1994), 126.

7. 같은 책, 188-9.

8. Riemer Roukema, *Gnosis and Faith John Bowden* (London: SCM Press,
1999), 50.

9. 앨리스 터너, 《지옥의 역사》, 이찬수 역 (동연, 1998), 96-97.

10. 에릭 G. 제이, 《교회론의 역사》, 주재용 역 (대한기독교출판사, 1978), 75-77.

11. 아우구스티누스, 《고백록》, 김광채 역 (CLC, 2004), 261.

12. 콜린 맥다넬, 베른하르트 랑, 《천국의 역사》, 고진옥 역 (동연, 1998), 124.

13. 게르하르트 로핑크, 《예수는 어떤 공동체를 원했나?》, 정한교 역 (분도출판
사, 1985), 304.

14. 같은 책, 304-305에서 재인용.

15. 톨스토이, 《국가는 폭력이다》, 조윤정 역 (달팽이, 2008).

16. 브라이언 월쉬, 실비아 키이즈마트, 《제국과 천국》, 홍병룡 역 (IVP, 2011)를

참고하라.

17. 콜린 맥다넬, 베른하르트 랑, 《천국의 역사》, 116에서 재인용.

18. 톰 라이트, 《마침내 드러난 하나님나라》, 159.

19. 펠시 콜레, 《내가 본 천국》, 홍의봉 역 (일신, 1986)를 참고하라.

20. 콜린 맥다넬, 베른하르트 랑, 《천국의 역사》를 참고하라.

21. 같은 책.

22. 같은 책.

23. 같은 책.

24. 앨리스 터너, 《지옥의 역사》, 23-25.

25. 같은 책.

26. 같은 책.

27. 같은 책.

28. 같은 책.

29. 제임스 조이스, 《젊은 예술가의 초상》, 이상옥 역 (민음사, 2001), 161-226.

30. 같은 책, 209-10.

31. 앨리스 터너, 《지옥의 역사》.

32. 톰 라이트, 《마침내 드러난 하나님나라》, 186.

33. 같은 책, 193.

34. 같은 책, 270.

35. 조지 래드, 《하나님나라》, 33-34.

36. 랍 벨, 《사랑이 이긴다》, 양혜원 역 (포이에마, 2011), 113.

37. 이에 대해서는 아나뱁티스트 신학자 존 하워드 요더가 《예수의 정치학》(IVP, 2008)에서 말하는 정치학의 의미를 참고하라.

38. 쉐인 클레어본은 《대통령 예수》(살림, 2010)에서 예수를 대통령으로 상상하도록 신선한 자극을 주었다.

39. 스캇 펙,《거짓의 사람들》, 5장.

40. Walter Wink, *Engaging the Power* (Minneapolis: Fortress Press, 1984); *Naming the Power* (Philadelphia: Fortress Press, 1984); *Unmasking the Power* (Philadelphia: Fortress Press, 1986).

41. 톰 라이트,《악의 문제와 하나님의 정의》, 노종문 역 (IVP, 2008), 15.

42. 같은 책, 52-62.

43. 같은 책, 72.

44. 르네 지라르,《나는 사탄이 번개처럼 떨어지는것을 본다》, 김진식 역 (문학과 지성사, 2004), 156-193.

45. 톰 라이트,《마침내 드러난 하나님나라》, 314-315.

46. 게르하르트 로핑크,《산상설교는 누구에게》, 정한교 역 (분도출판사, 1990), 155-239.

47. 미로슬라브 볼프,《삼위일체와 교회》, 황은영 역 (새물결플러스, 2012), 221.

48. 게르하르트 로핑크,《산상설교는 누구에게?》, 184-200.

49. 게르하르트 로핑크,《예수는 어떤 공동체를 원했나?》, 51-52.

50. 데이비드 보쉬,《변화하고 있는 선교》, 김병길, 장훈태 역 (기독교문서선교회, 2000), 572.

51. 월터 윙크,《사탄의 가면을 벗겨라》, 박만 역 (한국기독교연구소, 2005), 179-202.

52. 게르하르트 로핑크,《예수는 어떤 공동체를 원했나?》, 289.

53. 같은 책.

54. 래리 허타도,《주 예수 그리스도》, 박규태 역 (새물결플러스, 2010), 42-44.

55. 같은 책, 217.

56. 이에 대해서는 톰 라이트,《하나님은 어떻게 왕이 되었나》(에클레시아북스,

2012)와 마커스 J. 보그 & 존 도미닉 크로산,《첫 번째 크리스마스》(한국기
독교연구소) 등을 참고하라.

57. 김선정,《요한복음서와 로마황제 숭배》, (한들, 2003), 30-66.

58. 같은 책, 137-177.

59. 정양모 편역,《열두 사도들의 가르침: 디다케》(분도출판사, 1994), I-1.

60. 같은 책, I-2-4.

61. 같은 책, V-1.